가람 이병기 전집 17

고전주해 I

— 한중록·인현왕후전·계축일기·의유당일기 —

이 도서는 2024년 국립대학육성사업의 지원을 받아 수행되었음
이 도서는 2024년 익산시와 전라북도의 지원에 의해 간행되었음

가람 이병기 전집

⑰

고전주해 I

한중록·인현왕후전·계축일기·의유당일기

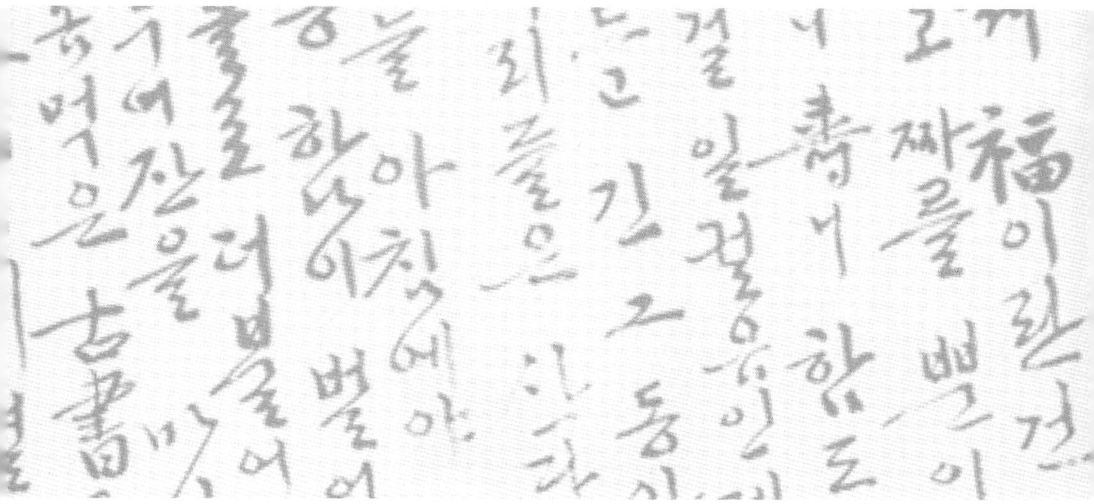

전북대학교출판문화원

고전주해 I

한중록 · 인현왕후전 · 계축일기 · 의유당일기

목 차

한중록恨中錄 • 11

해설解說 • 16

기1其一 그 서문序文과 그 자랄 때 • 19

기2其二 간택揀擇에 뽑히다 • 28

기3其三 별궁생활別宮生活과 그 가례嘉禮 • 37

기4其四 각전各殿의 자애慈愛, 국중宮中의 예절禮節,
본가本家와의 관련關連 • 43

기5其五 정조正祖의 탄생誕生, 홍역紅疫, 기애奇愛하는 계매季妹 • 53

기6其六 그 선비先妣와 경모궁景慕宮 • 60

기7其七 그 선형先兄과 백질伯姪과 선비상사先妣喪事 • 62

기8其八 부모父母의 정경情景, 성모聖母의 예척禮陟,
숙질睿質의 효우孝友 • 66

기9其九 정조正祖의 가례嘉禮와 경모궁景慕宮의 가열嘉悅 • 71

기10其十 가효당佳孝堂의 설음 • 75

기11其十一 또 그 서문序文 • 79

기12其十二 숙질睿質의 변화變化 • 82

기13其十三 경모궁景慕宮의 병환病患 1一 • 93

기14其十四 경모궁景慕宮의 병환病患 2二 • 107

기15其十五 경모궁景慕宮의 병환病患 3三 • 119

기16其十六 경모궁景慕宮의 병환病患 4四 • 136

기17其十七 경모궁景慕宮의 병환病患 5五 • 150
기18其十八 그날의 대변大變 • 163
기19其十九 대변大變 후 세손과의 애통 • 179

인현왕후전仁顯王后傳 • 193
인현왕후전仁顯王后傳 해설解說 • 197
인현왕후전仁顯王后傳 • 199

계축일기癸丑日記 • 255
계축일긔 셔궁녹 권지일 • 259
계축일기癸丑日記 일명一名 서궁록西宮錄 • 297

의유당일기意幽堂日記 • 301
서序 • 305
낙민루 • 309
븍산루 • 312
동명일긔 • 319

춘일소흥春日消興 • 339
一. 김득신 • 339
二. 남호곡 • 340
三. 뎡유악 • 341
四. 뎡탁 • 342
五. 뎡인홍 • 344
六. 김승평 • 345
七. 됴안념 • 347
八. 뉴부인 • 348
九. 니번 • 350
十. 니탁 • 351
영명사득월루상량문永明寺得月樓上樑文 • 352

[부록] 17권 고전주해 Ⅰ 상세목록 • 364

한중록恨中錄

한중록恨中錄

원작原作 혜경궁홍씨惠慶宮洪氏
주해註解 가람 이병기李秉岐

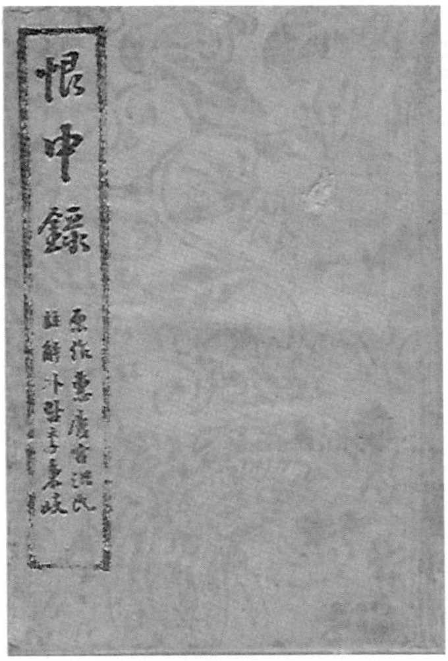

『한중록恨中錄』(이병기 주해, 백양당, 1947) 표지 사진

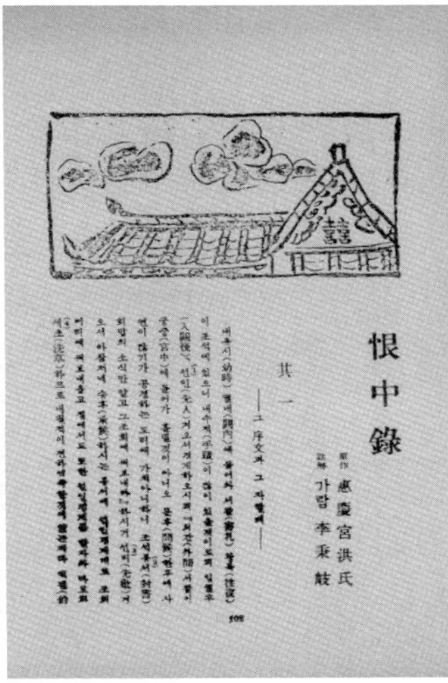
恨中錄

原作 惠慶宮洪氏
註解 가람 李秉岐

其一

한중록 주해(『문장文章』 1권 1-12호, 연재 전12회, 1939. 2.~1940. 1.)

백양당판白楊堂版

일러두기

1. 『한중록恨中錄』(이병기 주해, 백양당, 1947)은 한중록 주해(『문장文章』 1권 1-12호, 1939. 2.~1940. 1.)을 후에 단행본으로 바꿔 출판한 것이다. 여기에는 『문장文章』에 실린 한중록의 출전도 함께 표시하였다.
2. 이 책은 원문 표기, 표현을 충실히 따르고자 했다.
3. 본문은 한글(한자)로 병기되어 있는 것을 '한글한자'로 병기하였으며 해설과 주석 등의 한자어도 가독성을 높이기 위하여 같은 방식으로 표기하였다.

목차

해설解說

其一 그 서문序文과 그 자랄 때
其二 간택揀擇에 뽑히다
其三 별궁생활別宮生活과 그 가례嘉禮
其四 각전各殿의 자애慈愛, 궁중宮中의 예절禮節, 본가本家와의 관련關連
其五 정조正祖의 탄생誕生, 홍역紅疫, 기애奇愛하는 계매季妹
其六 그 선비先妣와 경모궁景慕宮
其七 그 선형先兄과 백질伯姪과 선비상사先妣喪事
其八 부모父母의 정경情景, 성모聖母의 예척禮陟, 숙질叔質의 효우孝友
其九 정조正祖의 가례嘉禮와 경모궁景慕宮의 가열嘉悅
其十 가효당佳孝堂의 설음
其十一 또 그 서문序文
其十二 숙질叔質의 변화變化
其十三 경모궁景慕宮의 병환病患 일一
其十四 경모궁景慕宮의 병환病患 이二
其十五 경모궁景慕宮의 병환病患 삼三
其十六 경모궁景慕宮의 병환病患 사四
其十七 경모궁景慕宮의 병환病患 오五
其十八 그날의 대변大變
其十九 대변大變 후 세손과의 애통

해설解說[1]

이조 오백년 동안 가장 오래 수하시고 용상龍床에 게오시든 님금으로는 영조대왕이다. 그 동궁東宮 때부터 일생一生을 두고 놀라운 파란波瀾이 많은 가운데 가장 놀랍고 무서운 비참悲慘은 그 사랑스러운 세자世子를 뒤주에 넣어 궁정宮庭한 옆에 내처 두고 일헤를 굶기고 풀로 띄워 죽이고 사도세자思悼世子라 일컫든 일이다.

사도세자思悼世子는 영조대왕의 둘재 아드님인바 영빈이씨暎嬪李氏의 기출己出로서 영조 11년 창경궁昌慶宮 집복헌集福軒에서 났자오시며 세자책봉世子冊封이 되고 8세에 입학入學하고 9세에 관례冠禮를 행行하고 15세에 대리代理를 보고 28세 되든 해, 형조판서刑曹判書 윤급尹汲의 겸종傔從 나경언羅景彦의 고변告變으로 드디여 죄인罪人이 된 것이다. 이 사실事實이 실록實錄, 기타 기록其他 紀錄에 많이 적히어 그 시비是非와 곡직曲直이 분운紛紜하지만 이 한중록恨中錄처럼 절실切實 기록記錄이 없을 것이다.

한중록恨中錄은 그 세자빈궁世子嬪宮 홍씨洪氏가 친히 지내고 겪으며 보고 듣고 또는 자기自己의 소천所天을 잃고 남다른 원한怨恨과 비애悲哀를 품고 눈물과 피로 적은 것이다.

홍씨洪氏는 영풍부원군永豐府院君 홍봉한洪鳳漢의 따님으로 역시亦是 영

1 「恨中錄」, 『文章』, 1939. 2.

조 11년 반송방거평동盤松坊居平洞에서 탄강誕降하여 10세에 어의동본궁於義洞本宮 효종잠저孝宗潛邸에서 세자빈책봉世子嬪冊封이 되어 가례嘉禮를 행行하고 세자승하世子昇遐하든 그 해 혜빈惠嬪으로 사호賜號되고, 그 아드님 정조대왕正祖大王이 즉위卽位하시며 혜경惠慶이라는 궁호宮號를 진進하고 그 뒤 여러번 존호尊號를 올리고 81세되는 순조 15년에 창경궁昌慶宮 경춘전景春殿에 승하昇遐하시었다.

홍씨洪氏는 본대 탁월卓越한 정력精力과 총명聰明을 태었으며 문필文筆의 재간才幹이 놀랍든 바, 부마도위駙馬都尉의 후예後裔로서 잠영簪纓 세가世家에 생장生長하고 더구나 문식文識이 뛰어나 임하풍미林下風味로 일컫든 그 중모갑부인仲母申夫人에게 언문諺文을 배웠으니 그 문한文翰은 말할 나위 없이 능난하고 용하든 것이다.

우리 글월로는 대개 세 가지가 있으니 내간체內簡體 가사체歌詞體 역어체譯語體다. 춘향전春香傳 심청전沈淸傳과 같은 글을 가사체歌詞體, 윤음綸音 언해諺解와 같은 글을 역어체譯語體, 언문전교諺文傳敎, 언문諺文편지와 같은 글을 내간체內簡體라 함이니 가사체歌詞體는 절로 한 음율音律이 있고 구수한 육담肉談으로 된 것도 있으며 역어체譯語體는 한문漢文과 같은 외래어外來語를 우리말로 옮긴 것이라 좀 빽빽스럽고 어설픈 곳이 있으며 내간체內簡體는 종래從來 유식有識한 이들 사이에 써오든 것이고 장구長久한 전통傳統이 있고 항상 실용實用이 되는 글이고 오로지 우리말글을 맡어오든 부녀婦女들의 글, 이른바 규방문학閨房文學 가운대 가장 진취進就된 것이다.

이 홍씨洪氏와 같은 훌룡한 붓으로 적은 이 한중록恨中錄은 내간체內簡體 글월, 그중中 우수優秀한 것이다. 이 책冊은 그 서언序言에도 간간間間 보이는 것과 같이 그 회갑回甲 해, 그 친정親庭 큰조카의 청請과 그 뒤 몰렸든 그 친정親庭을 신원伸冤하려 지은 것이다. 끔찍한 총력聰力으로 그 과거過去

를 추억追憶하여 종래從來 양반兩班의 집과 궁중宮中의 생활모양生活模樣을 세세細細히 그리고 맺혔든 자기自己의 정회情懷를 풀어 하소연하였다. 이것이 사료史料로도 귀중貴重하지마는 우리 말글로는 더욱 보배로운 것이다. 그때 항용恒用 쓰든 한자어, 또는 특수特殊한 존경어尊敬語, 궁중어宮中語가 많이 섞이고 잡속雜俗한 말이 없어, 전아典雅한 말만 가지고 쓴 것이다 너무 점잔은 하다고 할망정 그 많은 어휘語彙, 아름다운 사조詞藻, 알뜰한 필치筆致가 참혹慘酷한 사도세자思悼世子의 일을 싸고돌며 기박奇薄한 자기自己의 일생一生을 말하였다.

이 글월을 그저 만필漫筆로만 볼 것이 아니고 한 어떠한 작품作品으로 보암즉하다. 여간如干 역사소설歷史小說보다도 좋고 그 진실眞實한 맛은 이를 것도 없고 그 침울반복沈鬱反覆한 정경情景은 우리 인생人生의 일면一面을 여실如實히 보여주는 것이다.

다만 그 책이 교정校正된 판본板本이 아니고 고본藁本 그대로 전사轉寫한 것이라 오자낙서誤字落書가 없지도 않고 또는 무디무디 생각나는 대로 적은 것이 되어 사연이 혹은 앞뒤가 바뀌기도 하고 서로 거듭되기도 하고 지루한 잔사설辭說도 있고 하여 번쇄煩瑣한 곳도 있으나 될 수 있는 대로 그 원형原形대로 보존保存코저 하여 철자綴字도 그때 발음發音에 의준依準하고 읽기 편케 하고저 하여 그 구절句節을 뜨이고 대문을 나누고 더러 잡어구雜語句를 주해註解도 하였으나 오히려 그릇침이 있을가 하고 이 글월을 보시는 독자讀者 여러분께서 많이 책망하고 바로 잡어 주시기를 바라는 바이다.

1947년 5월 1일

가람 이병기李秉岐

기其一[2]
—그 서문序文과 그 자랄 때

내 유시幼時 궐내闕內에 들어와 서찰書札 왕복往復이 조석에 있으니 내 수적手蹟이 많이 있을 것이로되 입궐 후入闕後 (1)선인先人겨오서 경계하오시되 "외간外間 서찰이 궁중宮中에 들어가 흘릴것이 아니오 문후問候한후에 사연이 많기가 공경하는 도리에 가치아니하니 (2)조석봉서封書 회답의 소식만 알고 그 조희에 써 보내라" 하시기 (3)선비先妣겨오서 아참저녁 승후承候하시는 봉서에 선인경계대로 조희머리에 써보내옵고 집에서도 또한 선인경계를 받자와 다 모화 (4)세초洗草하므로 내필적이 전하염즉한것이 없는지라 백질伯姪 (5)수영守榮이 매양「본 집의 (6)마누라 수적이 머믄것이 없으니 한번 친히 무슨 글을 써나리오서 보장하야 집에 길이 전하면 미사美事되겠다" 하니 그 말이 옳으여 써주고저 하되 틈이 없어 못하였더니 올해 내 회갑回甲해라 (7)추모지통追慕之痛이 백배더하고 세월이 더하면 내 정신이 이때만도 못할듯하기 내 흥감한 마음과 (8)경력한일을 생각하는대로 긔록하얐으나 하나흘 건지고 백을 빠치노라

---

1. 돌아가신 그 아버지 영풍부원군永豐府院君 홍봉한洪鳳漢.

2「恨中錄」,『文章』, 1939. 2.

2. 왕후王后가 그 본집에 보내는 편지.
3. 돌아가신 그 어머니 군부인郡夫人 한산이씨韓山李氏.
4. 글발을 불태워 없애는 것.
5. 홍봉한洪鳳漢의 장손長孫이오. 홍낙인洪樂仁의 장자長子인데 벼슬은 목사牧使까지.
6. 세자빈世子嬪을 이르는 말. 빈嬪 마누라.
7. 지내든 일을 그립어하는 아픔.
8. 지내고 겪어 본 일.

(1)선왕조先王朝 을묘륙월십팔일乙卯六月十八日 오시午時에 (2)반송방거평동盤松坊居平洞 외가에서 낫자오시니 전일야前日夜에 선인겨오서 흑룡黑龍이 선비 겨오신 방 반자에 서림을 꿈에 보와 겨오시더니 내가나니 녀재라 몽조夢兆의 합지 아니함을 의심하시더라 하며 (3)조고祖考 정헌공貞獻公이 친히 림하야 보오시고 "비록 녀재나 범아凡兒와 다르다" 하시더라

1. 영조英祖 11년十一年 때, 지금부터 28년二十八年 전前.
2. 지금 경성부평동京城府平洞.
3. 돌아가신 그 할아버지 홍현보洪鉉輔.

삼칠일 후 집으로 들어오니 증조모 (1)니씨李氏겨오서 보오시고 긔대期待하오서 "이아희 다른 아희와 다르니 잘 기르라" 하오서 유모乳母를 친히 갈희여 보내시니 곧 내 (2)아지더라 내 점점 자라매 조부겨오서 이상히 사랑하오사 무릎아래 떠나 본때가 드믈고 매양 희롱같이 말슴하오시되 "이아희가 작은어른이니 성인成人을 일즉이 하리라" 하오시니 내 어려서 듣자왔던 일이 궁금宮禁의 들어온 후 생각하니 내 평생의 당할줄 즐겨아니한 일이로되 량대兩代의 귀중하오시던 말슴이 무슨 알음이 겨오신가

매양 생각이 있더라

---

1. 증정경부인전주이씨贈貞敬夫人全州李氏.
2. 보모保姆의 별칭別稱. 왕자王子나 왕비王妃의 어린때 보육保育하든 여자女子.

내 아시의 형제 있어 부모긔서 두 구슬로 아오시더니 형이 조요早夭하매 내 자애慈愛를 오로지 받자와 부모긔 지자至慈를 입사옴이 천륜밖에 자별하고 부모긔서 훈자薰炙하오심이 엄하오서 (1)큰오라바님 교훈하옵심이 극히 준절하옵시되 나는 녀재라 그러하거니와 선인겨오서 사랑하옵심이 더 자별하오서 내 매양 한때 리측離側하는것을 어려이 너기고 부모의 앞을 떠나지 아니하며 지각있음으로부터 부모 사랑하오심을 대소사의 걱정시기옵는 일이 적은지라 부모겨오서 더옥 사랑하심이 과하시니 내 비록 몸이 녀재라 부모의 은혜를 갚을 길이 없으나 중심의 감격한 마음이 어찌 간절치 아니하리오 우리 부모겨오서 이상히 (2)편애하오시던 일을 생각하니 불초不肖한 몸이 궁금의 들려하기 편애입던가 매양 생각하면 눈물이 흘러 마음 아프더라

---

1. 홍봉한洪鳳漢 장자長子 홍낙인洪樂仁.
2. 편벽되어 사랑함.

정헌공貞獻公겨오서 (1)영안위永安尉 증손曾孫이오시고 (2)정간공貞簡公 손자시고 (3)첨정공僉正公 사랑하시는 둘재 아드님으로 (4)안국동安國洞에 신제新弟를 지으사 설산하시니 제택第宅과 원림園林은 비록 재상宰相집 같으

나 전재錢財를 난화옴이 바히 없어 정헌공겨서 (5)위포韋布로부터 가게家計 간고함이 심한지라 (6)백조伯祖 참판공參判公겨서 선인긔 대하오시기 비상하오서 매양 선인의 이마를 어로만지시며 웃어갈아사대 "이 아희가 (7)윤오음尹梧陰 팔자 같을지니 이 아희 비록 시방은 간고하나 장래將來는 팔재 세상에 드믈 것이니 한갓 부요함올 이르리오 사람이 자고로 후복後福이 면원綿遠하라는이는 목전目前 간고를 겪음이 떳떳함이라" 하오시고 재산을 많이 분석分錫치 아니하오시니 백조伯祖겨오서 당신 아오님을 멀리 사랑하오시는 뜻이오신지라 집안 뉘 흠탄치 아니하리오마는 우리집 가세는 자연 간핍할 때 많아 정헌공겨서 몸이 귀하오서 작위爵位 상서尙書에 이르시되 일심으로 청검淸儉하오서 산업產業을 다스리지 아니시고 문정門庭이 소연하야 한사寒士 같자오신지라.

---

1. 선조대왕宣祖大王 계비繼妃 인목왕후仁穆王后 따님 정명공주貞明公主 부마駙馬 홍주원洪柱元.
2. 홍주원洪柱元 자子 홍만용洪萬容.
3. 홍만용洪萬容 자子 홍중기洪重箕.
4. 지금 경성부京城府 안국동安國洞.
5. 위대포의韋帶布衣니 즉 선비로 있을 때.
6. 홍중기洪重箕 장자長子 홍석보洪錫輔.
7. 선조조宣祖朝 신臣 윤두수尹斗壽.

(1)게조비繼祖妣겨오서 경학經學하는 선비의 따님으로 본대 배호심이 남다르시고 성행性行이 현숙賢淑 인자仁慈하오시기 드므오서 정헌공 받드오시기를 엄한손같이 하오시고 제가齊家 주궤主饋하오심이 정헌공 청덕淸德

을 준수遵守하오서 일미一味 박소담박朴素澹泊하오시니 이런 고로 선비겨오서 재상의 (2)총부冢婦 되오시나 홰에 일습 비단옷 걸림이 없으시고 상자의 수항주패 없을뿐 아니라 추신하오신 절의복節衣服이 단건뿐이 갖으신지라 때묻으매 매양 밤에 손조 한탁澣濯하오시되 수고로옴을 꺼리지 아니하오시고 방적침선紡績針線으로 주야에 친히 하오서 밤을 새와하오시니 매양 아래 방의 밝기까지 혀였는줄을 늙은종은 일컫고 젊은종은 딸와 말하는줄 괴로이 너기사 매양 밤의 침선하오실제 보으로 창을 가리오서 밤의 침선부즈런하다 칭찬하는 말을 슗이 너기옵서 치운밤의 수고를 하사 손이 다 어시기의 및으되 괴로와하는일이 아니겨오시고 또 의복지절과 자녀입히오심이 지극히 검박하오시되 또한 때에 및게하오시고 우리 남매 옷도 굵을지언정 매양 더럽지 아니케하사 검박하오심과 정결하심이 겸하오신줄 어린때도 아올일이있더라 선비겨오서 상시 희로가 경치 아니하오시고 긔상이 화긔를 열으시나 엄숙하오시니 일개一家우럴어 성덕盛德을 일컫고 어려워하지 아닛는이 없는지라

---

1. 박현석朴玄石 문인門人 이세박李世璞 따님.
2. 종부宗婦.

우리집이 (1)도위都尉 후예後裔로 (2)잠영대족簪纓大族이오 우리 외가外家니씨李氏 청백문호淸白門戶요 백고모伯姑母겨서는 (3)리부상서吏部尙書의 며느리시고 (4)중모仲母겨서는 (5)리부시랑吏部侍郞 따님이신지라 일문 부녀의 내외명벌內外名閥이 일세침영하되 일즉 세속부녀의 교만한빛과 사치한일이 일호도 방불함이 없고 시절지회에 선비겨오서 승상접하承上接下하오서

언쇠言笑 간간하오시고 정의관회하오서 옥리屋裏 제사第舍사이에 애연한 화긔和氣 일실一室에 가득하니 내비록 유충幼冲한땐들 어찌 알음이없으리오 중모겨오서 덕행이 남다르오서 백사 받드오심이 존고尊姑버금이오시고 거취고결하시며 문식이 탁월卓越하오서 진실로 (6)림하풍미林下風味오 녀중의선비시라 날을심히 사랑하사 언문을 가르치시고 범백을 지도하오서 자별히 구오시매 내또한 선비갓잡게 받드오니 선비 매양 웃어 갈오사대 "이 아회 그대 따름이 심하다" 하시더라

---

1. 부마도위駙馬都尉 즉 영안위永安尉 홍주원洪柱元.
2. 벼슬 단이는집안.
3. 이조판서吏曹判書.
4. 그 중부仲父 홍인한洪麟漢 부인夫人 평산신씨平山申氏 신방녀申昉女.
5. 이조참판吏曹參判.
6. 당唐나라 설도薛濤가 성도창부成都倡婦로되 시명詩名이 있는데 "雖失 身卑下而有林下風致"라 하여 그 후인後人들이 부녀婦女를 칭송稱頌함에 이 문자를 쓴 것.

정헌공겨오서 (1)경신庚申 (2)연관捐館하오시니 선인겨오서 애통하심을 내참아 우럴어 뵈옵지 못하고 삼년안의 (3)사우祠宇를 경긔經紀하오서 주야 심력을 쓰오사 삼년 후 즉시 봉안奉安하오니 내 비록 몽매蒙昧하나 선인겨오서 위선爲先하오서자고 하오신 효심孝心을 감히 잊잡지 못하며 선인겨오서 행실이 남다르오서 날마다 새벽이면 사우에 뵈옵사오시고 아참이면 게모부인긔 절하오서 뵈옵고 화한 말슴이며 부드러운 안색으로 섬기시니 조모겨오서 선인사랑하오심과 긔대하심이 긔출己出의 넘다 많이들 말슴이 있어 보는이와 듣는이 감복 아닐이 없고 선인겨오서 우흐로

두 자씨姉氏 섬기심이 자별하오시고 아래로 세 (4)아오님 교훈하오심이 극하오서 일호도 아드님겨의 더할지언정 덜함이 아니겨오시고 신유년辛酉年 백고모 려질癘疾에 친척이 다 피하되 선인겨오서 "동긔의병을 보지아니면 이어이 동긔의 정이리오" 하서 몸소 구호하오시고 상사喪事후 상측喪側에 갓가히 오서 빈렴지절을 극진하오시고 그후 생질甥姪들이 혈혈孑孑무의하매 구제함을 못밎을듯이 하시고 생질녀 하나흔 집에 다려와 혼례婚禮를 지내오시니 돈목하오시는 후풍厚風이 뛰여나오시고 니진사李進士댁 니남평李南平댁 두 고모를 집에 뫼서옴이 잦자오시니 효도옴기오시는 지극하오신 마음을 이런대 아올일이오 조모부인긔 휵양을 받자와겨오시기 제사에 참사 아니하오실 적이 없으오시고 애통하오심이 친긔親忌나 다르지 아니하오시니 이다 내 집의 있을 제 우럴어 뵈온 일이오 학업學業을 힘쓰오서 모도 일홈난 선비와 글접을 나으시고 매양 접을 파하여 오시면 또 교친사우들이 딸와 심방치 아니하는 이 없더라

1. 영조英祖 16년十六年.
2. 죽었다는 말.
3. 사당祠堂, 신위神位를 뫼시는 곳.
4. 홍인한洪麟漢, 홍준한洪駿漢, 홍용한洪龍漢.

선비겨오서 경신후 주궤하오서 삼년 제전祭典을 례법대로 손조 찰혀지내오시고 몸가지오시기를 례법대로 하오서 아참에 일즉이 소세하오시고 존고긔 뵈옵기를 때에 어긔지 아니하오시고 머리를 얹지아니코 감히뵈옵지 못하오시고 부대작 저고리를 입지 아니하신 때 없아오시고 선인받자오심과 돕사오심이 범속부녀와 다르오시니 선인겨오서 그대 공경하

시던일이 감히 잊잡지못하오며 선비겨오서 정미丁未에 (1)해영海營서 혼례를 행하오시고 (2)외조상사外祖喪事를 즉시 맞나오서 신행新行하오심을 례로 가초지못하서 이듬해에 지내오시고 무오년의 자친慈親상사를 맞나오서 애통이 심하오시고 본집에 오래 머므지못하오서 (3)구가舅家로 오실적이면 매양 량매兩妹우오시고 외가가 청빈淸貧하기로 유명하나 천생 우애가 드믈기 부녀도 화하야 외삼촌댁 홍부인이 (4)소고小姑를 가신때에는 대접함이 심히 후하시고 (5)내구內舅 지례공智禮公이 나를 각별히 사랑하오시고 (6)외종형外從兄 산중씨네도 또한 그러하더니라 선비형제 세분이신데 김생원댁은 일즉 과거하시니 선비긔서 섬기심이 지극하시고 상사 후 선비긔서 (7)이종姨從들을 참아 불상히 너기사 애휼愛恤하심을 자식같이 하오서 량식의복을 이워주오서 이종형제 긔한을 면하고 나중 성취까지 선비힘이시니 그 이종들이 매양하되 "사람이 다 한 어미로되 우리는 홀로 두 어미가 있노라" 하더니라 이종 김니긔씨는 혼인을 신유년 춘하간 외가에서 지내니 선비겨오서도 본가겨오시더니 (8)이모 송참판댁 장녀는 우리 게모季母시니 아시의 매양 외가에가 한가지로 노더니 게모긔서는 김종혼인때 가장 빛나게하고 참예하서시며 내 나히 그때 복을 입을 나히 밎지 아냐시되 순색을 입었더니 선비겨오서 "아모는 저리 고히 입었는데 너는 곱지못하니 저아희와 같이 하자" 하오시니 내 대하기를 "나는 한아바님 복이 있으니 아모씨와 같이 입지못하리다" 하고 선비를 뫼서 지게 밖게 나지 아니하니 내 어려 지각이 없을때로되 그 대답을 능히 한 일을 생각하니 이도 부모교훈이 어린 아희까지 밎자오신 일이라

---

1. 황해도黃海道 감영監營 해주海州.

2. 황해도黃海道 감사監司 이준李準.

3. 시부모의 집.

4. 시누.

5. 외삼촌外三寸.

6. 자기自己 손위 되는 외삼촌外三寸의 아들.

7. 이모의 자녀子女.

8. 어머니의 형이나 아오.

기2其二
— 간택揀擇에 뽑히다

(1)계해癸亥 삼월에 선인긔서 (2)태학장의太學掌議로 (3)숭문당崇文堂에 입시入侍하옵시니 그때 춘취春秋 삼십일세신데 자질姿質은 금옥金玉 갈자오시고 의표儀表는 란봉鸞鳳 갈자오서 여러 유생儒生 중 뛰여나오시고 응대應對하심과 (4)절선節宣하오심이 규구規矩에 맞자오시니 (5)성의聖意 경향傾向하오서 (6)알성謁聖 후 (7)과거科擧를 베프오사 유생들이 다시 보라 하오시니 성의 선인긔 분명히 게오시다하야 당숙가지 집에 오서서 (8)대방待榜하더니 못하시고 돌아오시니 내가 기다리다가 실망失望하야 울었더니라 그해 가을에 (9)릉참봉陵參奉을 하오시니 경신庚申 후 집안에 관록官祿 듦이 처음이니 (10)합개合家 귀히 너기고 선비겨서 록을 (11)일가一家에 난호시고 일승미一升米를 남겨두지 아니하야 겨시더라

---

1. 영조英祖 19년十九年 계해癸亥니 혜경궁홍씨惠慶宮洪氏가 아홉살 적.
2. 성균관장의成均館掌議니 장의掌議는 성균관成均館에나 향교재임鄉校齋任의 웃소임所任.
3. 창경궁昌慶宮의 명정전明政殿 북北에 있는 집.
4. 제재制裁하는 것.
5. 성지聖旨 님금의 뜻.

6. 님금께 뵈옵는 것.
7. 선비를 시험試驗해 뽑는 것.
8. 과거科擧를 다 마치고 그 방榜 나는 것을 기다림.
9. 릉陵을 수호守護하는 관리官吏의 한 이름.
10. 전가全家, 온 집안.
11. 동성동본同姓同本의 친족親族.

그 해에 (1)간택揀擇 (2)단자單子 받는 령이 나리오시니 혹이 말하되 "선비 자식이 간택에 참예치 아니하나 해로옴이 없으리니 단자를 말라 빈가貧家에 의상衣裳 차리는 폐를 덞이 맞당하다" 하니 선인이 갈아사대 "(3)세록지신世祿之臣이오 딸이 재상의 손녀니 어찌 긔망欺罔하리오" 하오시고 단자를 하시나 그때 내 집이 극히 빈곤하야 의상을하여 입을 길이 없으니 치마차는 선형 혼수婚需의 쓸 것을 하고 옷 안은 낡은 옷 안흘 넣어 입히시고 다른 결속은 빚을 내여 선비겨오서 근로勤勞하오시며 찰히오시던 일이 눈에 암암하며 구월이십팔일 초간택初揀擇이 되니 (4)선대왕先大王겨오서 용렬한 재질을 천포薦褒 과히 륭중隆重하오서 각별 어엿비 너기오시고 (5)정성왕후貞聖王后겨오사 가즉이 보오시고 (6)선희궁宣禧宮겨오서 간선하는 (7)보게補階에 오르지 아냐서 먼저 불러보오시고 화긔만안和氣滿顔하야 사랑하오시고 궁인宮人들이 다토와 앉거늘 내 심히 괴로와하였더니 (8)사물이 나리시니 선희궁긔서와 (9)화평옹주和平翁主긔서 내 행례行禮하는 거동을 보시고 (10)례모禮貌를 가르치거늘 그대로 하고 나와 선비 품에서 자더니 조조早朝에 선인이 들어오서서 선비긔 "이 아희 (11)수망首望을 들어시니 이 어떤 일인고" 하오시고 근심하시니 선비 하시되 "한미한 선비의 자식을 들어보내지마드면" 하오시고 량위兩位 근심하시는 말슴을 잠결에 듣고 자다가 깨여 마음이 동하여 자리에서 많이 울고 궁중宮中이 사랑하던 일이 생각에 놀라와 즐기지 아니하니 부모 도로혀 위로하오시고 아희가 무삼 일을 알리하시나 내 초간택 후로 심히 슳어하기를 과히 하였으니 궁중에 들어와 [12]억만창상億萬滄桑을 겪으려 그리 마음이 스사로 그러하던가 일변 고이하고 일변 인사人事가 흐리지 아니턴듯 하더라

---

1. 왕자王子, 왕녀王女의 배필配匹을 구하는 것.
2. 알리는 글발 적은 것.
3. 세대世代로 국록國祿을 받든 신하臣下.
4. 영조대왕英祖大王.
5. 영조비英祖妃 달성부원군達成府院君 서종제徐宗悌의 따님 달성達成 서씨.
6. 영조英祖의 후궁後宮, 사도세자思悼世子의 사친영빈私親暎嬪 이씨李氏의 궁호인데 경성부순화방京城府順化坊, 지금 청운동淸雲洞에 있든 궁宮.
7. 다수多數한 손님을 대접하려고 대청 앞에 더 달어내어 맨들어놓은 임시臨時의 좌석座席.
8. 나라에서 주시는 물건.
9. 영조英祖의 셋째 따님, 선희궁宣禧宮 영빈이씨暎嬪李氏 기출己出로 금성위錦城尉 박명원朴明源에게 하가下嫁하신 이.
10. 예절禮節하는 모양.
11. 첫째 물망物望에 오른 것.
12. 무수無數한 변천變遷.

간택 후 일가一家가 찾는 이도 많고 [1]문하인門下人 절적絶跡하던것도 오는 이 많으니 [2]인정세태人情世態를 가히 볼지라

---

1. 집에서 부리는 이.
2. 사람의 정리와 세상의 태도.

십월이십팔일 [(1)]재간택이 되니 내심새 자연 놀랍고 부모 근심하서 들여보내시며 요행 빠지기를 조이여 보내시나 궁중에 들어오매 궐내闕內서는 완정完定하여서 오시던 양으로 [(2)]의막依幕을 가즉이하고 대접하는 도리가 다르니 더옥 심새 당황하다가 어전에 올라가매 모든 처자處子들과 같게 아니하사 렴내簾內로 들어오서 선대왕이 어로만져 사랑하오시고 갈아사대 "내 아름다온 며느리를 얻었도다 네 조부를 생각하노라" 하오시고 "네 아비를 내 보고 사람 얻은 줄을 깃거하였더니 네가 아모의 딸이로다" 하오시며 깃거하오시고 정성왕후겨오서와 선희궁겨오서 사랑하시며 깃거하심이 과하오시고 [(3)]제옹주諸翁主 내손잡아 귀하여하고 즉시 내보내지 아니하고 [(4)]경춘전景春殿이라 하는 집에 머믈고 위의威儀를 차리라 갓던지 오래 머므니 [(5)]낮것을 내오시고 내인이 [(6)]견막이를 벗겨 척수尺數를 하라 하거늘 내 벗지 아니하니 그 내인이 달래여 벗겨 척수를 하니 심새 경황하여 눈물이 나되 참고 가마의 들어울고 나오니 가마를 [(7)]액예掖隷들이 붙들어 내니 그 놀랍기 비할 곳이 없더라

---

1. 초간택初揀擇하고 두번째 하는 간택揀擇.
2. 임시거주臨時居住하는 곳.
3. 여러 옹주翁主.
4. 창경궁昌慶宮 안에 있는 궁전宮殿, 수녕전壽寧殿 북北에 있음.
5. 점심 요기할 것.
6. 부녀예복婦女禮服으로 입는 녹색綠色 웃옷.
7. 액정掖庭 곧 궐내闕內의 부리는 이, 액정掖庭 소속所屬.

집에 온즉 가마를 사랑문으로 들이고 선인이 발簾을 들으시는데 도포道

袍를 입으시고 붙들어 내오시며 [1]축척불안蹴蹐不安하오시고 내부모를 붙들어 눈물이 절로 흐름을 금치 못하는지라 선비겨오서 복색服色을 고치시고 상에 홍보紅褓를 펴고 [2]중궁전中宮殿 글월은 사배四拜하고 선희궁 글월은 재배再拜하여 받으시고 공구恐懼하옵이 측량 없으시더라

1. 공경하고 삼가하여 어찌할 줄을 모르는 모양.
2. 왕후王后의 경칭敬稱인데, 또 중전中殿이라기도 함.

그날부터 부모겨오서 말슴을 고쳐하시고 어루신네 공경하야 대접하오시니 내 불안코 슬픔이 형용치 못하고 선인겨오서 우구憂懼하오시며 경계하오시든 말슴이 천언만어千言萬語이오시니 내 무삼 죄를 얻은 듯 몸 둘 바를 몰라하는 중, 부모 떠날 일을 설워 어린 간장이 녹을듯하니 만사에 흥황이 없어하는데 지친至親과 원족遠族까지라도 입궐入闕 전 본다 하고 아니 와 보는 이 없으니 원족은 밖으로서 대접하여 보내고 양주楊州 [1]증대부曾大父 이하以下로 뵈올 때 대부 한 분이 경계하시되 "궁금지엄宮禁至嚴하니 들어가신 후는 영결永訣이로라" 하오시고 "공경하며 조심하여 지내소서" 하시고 "일홈이 거울감자와 도을보자니 들으신 후 생각하오소서" 그 [2]대부大夫를 상시에 뵈온일도 없으되 그 말슴을 들으니 절로 슬프더라

1. 증조曾祖ㅅ벌되는 일가 할아버지.
2. 일가 할아버지인데 그는 혜경궁홍씨惠慶宮洪氏의 재종조再從祖되는 홍감보洪鑑輔라는 이, 벼슬은 목사牧使까지 하였다.

[1]삼간三揀이 십일월십삼일이니 남은 날이 점점 적으니 갑갑히 슬프고 설워 밤이면 선비 품에서 자고 두 고모와 중모겨오서 어로만저 떠나기를 슳어하시고 부모겨서 어로만져 어엿비 하옵시고 [2]잔잉히 너기오서 여러 날 잠을 못자오시니 이제라도 생각하면 [3]흉금胸襟이 막히더라.

---

1. 세번째 하는 간택擇揀.
2. 잔인殘忍한 것.
3. 가슴 속.

재간 이튿날 [1]보모保姆 최상궁崔尙宮과 [2]색장 김가효덕이라 하는 [3]내인內人이 나오니 그 [4]상궁尙宮이 풍신이 크고 엄연하야 작은 궁희宮姬 모양이 아니고 루대屢代 력사歷史와 례모禮貌도 알고 범상凡常치 아니한지라 선비겨오서 맞아 [5]치관致款하오시고 대접하고 옷 척수하여 가더니 삼간 밒어 최상궁이 또 나오고 색장은 문가다복이란 내인이 나오는데 정성왕후겨오서 하여 나리오신 의복이니 초록뉴단 당저고리 송화색 포도문단 저고리 보라도류단 저고리 한작이오 진홍 오흐포 문단치마와 저포紵布(모시) 적삼이러라 내 어려서 고히 입어 보지 못하되 남의 가진 것을 입고 가지고저 함이 없을 뿐 아니라 내 지친의 년긔 같은 녀자 있어 그 집이 부요富饒하야 귀녀貴女 [6]의복자장衣服資粧이 갖지 아니한 것이 없으되 내 블워한 배 없고 일일은 그 아희가 당홍개겨주치마를 입고 오니 심히 고흔지라 선비 보오시고 "네 입고 십으냐" 하시기 대답하여 "있으면 피하여 아니 입을 묘리 없으되 장만하여 입기는 싫사오이다" 하니 선비 차탄嗟歎하오서 "너는 빈가貧家 녀자가 그러하니 네 성혼成婚의 이 치마를 하여 주어 네 오늘날 어룬 같이 말하든 것을 표하리라" 하시더니 내 몸이 이리

되니 선비 눈물 내시고 고흔 옷을 입히지 못하고 이 치마를 하여주랴 하였더니 궁금의 들으니 사사의복을 못 입을 것이매 내 하여 입히고 십은 뜻을 일우리라 하오시고 재간 후 삼간택 맞지 아닌 즈음에 이 치마를 하여 입히시고 슳어하오시니 내 울고 입었더니라

1. 어린 왕자王子를 보육保育하고 교도教導하는 여자女子.
2. 여러 내인內人들을 감독監督하고 지휘指揮하고 여러 궁전宮殿의 문안問安 등을 맡은 내인內人.
3. 궁중宮中의 부리는 여자女子, 궁인宮人, 궁녀宮女, 시녀侍女라기도 함.
4. 내인內人의 벼슬이니 정오품正五品.
5. 관곡款曲한 뜻을 표함.
6. 의복衣服과 단장하는 기구器具.

내 생각하니 종가사우宗家祠宇와 외조부모外祖父母 사당祠堂에 하직下直하여야 맞당하거늘 가지라하니 (1)금성위錦城尉 (2)백수伯嫂가 중고모仲姑母 소고小姑러니 차차 전하여 선희궁게 알외니 자상自上으로 가라하신다 하여 내 선비를 뫼옵고 한 가마에 들어 종가宗家에 가니 (3)당숙堂叔 내외 딸 없는 고로 상시에 나를 다려다가 혹 머믈어 보내고 사랑하시더니 우에서 아옵시고 (4)대례大禮를 한가지 살피라 하오시는 (5)전교傳教겨오사 당숙은 국혼國婚 정한 후로 집에 와 머므시거니와 당숙모겨서 날을 보시고 반기시며 사당에 인도引導하여 올려 (6)허배虛拜시기시니 종가사우에 자손이 뜰에서 절하는 례로되 내 허배하기를 (7)정당正堂에 올라하고 나려오니 마음이 (8)악연愕然하더라 그날에 외가로 가니 (9)외삼촌댁外三寸宅이 맞아 반기고 떠나기 (10)결연缺然하여 하시고 (11)외종外從들이 내가 가면 업고 안

아 친후히 구더니 그 날은 멀리 앉고 경대敬待하니 내 마음이 더욱 슬프고 외삼촌 신시부申氏婦와는 자별히 사랑하더니 떠나기 더 (12)창결悵缺하더라

1. 영조英祖 3녀三女 영빈暎嬪 이씨李氏 출出 화평옹주和平翁主 부마駙馬 금성위錦城尉 박명원朴明源
2. 큰형수兄嫂.
3. 아버지의 사촌형제四寸兄弟들.
4. 혼례婚禮, 대사大事라기도 함.
5. 님금의 명령命令을 나리는 것.
6. 신위神位를 보고 절하는 것.
7. 집의 중앙中央에 있는 대청大廳.
8. 깜짝 놀래는 것.
9. 외삼촌外三寸의 부인夫人.
10. 무엇을 잃은 것 같음.
11. 외삼촌外三寸의 자녀子女들.
12. 섭섭하고 서운한 것.

두분 이모姨母도 다 뵈옵고 집으로 돌아왔더니 날수가 흘러 삼간三揀날이 되니 고모네겨서 집을 두루 다 살피라하서 십이일밤에 다리고 단이시니 월색은 명랑하고 설상에 풍한한데 손을 이끌어 눈물이 흐르더라 방에 들어와 견대여 잠을 일우지 못하고 명일 일즉부터 입궐하라 재촉하니 궐내에서 삼간밎어 나온 의복을 입으라 원족부녀들은 와서 하직하고 갓가온 친척은 별궁으로 간다하고 모혔더니 사당에 올라 하직할새 (1)고유다례告由茶禮를 지내오니 내 (2)배사拜辭할 제 뉘 아니 울어시며 내 마음은 끊어지는 듯이 쉷고 선인겨오서는 눈물을 참사오시고 모다 참아 떠나기 어려워하는 정경이야 어찌 다 생각하리

1. 사당祠堂에 그 말미를 고하는 다례茶禮.

2. 절하고 하직함.

입궐하여 경춘전景春殿에 쉬어 [1]통명전通明殿으로 올라가서 [2]삼전三殿에 뵈오니 [3]인원왕후仁元王后겨오서는 처음으로 [4]감하오시고 "아름답고 극진하니 국가의 복이라" 하오시며 "슬거온 며느리니 내 잘 갈희엿노라" 하오시고 정성왕후겨오서 깃거하오심과 선희궁겨오서 극진히 자애하오심이 이를것이 없으시니 아희 적 마음이나 감은하여 우럴엇잡는 마음이 스사로 나는지라 세수고치고 원삼圓衫 입고 앉아 상받고 일모의 재촉하매 삼전에 사배하고 [5]별궁別宮에 나오니 선대왕겨오서 덩타는 [6]곳의 친림하여 보오시고 집수執手하오시며 "조히 가 있다 오라" 하오시고 소학小學을 보낼 것이니 아비에게 배호고 잘 지내다가 들어오라" 하오시며 [7]권권련애拳拳戀愛하오심을 받잡고 나오니 일모거촉日暮擧燭하더라.

1. 통명전通明殿은 창경궁昌慶宮의 경춘전景春殿 북北에 있었는데 녹와綠瓦로 이고 고려高麗 때 소건所建이라 하나 정조正祖 14년十四年 5월五月 1일一日 화훼火燬되였다.

2. 인원왕후仁元王后, 정성왕후貞聖王后, 선희궁宣禧宮.

3. 숙종肅宗의 계비繼妃 경은부원군慶恩府院君 김주신金柱臣 따님 경주김씨慶州 金氏인데 혜경궁惠慶宮 홍씨洪氏의 할머니가 되시는 이.

4. 보오신다는 궁중宮中에서 쓰는 말.

5. 어의동본궁於義洞本宮, 효종잠저孝宗潛邸.

6. 공주公主나 옹주翁主가 타는 가마.

7. 못내 사랑하여 생각하심.

기3 其三[3]
— 별궁생활別宮生活과 그 가례嘉禮

[1]궁인宮人들이 좌우左右로 다리고 있으니 내가 선비를 떠나 잘 일이 [8]악연愕然하여 잠을 이루지 못하고 슬허하니 선비 마음이 또 어떠하시리오 보모保姆 최상궁이 성이 엄하고 사정이 없어 "나라법이 그러치 아니하니 나려가소서" 하여 뫼옵고 자지 못하니 그런 박절한 인정이 없더니라

1. 내인內人.
2. 놀라워 함.

이튼날 [1]소학小學을 보내겨오시니 날마다 선인긔 배옵고 [2]당숙堂叔도 한가지로 들어오시고 [3]중부仲父와 [4]선형先兄이 또 들어오시고 [5]숙계부叔季父긔서는 [6]동몽童蒙으로 들어오시더라 선대왕겨오서 또 [7]훈서訓書를 보내오서 소학小學 배혼 여가에 보라 하오시니 그 훈서는 [8]효순왕후孝純王后 들어오신 후 지어주신 [9]어제御製러라

3 「恨中錄」, 『文章』, 1939. 3.

1. 송宋의 주자朱子 문인門人 유자징劉子澄이 주자朱子의 지수指授를 받어 찬술纂述한 책冊.
2. 오촌五寸되는 아자씨.
3. 아버지의 다음 아우.
4. 돌아가신 형.
5. 세째 삼촌三寸과 끝의 삼촌三寸.
6. 아희.
7. 교훈敎訓하는 글.
8. 영조英祖의 첫째 아드님 진종왕비眞宗王妃 풍양조씨豊壤趙氏.
9. 님금이 지으신 글.

별궁 배치한 (1)즙물什物 -(2)병장屛帳 (3)자장資粧중의 왜진주眞珠 큰 (4)가자茄子 하나히 있으니 선희궁이 주오신 것이라 정명공주貞明公主것을 손주孫子 조씨부趙氏婦 주신 것이러니 그 집이 팔엇던 양하여 선희궁 뫼신 궁인의 집으로 인연하여 사오신 것이러니 내 공주자손으로 들어와 내 집 구물舊物을 가지니 우연치 아니한 일이오 (5)정헌공貞獻公겨오서 서화書畵의 벽이 겨오사 네 폭 (6)수복병차壽福屛次가 있더니 경신庚申후의 뫼셧던 하인이 가판즉 공교히 선희궁 내인 친척에게로 말매암아 매득하오서 (7)수병繡屛사첩四帖을 장裝하여 침방에 치게 보내오시니 게고모季姑母가 능히 알아보시고 "조부祖父에게 있던 것이 (8)금중禁中에 들어와 오늘날 손녀분마누라 침방에 치인일이 이상하다" 일컬아시더라 또 선희궁의 팔복八福 수놓은 룡병龍屛이 나와치엇더니 선인이 보시고 "이 병풍 룡빛이 의연히 을묘륙월십칠일의 꿈꾼 룡의 빛이니 그때 꿈꾼 후 생각이 잊지 안얏더니 이 병풍을 대하니 황연恍然히 몽중의 룡같다" 하오시니 대처 수화繡畵의 재합再合함과 룡병의빛 방불彷佛함이 이상타고 (9)일좨一座 (10)차상嗟賞하니 그

룡빛인즉 검은데 린갑鱗甲은 [11]금사金絲로 덧놓은 쉬니 검은색과 금색이 어리엇이니 선인이 "[12]흑룡이 바로 아니로되 형상치 못할러니 의연히 흡사타" 하오시더라

---

1. 습물, 가수家具.
2. 병풍屛風과 포장布帳.
3. 단장하는 기구器具.
4. 왜진주倭眞珠의 가지 모양으로 된 놀이개.
5. 혜경궁홍씨惠慶宮洪氏의 친가親家 조부祖父.
6. 백수백복白壽百福을 쓴 병풍屛風감.
7. 수놓은 병풍屛風.
8. 궐내闕內, 대궐 안.
9. 왼 좌중座中.
10. 놀라이 여기는 것.
11. 금실.
12. 검은 룡.

별궁서 지내기를 오십여일을 하니 삼전三殿겨오서 안부 뭇자오시는 상궁이 [1]자로 오면 본댁을 청하여 뵈옵고 관대款待하니 감축함을 어찌 형용하며 상궁이 와 미처 오래지 아니하야 잔상盞牀과 [2]례관禮官이 좇아 들어 풍성하고 후하여 갑자甲子 [3]가례嘉禮때 장함을 궁중이 일컷더라

---

1. 자주.
2. 예식禮式 맡은 관원官員.
3. 왕王, 왕세자王世子, 왕세손王世孫의 혼례婚禮. 즉 혜경궁惠慶宮 홍씨洪氏의 혼례婚禮.

별궁 머믈사이 조모병환이 겨오사 (1)대혼大婚이 (2)박두迫頭하고 증정은 비경하오시니 부모겨오서 (3)초황망조焦惶罔措하오심이 어이 이를것이 있이리오 그때 경상景狀이 마음이 편하오셔도 날을 떠나오실 정리 어려오실데 첩첩한 근심이 안흐로 만단萬端이오시나 별궁 들어오셔는 화긔를 일치아니하시더니 (4)피우避寓를 하시게 되니 선인이 친히 업사오서 가마에 들며 나시게 하오시니 이 말을 궁인들이 듯고 (5)책책칭찬嘖嘖稱讚하여 게모繼母긔 지효하오심을 일컷잡더니라 천행으로 (6)회도回棹하오신지라 그런 국가의 만행이 없으니 시방 생각하여도 그런 초조하여 알아온 일이 없더라

---

1. 왕王의 혼례婚禮.
2. 곧 당해오는 것.
3. 초조하고 황급하여 어찌할 줄을 모름.
4. 피접하는 것.
5. 대단히 칭찬함.
6. 병이 나음을 이르는 말.

정월초구일 (1)책빈冊嬪하고 십일일 가례嘉禮니 초십일 내가 부모 떠날 날이 박근迫近하니 정리 참지못하여 종일 (2)호읍號泣하여 지내니 부모겨오서 인정도와 (3)척비慽悲하오실 것이로되 악연한 정리를 참사오시고 선인이 나를 경계하오시되 "(4)인신人臣의 집이 (5)척리戚里되면 (6)영총榮寵이 또 따르고 영총이 따르면 (7)문란門闌이 성하고 문란이 성하면 재앙을 부르나니 내 집이 도위都尉 자손으로 국은國恩을 세세世世 망극罔極히 입엇이니 나라를 위하여 (8)부탕도화赴湯蹈火를 어이 사양하리마는 (9)백면서생白

面書生이 일조一朝의 왕실王室의 [(10)]척련戚聯하니 복의 증죄 아니오 화의 기틀이니 오날로부터 우구憂懼하여 죽을 곳을 모르노라" 하오시고 또 경계하오사 좌와행동坐臥行動 아니 밎자오심이 없고 "삼전섬김을 근신謹愼하여 효성으로 하오시고 [(11)]동궁東宮 섬김을 반드시 옳은 일로 말숨을 더욱 삼가 국가의 복을 닦으소서" 하고 경계하오시던 말숨이 천언만언이오시니 내 공경하여 듯잡는 중 울음을 그치지 못하니 그때 심사야 목석木石인들 어찌 감동치 아니하리오 [(12)]초례初禮하고 부모게 경계를 또 공경하여 받자오니 그때 선인은 [(13)]다홍 공복公服과 [(14)]복두幞頭 쓰오시고 선비는 [(15)]원삼圓衫과 [(16)]큰머리를 써겨오시니 일가친척이 다 배별하기로 모히고 궐내 사람이 많이 나왔으나 우리 부모겨오서 내외사內外事의 행례하오심이 조곰도 절도節度에 어긔옴이 없으오서 [(17)]장엄단중壯嚴端重하오시니 보는 이마다 나라히 사돈 잘 얻자오시다 일컷더라 초례후 들어와 대례大禮지내고 십이일 [(18)]조현朝見하오니 선대왕겨오서 "네 [(19)]폐백幣帛까지 받았으니 경계하자" 하오시고 "세자世子섬길 제 부드럽게 하고 [(20)]성색聲色을 가배야이말고 눈이 넙어도 궁중宮中은 예사일이니 모르는 체 하야 아는 색을 뵈지 말나" 하오시며 내 경계하오심을 공경하와 받자왓노라

---

1. 빈嬪을 책봉冊封함.
2. 소리를 내고 울음.
3. 섭섭하여 함.
4. 신하臣下.
5. 님금의 외척外戚.
6. 님금의 은총恩寵을 받음.
7. 어지러워지는 것.

8. 가문家門의 영광榮光이 있음.

9. 경험이 없는 이.

10. 외척外戚이 됨.

11. 왕세자王世子.

12. 처음 별궁別宮에서 행하는 예禮.

13. 다홍빛 관원官員의 의복衣服.

14. 과시科試에 급제及第한 이가 그 증서證書를 받을 때 쓰는 모자帽子.

15. 여자女子의 한 예복禮服.

16. 여자 한 예식禮飾의 머리. 어의 머리.

17. 엄숙하고 단정함.

18. 신하臣下가 님금을 뵙는 것.

19. 예물禮物.

20. 말소리와 얼굴빛.

기4其四
—각전各殿의 자애慈愛, 궁중宮中의 예절禮節, 본가本家와의 관련關連

그날 통명전通明殿에 (1)량궁兩宮을 거나리시고 선인先人을 (2)인견引見하오서 (3)은교恩教 간절하오시고 (4)선온宣醞하오시니 선인이 받자와 술 남은 것을 소매에 부으시고 (5)감자柑子씨를 품에 품으시니 선대왕先大王겨오서 나를 가르쳐 하교下教하오시되 "네 뷔례를 안다" 하오시니 선인이 (6)감읍感泣 퇴출退出하와 가인家人다려 이르시되 "(7)성은聖恩이 여차如此하오시니 오늘날부터 우리집사람 맞당히 죽기로서 갚으리라" 하시더라.

---

1. 정성왕후貞聖王后와 선희궁宣禧宮.
2. 의식儀式을 가추어 님금이 불러 보시는 것.
3. 님금이 하시는 말슴.
4. 님금이 주시는 술.
5. 왜감, 밀감蜜柑.
6. 감격하여 우는 것.
7. 님금의 은혜.

익일翌日 (1)정전正殿에 진하進賀를 받으실 때 나를 관광觀光하게 하오시고 또 본택들을 굿보게하라 하오시고 진하후 내가 (2)대조전大造殿으로 오르니 정성왕후겨오서 선비先妃를 인견하사 (3)은전恩典이 (4)정중鄭重하오시고 대접하오심이 가인家人의 (5)사친私親같이 하오시고 생녀生女를 아름다이 하여 국가國家의 경사慶事 되게 하니 유공有功타 하오시고 (6)인원성모仁元聖母겨오서 상궁尙宮으로 치관致款하오시고 친히 인견아니하오시나 (7)은수恩數가 곡진하오시니 영광榮光이 이를 것이 없고 (8)선희궁宣禧宮겨오서도 즉시 서로 보오시고 인친간姻親間사괴오심이 애연한 화긔和氣 사사 사친에서 더함이 겨오시고 선비겨오서 화긔겨오시고 말슴이 간략하오신중 인후仁厚하오시고 순손順遜하오시니 왼 궁중이 다 칭찬하며 딸와 귀하여하더니 이런고로 을해乙亥 선비상사喪事후 (9)자전慈殿과 큰전 늙은 내인들이 슬허우지 아닌는 이 없으니 인심 얻자오심이 이러하시더라

---

1. 조회朝會를 행하는 전각殿閣.
2. 창덕궁昌德宮에 있는 곤전정당坤殿正堂.
3. 나라에서 주시는 전례典禮.
4. 깊은 것.
5. 종실宗室에서 들어가 즉위卽位한 님금의 소생所生 부모父母, 또는 왕王의 생모生母인 빈嬪 또는 서자庶子의 소생모所生母.
6. 영조대왕英祖大王의 계모繼母.
7. 은애恩愛하시는 것.
8. 사도세자思悼世子의 사친私親.
9. 님금의 어머니.

통명전에서 삼일야를 지내고 (1)저승전儲承殿의 돌아와 나 머므는 집 (2)관희합觀熙閤으로 드는 양을 보오시고 선비 나가시니 그때 내정리는 심감

心肝이 살아질듯하되 선비게서 악연한 빛을 내지 아니하고 태연히 작별하시며 나를 면게勉戒하시되 "삼전三殿이 사랑하오시고 (3)큰궁이 딸같이 귀중히 하오시니 가지록 효도를 힘쓰시면 가국의 복이니 부모를 생각하시거든 이 말슴을 명심銘心하소서" 하오시고 가마에 들으시기를 림하여 (4)음읍飮泣하셔 내인들에게 부탁하심이 간절하시니 궁인이 감탄하여 "본댁하시는 거동을 뵈오니 어찌 그부탁을 저바리이요" 하더라

1. 창경궁昌慶宮에 있든 전각殿閣.
2. 저승전儲承殿 옆에 있든 집.
3. 큰전, 대전大殿, 즉 영조대왕英祖大王.
4. 소리 없이 울음.

십오일 내 (1)전원전璿源殿에 (2)전알展謁하옵고 십칠일 (3)종묘宗廟에 전알하오니 (4)충년冲年에 대례大禮 순성順成하고 무거운 수식을 이기어 (5)실조失措치 아님을 선왕先王이 일컷자오시고 선희궁겨오서 (6)가열嘉悅하오시니 더욱 감격하더라

1. 이조李朝 태조太祖 숙종肅宗의 화상畵像을 뫼신 집.
2. 님금이 태묘太廟, 능침陵寢, 문묘文廟에 참배參拜함.
3. 이조李朝 역대歷代님금의 신위神位를 뫼신 곳.
4. 나히 어림.
5. 실수.
6. 갸륵하게 여김, 웃사람이 아래사람의 경사를 축祝함.

선인긔서 [1]삭망朔望으로 입궐入闕하오시되 [2]상교上敎겨오서야 뵈오니 매양 오래 머므지 아니하오서 “궁금宮禁이 지엄至嚴한대 밧사람이 오래 있지 못하리라” 하오서 즉시 나오시고 들어오신적마다 [3]권권睠睠히 경계하오시던 말슴은 이루 다 쓰지 못하며 들어오시면 동궁東宮긔 입대하오서 권학勸學하오시고 옛글이며 옛사적을 아오시게 알외시기 [4]경모궁景慕宮겨오서 대접하오시고 귀히 너기오시기 자별하오시니 선인긔서 우럴어 귀중하오시는 정성이 어떠하시리오. 갑자십월甲子十月에 [5]등과登科하오시니 [6]장인丈人이 과거하시다하오서 깃버하오시기 심하오서 내가 딴집에 있더니 그 집에 나려오셔서 희색喜色으로 즐겨하시든 것이니 그때 [7]경은국구택慶恩國舅宅도 과거한이 없고 [8]달성본겻은 더욱 현달顯達한이 없이니 과경을 신긔히 너기사 충년冲年이시되 그리하와 하시든가 십으더라 [9]창방唱榜 후 [10]입대入對하오시니 꽃을 만져 즐거온일 가치하오시고 선대왕先大王겨오서 작년 계해癸亥년의 과거 못한 것을 애달라하시다가 희열喜悅하오시고 인원仁元, 정성貞聖 량성모겨오서 “사돈이 과거하니 나라히 다행하다” 하오서 대사로이 나를 부르오서 치하하오시고 정성왕후겨오서는 당신본댁 풍성風霜을 지내였으니 [11]편론偏論하시는 것이 아니라 [12]로론老論을 위하오시기 친척같자오시기 우리집의 가례한 일을 심히 흔희欣喜하오시니 하정下情의 감탄함을 측량치 못할러라 선인긔서 매양 일심으로 [13]예학睿學을 돕사오서 유익한 고인문자를 써들이시고 글 지어 보내오시면 평론評論하여 들이오시니 [14]빈료賓僚에게 강연講演하오시나 우리선인게 배호심이 많사오시니 천만년을 바라오서 태평성군이 되오시기를 옹망顒望하오시고 지성을 어느 신하가 감히 따르리오마는 섧고 섧도다 내 어려서 들어와 궁중 일을 뵈오니 [15]예질睿質이 영위英偉하오시고 효성孝誠이 과인過人하오사 선대왕先大王긔 두렵사와 하실밖의 성효거록

하오시고 정성왕후貞聖王后긔 받드오시는 효성은 친히 탄생하오신 자모慈母신들이밧 더하지 못할 것이오 사친私親 섬기시는 일은 더옥 어찌 다 형언하리오 선희궁겨오서 천성이 인애하신중 또 숙엄하오시기 소생긔출所生己出에도 사랑하오시는중 교훈敎訓이 엄하오서 두려워들함이 [16]자모慈母갈잡지 아니하고 당신소탄所誕이 대위大位에 오르시니 감히 자모로 처하지 아니하오서 지극존대至極尊大하오시나 가르치심은 사랑하심을 풀어바리지 아니하오시니 아드님겨오셔 공구恐懼 조심하오심이 또한 극진하오시고 나를 사랑하오시는 중 대접하오심이 동궁東宮과 다름이 없아오시니 자부子婦에 처한 몸이 과한 대접을 받자 적마다 불안함이 심하더니라

---

1. 초하루, 보름.
2. 님금의 분부.
3. 근렴하여.
4. 사도세자思悼世子를 이름.
5. 과거科擧에 급제及第함.
6. 안해의 친아버지, 외구外舅.
7. 숙종계비肅宗繼妃 친정親庭아버지 경은부원군慶恩府院君 김주신金柱臣인데 국구國舅는 나라님의 장인丈人.
8. 영조英祖의 국구國舅 달성부원군達成府院君 서종제徐宗悌인데 본것은 본가本家.
9. 과거科擧의 급제及第한 이에게 증서證書를 주는 것.
10. 님금께 뵙는 것.
11. 제 당黨편 드는 것.
12. 사색당파四色黨派의 하나.
13. 세자世子의 학업學業.
14. 시강원侍講院 관원官員들.
15. 세자世子의 긔품.

16. 친어머니.

내 들어오며 문안하기를 감히 어찌 게으르게 하리오 인원, 정성량성모긔는 오일의 일차一次 식하고 선희궁긔는 삼일일차식하나 날마다 뵈올적이 잦으니 그때 궁금법宮禁法이 지엄하여 례복을 아니하면 감히 뵈옵지 못하고 날이 늦게야 못하기 새벽의 문안 때를 어긔지 아니랴하기 잠을 편히 자지 못한지라 내 들어올 적 유모乳母로 아지와 시비侍婢 하나흘 다리고 들어오니 시비 일홈은 복녜니 (1)선인소과先人小科하신 후 증조모曾祖母겨오서 특급特給하신 시비니 내 어려서 저를 다리고 놀음놀이하며 떠나지 아니하니 (2)혜일하며 충성됨이 천한 인믈 같지 아니하고 성품이 순실충근하기 아지와 복녜를 신칙하여 일깨오기를 큰일같이 하여 감히 태만치 못하게 하니 룽동성서隆冬盛暑와 풍우대설風雨大雪 가온대라도 문안 갈 날이면 하르라도 날이 늦지 아니하기는 이 량인兩人의 공이라 할 것이오 이후 아지 내 여러 번 해산 때 시종을 들어 유공이 적지아닌고로 제자손이 후한 (3)료포料布를 대대 먹고 팔십을 남아 누리고 복녜는 날을 지극히 (4)복사服事하여 수족手足 같아여 내심중의 비환고락悲歡苦樂을 제 알아 오십년 허다경력許多經歷을 제다 날과 가치하고 (5)경술대경庚戌大慶에 (6)갱반羹飯을 대령하여 자상으로 상궁을 하이시고(7) 칠십이 넘으되 근력筋力이 좋와 내게 아해시비같이 구니 아지와 복녜가 내게 유공한 심덕을 입어 나종까지 잘 누린가 싶으더라

---

1. 소과小科는 생원生員, 진사進士.
2. 속이 밝은 것.
3. 급료給料로 주는 무명, 또는 삼뵈.

4. 잘 섬기는 것.

5. 정조正祖 14년十四年 6월六月 18일十八日 순조純祖 탄생誕生하신 때.

6. 국과 밥.

7. 시기심.

옛날 궁중법이 어찌 그리 엄하든지 (1)문안問安밧 어려온일이 많으되 내 괴로와하는 일이 없던 것이니 또한 옛사람의 (2)작인作人이라 능히 당하던가 십으더라

---

1. 문안問安밖에.

2. 사람이 됨, 위인爲人.

(1)소고小姑 여러히 있어 나를 사랑하나 지의志意 다르니 내 대접할지언정 한가지로 행실 배호거나 하지 못하고 (2)효순왕후孝純王后를 딸와 몸을 가지니 년치 현절하되 배호고 우애함이 자별하더니라 (3)제옹주諸翁主네중 (4)화순和順은 온공하오시고 (5)화평和平은 유순하서 날 대접함이 지극하고 아래로 두 소고는 년긔 서로 같고 대한 아기네로 놀음하는 것이 갖으되 내딸와 노지아니하고 앞의 유희遊戲의 것이 많으나 좋와하는 일이 없으니 선희궁긔서 연애하셔 심중은 유희하고 십으련마는 아니하니 대궐 들어와 도리를 찰히니 한가지로 유희하고 그리 말라 하오시고 사사事事히 거두옴이 곡곡진진曲曲盡盡하오시니 내 일시나 잊고 지내리오

---

1. 시누의.

2. 영조英祖 첫째 아드님 진종후眞宗后 풍양조씨豊穰趙氏, 풍릉부원군豊陵府院君 조문명

趙文命 따님.

3. 여러 옹주翁主, 옹주翁主는 후궁後宮 소생所生의 왕녀王女.
4. 영조英祖 둣째 따님 연호궁延祜宮 정빈이씨靖嬪李氏 출出.
5. 영조英祖 셋째 따님 선희궁宮暎嬪 영빈이씨寧嬪李氏 출出. 사도세자思悼世子의 동복同腹 누의.

게해癸亥 내 들어올 때 (1)중제는 오세요 (2)숙제는 삼세니 형제숙성하고 쌍생雙生이 갈아여 선비긔서 가례후 일년 일이도一二度식 궐내 들어오실 적 형제 들어오니 선조先朝에서 사랑하오사 매양 나 있는 곳에 림하오시면 앞에 세워 단이오시고 부르오시면 (3)순령수巡令守소래로 크고 길게 잘 대답하니 어엿비 너기오시더니 이후 중제자라 병술丙戌에 과거하니 순령수 대답하던 아희가 급제하다고 깃거하오시고 (4)령상領相이 생자를 잘하였다 하오시고 유신儒臣으로 글을 읽으면 옥수玉手를 두다려 잘읽는다 칭찬하시더니라 경모궁겨오서 더욱 사랑하오서 들어온땐즉 일시를 떠나게 못하오시고 좌우로 세고단이오시고 중제구세즈음 한번 들어온 때 경모궁긔서 종묘전알宗廟展謁을 하오시고 (5)평천관平天冠이 겉에 놓여시니 웃노라 쓰이랴하오니 머리를 붓우히고 "신자臣子는 못 쓰옵나이다" 하니 능히 아는 줄을 긔특이 너기오서 인하여 아니쓰이오시니 몸의 땀이 흘르는지라 요사이 아희들에 비하면 어이 숙성치 아니하리오 궁중법이 십세 넘은 후는 사나히가 궐내에 잠을 못 자더니 하로는 경모궁긔서 숙제를 보자고 여러번 부르오서 (6)자비에 및어 (7)내관內官이 무슨 말을 불공이 하였던지 숙제 통분히 너겨 아니들어오니 자비까지 나오서 친히 불러 들여보오시고 네 이리 강직하오니 날을 어찌 도으라 하오시고 부채에 글을 써주오시던일이 어제같으며 "제 성품이 공순하고 겸사하니 내 편애함이 아오같다" 하시더니라

1. 다음 아우 홍낙신洪樂信.
2. 셋째 아우 홍낙임洪樂任.
3. 순령수巡令守는 대장大將의 전령傳令, 호위護衛를 맡고 또는 친구親旗, 영기令旗를 들은 병졸兵卒인데 이는 긴 대답을 함을 이름.
4. 영의정領議政, 지금 총리대신總理大臣과 같음.
5. 왕관王冠의 일종一種.
6. 차비문差備門, 차비문差備門은 편전便殿의 전문前門.
7. 내시內侍, 내궁內宮들의 차비문差備門을 지키고 있음.

선인이 등과登科하셔지 칠년만에 (1)장임將任까지 하오서 공명이 혁연赫然하시니 남은 (2)폐부지친肺腑之親으로 이려타하려니와 선희궁긔서 날다려 종용할 때 말솜하시되 "(3)어장御丈긔서 장의掌議로 숭문당崇文堂 입시入侍적의 자상으로 처음 보오시고 안해 들어 하교下敎하시되 '오날 크게 쓸 신하를 얻어시니 장의 홍 아모가 그 사람이라' 하오시더라" 하오시니 이를 (4)앙탁仰度하면 선인긔서 지우知遇되오심이 숭문당입시로 말매암아 겨오시니 어찌 한갓 내 부모를 위하여 (5)뵈겨하오시리오 이후 전곡갑병錢穀甲兵과 군국중사軍國重事를 다 맡기시니 선인겨오서 주야로 (6)탄갈殫竭하오서 거의 침식을 폐하듯이 하오서 사사를 잊으시고 나라일만 하오서 날을 보오시면 매양 "성은聖恩이 하 지중하오시니 (7)도보무지圖報無地하와라" 하시더니라

1. 대장大將의 직職, 오영五營의 장임將任을 총總하였음.
2. 왕실王室의 근친近親.
3. 어루신네.

4. 우럴어 헤알임.

5. 뵈게와 같은 말, 친밀親密히 하는 뜻.

6. 탄갈심력殫竭心力, 곧 심력心力을 다함.

7. 은혜를 갚을 바를 모른다는 뜻.

기5 其五[4]

— 정조正祖의 탄생誕生, 홍역紅疫, 기애奇愛하는 계매季妹

내 일즉이 (1)잉신孕身하여 경오庚午년에 (2)세손世孫을 낳앗더니 임신壬申춘에 잃어 (3)삼전三殿과 선희궁이 다 과히 애통하오시니 내 불효하여 (4)참경慘景을 뵈온가 죄롭더니 그 해 구월에 황천皇天이 묵우默祐하사 (5)주상主上이 나시니 내묘소한 복력으로 이해경사있기는 하 의려意慮밖이오 주상이 나시매 신채神采 영위英偉하오시고 골격이 긔이하사 진실로 룡봉지재龍鳳之姿시며 천일지표天日之表신지라 선대왕이 (6)감하오시고 크게 환희하오서 날다려 하교하오시되 "충자沖子의 의표 이상초범異常超凡하니 (7)척강陟降의 도으심이오 종사의 의탁할배라 내쇠경의 오늘날 이 경사 봄을 어이 긔약하였으리" 여러번 (8)가탄嘉嘆하오시고 "네 정명공주 자손으로 나라의 빈嬪이 되어 네 몸의 이 경사 있으니 나라해 유공함이 측량없다" 하오시고 "충자를 부듸 잘 기르되 의복을 검박히 하는 것이 복을 앗기는 도리라" 하오시니 내 (9)성교聖敎를 받자와 어찌 감히 어려 어미 도리를 못하였으되 금상 나신 후는 춘간春間 통석지여痛惜之餘의 방경邦慶 다시 있으니 (10)륙궁六宮이 깃거함이 전과 비하여 배나 더 흔용欣踊하고 선비는

---

4 「恨中錄(第三回)」, 『文章』, 1939. 4.

(11)분만分娩 전 들어오시고 선인은 직숙直宿하셧지 륙칠일에 경사를 보시고 량친이 환흔歡欣 경축慶祝하심이 무궁하시며 충자冲子그서 이상히 긔이하심을 더 깃거 내게 하례賀禮하오심 내 이십전 나히로되 즌덥고 깃본 것이 인정의 당연지사어니와 이 아들 낳은 것이 신세의 의탁있듯 십으던 것이니 마음이 영하던가 십으더라 신미辛未 십월의 경모궁景慕宮꿈에 룡이 침실방에 들어 여의주如意珠를 희롱戲弄하는 거동을 보오시고 깨오서 이상한 증조라 하오서 그 밤에 즉시 백릉白綾 일폭에 몽중夢中의 보이던 룡을 그려 벽상에 부치오시니 그때 (12)춘추春秋를 헤알이니 십칠세오시니 이몽異夢이 있으나 우연히 생각하오시되 아들 얻을 증조라 하오시니 로성老成한 어룬 같자오시던일 이상하고 화법畵法이 비상하시더더니라 여즉 상을 응할 몽이런가 십으며 침믁엄중沈默嚴重하오시나 충자冲子를 보오시면 일즉 웃지 아니하오시는 일이 없아오시고 날 대하사 스스로 하례하시되 이런 아들을 두어시니 무슨 근심이 있이리오 하시더라

---

1. 애를 밴 것.
2. 영조英祖 26년廿六年 경오庚午年 8월八月 27일廿七日 원손元孫 진종眞宗이 탄생誕生하였다 동28년同廿八年 임신壬申 3월三月 4일四日에 홍薨함.
3. 인원왕후仁元王后, 영조英祖, 정성왕후貞聖王后.
4. 참혹한 광경光景.
5. 정조대왕正祖大王.
6. 보신다는 말.
7. 조종祖宗의 신령神靈.
8. 탄상嘆賞함.
9. 님금의 교명敎命.
10. 황후정침皇后正寢의 일一과 연침燕寢의 오五를 합合하여 육궁六宮이라 함인데 이는

온 궁중宮中이라는 뜻.

11. 해산解産.

12. 나히라는 말의 존칭尊稱.

그해의 (1)홍역紅疫이 (2)대치大熾하여 옹주가 먼저하니 (3)약원藥院이 청하여 동궁東宮과 원손元孫을 피우避寓하라하니 그때 삼칠일전인지라 옴작이기 중난하되 성교聖敎를 어긔옵지 못하와 경모궁겨오서는 (4)양정합養正閤이라 하는 집에 겨오시고 원손은 (5)락선당樂善堂이라 하는 집에 들이니 삼칠일안 아기로되 석대碩大하여 사이 먼대 안아 옮아가되 조곰도 념려롭지 아니하고 보모保姆는 정치못하여 그 궁인과 내 아지를 맡기고 날이 옮지 아니하여 경모궁겨오서 (6)홍진紅疹을 하오시니 내인들이 다 홍진을 하여 볼이 없는지라 선희궁겨오서 친히 림하오서 보오시고 밖으로 선인이 즉숙보호直宿保護하오시니 증정이 순하오시나 (7)열후熱候가 장하오시고 선인이 붙들어 구호하시는데 갖윽한 정성을 또 어찌 긔록하리오 저기 낫자오신후 매양 글을 읽으라 하오서 읽어 듯자오시게 하면 들으니 싀원하여 좋다 하오시고 주야 뫼옵고 읽자오시는 글을 다 생각 못하되 (8)제갈량諸葛亮 출사표出師表를 읽자오시며 "자고군신제우自古君臣際遇가 (9)한소렬漢昭烈과 제갈량諸葛亮 같은 이 없으니 신이 (10)상해 이글를 흠탄欽嘆하옵나이다" 하오시고 또 고석古昔 현군명신賢君名臣의 말씀을 이야기로 알외시면 (11)미령靡寧중이오시나 (12)수접酬接하심이 각별하시더니라 (13)예후睿候 저기 (14)차경差境에 드오신 후 내가 미좇아 홍역을 하니 해산 후 큰 병환의 용려하다가 대병을 얻어 증정이 비경非輕하고 금상今上게서 한날 (15)발반發斑하오시니 삼삭이 지나지 아닌 아시로되 증정이 지순하사 큰 아희 같이 지순히 하오시나 내가 대병중 용려할가 하사 선희궁 겨오서와 선인계서 날다려 이르시지 아니하오시니 나는 모르고 지내나 선인계서 나 있는 [16]병소病所에 단이시고 원손元孫계도 뵈오랴 주야로 왕래하랴 하오시니 그 [17]용려用慮하심이야 어찌 다 형용하며 하로밤은 업드러져 걸음을 일우지 못하시더라 하니 내가 차경差境 후 비로소 알고 수고하시고 용려하신 일을 불안하여 하였으며 금상 홍진을 아지 하나히 맡아보고 선인홀로 보시니 그 [18]초박焦迫이 어떠할가 싶으니 지순히 하신 일 신긔하더니라

---

1. 마친痲疹.
2. 대단히 성함.
3. 내의원內醫院의 별칭別稱.
4. 창경궁昌慶宮 저승전儲承殿 동東에 있는 집.
5. 양정합養正閤옆에 있는 집.
6. 홍역紅疫과 같음.
7. 신열身熱의 존경어尊敬語.
8. 중국中國 고대古代 삼국三國의 촉상蜀相, 자字는 공명孔明, 촉선주蜀先主를 도아 승상丞相이 되고 선주先主가 몰歿한 후 그 유조遺詔를 받아 남북南北에 출사出師하고 「전후출사표前後出師表」라는 충의忠義가 넘치는 글을 지었음.
9. 삼국三國 촉한의 님금, 명名은 비備요 자字는 현덕玄德, 제갈량諸葛亮을 얻어 파촉巴蜀을 정定하고 국호國號를 한漢이라 하고 몰歿한 후 시호諡號를 조열황제照烈皇帝라 하였음.
10. 평상시平常時.
11. 편치 못하심.
12. 응대應對.
13. 왕세자王世子의 환후患候.
14. 병환이 좀 낫으심.
15. 온 몸에 꽃이 솟는 것.

16. 병 앓는 곳.
17. 걱정됨.
18. 초조한 것.

주상主上이 홍진후 잘 자라시고 돌즈음의 글자를 능히 알으셔 숙성하시기 범아凡兒와 절이絶異하오시고 계유癸酉 초추初秋에 (1)대제학大提學 (2)조관빈趙觀彬 (3)친국親鞫하오실 때 공구恐懼하시니 두 살에 이런 이상한 지각이 어디 있이며 삼세에 (4)보양관輔養官을 정하고 사세에 (5)효경孝經을 배호시되 조금도 유충幼冲의 일이 없으시고 글을 좋와하니 가르치는 수고롬이 없고 어룬같이 일즉이 세수하고 글을 가지고 놀고 륙세시 (6)유생정강儒生庭講인가하는데 선대왕겨오서 부르오셔 룡상머리에서 글 읽히오시니 하 잘 읽으니 보양관 (7)남유용南有容이가 선동仙童이 나려와 글 읽는 소래라 알외니 선왕겨오서 가열嘉悅하오시니 우리 주상主上같이 숙취夙就하신 이는 아마 전고에 없을 듯하며 충년冲年이나 경모궁景慕宮의 불언중不言中 효도로온 일이 많으니 어찌 거들리오 그런 범백이 하늘이시지 예사사람으로 어찌 이러하시리 내 조년早年에 이런 긔특하신 충자冲子를 두고 갑술甲戌에 (8)청연淸衍을 낳고 병자丙子에 (9)청선淸璿을 얻으니 청연은 긔질이 유화관후柔和寬厚하고 청선은 긔되氣度 온아개제溫雅愷悌하여 장중掌中의 쌍벽雙璧이니 내 팔자를 뉘 아니 흠탄하며 밧집으로 부모 착하오신대 공명功名과 영홰榮華 빛나시고 형제 또 많아 한 근심이 없는 중 선비 들어오시면 계매季妹와 계제季第 앞에 세우고 들어오시니 계메 부모의 만생晩生으로 사랑하시기 지극하오신중 제위인이 충후忠厚하고 관홍寬弘하여 오세라도 큰 그릇될 긔상이 있이니 주상겨오서 이끌고 노오서 심히 사랑하오시니 내 어엿브고 긔대期待하는 마음이 적지 아니하고 계매는 내궐내에 들어온 후 부모긔서 일심이 (10)경경耿耿하오시다가 계매 생하니 사람이 생자生子함을 깃거하되 우리집 정리 생녀生女함을 요행히 너겨 깃븜으로 일홈을 주시니 내 마음에 내가 부모슬하父母膝下에 자최 머믄 듯이 가열嘉悅하고 제 긔품이 아름다온 옥 갈고 성행이 효우완순孝友婉順하니 부뫼 총애하시며 동긔사랑이 제 몸에 과하되 조금도 교앙驕昂하지 아니하고 궐내 들어오매 량성모兩聖母긔서와 선희궁긔서 다 어엿비 너기시고 통명전通明殿 대례大禮적에 륙궁六宮 내인內人들이 돌려가며 안아보와 밝은 달과 련화송이 귀경하듯 하던 것이니 제 자질姿質의 아름다옴을 여긔 알지라 내 긔애奇愛함이 한갓 동생의 정뿐이리오 제날을 딸와 곁을 떠날 일이 없고 경오년庚午年은 제오세라 능히 선비 되시고 들어왓더니 내해산한다 말 듯고 "나라히 깃거하오시고 우리 아바님 좋와하시겻다" 하고 어룬 같이 말하니 듯는이 이상히 너기고 효순왕후孝純王后긔서 노리개 한줄 채와겨오시더니 그 노리개를 아니 차거늘 내 "어이 아니 차니" 물은대 "주시더니 아니겨오시기 아니꼬와 못찻노라" 하고 임신壬申 팔월에 나라 슬픔이 있는지라 가을에 들어와 날을 보고 눈물 드리고 그 아희 기르던 보모保姆의 손을 잡고 류체流涕하니 그때는 칠세七歲라 어찌 인새人事 그리도 숙성턴고 임신구월壬申九月 (11)대경大慶때 선비 들어오시니 저도 뫼시고 들어와 주상主上 탄생誕生 후 제보고 "아기시는 단단하고 숙성夙成하여 형님마마 걱정 아니시게하엿다" 하니 좌우左右가 그 말의 옳음을 웃고 선비긔서는 아희말같지 아니타고 도로혀 꾸중하오시니 "그리 옳으니 꾸짖지 마으소서" 하엿더니라 이때 궁중의 복록福祿이 (12)면면綿綿하오시고 집이 또한 번성하며 남매다 남만 못지아니하니 궁인들이 날을 우럴어 치하 아니하는이 어이 있이리오

1. 홍문관弘文館, 예문관藝文館의 일직一職, 정이품正二品.

2. 조태채趙泰의 자子, 호號는 회헌晦軒.

3. 제왕帝王이 반역죄反逆罪를 친親히 심문訊問함인데 이는 영조英祖 29년卄九年 7월七月 29일卄九日 조관빈趙觀彬이가 주책문제진竹冊文製進함을 상서上書하여 사양하고 죄를 당하여 삼수三水로 위리안치를 간 것.

4. 원자元子, 원손元孫을 보양교도輔養敎導하는 관원官員.

5. 효도孝道를 말한 책冊.

6. 유생儒生을 불러 궁중宮中에서 시강試講함.

7. 자字는 덕재德哉 호號는 소화少華, 남용익南龍翼의 증손曾孫, 벼슬은 대제학大提學까지 하였음.

8. 혜경궁홍씨惠慶宮洪氏의 첫째 따님, 광은위光恩尉 김기성金箕性에게 하가下嫁함.

9. 혜경궁홍씨惠慶宮洪氏의 둘째 따님, 여은위與恩尉 정재화鄭在和에게 하가下嫁함.

10. 잊지 못하는 것.

11. 영조英祖 28년卄八年 임신壬申 9월 22일二十二日 창경궁昌慶宮 경춘전景春殿에서 정조대왕正祖大王이 탄강誕降하심.

12. 끊이지 않음.

기6 其六
— 그 선비先妣와 경모궁景慕宮

경모궁긔서 선비 대접하심이 인가人家 [1]악모岳母 같지 아니하게 지극하오시니 우리 선비긔서 애대귀중愛待貴重하오심이 감히 사외로 아옵지 못하오시나 그 정성이 어떠하시리오 입궐入闕하신 때 혹 [2]긔로하오신 때 겨오시다가 일이 그러치 아니하오이다 알외시면 안색을 [3]도로혀시고 갑술甲戌 청연淸衍날 때 선비겨오서 오십여 일을 궐내闕內에 머므오셔 매양 모시고 지낼 적 하 지극히 무간하오시게 경대하오시니 선비긔서 감축感祝함을 이기시지 못하시더니라

1. 장모丈母, 안해의 친어머니.
2. 성을 내는 것.
3. 도로키는 것.

슬프다 예질睿質이 탁월卓越하오시고 학문學問이 장진長進하오시니 그 긔상과 긔품으로 어대 아니 진취進就하여 겨오실 것이 아니로되 불행히 [1]임게년간壬癸年間에 [2]병환점이 겨오시니 내 그음없은 근심과 우리 부모 심중초박이 어떠하시리오 선비긔서 주야 초조하오셔 몸소 긔도하오시고

명산대천名山大川에 정성이 아니 밎자온대 없으시며 잠을 못일우사 손을 묶어 축천祝天만 하오시니 이다 [3]불초不肖를 두으신 연괴라 위국하오신 지극정성이 아니시면 어찌 또한 이대도록 념려겨오시리오

---

1. 영조英祖 28년卄八年 29년卄九年.
2. 병환의 조짐.
3. 부조父祖의 덕망德望, 사업事業을 이을 수 없는 자손子孫을 이름인데 이는 자기自己를 겸손하여 말한 것.

기7其七
ㅡ그 선형先兄과 백질伯姪과 선비상사先妣喪事

우리 선형先兄긔서 부모의 일즉 얻으신바로 교훈하오심이 엄하오시니 문장文章이 숙취하오시고 지긔志氣 고매高邁하오시며 행실行實이 준걸하오서 십오세 지내오시매 엄연히 큰선비 갈자오시니 집안이 다 (1)촉망矚望하고 노비奴婢라도 다 엄한 상전上典으로 알고 제배儕輩가 감히 (2)만모히 너기지 아니하여 엄중한 장부丈夫의 법도法度겨시니 정헌공겨오서 매양 집안 큰 동량棟樑으로 아오시더니라 계해癸亥에 혼사를 지내랴다가 대혼으로 물려 을축乙丑에 성혼成婚하시니 배우配耦는 (3)려양驪陽증손이오 (4)봉조하奉朝賀 손녀니 일세一世의 으뜸 대가大家라 유시幼時 궁금에 들어오서 삼전 은악을 받자와 겨시던고로 내집 며느리 되신 줄 깃브다하오서 (5)신행新行때 상궁尙宮이 나갓더니 량성모兩聖母긔서 그날 부르오서 사적을 뭇자오시니 인친姻親간의 후하심을 가히 아을일이오 형님이 처음 궐내에 들어오시니 자질姿質이 청려淸麗하오시고 긔품이 고수高秀하시며 위의威儀와 례뫼禮貌 진선진미하셔 여러 척리戚里집 소년부녀少年婦女사이에 서신 것이 비하면 닭의 무리에 학이 섬 같고 풀 가온대 옥남기 바혀남 같으니 궁금이 뉘 눈을 기우려 일컷지 아니리오 두 분 배위配耦 실로 절고 길미

없어 천생 배필이시니 우리집 (6)총자冢子 총부冢婦 난중의 으뜸이시니 우리 부모 (7)취중推重하심이 또한 세상의 드므신지라 연하여 생녀하오시고 오래 아들을 못 낳으시니 부뫼 심히 답답궁거워하오시더니 을해乙亥 사월에 너 수영守榮이 나니 비록 강보襁褓중이나 골격이 수축秀出하고 안뫼顔貌 관옥冠玉같으니 부모긔서 긔애하심이 만금보배에 지내시고 긔대하심이 천리의 (8)준구駿駒같으여 내겨봉서하사 스스로 가득이 하례를 하여겨오시니 그 부모 소생의 응당 잘나실것이매 내 집을 위하여 깃븜이 측량없더니 이후 선대왕이 보오시고 과히 어엿비 너기오서 일홈을 수영守榮이라 지어주시니 어린 아희가 이런 영광이 없고 주상主上긔서 더옥 사랑하오시니 너같이 아시의 은영입은이 또 어대 있이리오

---

1. 의탁하여 바라는 것.
2. 업수히 여김.
3. 숙종肅宗 국구國舅 여양부원군驪陽府院君 민유중閔維重.
4. 종이품從二品 관원官員이 치사후致事後에 임명任命된 벼슬, 종신봉록終身俸祿을 받고 의식儀式때만 출사出仕함인데 이는 민유중閔維重 둣째 아들 민진원閔鎭遠.
5. 혼행婚行, 혼인 때 신부新婦가 그 신랑新郎 집에 오는 것.
6. 종손宗孫.
7. 추중하고 귀중히 여김.
8. 조카를 칭도함.

너 난후 우리집이 더옥 한 일도 험할 일이 없더니 섦도다 올해 팔월에 선비先妣 상사 나시니 뉘 조실부모한 슬픔이 없으리오마는 내 정경은 천지의 혼잔듯 하여 그 애통하던 정새 (1)궁양穹壤이 망망茫茫하니 어이 살고 십으리오마는 선인이 현필賢匹을 잃사오시고 (2)애통우량哀痛踽凉하시는

밖의 불초不肖로 더욱 슬허하오시니 내 몸을 과히 바리지 못하여 선인을 위로하오나 그음없은 설음이야 어찌 일신들 참으리오 내 발상發喪하던 날 선희궁겨오서 친히 림하오서 위로하오심이 자모慈母같자오시니 이러하신 자애는 사가私家 (3)고식姑媳에도 없을 일이니 내 감동하와 감히 (4)억애抑哀를 아니치 못하옵고 장사葬事를 지내옵고 문안에 올라가니 량성모겨오서 날을 집수執手하오시고 하루下淚까지 하오서 창도悵悼하오시고 앗기오시니 (5)망극罔極한중이나 이런 은영恩榮이 어대 있이리오 내가 지통志痛을 당하여 (6)강잉하여 세상에 머믈어시나 진실로 세상 긔렴記念이 없어하니 선대왕긔서 과함을 일컷자오시고 정성성모긔서와 선희궁긔서 집상執喪이 과하여 의복지절이 나라례와 다르다 꾸중하오시니 내 더욱 마음을 다치 못함을 애통하더니라

1. 하눌과 땅.
2. 슬업고 쓸씀함.
3. 싀어머니와 며느리.
4. 슬어움을 억제함.
5. 님금이나 부모父母의 상사喪事를 당한 데 쓰는 문자인데 망국지통亡國之痛의 약어略語, 한없는 애통哀痛의 뜻.
6. 억지로 참음

중제仲第의 (1)실은 현숙유순賢淑柔順하고 숙제叔弟의 (2)배는 온순효우溫順孝友하니 부모 깃거하오시더니 오래지 아니하여 선비를 여희오니 중숙제仲叔弟이때 십칠, 십오세라 성인한바람이 어이 있이리오 불상 잊지못하는중 (3)계제季第는 륙세니 선인의 (4)실시失恃하오시던 년긔같아여 설음을

아는동 만동하고 계매季妹는 제 능히 설워하여 상인喪人의 모양을 하고 계제를 불상히 너겨 서로 의지하여 거나리기를 어룬같이 하여 계제는 [5]왕모王母의 [6]무휼撫恤하심을 받잡고 계매季妹는 형님 거두심을 입으니 의복음식은 념려할배 없으나 남매男妹 고고孤孤히 의지없은 형용을 생각하니 내 참아 일시도 잊지못하고 계매 내게 봉서封書하메 선비생각는 설운말이 지상紙上에 솟아나니 볼적마다 제 글시 한 자에 내 눈물이 한 줄이 나리더니라

---

1. 중제仲弟의 실室, 중제仲弟의 안해.
2. 숙제叔弟의 배配, 숙제叔弟의 안해.
3. 홍낙윤洪樂倫.
4. 어머니를 여힌 것.
5. 할머니, 조모祖母.
6. 어루만지고 위로함.

기8其八

— 부모父母의 정경情景, 성모聖母의 예척禮陟, 숙질睿質의 효우孝友

병자이월丙子二月에 선인이 광주廣州 (1)류수留守를 하오시니 떠나옵는 일 심히 슬허하는중 (2)대부인을 뫼시고 가시니 조모朝暮 우러기를 자모慈母 같잡다가 더욱 설워하더니 그해 구월에 청선淸璿을 낳게되니 해산적마다 선비 들어오셨던 일을 생각하니 지통이 잉부孕婦의 보호保護함을 돌아보지 못하여 (3)행소行素도 오래 하니 긔운이 (4)름철凜綴한지라 선대왕先大王 긔서 용려用慮하오서 선인긔 하교下敎하오서 보제補製를 많이 써 무사히 (5)해만解娩하나 설음이 투골透骨하여 그러하던지 산후 허약하기 륵심하니 선인긔서 과도함을 근심하시더니 그달에 선인긔서 평안平安감사監司를 하시니 떠날심새 또 오즉하리 사정이 절박切迫하나 왕명王命이 지중하서 민면히 떠나가 겨오시더니 그해 중동仲冬에 경모궁긔서 두진痘疹을 하시니 선인겨오서 매양 미력微力이 오심을 근심하시다가 (6)천리관외千里關外에서 소식을 듯자오시고 주야 (7)랭처冷處하오서 서울문안을 듯자오시고 초심焦心하오사 수염이 희여지시더라 하며 다행히 (8)성두成痘를 하오시고 수히 (9)출장出張하오시니 종사宗社 막대지경莫大之慶이오시며 두우痘憂 지내오션지 백일못하여 정성왕후貞聖王后겨오서 (10)례척禮陟하오시니 (11)인산因山때 내인 (12)사서司書가 따라가오서 애통하시는 거둥을 뵈옵고 감읍感泣하였더라하니 뉘아니 탄복하며 그때 국새 점점 (13)망조罔措하야 병환도 (14)미류彌留하신지라 선인긔서 오월에 내직으로 들어오오시니 부녜父女 떠나다가 맞나 깃븜이 첩첩한 근심은 서로 대하면 눈물뿐이러니 동지달에 (15)격뇌激怒하오심이 겨오시더니 선인이 충의忠義지심을 이기지 못하여 당신긔 (16)처의處義하기 어려오신 말슴을 알외시니 (17)진노震怒 더욱 (18)진첩震疊하오사 삭직削職하오서 문외門外로 나가시고 갑자甲子 후 나를 사랑하오심이 한갈같자오서 난처한 때라도 내게는 지자至慈를 감減하오심 없더니 이때 처음으로 엄교嚴敎를 듯잡고 몸둘바를몰라 하실下室에 나려더니 오래간만에 (19)서용지명敍用之命이 나리오시고 나를 또 부르오서 자애慈愛 여전하시니 천만사 황름惶凜한때나 지극하오신 성은聖恩이야 (20)미신분골糜身紛骨한들 어찌다갚으며 내 경력經歷함이 무궁하니 조건條件을 다 쓰랴하나 자필自筆할 말이 아니기 다 못 긔록하노라

---

1. 개성開城·강화江華·경주慶州·수원水原·춘천春川의 구도舊都를 각기各其 관치管治하는 관원官員, 정이품正二品.
2. 대부인大夫人, 남의 어머니를 존칭尊稱함.
3. 소식素食을 행行함.
4. 엄엄한 것.
5. 해산解産.
6. 먼 관서關西 밖에.
7. 두창痘瘡을 이름.
8. 천연두를 다 앓음.
9. 끝낸 것, 출말出末.
10. 님금이 도라가심, 승하昇遐와 같은 말.

11. 나라의 장례葬禮.
12. 관원官員의 하나.
13. 어찌할 바를 모름.
14. 병이 오래 끄는 것.
15. 몹시 노怒함.
16. 의義를 지킴.
17. 존엄尊嚴한 이의 격노激怒함.
18. 존엄尊嚴한 이의 격노激怒가 그치지 않는 것.
19. 죄罪로서 면직免職한 이를 다시 임용任用함.
20. 몸이 물고 뼈를 갈아 마수는 것.

[5]국운國運이 불행不幸하여 (1)정성성모貞聖聖母 승하昇遐하오신 이듬달에 (2)인원성모仁元王后 또 례척禮陟하오시니 량전兩殿을 뫼서 내 자애慈愛 받자옴이 가이없다가 일조의 지통이 첩첩하고 의지하올대 없삽기 어대 비하리오 내 몸이 정성성모貞聖聖母 (3)빈전殯殿 갓가히 있어 미성을 다하고자 하기 오시午時 (4)제전祭奠과 (5)조석곡朝夕哭을 오싹지간五朔之間에 하로 페한 일이 없고 인원성모仁元聖母 나를 사랑하시던 은헤는 갚자올 길이 없는지라 (6)환후患候 달포 위중하오시니 정성성모 아니 겨오시고 허우룩히 (7)초전焦煎하던 정성이 또 어떠하리오 선대왕겨오서 주야로 (8)시탕侍湯하오서 (9)의대를 벗지 아니하오시니 더옥 민박悶迫하옵고 확연애통廓然哀痛함이 그음 없더니라

---

1. 영조英祖 33년三十三年 정축丁丑 2월二月 15일十五日 창덕궁昌德宮 관리합觀理閤에서 승하昇遐.

---

5 「恨中錄(第四回)」, 『文章』, 1939. 5.

2. 영조英祖 33년三十三年 정축丁丑 3월三月 26일二十六日 창덕궁昌德宮 영모당永慕堂에서 승하昇遐.
3. 발인發靷 때까지의 왕王, 왕비王妃의 영구靈柩를 안치安置한 전각殿閣.
4. 의식儀式을 간단히 하는 제사祭祀.
5. 아츰저녁으로 우는 것.
6. 병이란 말을 존칭尊稱함.
7. 저리고 타는 것.
8. 부모父母 병환 때 뫼시고 있으며 약이藥餌를 공궤하는 것.
9. 님금의 의복衣服을 이름.

량전兩殿 삼년을 겨오 맛잡고 [1]긔묘己卯에 가례嘉禮를 행하오시니 그때 불언중不言中 근심이 많은지라 선희궁겨오서 날다려 하오시되 "정성왕후 아니 겨오신 후는 이 가례를 행하와 [2]곤위坤位를 정하옵는 것이 나라해 응당한 일이라" 하오시고 선대왕긔 하례하오시고 가례 찰히오시기를 몸소하서 정성됨이 넙사오시고 궁중보양 될일을 진심으로 깃거하오시니 [3]성궁聖躬 위하신 덕행이 거룩하오시며 가례후 경모궁겨오서 조현朝見하오실때 행례行禮의 지극히 조심하오시고 공경하오심이 천성성효天性誠孝 뛰여나오신 줄 이런일에 아오실 것이오 량전兩殿의 문안問安을 편안히 지내오시면 스스로 깃거하시던 것이-이마듸는 궁중이 다 아는 일이니 지극한 설움을 하늘을 우럴어 뭇고저하되 할 일이 없도다

---

1. 영조英祖 25년二十五年 을묘乙卯에 영조계비英祖繼妃 오여부원군鰲與府院君 김한구金漢耉 따님 정순왕후貞純王后 김씨金氏의 가례嘉禮를 하였음.
2. 왕후王后의 위位.
3. 님금의 몸.

예질睿質이 효우孝友와 자애 이상하오서 금상今上 지중하시기는 이를 것 없으사 (1)군주君主들이 감히 바라지못하게 하오시고 (2)천출賤出들이 우럴어 보지 못하게 명분名分을 엄히하오시고 화순和順 화평和平은 맞누의님으로 공경하오시고 (3)화협和協은 선조先朝의 (4)서어齟齬함을 어엿비 너기오서 더욱 귀히 대접하오시더니 상새喪事 나니 슬허함이 심하고 (5)정처正妻에게는 예사인정으로 생각하면 선조에서 편애하오시니 당신당하오신일 비기오면 응당 화긔和氣를 잃사오실듯하되 조금도 사색긔미辭色幾微에 비최심이 아니 겨오시니 범인으로 이런 터에 처변하면 어찌 이러할 리 있이리오

---

1. 군君들과 공주公主, 옹주翁主들.
2. 첩妾의 소생所生.
3. 영조英祖의 일곱째 따님 선희궁宣禧宮 영빈이씨暎嬪李氏 출出인 화협옹주和協翁主인데 영조英祖 28년廿八年 임신壬申 11월十一月 28일廿八日 졸卒.
4. 귀히 여기지 아니함.
5. 본 안해, 정실正室.

기9其九
— 정조正祖의 가례嘉禮와 경모궁景慕宮의 가열嘉悅

신사辛巳 삼월에 주상主上이 입학入學하시고 그 달에 관례를 경모궁에서 하시되 못가보오시기 내 또한 홀로 가보지못하니 (1)자모지정이 (2)결연缺然밖에 근심이 무궁한지라

1. 어미의 정.
2. 서운한 것.

선인이 이 때 (1)간험艱險함을 당하사 선대왕 은혜恩惠를 갚사오려하시고 (2)소조小朝도 보호하려하오사 용려하오사 용려 과하시면 (3)격긔膈氣성하오서 (4)관격關格증이 매양 발하오시고 축수하시던 붉은 정성은 상천上天이 조촉照燭하시고 신명이 재방在傍하니 일호一毫나 위친爲親한 사정으로 이말이리오 신사辛巳 삼월에 (5)대배大拜하오시니 그때 대신이 없고 (6)상후上候겨오신지라 민면黽勉이 출사出仕하오시니 이 어찌 본심이시리오마는 물러나려 하시니 성은지통聖恩至痛하오사 임의로 못하시고 천백 근심은 점점 무궁하니 오직 몸을 맞하 국은을 갚사오려하오시니 어느 때 (7)우황

憂惶 아니하시며 어느 날 (8)진름震凜아니하시리오 종모宗廟의 긔우祈雨 (9)헌관獻官으로 가오사 행사行祀하오실 때 렬성列聖 신위神位를 우럴어 조종祖宗이 믁우默佑하사 나라히 평안하오심을 암축하던 말슴을 봉서의 하여 겨오시기 내 조희를 붙들어 읍읍하더니라

1. 간고하고 험한 일.
2. 국경國政을 대리代理하는 왕세자王世子를 이름.
3. 가슴 속이 막히는 것.
4. 먹지 못하고 구역嘔逆하고 토吐하고 대소변大小便도 아니 나오는 병증病症.
5. 의경대신議政大臣을 배명拜命함.
6. 님금의 환후患候.
7. 걱정하고 두려워 함.
8. 퍽 두려워 함.
9. 나라에서 임시제서臨時祭祀를 지낼 때 차견差遣하는 제관祭官.

선형이 경오庚午에 소과小科하오시고 들어오시니 경모궁겨오서 보오시고 지긔상합志氣相合 다 하오시더니 신사辛巳에 등과登科하사 강서원講書院 관원官員으로 세손을 자로 뫼시고 강학講學하서 주상主上긔 공이 많이 겨오시고 강서원 입직入直 때 남매 자[6]

맞나 나라 근심을 말하고 (1)합연溘然하여 서로 모르고저 하더니라

1. 별안간 죽은 듯함.

6 이하 몇 자가 누락되어 있음.

신사辛巳 겨을에 세손빈世孫嬪 간택을 하오시니 청풍淸風 집이 대가덕문大家德門이오 김판서金判書 (1)성응聖應 대부인大夫人 (2)수연壽宴에 선인이 가셔시더니 중궁전中宮殿을 아시兒時에 보시고 비상한 자질이라 하신 말씀을 들었더니 김공金公 (3)시믁時默의 녀女 단자單子한 것을 경모궁겨오서 보오시고 뜻이 기우으서 많이 하고저 하오시고 중전 덕용德容이 뛰여나시니 전궁全宮 의논이 귀일하사 순히 완정하오시니 이 실로 (4)전정前定이시며 그 며느리 귀중편애하오심이 지극하오시니 중전이 들어와 특별한 자애를 받자왔삽기 충년이로되 (5)상후喪後 애통哀痛이 심하고 세월이 갈사록 추모追慕하심이 더하사 말슴이 맞자오면 즉금이라도 눈물 아니 낼 적이 없으니 자애 받자온 연괴나 효성이 없으면 어찌 이러하리오 (6)내전內殿이 재간再揀을 지내오시고 즉시 두역痘疫을 하시고 미조차 주상主上이 또 성두成痘를 하오시니 증정이 극순하시나 삼간三揀이 림박한 때 연하여 큰 병환으로 지내시니 내 마음 쓰기 어떠하리오 주상主上 성두는 신사지월辛巳至月 회간晦間에하셔 납월臘月 순간旬間에 출장出場하시니 인가人家의 깃부려든 하믈며 나라 경사냐 (7)선조先朝에서 용려하오시다가 환희하오시고 경모궁겨오서 가열嘉悅하시던 일이 어제같으며 내 남의 없는 정려로 중한 병환에 합수암축合手暗祝하여 태평히 출장하기를 천지신명에 비던 일과 선인직숙先人直宿하사 초전焦煎하시던 정성이야 이를 것이 어이 있이리오 조종祖宗이 (8)음질陰隲하사 량궁兩宮이 차례로 평순하시고 십이월에 삼간三揀을 하고 임오壬午 이월초 이일 가례를 순성하니 국가 막대지경이 이밧 어찌 더하리오

---

1. 청풍김씨淸風金氏, 김도영金道泳의 자子.

2. 환갑環甲 잔치.

3. 김성응金聖應의 자子, 정조正祖 국구國舅 청원부원군淸原府院君.

4. 천연天然으로 정해진 것.

5. 영조英祖 38년三十八年 임오壬午에 사도세자思悼世子가 죽은 후.

6. 왕비王妃를 이름.

7. 영조조英祖朝.

8. 도아주는 것.

기10其十
—가효당佳孝堂의 설음

섧고 섧도다 모년 모월일을 내 어찌 참아참아 말을 하리오 천지 합벽하고 일월이 회색하는 변을 맞나 내 어찌 참아 일시나 세상에 머믈 마음이 있이리오. 칼을 들어 명을 결단하려 하더니 방인傍人의 (1)앗음을 인하여 뜻 같지 못하고 돌아 생각하니 십일세 세손世孫에게 첩첩한 지통을 끼치지 못하고 내 없으면 세손 성취를 어찌 하리오 참아참아 완명頑命을 보전하고 하늘만 부르지지니 그때 선인이 (2)엄교嚴教를 맞나오서 (3)동교東郊에 (4)병복屛伏여 겨오시더니 일이 할 일 없은 후 들어오시니 그 무궁한 지통이야 또 뉘 당할 이 있이리오 그 날 (5)혼도昏倒하사 겨오 깨시니 당신이 또한 어찌 생세生世의 뜻이 겨오시리오마는 내 뜻 같자오서 가즉이 세손을 보호하시랴는 정성만 겨오서 딸오지못하오시니 이 열심당충熱心丹衷이야 귀신이 아지 뉘 알리오 그 날 밤에 내가 세손을 다리고 사저私邸로 나오니 그 망극하고 창황한 경상이야 천지도 응당 빛을 고칠 것이니 이를 것이 어이 있이리오

---

1. 빼앗음.
2. 엄중嚴重한 하교下教.

3. 경성京城 동대문東大門 밖.
4. 물러와 있는 것.
5. 정신 잃고 쓸어짐.

선왕겨오서 선인긔 하교下教하오서 "네가 보전하여 세손을 구호救護하라" 하오시니 이 때 성교聖教 망극지통이나 세손을 위하여 감읍하옴이 측량없고 세손을 어로만져 성은을 축수하고 착한 아들이 되여 선친에게 빛이 있고 성은 갚으라 하고 경계하며 내 설움이 또 어떠하리오 그 후 상교上教를 인하여 새벽 들어갈 제 선인이 내 손을 잡으시고 중정中庭에 실성통곡失聲痛哭하시며 "세손을 뫼셔 만년을 누리사 만경晩境 복록福祿이 양양洋洋하소서" 하오시고 울으시니 그때 설움이야 만고에 다시 또 있이리오 인산因山전의 선희궁이 날을 보오시니 가없이 원통하오신 설움이 또 어떠하리오 로친老親긔서 애척이 과하오시니 내 도로혀 지통을 절억節抑하여 우러러 위로하되 "세손을 위하오서 몸을 바리지마옵소서" 하옵더니 장례葬禮 후 올라가오시니 내 [1]혈혈孑孑한 자최 더옥 의지할 대 없더니 팔월에야 선대왕긔 뵈오니 내 설운 회포가 어떠하리오마는 감히 베프옵지 못하옵고 "모자母子 다 보전함이 성은聖恩이올소이다" 하고 체읍涕泣하며 알외오니 선대왕이 집수執手하오서 울으시고 "네 저러할줄 생각지 못하고 내 너 볼 마음이 어렵더니 내 마음을 편게하니 아름답다" 하오시니 이 하교를 듣자오니 내 심장이 더욱 막히고 명완命頑함이 가지록 심한지라 또 알외되 "세손을 [2]경희궁慶熙宮으로 다려가오사 가르치시기를 바라옵나이다" 하니 "네 떠나 견댈가 십으냐" 하시기 눈물을 드리워 "떠나 섭섭하기는 작은 일이오 우흘 뫼와 배호옵는 일은 큰 일이오이다" 하고 인하여 세손을 올려보내랴 하니 모자 떠나는 정리 오즉 하리오 세손이 나를 참아 떠나지 못하서 울고 가시니 내 마음이 버히는 듯 하나 참고 지내엿더니 셩은이 가지록 지중하오서 세손 사랑하심이 지극하오시고 선희궁겨오서 아드님 정을 옴기오서 세손에게 설우신 마음을 쏟아 좌우 긔거起居와 음식범백飮食凡百의 방심치 못하오서 한 방에 머므오서 새벽 깨사 밝지 아녀 글 읽으라 하오시고 나가실 제 칠십 로인이 한가지로 일즉이 일어나오사 조반을 부듸 보살펴 들이니 세손이 일은 음식을 (3)못 진어하오시되 조모 지셩을 위하여 강잉하여 자시더라 하니 선희궁 그때 정사를 또 어찌 생각하리오 주상主上이 사오세부터 글 하 좋와하시니 각궐各闕에 떠나지내나 글 아니할가 념려는 아니하엿으되 내 못 잊어 하기는 날로 심한지라 세손모자 그리는 정새 간절하야 선대왕 뫼와 지내고 밤들게야 자고 새벽에 깨여 내게 봉서를 하여 (4)서연관書筵官의 회답回答을 보고야 마음을 놓으니 아기 내어미 못 잊는 인정은 자연 그러하려니와 삼년을 상리相離하여 지내는 중 여일如一히 그리 하시던 줄이 이상히 숙셩하오시고 내가 경력한 병이 자로 나되 삼 년 안에 더나지 아니하니 (5)외오서 의관醫官과 논증論症하여 약 보내기 어룬같이 하시니 이 다 천셩지효天性至孝시여니와 십년충년十年沖年에 어찌 그리 하시던고 매사에 아니 숙셩하시냐

---

1. 외로운 것.
2. 지금 경성중학교京城中學校 기지基地에 잇던 궁전宮殿. 광해光海 8년八年 병진丙辰에 창건刱建하고 처음에는 경덕궁慶德宮이라 하였음. 그때 영조대왕英祖大王이 이 궁宮 겨오심.
3. 못 잡수심.
4. 왕세자王世子 글을 강講하는 곳의 관원官員.

5. 멀리서.

그 해 구월에 [1]천추절千秋節을 맞나니 내 자최 움즉염즉지 아니하나 상교上教를 인하야 브득이 나가니 내 거처하는 집이 경춘전景春殿 남편 낮은 집이니 선대왕긔서 그 집 일홈을 [2]가효당佳孝堂이라 하오시고 현판懸板을 친히 쓰아오서 "네 효심을 오늘날 갚아주노라" 하시니 내 눈물을 드리워 받잡고 감히 당치 못하고 또 불안하더니 선인이 들으시고 감축하여하오서 집안봉서의 매양 그 당호를 써 다니게 하시더라

---

1. 왕세자王世子의 탄일誕日인데 이는 그때 왕세손王世孫이던 정조대왕正祖大王의 탄일誕日.
2. 창경궁昌慶宮의 통명전通明殿 동남東南에 있는 집.

기11其十一[7]
—또 그 서문序文

임오壬午 화변禍變이 천고千古없는 변이라 (1)선왕先王이 병신초丙申初의 (2)영묘英廟긔 (3)상소上疏하오서 (4)정원일긔政院日記를 없이하여지라 하여 그 문적文蹟을 없이하여시니 선왕의 효사孝思로 그때 일을 중인衆人이 아니 볼 이 없이 (5)설만이 보는 것을 설워하심이라 년대年代 오래고 사적事蹟을 알 이 없어가니 그 사이의 일을 (6)탁하고 화를 즐기는 무리들이 사실을 (7)변난하고 청문聽聞을 현혹眩惑하여 혹하되 경모궁景慕宮이 병환病患이 아니 겨오신데 영모英廟겨오서 참언讒言을 듣자오시고 그 처분處分을 하오시다하며 혹하되 영모겨오서 못생각하신 일을 신하가 권하여드려 망극罔極지경이 되다하야 선왕성충先王誠忠을 의현疑眩케 하랴 하니 선왕이 영명하오시고 그때 비록 충년沖年이시나 다 목도目覩하신 일이라 어찌 속으리시오마는 위친爲親한데 범연하다 할가 두리오서 경모궁의 속하고 (8)모년사某年事라 하면 일례一例로 그러타하서 일즉이 시비是非 진가眞假를 분변치 아니하시니 이는 당신지통當身至痛으로 브득이 하신 일이라 선왕先王은 다 알고 지정至情의 이끌어 그리하여 겨시거니와 후왕後王은 선왕과 저기 다르고 어떠한 큰일을 자손이 되야 인하야 모르기는 인정천리人情天理의

---

7 「恨中錄(第五回)」, 『文章』, 1939. 6.

어긴 일이라 주상主上이 어려겨신데 이 일을 알고저 하시나 선왕이 참아 자서히 일르지 못하오시고 다른 사람이 뉘 감히 말을하며 뉘 능히 이 사실을 (9)해비히 알리요 나 곳 없으면 궐내闕內에서는 알 이 없어 인하여 모르게 하여시니 자손이 되야 조선祖先의 큰 일을 망매茫昧할 일을 위하야 망극하야 한번 전후사를 긔록하야 주상을 뵈고 없이하려하되 내 붓을 참아 참아 쓰지 못하야 (10)임염荏苒하더니 내 첩첩한 공사公私 참화慘禍 후 일명一命이 실같하여 거의 (11)끊어지게 되니 이 일을 주상主上을 모르게 하고 돌아가기 실로 인정人情 밖인 고로 죽기를 참고 저를 우러 이리 긔록하나 참아 쓰지 못할 마듸 내 빠힌 것이 많고 지리한 곳은 다 걷으지 못하며 내 영묘英廟 자부子婦로 평일平日 자애지덕慈愛之德과 그때 재생지은再生之恩을 입삽고 경모궁景慕宮 처자妻子로 소천所天 위하는 정성이 하늘을 께칠 것이니 부자父子 두 분 사이의 일호一毫 말이 과하면 전신全身의 주극誅戟하심을 면치 못하려니 외인外人의 모년사某年事로 여차여피如此如彼하는 것은 다 맹낭한 말이오 이 긔록을 보면 모년某年 시종始終을 소연照然히 알 것이오 영묘겨오서 처음은 비록 자애를 더하지 못하여 겨오시나 나종은 할 일 없아오시고 경모궁겨오서도 천픔본성의 인후 관대하오심은 비록 거룩하오시나 병환이 만만 망극하서 종사위망宗社危亡이 호흡지간呼吸之間이니 할 일이 없사오신 터를 당하오시고 내런지 선왕이런지 경모궁 처자로 그 망극지변을 지내고 능히 죽지 못하고 보전한 것이 또한 애통은 자애통自哀痛이오 의리는 의리로 하야 오늘날까지 온 일이니 마듸를 주상이 자서히 알고저 함이라 대저大抵 이 일이 영묘를 원망하며 경모궁을 병환이 아니시라 하여 신하를 죄 있다 하야서는 비단 본사本事의 실상을 잃을 뿐 아니라 삼조三朝의 다 망극한 일이니 이만 잡으면 이의리 분간하기 무엇이 어려오리오 내 (12)임술춘간壬戌春間의 이 일을 초잡아 두고 미처 뵈지 못하였더니 근일近日의 경력經歷한 수작이 및어 [13]가순궁嘉順宮도 자손을 알게 하는 것이 옳으니 써내라 청하니 비로서 강잉하야 써 주상긔 뵈니 내 심혈血心이 이 긔록에도 있는지라 새로이 심혼心魂이 경월驚越하고 간폐肝肺 븡절崩折하야 일자일테一字一涕하야 글시를 일우지 못하니 세상의 날 같은 사람이 다시 어이 있이리오 원의원의寃矣寃矣로다 [14]을축사월일乙丑四月日

---

1. 정조대왕正祖大王.
2. 영조대왕英祖大王.
3. 님금께 글 올리는 것.
4. 왕명王命의 출납出納을 맡은 관아官衙 즉 승정원承政院에서 하는 일기日記.
5. 번라히.
6. 핑게함.
7. 어지럽게 맨드는 것.
8. 영조英祖 38년三十八年 임오壬午에 사도세자思悼世子가 화를 당한 일.
9. 자상히.
10. 그날그날 지내는 것.
11. 끊어짐.
12. 순조純祖 2년二年 임술壬戌의 봄 동안이니 사도세자思悼世子의 숙빈임씨肅嬪林氏 소생所生인 인裀과 혜경궁홍씨惠慶宮洪氏의 친제親弟 홍낙임洪樂任이 그 전해 4,5월四五月에 천주교天主敎의 신도信徒라는 죄罪로 사사賜死를 당하였음을 보고 혜경궁홍씨惠慶宮洪氏가 퍽 억울히 생각고 이 글을 쓰기 시작하였음.
13. 정조대왕正祖大王께서 아드님을 못 두시다가 박준원朴準源의 따님 번남박씨潘南朴氏로 수빈綏嬪을 삼아 순조純祖를 낳으시고 가순궁嘉順宮이라 칭호稱號함.
14. 순조純祖5년五年, 그때 대왕대비大王大妃로 계시던 정순왕후貞純王后 김씨金氏가 승하昇遐한 뒤.

기12其十二
— 숙질睿質의 변화變化

[(1)]무신戊申 후로 [(2)]국본國本이 오래 븨오시니 영묘英廟겨오서 주야晝夜 [(3)]초우焦憂하오시다가 을묘乙卯 정월의 선희궁宣禧宮겨오서 경모景慕를 탄생하오시니 영모겨오서와 인원仁元 정성貞聖 량성모兩聖母겨오서 종사宗社막대지경莫大之慶을 환열歡悅하오시기 비할대 없사오시고 일국신민一國臣民이 또 뉘 아니 도무蹈舞하리오

1. 영조英祖의 첫 아드님 장효세자章孝世子[8]가 귀끼든 영조英祖 4년四年.
2. 그 나라의 근본, 즉 세자世子를 이름.
3. 몹시 걱정하심.

경모궁겨오서 나오시며 예질睿質이 [(1)]기의비범岐嶷非凡하오시기 특이하오신지라 동궁東宮의 긔록하야 전하는 말을 보니 나오신 지 백일 안의 긔이한 일이 많사오시고 [(2)]사삭四朔에 [(3)]거오시고 륙삭에 영묘 부르오심을 응대하오시고 칠삭에 동서남북을 가르치오시고 이세二歲에 글배호오서 륙십여자六十餘字를 성자成字하시고 삼세에 다식을 들이니 수복자壽福字

8 원문에 장효章孝세자로 되어 있으나 효장孝章세자가 아닐까 한다.

박은 것은 잡사오시고 팔괘八卦 박은 것은 따로 놓자오시고 잡삽치 아니하오시거늘 뫼신 이 잡사오소서 권한대 팔괘니 아니 잡사오실 것이라 하오시고 그 후 [4]태호복희씨太昊伏羲氏 그린 책을 높이 들나 하오서 절하오시고 천자를 배호오시다가 사치치자侈字 가으멸 부富에 이르러 사치자를 집사오시고 입사온 바 [5]의대를 가르치오시며 이것이 사치라 하오시고 영묘英廟 유시幼時의 어허오시던 감토의 [6]칠보七寶 얽히인 것이 있어 쓰오시게 하니 이도 사치라 하오시고 아니 쓰오시고 주세의 입어겨오시던 의대를 입으시게 하랴하니 사치하야 남붓그러워 슗다 하오시니 참 유년의 긔이하오신 일이오시니 뫼신이 시험하야 면주와 무명을 놓고 어느 것이 사치오 어느 것이 사치 아니오니이까 하니 면주란 것은 사치라 하오시고 무명으란 사치 아니라 하오시니 또 하시는 양 보오랴 어느 것을 의대를 하여 입사오시면 좋사오시리이까 하온즉 무명을 가르치오시며 이것을 입어야 좋으리라 하오시니 이 일로 보아도 탁월하시던 줄을 거의 알지라

1. 남보다 뛰어난 것.
2. 넉달.
3. 걸으시는 것.
4. 중국中國의 태고太古적 거룩한 사람.
5. 님금의 의복衣服.
6. 금金, 은銀, 유리琉璃, 차력硨磲, 마노瑪瑙, 여파瓈玻, 진주眞珠 등.

체모體貌 웅장석대 하오시고 천성이 효우총명 하오시니 만일 부모님곁에 떠나게 마오시고 범사를 교도敎導하오샤 자애와 가르침을 [1]병행倂行하

야 겨오시더면 덕긔의 셩취하오심이 어떻하오시리오마는 그렇지 못하야 일즉이 각각 멀리 떠나 겨오시니 한마듸로 인연하야 작은 일이 큰게 되야 필경 말하기 어려온 지경이나게 이르러시니 이것이 [2]천수天數의 불행함과 국운國運의 망극罔極함이니 인력으로 용납할 터히 없으려니와 나의 지원 지통이야 어찌 측량하야 말하리오

1. 함께 행함.
2. 하늘이 정한 운수.

영모겨오서 동궁東宮이 오래 븸을 념려하오시다가 [1]원량元良을 얻자오시고 가열흔희嘉悅欣喜하오신 셩심聖心으로 멀리 떠나오시는 사정을 돌아보지 아니하오시고 어서 동궁東宮의 주인主人 겨신 것만 [2]두긋기오사 급히 법만 찰히라 하오시고 나션지 백일만에 탄생하오신 [3]집복헌集福軒을 떠나오사 보모保姆만 맡기오사 오래 븨었던 저승전儲承殿이라는 큰 전각으로 옮사오시게하니 저승전인즉 본대 동궁 드으실전이오 그 곁에 강연하실 락선당樂善堂과 [4]소대召對하오실 덕성합德成閤과 동궁 숙하肅賀 받으오시고 [5]회강會講하오시는 시민당時敏堂이 있고 그 문 밖에 [6]춘계방春桂坊이 있이니 장성하오시면 동궁의 따로인 집인고로 어룬 갈사 오시게 저승전 주인이 되게하오신 성의聖意오신지라 영묘英廟겨오서와 선희궁겨오서 극한성서極寒盛暑를 피치 아니하오시고 날마다 오서서 머므오시는 때도 많더라 하나 어찌 한집속에서 조석으로 양육하시며 수일없이 교훈하오심 같아리오 어찌 하오신 헤알임이 오실는지 그 지중하오신 종사와 의탁할 아드님을 겨오 얻자오사 법은 지차오 부모측父母側에서 양육하사

성취하오시지 아니하오사 처소가 요원하야 인사아오실 즈음부터 자연 떠나오심이 많고 모히오심이 적으니 조석의 대하오시느니 환관궁첩宦官宮妾이오 듣자오시느니 려항세쇄지담閭巷細瑣之談뿐이니 어찌 섧고 원통치 아니하오리오 유시의 덕긔德器 이상하오시고 행동이 유법하여 상없이 아니하오시고 긔상을 엄중 언어는 침믁하오사 뵈옵는 이 어룬님군 뫼시나 다르지 아니케 너기더라하니 이 천품의 자질로 부모측을 떠나지 마오시고 부왕겨오서는 (7)만긔萬機 여가餘暇의 글 읽고 일 배호심을 곁에서 몸으로 가르치오시고 모빈母嬪겨오서라도 이 아드님 성취하는 일이 당신게 으뜸 소임이오시니 손 밖의 내지마오시고 일을 가초 지교하오사 일변 엄위하오시고 일변 친애하오사 흡연洽然히 사이가 없사오시고 임타任他케만 마오시드면 일어 어이 이 지경에 이르시리오

---

1. 왕세자王世子.
2. 든든히 여기심.
3. 창경궁昌慶宮 안에 있든 집.
4. 참찬관參贊官 이하以下를 소집召集하여 왕王이 친親히 글을 강講함.
5. 매월每月 2회二回, 왕세자王世子가 사전이하師傅以下 여러 관원官員을 모아 놓고 경사經史 기타其他 진강進講에 대하여 온습溫習함.
6. 춘방春坊과 규방桂坊 곧 세자世子 시강원侍講院과 세자世子 익위사翊衛司를 이름.
7. 만반萬般의 정무政務.
8. 내버려 둠. 방임放任 또는 방탕放蕩.

최초 일인즉 섧고 애달은것이 하나흔 어리신 아기를 저승전儲承殿의 멀리 두오시고 둘은 고이한 내인內人 드려오신 연괴니 여편네 소쇄한 말 아니라 사실의 비로슴을 대략 걷으노라

저승전인즉 (1)어대비魚大妃 겨오시던 집인데 아니 겨오신지 오래지 아니하고 저승전 뒤편 취선당就善堂이라 하는 집은 (2)희빈嬉嬪이 갑술甲戌 후 머므러 (3)인현왕후仁顯王后 (4)저주咀呪하던 집인데 그 (5)강보襁褓의 아기네를 황량荒凉한 전각殿閣에 혼자 두오시고 희빈 처소는 (6)소주방을 맨들어 잡삽는 음식 처소를 삼으니 어찌 이상한 일이 아니리오 어대비魚大妃 (7)국휼삼년후國恤三年後 부리오시던 내인들이 다 밖으로 나갔더니 동궁東宮 배판할 제 체면을 있게만 하라하오시되 각처各處 내인이 숙소宿所는 하거니와 어찌하오신 성의聖意 오신 지 경묘景廟와 어대비전魚大妃殿 내인 간 것을 최상궁崔尙宮 이하로 다 불러들여 (8)원자전元子殿 내인을 맨드시니 (9)처소내인處所內人들 모양이 경묘景廟 겨오신 듯십을 것이오 그 내인들의 기승氣勝하고 정없기 이를 것이 없어 지미지세至微至細한 일로 비로서 탈이 나시니 한恨 되지 아니하리오

1. 경종景宗 계비繼妃 선의왕후宣懿王后 어씨魚氏.
2. 숙종肅宗의 후궁後宮이오 경종景宗의 사친私親인 장씨張氏.
3. 숙종계비肅宗繼妃로서 한때 폐비廢妃를 당하신 이.
4. 잘못되라고 고사하는 것, 방자하는 것.
5. 포대기.
6. 궁중宮中의 음식飮食 맨드는 곳.
7. 나라님이 돌아가신 것인데 어대비魚大妃가 영조英祖 6년六年에 승하昇遐하심을 이름.
8. 왕王의 큰아드님이 계시는 집.
9. 5처소五處所 내인內人, 즉 상과尙果방 내인, 안소주방 내인, 밧소주방 내인, 서답방 내인, 세수洗手방 내인.

영묘英廟겨오서 그 아드님 얻자오시고 지극하오신 자애 비할 대 아니

겨오사 사오세四五歲까지라도 저승전에 오오서 [1]침수寢睡와 거처居處를 [2]자로 하오시고 자애하오심이 [3]쯤이 없사오시니 경모궁겨오서 본질本質이 효우하실 뿐 아니라 천리 인정이 유시의 어이 부모를 사랑치 아니하시리오 비록 각각 처소는 사이가 머나 다른 일이 없으시니 이러틋 사랑하오시고 교훈敎訓하오사 예사 가인부자 같으면 어찌 [4]섬개纖芥만한 틈이 있어시리오마는 국운國運이 그릇되랴하야 형용없고 지적指摘할 곳 없은 세미細微한 일에 [5]성심聖心이 불언중不言中 격뇌激怒하오사 한일 두일하여 어찌 될 줄 모르게 동궁에 머므오시던 일이 차차 감減하오시니 그 아드님겨오서는 막 자라오시는 아기네를 한 때만 가르치지 아니하오시고 [6]금즙禁戢지 못하면 임타任他하기가 쉬올대 자연 아니보오시는 때가 많으니 어찌 탈이 나지 아니하리오

---

1. 잔다는 말의 경어敬語.
2. 자주.
3. 제한際限과 같은 말.
4. 가는 티끌.
5. 님금의 마음, 성의聖意와 같음.
6. 금함, 금지禁止.

영모겨오서 [1]화평옹주和平翁主를 천륜天倫 밖에 타별他別하게 긔애하오시다가 [2]무오년戊午年에 [3]금성위錦城尉를 [4]빠오사 미처 행례行禮 못하신 전 동궁처소에서 놀게 하시니 그 부마駙馬 사랑하오심이 [5]옹주翁主로 따로여 특별하오신지라

1. 영조英祖의 세째 따님, 영빈이씨暎嬪李氏 출出.
2. 영조英祖 14년十四年.
3. 선조宣祖 부마駙馬 박이朴瀰의 오세손五世孫인 박명원朴明源.
4. 뽑는다는 말.
5. 님금의 사위를 이름.
6. 왕王의 후궁後宮의 몸에서 난 따님을 이름.

원자궁元子宮 내인들이 다 경묘景廟 내인인데 보모保姆 최상궁崔尙宮은 잡념雜念 없고 굳세여 충성이 있이되 성품이 (1)과격싀험過激猜險하야 옹용치 못한 사람이오 지차 한상궁韓尙宮은 (2)간능하고 (3)궤휼詭譎하고 (4)싀기猜忌 많은 인물이니 비록 동궁東宮 내인이 되여시나 본대 옛적 대전大殿 내인이니 영묘긔 어찌 극진한 정성이 있이리오

1. 말괄령이 같고 험잡스러운 것.
2. 간사하고 능청맞은 것.
3. 거짓부리 잘 하는 것.
4. 남을 싀새워하고 사위함.

이러할 제 천한 내인이 대의大義를 몰라 선희궁겨오서 동궁을 탄생誕生하야 겨오시니 지극히 존귀하신 줄 생각지 아니하고 선희궁 미시微時적 일만 생각하야 만모도 하고 언사言辭도 공순치 아니하야 혹 흣뿌림도 있이니 선희궁겨오서 중심中心의 미안히 너기오시고 영묘겨오서 어이 몰라 겨오시리오

그때 세초歲初의 경을 읽는날 금성위 들어오고 마츰 날이 늦어 [1]독경讀經하는 배설排設이 늦으니 그 내인들이 본대 공순치 아닌 인물로 화증을 내여 훗뿌려 서로 앉아 무엇이라 하였던지 선희궁도 노하와 하오시고 영묘겨오서는 그 눈치를 스쳐 아오시고 괘심히 여기오시나 사랑하오시는 금성위 들어와 머므는 끝에 죄를 주시면 옹주翁主와 부마駙馬에게 원망이 및을 듯하야 처분處分은 아니하오시나 성심聖心의 절통하오서 동궁의 가오시고 십흐나 그 내인 보오시기 싫사오시기로 동궁 처소의 가오시는 길이 감하야 지오시니 그 내인들은 다 들어 내치지 못하오시고 도로혀 동궁을 그 고이한 내인의 수중의 넣어 두오시고 그 내인 밉사오시기로 동궁을 드물게 보러 단이오시니 어찌 갑갑한 일이 아니리오

---

1. 복福을 빌거나 화禍를 물리치기 위하여 판수 따위를 시켜 경문經文 등을 읽히는 것.

그리하오실 제 동궁은 점점 자라오서 놀음하오십흐신 마음이 나오시니 그는 아기네 상정常情이라 막 가르치오실 때에 자상으로 드물게 오오시는 틈을 타 한상궁이라 하는 것이 최상궁다려 하기를 "사람마다 간하고 [1]거슯쓰면 아기네 마음이 울적하야 펴들 못하오실 것이니 최상궁은 엄히 돕사와 도리로 인도引導하옵고 나는 노호실제도 있게 하야 [2]소창消暢하시게 하리라" 하고 그것이 손재조가 있어 나무와 조희로 [3]월도月刀도 맨들고 칼도 맨들고 궁시弓矢도 맨들어 최와 제가 [4]교체交替하는 상궁이니 최상궁 나려가는 때를 타 어린 내인 아희들을 마치 약속約束하여 문 뒤에 세워다가 그 아희들을 시겨 군기軍器 맨든 것을 가지고 무예武藝 소래를 하여 달려들어 노오시게 하니 성인聖人의 자질姿質이오시다 하고

[5]맹자孟子는 세 번을 옮아겨시니 어찌 혹하지 아니하오시며 어찌 유희遊戲하고 십으지 아니하시리오 놀기에 탐하사 부왕겨오서 보오시면 꾸중이나 하실가 그 염려가 나오시니 아기네 마음에 사이없이 부모 뵈옵던 마음이 다르오시고 모빈母嬪도 알아오실가 념려하서 게 내인이와도 기휘忌諱하오시는 마음이 나오시니 막 자라 배호실 때에 그리 한 것이 그 불길한 병기兵器로 노오시게 인도引導하니 본래 품수하오시기를 영웅英雄 긔상이오신대 돕는 놀음이 흡연히 조사오서 그놀음으로 밀매암아 차차 늘어나종 난언難言지경까지 이르러 겨오시니 그 한가내인의 작용作用한 것이 어찌 흉악凶惡하고 무상치 아니하리오

---

1. 것슬게 구는 것.
2. 마음을 펴고 노는 것.
3. 대도大刀의 일종一種, 자루 길이가 6척4촌六尺四寸, 날 길이가 2척8촌二尺八寸, 언월도偃月刀.
4. 갈아 번드는 것.
5. 중국中國 고대古代의 현인賢人인데 그 어렸을 때 그 어머니가 세 번 이사하여 가르치셨음.

그러틋 삼사년을 지내야 칠세七歲되시던 신유辛酉의 영모겨오서 한가의심술 깨닫자오서 [1]령출令出하오시고 다른 내인도 죄 입은 이 많으니 그 처분이 극히 옳사오신지라 그때 인하야 내인들 다 내치오시고 증계懲戒를 깊게 하오사 두 분이 떠나지 마오시고 곁에 두오서 가르치오시더면 그 효심의 어찌 좇아게오시리오마는 그 내인만 내여보내오시고 다른 내인은 다 두어 거록이 받들고 아기네를 너른 집에서 [2]어룬이 금찰檢察치

아니하고 임의任意로 자라오시게 하니 보오시는 것이 겨오시리오

1. 내보내는 것.
2. 보살피는 것.

이러하오실적 전궁지간殿宮之間이 형용없이 모모사某某事 지적指摘할 것은 없으되 아드님은 아바님긔 두려워하오시는 마음이 나오시고 아바님은 아드님이 어떠케 자랄는고 혹 내 마음과 다를는가 이러틋 하오신대 부자분 성품이 다르오서 영묘겨오서는 언어침믁言語沈黙하오서 행동지간行動之間에 날내지 못하오시고 민첩지 못하오시니 덕기德器는 거록하오시나 범소사凡所事의 부왕父王의 성품과는 다르오신지라 상시의 뭇자오시는 말습이라도 즉시 응대치 못하오서 머뭇거려 대답하오시고 문의問議하실 즈음이라도 당신 소견이 없사오신 것이 아니로되 이리 대답하야 어떠할고 저리 대답하야 어떠할고 하오서 즉시 대답지 못하야 매양 영묘겨오서 갑갑하게 하오시니 이 일이 또 큰 마듸가 되얏는지라

대저 아희 가르치는 것이 비록 지존至尊한 터에 나겨오시나 당신 부모긔는 시봉侍奉하야 부리오심과 가르치오심을 받자와 부모가 싀스럽지 아니하고 허물이 없어야 할 때 이는 그러치 아니하야 강보시襁褓時부터 부모를 떠나고 내인들이 받들어 아기네 임타하도록 하야 지어至於 옷골흠 다님매기까지 다하야 드리니 매사每事에 너모 임편하시기만 과하신지라

강연講演의 빈료賓僚 (1)인접引接하실 즈음은 (2)엄연숙숙儼然肅肅하오서

강성講聲도 [3]홍량弘亮하오시고 문의도 그릇하오심이 없사오시니 뵈옵는 이 거룩하오심을 일컬어 [4]외간外間의 [5]영명榮名이 많이 나타오시되 갑갑하고 애달을손 부왕을 뫼옵고는 두렵고 어려워 응대應對를 민첩히 못하오시니 영묘겨오서 한번 답답하오시고 두번 답답하오서 인하야 격노激怒도 하오시고 근심도 하오시나 이러할사록 갓가이 두오시고 친히 가르치오서 지정至情이 무간하오실 도리는 생각지 아니하오시고 일양 멀리 두오시고 스스로 잘되여 절로 성의聖意에 맞자오시기를 기약하오시니 이러할제 어찌 탈이 없으리오 점점 서어하야 지내오시다가 서로 보오실 때에는 부왕겨서는 책망 하오심이 자애에서 앞서오시고 아드님 겨오서는 한번 뵈옵사오시는 것도 조심하오시며 공구하오심이 무슨 큰일이나 지내오신듯 십허 불언중不言中 부자분 사이가 [6]조격阻隔하오심이 되여시니 어찌 쉽지 아니하리오

---

1. 접해보는 것.
2. 점잔하고 씩씩함.
3. 크고 맑음.
4. 궁금宮禁 밖의 인간人間.
5. 영예榮譽로운 이름.
6. 막히는 것.

기13其十三[9]
—경모궁景慕宮의 병환病患 1—

(앞으로 다시 거듭 나오는 대문이 더러 있으나 그 취향趣向과 상략詳略이 서로 다르므로 원문原文 그대로 두는 바이로라)

경모궁 이세二歲 병진 삼월丙辰三月의 (1)동궁책봉東宮冊封하오시고 칠세七歲 신유辛酉의 (2)서연書筵하오시고 팔세八歲 임술정월壬戌正月의 (3)태묘전알太廟展謁하오시고 삼월三月의 입학入學하오시고 거룩하오신 자질姿質을 흠탄치 아닐 이 없더라 하며 계해 삼월癸亥三月의 관례冠禮하오시고 갑자정월甲子正月의 가례嘉禮하오시니 내 들어와 궐내闕內 모양을 보니 그때 (4)삼전三殿이 겨오신데 법이 엄하고 례가 중하야 호발毫髮만치도 사정私情의 일이 없으니 두렵고 조심되야 마음을 감히 일시도 놓지 못하니 경모궁겨오서도 부왕父王님긔 친애親愛는 뒤지오시고 엄의嚴儀가 승하오서 십세十歲된 아기네 오시되 감히 마조 앉지 못하오시고 신하들처로 국촉부복跼縮俯伏하야 뵈옵던 것이 어찌 그리 과하시던고 십으며 소세梳洗를 일즉이 하시는 일이 없고 매양 서연시각書筵時刻이 든 후 보채 다시 하오시고 문안갈 제는 나는 일즉 세수하고 무거온 머리와 옷을 입고 가려 하되 동궁

9 「恨中錄(第六回)」, 『文章』, 1939. 7.

東宮이 앞서지 아니하오신 전은 빈궁嬪宮이 감히 못 가는 법이기 매앙 기다리고 있이니 아이 마음의 어찌 세수가 저리 더디신고 심중의 고이 너겨 병이 오신가 너기더니 과연 (5)을축년乙丑年 즈음의 아기네 선히 날치며 놓으실 것과도 달라 어찌 예사롭지 아니하야 병환점이 드오시는 듯하니 내인들의 모혀 가만히 말하고 근심하고 념려하는 상이러니 그 해 구월간九月間의 병환病患이 대단히 드오서 진퇴進退 무상無常하오시니 그리 비경하오실 제 어찌 (6)문복問卜지 아니하야시리오 무복巫卜의 말이 여출일구如出一口하야 저승전儲承殿 겨오신 해라 하야 (7)세간世間을 기울여 신사긔도神祠祈禱 독경讀經 브치를 많이 하되 낫지 아니하오시니 저승전을 떠나 (8)대조전大造殿 (9)서익실西翼室 륭경헌隆慶軒이라 하는 집의 피우하오시고 나는 집복헌集福軒으로 가 뫼와 지내더니 병인정월丙寅正月의 경춘전景春殿으로 나가니 또 옮아가니 그때 십이세十二歲오시고 경춘전은 연경당延慶堂과 집복헌이 가까오니 선희궁宣禧宮겨오서는 자로 오오시고 (10)화평옹주和平翁主 성품이 인후공검仁厚恭儉하야 그 오라바님을 귓사와하야 연경당으로 다 오오소서 하야 친친親親히 지내오시니 영묘英廟겨오서 그 옹주긔 지극하오신지라 따로인듯이 가차하오시니 깃브고 즐거오서 부왕父王긔 두리워하오시기가 낤자오시니 화평옹주가 장수長壽하오시더면 전궁殿宮 사이의 돕삽고 유익有益함이 어떠하리오 정묘년丁卯年은 서연書筵도 착실히 하오시고 근심 없이 지내더니 십월十月의 창덕궁昌德宮 (11)행각行閣 화재火災로 (12)경희궁慶熙宮에 이어移御하오서 경모궁 처소는 (13)습희당緝熙堂이오 선희궁은 (14)양덕당養德堂이오 화평옹주는 일녕헌逸寧軒이니 사이가 멀어 상종하기가 드므니 그때부터 놀음하기가 도로 나오시고 무진륙월戊辰六月의 화평옹주가 상사 나니 영묘겨오서 그 천륜天倫 밧 타별他別하시던 따님을 잃사오시고 애통하심이 거의 성체를 바리오실 듯하오시고 선희궁 설워하오심이 또한 같사오시니 두 분이 참척慘慽의 만사여몽萬事如夢하사 그 아드님 돌아보오시지 못하오시니 그 사이의 꺼릴 것 없이 유희遊戲도 더 하오시고 세상만사世上萬事의 아니하야 보실 일이 없어 활쏘시기 칼 쓰오시기 기예技藝 브치를 다 능히 잘 하오사 희롱하오시는 것이 다그브치오시고 그림 그리기로 날을 보내시고 경문잡서經文雜書를 또 좋아하서 당주복자堂主卜者 김명긔金明基게 경을 써오라 하서 공부하야 외오시니 이런 잡일로 유의有意하오시니 어찌 강학의 온전하오시리오 일로 보아도 가까이 두오실 적은 학문도 힘쓰오시고 부자분 사이도 무간無間하시고 유희도 아니하오시더니 멀리 겨오신 후는 도로 하오시고 강학講學도 전일專一치 못하오시고 부자간父子間 서어齟齬하시기도 더 심하야 겨오시니 만일 부모님 손 밖의 내지만 마라 겨오시더면 어찌 이 지경이 되야 겨오시리오 한 가지 일로 생각하야도 지극히 설오니 어찌하오신 성의聖意오실는지 그 아드님을 조용한 때 친사親炙히 앉히오시고 진정으로 교훈敎訓하신 일은 과연 없아오시고 임타任他하게 바려 알은 체를 아니 하오시다가 매양 남모인대면 흉보시듯이 말슴하오시니 한번 (15)상후上候로 인하야 인원왕후仁元王后도 나려 오오시고 제 공주와 (16)월성月城 (17)금성錦城 두 부마駙馬도 들어오고 장히모인 때 내인을 명하오서 세자世子 가지고 노는 것을 가져오라 하사 다들 보게 하오시고 많이 모인 중의 무안케만 하오시고 강학講學브치라도 (18)차대次對날이나 제신諸臣들 많이 모인 때 부디 부르오서 문의文義를 뭇자오시는데 아기네 자세히 다히지 못 할 마디라도 각고히 묻자오시니 본대 부왕父王님 앞에서는 분명 아오시는 것이라도 주볏주볏 하오시는데 중회중衆會中의 못 다히도록 묻자오시니 더욱 두립고 겁이 나오서 못 다히오시면 남보는 때 꾸중도 하오시고 흉도 보오시니 경모궁 겨오서 한번 두번 하오서 감히 부왕父王을 원망하오실 것이 아니로되 당신을 지정교훈至情敎訓 아니 하오시는 것을 격하고 노흡고 두리고 서어하오서 필경 천성天性을 잃사오시기에 이르시니 이런 지원至冤이 어대 있이리오

---

1. 왕세자王世子가 되는 것.
2. 왕세자王世子의 서書를 강講함.
3. 종묘宗廟에 참배參拜하는 것.
4. 인원왕후仁元王后, 정성후貞聖后, 선희궁宣禧宮.
5. 영조英祖 21년二十一年 사도세자思悼世子가 11세十一歲 되던 해.
6. 점쟁이에게 길흉吉凶을 물어보는 것.
7. 재물財物이라는 말.
8. 창덕궁昌德宮에 있는 곤전坤殿 정당正堂.
9. 서西편 좌우左右의 방.
10. 영조英祖의 3녀三女로 선희궁宣禧宮 몸에서 나신 이, 즉 사도세자思悼世子의 동복同腹누의.
11. 정당正堂 앞에나 혹은 좌우左右 쪽에 있는 장랑長廊 월랑月廊.
12. 지금 경성중학교京城中學校 터에 있던 궁宮.
13. 경희궁慶熙宮 안에 있던 집.
14. 동상同上.
15. 임금님의 병환.
16. 영조英祖의 2녀二女 화옹옹주和順翁主의 남편 월성위月城尉 김한신金漢藎.
17. 화평옹주和平翁主 남편 금성위錦城尉 박명원朴明源.
18. 매월每月 6회六回, 의정議政, 당상堂上, 대간臺諫, 옥당玉堂 등等이 입시入侍하여 중요重要한 정무政務를 알외는 것. 빈대賓對.

화평옹주和平翁主 겨오실 제는 그 오라바님을 넋을 들어 일을 딸와 [1]대조大朝에 간하고 풀어 였자와 유익有益한 일이 많더니 그 옹주翁主 상사

후 자상自上으로 과거科擧를 하오시나 자애慈愛에 부족하오시나 누루와 그리마오서 할 이 없이 되니 점점 자애는 부족하오시고 아래서는 공구恐懼저허만 날마다 심하오서 자도子道를 점점 못찰히오시니 화평옹주 곧 겨오시더면 부자간父子間 자효慈孝하시게 할 번 하야시니 착흐오신 옹주翁主[2]조요早夭하오신 것이 어찌 지극 운의관계치 아니하리오 지금 생각하야도 통석痛惜하다 경모궁겨오서 천질天質이 회흥관대恢宏寬大하오시고 도량度量이 활달豁達하오시며 사람에게 신의信義가 이상하오사 아래사람에게도 믿브게 말슴하오시고 부왕父王을 무서워도 하오시나 잘못하시는 일이라도 묻자오시면 반드시 [3]이실직고以實直告하오시고 일호一毫도 은휘隱諱하시는 일이 없으오시니 영묘英廟겨오서도 속이지 아니하는 줄은 아오시더라

1. 왕세자王世子가 섭정攝政을 할 때의 임금.
2. 일즉 죽은 것.
3. 바른대로 말함.

효성孝誠이 거록하오시던 말씀은 우헤 다거들었거니와 우애友愛가 특별特別하오서 화평옹주는 부왕자애를 특별히 입으시니 따로여 귀하야 하오시기 상정常情이라 하려니와 본심인즉 세勢를 따르오신 것이 아니라 진정으로 친애하오시고 화순옹주和順翁主는 어마님 없이 지내는 일 불상히 아오서 맛누의로 공경하오시고 [1]화협옹주和協翁主는 계축생癸丑生이니 나실 때 영묘겨오서 또 딸인 줄 애달와 하오시든지 그 옹주가 용모容貌도 절승絶勝하고 효성도 있어 아름다오되 부왕자애를 인하야 입지 못하니 그때 아들 못 되여 난 줄 애달와 심지어 화평옹주와 형제 서로 한 집에

있게를 못하오시니 화평옹주가 홀로 자애를 받는 일 중심은통中心隱痛이 되야 아모리 마소서 엿자와도 듣지 아니하오서 할 일이 없으니 화협和協으로 인연하야 그 옹주도위翁主都尉까지 사랑을 못 입사오니 경모궁겨오서 그 누의가 년상약年相若하고 부왕긔 실애失愛하야 종적이 서로 같음을 매양 불상히 너기오서 애대愛待하오심이 자별하오시더니라

1. 영조英祖의 7녀七女로 선희궁宣禧宮 몸에서 나신 이, 사도세자思悼世子의 동복同腹누의.

[10]긔사己巳에 십오세오시니 내 관례冠禮를 정월 이십이일에 하고 이십칠일에 (1)합례合禮하기를 정하니 늦게야 엳자오서 십오세가 되야 합례까지 하게 되니 두굿긔오서 종요로이 자미를 보오시면 성샐盛事때 어찌하오신 성의聖意 오실는지 홀연히 (2)대리代理하오실 령을 내오시니 그 날이 내 관례날이라 억만사가 대리후탈이니 어찌 쉷고 쉷지 아니하리오 영묘겨오서 효친봉선孝親奉先하오심과 경천애민敬天愛民하오시는 성덕지성盛德至誠이 천고 제왕에 뛰어나오시니 내 이 몸으로 뵈옵고 기록한 바로 생각하여도 력대歷代의 비하오실 님군이 아니 겨오시나 다만 경력이 많사오서 (3)신임辛壬을 지내오시고 (4)무신역변戊申逆變을 겪사오시고 (5)사외하오시며 사려思慮하오심이 거의 병환이 되오신듯 십으오시니 그 사이 세미지사細微之事야 어찌 다 기록하리오 말슴을 갈히여 쓰오서 죽을사자 돌아갈귀를 다휘하오시고 차대次對나 밖의나 가오서 일보오시던 의대도 갈아입사오신후 안의 드오시고 불길한 말씀을 수작하오시거나 듣자오시면 드오

10 「恨中錄(第七回)」, 『文章』, 1939. 8.

실제 양치질하오시고 (6)이부耳部를 씻사오시고 먼저 사람을 부르오서 한 마디라도 처음 말씀을 하오신후야 안으로 드오시고 좋은 일과 좋지 아니 하오실제 출입하오시는 문이 다르시고 사랑하는 사람 집의 사랑치 아니 하시는 사람이 있지 못하게 하오시고 사랑하오시는 사람이 다니는 길흔 사랑치 아니하오시는 사람이 다니지 못하게 하오시니 극히 황공惶恐하오되 애증愛憎의 녁녁하오심이 감히 (7)앙락仰度지 못하올 일이라 대리代理전이라도 (8)계복啓覆이나 형조공사刑曹公事나 친국親鞫이나 대궐大闕서 이르는 불길不吉한 일에는 자로 세자世子로 (9)시좌侍坐하라 하오시고 화평옹주와 (10)무오戊午생 옹주 즉금 정처鄭妻라 하는 이 있는 방에 들어가오실 제는 인견引見 의대를 가오신 후 들으시되 세자世子긔는 그러치 아니하오서 밧곁에 정사하고 드오실 제 정사하오신 의대 입사오신 채 곁에 오오서 동궁東宮 부르오서 밥 먹으냐 문사오서 대답하오시면 그 대답 듣자오신 이부를 그 자리에서 씻사오시고 씻사오신 물을 화협옹주 있는 집 광창으로 바리오시고 웃대궐인 즉 담을 넘겨 세수물을 바리오시니 글로 갈 것이 아니로되 어떤 따님은 밖에서 입자오시던 의대를 벗고야 보오시고 이중한 아드님은 말씀 듣자오서 씻사오신 후야 가오시니 경모궁겨오서 화협和協을 대하오시면 우리 남매는 씻사오신 자비差備로 다 하고 서로 웃사오시나 화평옹주는 당신을 지성으로 몸을 평안히 하야 들이는 줄 감격하사 일호도 치의致疑하거나 긔하시는 일이 없고 일양 친애귀중하야 하시던 일은 궁중히 다 아는 배오 감탄하고 선희궁겨오서는 우히 자애 고로지 아니하오심을 설워하오시되 할 일 없어 하시더니라

---

1. 신랑신부新郎新婦가 동침同寢하는 것.

2. 왕세자王世子가 왕王을 대신하여 정사政事를 보는 것.
3. 경종景宗 원년元年 신축辛丑과 2년二年 임인壬寅에 김일경金一鏡 등等이 그때 세제世弟인 영조英祖를 모해謀害하던 것.
4. 김일경金一鏡 여당餘黨 이인좌李麟佐 등等이 역모逆謀를 함.
5. 끄리는 것.
6. 귀를 이르는 궁중어宮中語.
7. 우럴어 헤알임.
8. 상주上奏한 사형수死刑囚를 심리審理함.
9. 왕王이 정사政事 보실 때 왕세자王世子가 모시고 있는 것.
10. 영조英祖의 9녀九女로 선희궁宣禧宮 몸에서 난 이, 일성위日城尉 정치달鄭致達에게 하가下嫁함.

매양 공사중 금부禁府 형조刑曹 살옥殺獄브치 그런 공사는 친히 감하오시지 아니 하오시고 안희옹주들 처소의 겨오실 제는 내관內官에게 맡겨시기오니 대리하오실 때 전교傳敎는 무진화평상사戊辰和平喪事 후 설음도 심하오시고 상후도 잣사오서 정섭靜攝하오시랴 대조大朝하게 하노라 하오시나 실즉 사외로와 안의 들이지 못하는 공사브치 내관 맡기시기 답답하오신 일을 다 동궁긔 맡기오랴 하오신 성의오신지라 대리 후 공사는 내관다리고 하오시고 한 달 여섯 번 차대次對의 망전望前 세 번은 대조大朝에서 하오서 동궁이 시좌侍坐하오시고 망후 세 번은 [1]소조小朝에서 혼자 하시는데 그리 하오실 즈음의 일마다 순편치 아니하오시고 촉처觸處의 탈이 많으니 대저 조신朝臣의 상서上書로도 언사言辭가 있거나 편론이나 하는 상서면 소조에서 자단自斷치 못하오서 대조大朝긔 품하오시면 그 상서가 아래 사람의 일이지 소조小朝 아오실배 아니되 격노激怒하오시기는 소조에서 신하臣下를 조화調和치 못하여 전의 없던 상서가 났으니 소조 탓이 되오시고 [2]비답批答을 대조긔 품하오시면 그만 일을 결단치 못하야 내게

(3)번품煩稟하니 대리시긴 보람이 없다 하오서 꾸중하오시고 품치 아니하오시면 그런 일을 내게 어이 품치 아니코 자단自斷하리 하오서 꾸중이오시고 이리할 일은 저리 아니하야다 꾸중이 나오시고 저리할 일은 이리 아니하야다 꾸중하오서 이 일에도 격노激怒, 저 일에도 불여의不如意하오시고 지어至於 (4)동뇌凍餒하거나 한재旱災나 천변재이天變災異가 있이면 소조에서 덕이 없어 이러하다 꾸중이 나오시니 이러하기 소조겨오서 조곰 흐리거나 겨을 천동天動을 하거나 하면 대조에서 또 무슨 꾸중이 나오실가 근심하오시고 념려하오시고 사사事事히 황겁송구惶怯悚懼하오서 인하야 사사망념邪思妄念이 나오서 병환이 점점 드오시는 쌎이 있으니 영묘겨오서 성덕지인盛德至仁하오신 밖의 영명총찰英明總察하오서 범연하오신 성품과 다르오신대 이 (5)만금소탁萬金所託 츙궁春宮의 병환이 병드실 줄을 깨닫지 못하오시니 어찌 쉷지 아니하리오 한번 꾸중의 놀라오시고 두번 격뇌激怒의 용려用慮하오시고 웅위하오시고 영장하오신 긔품의 아모리 한들 일사一事를 자유自由치 못하오시고 무슨 (6)정시庭試 (7)알성謁聖 브치어나 (8)시사試射 (9)관무재觀武才 같은 호활로이 구경할 대는 일생 부르지 아니하오시고 동섯달 계복啓覆에나 시좌侍坐를 시기시니 어찌 마음이 편하시며 설워하오시지 아니하오시리오 설사 아바님겨오서 혹 과하오서도 아드님이 다음 다음 효도孝道를 힘쓰오시거나 아드님이 혹 못 믿자오서도 아바님겨오서 갈사록 은애를 드리워 겨오시면 할 때 연고 없어 절로 전전하야 이러하야시니 이것이 천의天意시고 국운國運이니 인력人力으로 용납容納치 못할 배런가 십으나 나의 본 것은 목하目下에 벌고 가슴에 박혀시니 이제 써내랴 하니 영묘와 경모궁 하오시던 일이 상하上下의 격덕隔德이오신 듯 죄로되 실상을 아니 기록지 못하니 조희를 림하야 흉격胸膈이 막힐 뿐이로다

1. 왕王을 대신하여 정사政事를 보는 왕세자王世子.
2. 상소上疏에 대한 왕王의 하답下答. 비지批旨.
3. 번거로이 품하는 것.
4. 겨울철에 의식衣食이 없는 것.
5. 끔찍히 소중所重하다는 말.
6. 나라의 경사慶事가 있을 때 궁중宮中에서 보는 과거科擧.
7. 왕王이 문묘文廟에 참배參拜하는 것.
8. 궁술弓術이 용한 이를 시취試取하는 것.
9. 무과武科의 일종一種, 열무閱武한 후 당상관堂上官 이하以下 군관軍官과 한량閑良에게 무재武才를 시험하는 것.

십오세十五歲가 되오시되 [1]릉행陵幸에 한번 수가隨駕를 못하시니 점점 장성하오신데 교외郊外 귀경을 참아 하고십으오서 매양 [2]경거동京擧動이고 릉행陵幸의 례조禮曺에서 동궁東宮 수가隨駕 품이 들면 혹 수가하오실가 급급히 조이오시다가 번번이 못가오시면 처음은 서운하고 섭득하오신 것이 점점 성화하오서 우오실 적도 겨오시더니라

1. 왕王이 선왕先王의 능소陵所에 가시는 것.
2. 서울서 거동하시는 것.

당신 부모님 [1]지속으로 본대 정성은 거룩하오시건마는 민첩지 못하시기로 이는 정성을 백분의 일분도 들어내지 못하오시니 부왕은 모르시고 미안하오신 사색은 매양 겨오서 한 번도 [2]가차하오심을 입지 못하오시니 점점 두립고 무서운 것이 병환이 되오서 화 곳 나오시면 푸오실 대 없사오시니 내관內官과 내인內人에게 푸오시고 지어 내게까지 푸오시기

몇몇번인 줄 알리오

1. 자손子孫이라는 말.
2. 친근親近한 것.

경오 팔월庚午八月의 내가 [(1)]의소懿昭를 낳으니 영묘성심英廟聖心이오신들 어찌 두굿겁지 아니하오리오마는 무진의 화평옹주긔서 [(2)]해만解娩을 못하고 상사 나니 그 잔인하오시고 참석慘惜하오시기 맺히여 겨오시다가 내가 순산생남順産生男하니 두굿겁사오신중도 화평옹주는 남같이 순산 못 하신 것이 새로이 애닯사오서 옹주 생각하오시는 슬프오심이 손자보오신 기쁨을 이기오시는지라 산 아드님긔 "네가 어느 사이 자식을 두었고나" 이 한 마디를 일컫지 아니하오시고 날은 어엿비 너기오심이 바람에 넘으니 내 감격천은感激天恩하옵는 중 나만 홀로 은총을 입삽는 일 불안하야 매양 조심하더니 이 해산解産 후는 "네 순산생남하니 기특하다" 한 마디를 일컫자오심이 아니 겨오시니 [(3)]묘년妙年의 생남한 기쁨을 몰라 도로혀 공구한지라 성심이 비원悲怨하오심이 새롭사오시니 격뇌도하오서 화열和悅치 못하오시고 선희궁겨오서는 그 아드님 생각하시는 마음이 어찌 범연하오시리오마는 나의 생각한 일을 지정의 귀하실 일이오 종사의 큰 깃븜이라 내 해만 후 칠일까지 산실 근처에 머물어 구호하시니 영묘겨오서 선희궁이 옹주를 잊고 좋아만 하니 인정이 박하다 미안하여 하오시니 선희궁겨오서 웃자오시고 성심이 편벽하오심을 탄식하오시더니라

1. 사도세자思悼世子의 첫 아드님.

2. 해산과 같은 말.

3. 나이 매우 젊을 때. 방년芳年.

경모궁겨오서 숙성夙成하오심이 어룬갇자오서 당신긔 아들이나 국본國本의 굳음을 깃거하오시고 부왕父王더러 깃거하오시는 줄을 감히 이렇다 못하오서도 심중의 슬허 하오사 "나 하나토 어려온데 아해가 나 어떻할는고" 하오시니 말슴 듣기가 심히 척연慽然하더니라 이 사적을 쓸 사연이 아니로되 마지못 쓰이며 내가 의소懿昭를 잉孕할 제 화평옹주가 자로 보어여 내 침방의 들어와 곁에도 앉고 웃기도 하니 내 아해 마음어라 옹주가 해산을 하다가 그 지경이 되니 상긔 악착한데 꿈에 자로 뵈기 내 몸을 념려하고 의소를 낳으며 씻길적 보니 어깨의 푸른 점이 있고 배의 붉은 점이 있기 우연히 보와더니 그 구월 십이일 온양거동溫陽擧動하오시는데 십일일의 영묘겨오서와 선희궁겨오서 안색이 일변 슬프고 일변 깃브신 양으로 두 분이 오오서 홀연 자는 아해를 깃을 그르고 벗겨 보오시더니라 연표가 있이니 참연하오시고 그 옹주가 환생한 줄로 분명히 아오서 그날부터 그 아해를 금시로서 귀중하오서 화평 형제 있게 하오시듯이 구오시고 이 아해 처음 나실 제 사외하야 주오시는 일이 없사오서 인견引見하오신 의대 입사오신 채 들어와 보오시더니 그날부터 사외를 지극히 하오시니 영묘성몽英廟聖夢의 뵈오시던지 그 일이 허탄하고 괴이하야 아올 길이 없더니라 백일 후 당신 인견하오시던 [1]환경전歡慶殿을 수리修理하야 옮기오시고 천만귀중하야 하오시니 요행 아들로 인하야 아바님긔 혹 나올가 축수하나 실즉 그 아해는 화평옹주 다시 온 줄로 아오서 그리 사랑하오시니 소생부모所生父母는 그 아해로 인연하야 더 귀하오실 것이 없사오서 일양 전과 같으시니 그저 아옵지 못할 일이러니라 그 아해 겨우 십삭十朔

된 신미 오월辛未五月의 [2]세손책봉世孫冊封하오시니 애중하오신 성심으로 그리하야 겨시나 과하오신 일이더니 임신춘壬申春의 이르니 영묘겨오서 과히 애통하오심이 이르오실 것이 없사오시더니라

1. 창경궁昌慶宮 안 경춘전慶春殿 동東편에 있던 전殿.
2. 왕세손王世孫으로 봉封함.

황천皇天이 믁우默佑하오시고 조종宗祖이 음질陰隲하오사 내 신미辛未 [1]납월臘月의 [2]유신有身하야 임신구월壬申九月의 생남하니 곧 선왕이시라 내 묘소妙少한 복력으로 이 해의 경사慶事 있기는 생각 밖이고 선왕先王이 나시매 신채身采 영위하고 골격이 긔이하야 진실로 하늘이 내신 진인眞人이라 신미 지월辛未至月의 경모궁겨오서 침수하시다가 일어나오서 "룡몽龍夢을 얻어시니 귀자를 낳을 징조라" 하오시고 백릉白綾 한 폭을 내라 하오서 그 밤의 손조 꿈의 뵈던 룡을 그리오서 침실 벽우에 붙여겨오시니 성인이 강생降生할 제 긔이한 징죄 어찌 없으리오 영묘겨오서 의소를 잃사오시고 [3]창석愴惜하오시다가 또 국본國本을 얻자오시고 깃거하오사 날더러 하오시되 원손元孫이 이상초범異常超凡하니 척강陟降의 도우심이라 네 정명공주 자손으로 나라헤 빈이 되야 네 몸의 이 경사 또 있이니 네 나라헤 유공타" 하오시고 "충자沖子를 부디 잘 기르되 검박히 하는 것이 복을 아끼는 도리라" 하오시니 내 이 성교聖教를 받자와 각골천은刻骨天恩하니 어찌 복응치 아니하오리오 경모궁겨오서 긔희흔행奇喜欣幸하오시기는 이를 것이 없고 거국擧國 신민臣民이 즐거옴이 경오庚午에 비겨 백배흔용百倍欣踊하고 우리 부모의 환변경축歡抃慶祝하오심이 더욱 어떠하시리오

뵈올 적마다 성자聖子 낳음을 내게 하례賀禮하오시니 내 이십전나해 또 방경邦慶을 내 몸의 얻은 줄 쯘덥고 깃븐밧 신세의 의탁이 어떠하리오 멀리 바라 길이 효양孝養을 받기를 긔약하더니라 그 해 십월의 홍역紅疫이 대치大熾하야 응주가 몬저하니 경모궁겨오서는 양정합養正閤으로 피우하오시고 원소은 낙선당樂善堂으로 옮으니 탄생한 삼칠안아이 움즉이나 석대碩大하서 먼대 옮아가기 념려롭지 아니하고 미처 보모保姆도 정치 못하야 로궁인老宮人과 아지를 맡저보내고 날이 지내지 못하야 경모궁긔서 홍진紅疹을 하오시고 출장하오실 지경의 내 또 하고 원손도 하시니 내가 해산후 큰 병환의 용려하다가 대병大病을 얻어 증정이 비경하고 원손이 또 발반하니 증정이 지순하시되 내가 대병 중 용려할가 하오서 선희궁겨오서와 선친先親이 날더러 이르지 아니하오시니 나는 모르고 경모궁겨오서 진후 열이 장하오시니 선친이 경모궁긔 뵈오려 날도 구하려 원손 보호하려 세 곳으로 주야의 다니시니 그때 용려초우하야 수발이 세여겨시더라

---

1. 섯달.
2. 아기를 밴 것.
3. 슬프고 애석함.

기14其十四[11]
— 경모궁景慕宮의 병환病患 2二

화협옹주和協翁主가 그 병에 상사 나시니 경모궁겨오서 그 누의님이 정리情理 당신과 같으심을 볼상하오서 우애 자별하오시더니 옹주翁主 병환때 (1)액예掖隸가 (2)길헤 이어 물으시고 상사喪事 나시매 애통을 이긔지못하오시니 이런일로 보아도 본연本然하오신 천성이 착하오심을 가히 알지라

1. 액정소속掖庭所屬 곧 궐내闕內에 부리는 이.
2. 길에.

그해 (1)납월臘月에 (2)대간臺諫 (3)홍준해洪準海의 (4)언사상소言事上疏로 영묘겨오서 대단히 격노激怒하오서 (5)선화문宣化門에 부복俯伏하오시고 소조小朝에 엄교嚴敎가 많이 나리오시니 경모궁겨오서 대병환大病患 끝에 그때 설한雪寒이 혹독酷毒한지라 그 설중에 업듸어 대죄待罪하오시니 업듸오신데 눈이 쌓여 업듸오신 것을 분간치 못하되 요동치 아니하오시니 인원왕후仁元王后겨오서 일어나라 하오시되 듣지 아니하오시고 영묘과거英廟過擧

11 「恨中錄(第八回)」, 『文章』, 1939. 9.

를 진정하신 후 일어나시니 천질이 침중하오심을 아올지다 그 후 성노聖怒가 긋지 아니하오서 그 달 십오일 (6)창의궁彰義宮에 거동하오시고 인원왕후仁元王后께 전위傳位하라 하옵나이다 하오시니 인원왕후겨오서 이부耳部가 어둡사오서 잘못 듯자오시고 그리하라 대답하오시니 영묘겨오서 (7)자교滋敎의 허락을 얻자왓노라 하오시고 전위하랴노라 하오시니 그때 동궁東宮겨오서 창황망조倉皇罔措하오심이 어떠하오시리오 (8)춘방관원春坊官들을 부르오서 상소上疏 불러 쓰이오시기를 조금도 거치지 아니하오시니 그때 춘방春坊이 나와 찬탄하더라 하며 (9)구저舊邸에 오래 머물으시고 환궁還宮치 아니하오시니 인원왕후겨오서 (10)청형聽熒하야 대답 잘못하오신 일이 종사宗社의 득죄하얏노라 하오서 소실小室에 나리오시고 영묘긔 봉서封書하오서 환궁을 청하오시고 동궁은 시민당時敏堂 손지각遜志閣이라 하는 집뜰 어름 우헤서 (11)석고대죄席藁待罪하오시고 머리를 돌에 부드앗사오서 망건網巾이 다 찌어지고 이마가 상하야 피가 나오시니 이런 일이 천성효심天性孝心과 본질本質의 충후忠厚하오시고 짓사오시는 일이 아니겨오시기 앗기지 아니코 상하야 겨오시던 일을 아올지라 그리하실 즈음의 또 꾸중이 어떠하오시리오마는 공손히 도리를 다하오시니 처변 잘하오시기로 영명榮名을 만히 얻어겨시더니다

---

1. 영조英祖 28년二十八年 화협옹주和協翁主가 졸卒한 그다음 달 12월十二月.
2. 사헌부司憲府, 사간원司諫院의 관직官職의 총칭總稱.
3. 그때 정언正言 벼슬로 있던 이.
4. 국사國事를 말하는 상소上疏.
5. 창덕궁昌德宮 안에 있던 한 궁문宮門인데 희정당熙政堂의 앞문門.
6. 영조英祖의 잠저潛邸인데 지금 육상궁毓祥宮.

7. 왕모王母의 전교傳敎.
8. 세자시강원世子侍講院의 관원官員.
9. 창의궁彰義宮.
10. 가는 귀 먹은 것. 세성細聲.
11. 거적을 펴고 죄를 기다리는 것.

그때 이품二品 이상을 (1)다원竄遠하라 하오시니 선친先親이 그 중에 드오시나 전지傳旨(2)가 나리지 아니하였기 문외門外에서 동궁東宮 처변處變하오실 때의 초심망조焦心罔措하오서 의논하시는 봉서封書가 몇장인 줄 알리오 모화두었더니 원손元孫이 자라신 후 보시고 지극하신 충성을 감탄하오시고 두고보자 하셔 친히 가져가시니라 수일 후 대조大朝에서 환궁還宮하오시고 제신諸臣 서용敍用들하야 (3)조참朝參하오시니 선친이 들어오셔 머리 상하신 대를 뵈옵고 어루만지오시며 체읍涕泣하오시고 그사이 지난 말씀을 하오시던 일이 어제 (4)목도전사目覩前事 같으니 그 병환이 아니 나오신 때는 인효충달仁孝忠達하오서 거룩하오심이 미진未盡한 곳이 없아오시다가 병환 곧 나으시면 두 사람 같자오시던 것이 어찌 이상하고 설운 일이 아니리오

1. 멀리 귀양보내는 것.
2. 상벌賞罰에 당한 일을 왕王의 뜻을 받어 전달傳達함.
3. 매월每月 4회四回씩 왕王이 정전正殿에 친림親臨하시어 백관百官을 보시고 정사政事를 듣는 것.
4. 눈 앞에 본 일.

매양 (1)경문經文 잡설雜說브치 보시기를 심히 하시더니 (2)옥추경玉樞經을

읽고 공부하면 귀신을 부린다 하니 읽어보자 하오서 밤이면 읽고 공부를 하시더니라 과연 심야深夜에 정신이 어득하오서 [3]뢰성보화천존雷聲普化天尊이 뵌다 하시고 무서워하야 병환이 깊이 드오시니 원통코 섧도다

---

1. 불교佛教나 도교道教의 글.
2. 도교道教의 한 경문經文인데 무얼 빌을 때 한 주문呪文으로 읽는 것.
3. 옥추경玉樞經을 지은 신인神人의 이름.

십여세부터 병환점이 겨오서 음식 잡사오시기나 [1]행동운용行動運用까지 다 예사롭지 아니하오시더니 옥추경 이후로 아조 [2]변화긔질變化氣質하듯이 되오서 무서워하오시고 옥추玉樞 두 자를 거드지 못하오시고 단오端午의 드는 [3]옥추단玉樞丹을 거드지 못하야 그 옥추단이 들어도 무서워하오시기 차지 못하고 그 후는 하늘을 심히 무서워하오시고 우레 뢰 벽력벽 그런 글자를 보지 못하오시고 전에는 천동을 슬희여하시나 그리 심치 아니하오시더니 옥추경 후는 천동 때면 귀를 막고 엎대오셔 다 그친후 일어나오시니 이러하오신 줄이야 부왕父王과 모빈母嬪 아오실가 만사의 절박망조切迫罔措함을 형용치 못할러니라

---

1. 행동行動하는 것 운용運用하는 것.
2. 기질氣質을 변화함 아주 딴 사람처럼 된 것.
3. 5월五月 5일五日 단오端午 때, 사향麝香, 석웅황石雄黃, 기타其他 약재藥材를 가지고 여러가지 모양으로 만들어 금박金箔을 바르고 오색五色 실로 꿰어차면 재앙을 물리친다는 것.

[1]임신동壬申冬에 그 증이 나오서 계유년癸酉年을 [2]경계증驚悸症 같이 지내고 갑술년甲戌年도 그 증이 때때 나오서 점점 침고하야 겨오시니 그저 옥추경이 원수니라

1. 영조英祖 28년二十八年 경모궁景慕宮이 18세十八歲 되던 때.
2. 감동感動이 빠르고 정신이 이상하게 되는 증정.

그러틋 어찌하야 [1]냥제란 것을 계유간癸酉間에 갓가이하오서 자식을 배니 대조大朝에서 꾸중을 듯자올가 공겁하야 아모쪼록 락태落胎를 시기고저 하시더니마는 고이한 것이 세상에나 화근禍根이 되라하야 보전하야 갑술이월甲戌二月 인䄄이가 나니 [2]무시도 꾸중이 많사오시더니 그때 여러 번 엄교嚴敎가 [3]진첩震疊하오시니 날마다 공구축척縮恐懼蹐하오시는지라 선친先親이 엄책嚴責 받자오시는 일 민망하야 하오서 우헤 알외여 성노聖怒를 푸오시게 하오시고 궐내서는 투긔妬忌하오시는 일이 없으니 내 본성이 사오납지 못하고 자초로 선희궁겨오서 경계하야 그런 일을 거리끼지 말라 하오실 분 아니라 인䄄의 어미를 통애하오시는 일 없어 새울터히 없고 만삭滿朔하나 구처區處하시는 일 없이 바려두오시니 경모궁겨오서 일이 그리하오신 것이 자식이 삼기니 꾸중들으실가 겁을 내오서 돌아보시는 일 없고 선희궁도 알은 체 아니 하오시니 할 일 없이 내 구처 아니면 어려온 고로 무삼 식견이 있이리오마는 힘의 당한 일은 다 보살펴주엇더니 영묘英廟겨오서 날다려 "남편의 뜻을 받으랴 [4]남대되하는 투긔를 아니한다" 꾸중을 많이 하오시니 갑자후甲子後 처음으로 엄교를 듯잡고 황송하야 지내엿으나 웃으온 줄이-예부터 투긔가 [5]칠거七去의 든 죄오 부

녀婦女의 투긔 아님을 으뜸 덕으로 헤는데 나는 투기 아니키로 도로혀 허물이 되니 이도 내 수인가 십으며 대저 부자분 사이가 예사로오서 [6]그라도 손자라 하고 영묘겨오서나 선희궁겨오서 일분이라도 가차를 하오시거나 경모궁겨오서 이것에게 혹하여 겨오시면 내 비록 도량이 잇더라 하온들 부녀의 마음이 어찌 안연하리오마는 그러치 아니하야 경모궁겨서 겁만 내오서 아모리 할 줄 모르시니 내 겻드러이 심히 투긔하면 경모궁겨오서 그 황겁하오신 중 용려하오서 병환이 몇 층이 더하야 겨오실 줄 알리오

1. 경모궁景慕宮의 후빈後嬪이오 은언군恩彦君 인䄄의 친모親母.
2. 평시平時 여느 때.
3. 격노激怒하심을 그치지 않는 것.
4. 남들이 다 한다는 뜻.
5. 칠거지악七去之惡, 즉 무자無子, 음일淫佚, 불효不孝, 다언多言, 도적盜賊, 투기妬忌, 악질惡疾 등等이 있으면 버린다는 것.
6. 그것이라도.

그해 칠월십사일 [1]청연淸衍이 나니 영묘겨오서 "백여년만의 공주가 처음 나니 귀하다" 하오시고 깃거하시더니라 을해乙亥 정월에 또 인의아오 [2]진禛이가 나니 두번재 난고로 그때는 엄교 듯자오심이 작은 듯하더니라

1. 혜경궁惠慶宮이 난 첫째 공주公主.
2. 은언군恩彦君의 다음 아우.

병환증정이 조희에 물 젖듯 하오서 문안도 [1]더드모오시고 강연도 전일치 못하오시고 심병환心病患이시니 장 신음하오시기 잦아 [2]병페病廢하오신 모양이오시니 대조에서 춘방관春坊官 부르오서 강학講學 말씀 묻자오시면 공구만 더하오시더니라

---

1. 더디게 하는 것.
2. 병病으로 폐廢하는 것.

을해乙亥 이월에 [1]역변逆變이 나 오월까지 친국親鞫하오시니 그때 역적을 [2]정법正法하야 백관서립百官序立하는데 동궁을 내어보내여 보게 하오시고 날마다 친국에 [3]전좌殿座하야 겨오시다가 드오시면 [4]인정人定 후나 초이경初二更이 되고 삼사경三四更 될 적도 있이니 하로도 페치 아니하오시고 동궁 불러라 하오서 밥 먹으냐 하오서 대답하오시면 즉시 가오시니 그 대답시기오서 그날 친국하오신 일 씻사오시고 가랴 하오시는 일이오시니 실즉 좋고 길한 일에는 참례지 못하오시고 상서롭지 아니한 일에는 참섭하게 하오시고 긴흘간緊歇間 수작이나 하시면 그려도 하련마는 날마다 들은 말습은 한마듸 하시는 일 없아오시고 마치 대답시기오서 씻사오시고 가오시랴 일일 다 밤중 한限하고 페치 아니하오시니 아모리 지효지심至孝之心이오 병 없는 사람이라도 어이 섧지 아니하리오 그 병환증을 생각하면 화증이 나오서 어이 부르십나이까 하실 듯하되 그 병환을 능히 참사오시고 날마다 밤중이라도 부르오시는 때를 어긔오심이 아니 겨오시고 마치 대령하여 겨오시다가 그 대답을 하오시듯 하오시니 본연지효本然至孝를 더옥 가히 아올지라

1. 영조英祖 31년三十一年 2월二月 윤지尹志 등等의 역모逆謀.
2. 정형正刑하는 것.
3. 왕王이 출좌出座하시는 것.
4. 하룻밤을 다섯으로 나누어 초경初更, 이경二更, 삼경三更, 사경四更, 오경五更이라 하는데 초경初更 삼점三點에 대종大鐘을 치고 야행夜行을 금禁하는 것. 춘하春夏에는 오후午後 8시八時 추동秋冬에는 오후午後 7시七時쯤 되는 것.
5. 필요必要한 일이거나 불필요不必要한 일이거나를 이름.

그 병환이 이상하오실슨 쳐자나 애쓰고 내관內官 내인內人이나 주야에 두려워 지내엿지 자모慈母도 모르시니 부왕겨오서야 (1)자시 아오시며 우헤 뵈옵실 적과 신하 대하실 때는 여상하야 예사롭사오시니 그 일이 더 갑갑 설운 것이 우헤부터 춘방관까지라도 병환을 (2)어이히없이 용서할 도리가 있게 초박焦迫한 때는 병환증을 남이 다 알게 나타나게나 하오시면도 십으더라

1. 자세, 자세仔細.
2. 누구나 다.

역옥逆獄 때에도 양궁兩宮 사이에 근심이 많아 갑갑하던 일을 다 긔록지 못하고 (1)지월至月즈음에 선희궁겨오서 병환이 겨오시니 뵈오라 집복헌集福軒에 가 겨시더니 영묘겨오서 옹주翁主 있는 곳과 갓가이 온 것을 혐의하오서 대단히 긔노起怒하오서 밧비 가라 하오시니 창황히 높은 창을 넘어와 겨오시더니 그날 성교聖教까지 엄하오서 락선당樂善堂에 있고 청휘문淸輝門 안을 드지 말고 (2)서전태갑편書傳太甲篇을 읽으라 하오시니 자친

병환에 뵈오라 가셔 오시다가 잘못하신 일이 없이 그리하오시니 차마 섧고 통원하오서 [3]자처自處하랴노라 음약飮藥하랴노라 겨우 진정하오시나 부자간은 점점 망극하니 [4]우원 무엇이라 하리오

---

1. 동지冬至ㅅ달 11월十一月.
2. 중국中國 고대古代의 책冊 이름인데 은殷ㅅ나라의 왕王 태갑太甲이 어질지 못하매 그 신하 이윤伊尹이 태갑太甲 3편三篇을 지었음.
3. 자살自殺.
4. 감탄感嘆하는 말.

[1]병자丙子 원일元日에 자상으로 존호尊號를 받자오시되 경모궁은 참례 시기오신 일 없아오시고 병환이 점점 깊어 강연도 더드모시고 [2]취선당就善堂 [3]밧소주방 한 집이 깊고 고요하다 하오서 많이 머므시니 어느 일이 근심이 아니며 어느 마디가 초전焦煎이 아니리오

---

1. 영조英祖 32년三十二年 1월一月 1일一日 체천건극성공신화體天建極聖功神化라는 존호尊號를 받으심.
2. 창경궁昌慶宮 안 저승전儲承殿 서西편에 있던 집.
3. 떡 낫것 큰 음식을 만드는 내인內人의 곳.

오월에 영묘겨오서 숭문당崇文堂에서 인견引見하오시고 흔연히 락선당으로 보라 가오시니 소세梳洗도 부정히 하시고 의대 모양이나 단정치 아니하오시니 그때 [1]금주禁酒가 엄한 때라 술 잡사온가 의심하오서 [2]대로하오서 술 들인 이를 찾아내라 하오시고 경모궁의 뉘가 술을 들이던고

엄히 뭇자오시니 진실 술 잡사오신 일 없은지라 우원 이상할손 영묘겨오서 그 아드님 아니하오신 일을 몬저 억견으로 말솜하오신즉 그 후 그 일을 행하오시니 다 하늘이 시기는 듯하더라 그날 경모궁을 뜰헤 서이오시고 술 먹은 일을 엄문嚴問하오시니 진실로 잡사온 일 없건마는 두렵사오시기 과하오서 감히 발명 못하시는 성품이라 하 박문迫問하오시니 할 일이 없이 먹엇삽나이다 하오시니 뉘가 주더니 묻자오시니 다힐 대가 없아오서 밧소주방 큰내인 해정이가 주읍더이다 하오시니 영묘겨오서 두다리오시며 네 이 금주하는 때 술을 먹어 광패狂悖히 구느냐 하오시고 엄책嚴責하오시니 보모保姆 최상궁이 우헤 알외기를 술 잡사다 말솜은 지원至寃하오니 술내가 나는가 맡아보오서 하니 그 상궁 알왼 뜻은 술이 들어온 일이 없고 잡사온 배 없으니 참아 원통하야 그리 알외니 경모궁겨오서 상전上前에서 최상궁 꾸짓사오시기를 먹고 아니먹엇노라 알외엿이면 자네 감히 말을 할가 십은고 물러가소 하오시니 (3)상해는 상전에서 주볏주볏하오서 그 말솜은 못하오서 그 말솜을 하오시더니 그날은 원통히 꾸중하오서 그리 말솜을 잘 하시던 듯 그때 황공진름惶恐震慄하온 중도 그 말슴하오시는 일이 다행하더니 영묘겨오서 또 격노激怒하시기를 네 내 앞에서 그 상궁을 꾸짖으니 어룬의 앞에서 견마犬馬도 꾸짖지 못하는데 그리하는가 하오시니 대답하오기를 감히 와 발명하옵기로 그리하였삽나이다 색色을 나초와 아래사람의 도리로 잘 하오시는지라 금주지하禁酒之下의 동궁東宮에 술 들엿다 하오서 해정이를 원배遠配하오시고 대신大臣 이하 인견하라 하오시고 위선 춘방관春坊官이 몬저 들어가 (4)면계面戒하라 하오시니 그날 원억寃抑하고 쉷사오서 충천衝天한 장긔壯氣가 다 나오서 병환 겨오시나 외로는 모르더니 춘방春坊 들어오니 처음으로 호령하오시기를 너희놈들이 부자간의 화하게는 못하고 내가 이리 원억한 말을 들으되 너희 한 말 알외지 아니하고 감히 들어올가브냐 다 나가라 하오시니 춘방관 하나흔 뉘런지 하나흔 (5)원인손元仁孫이라 무엇이라 알외고 썩 나가지 아니하니 증을 내오서 어서 나가라 하오시고 쫓아내오실 즈음에 좌상座上의 촉대燭臺가 것구러져 (6)락선당樂善堂 온돌남창溫突南窓에 닿아 불이 달히니 불 잡을 이는 없고 홰세火勢는 급한지라 경모궁은 춘방을 쫓아 락선당으로서 덕성합德成閤 나려가는 문이 있더니 그리 나려가시니 일변 춘방은 쫓이여 나가고 매양 숭문당崇文堂에서 인견하오시면 대전大殿에 입시入侍하는 손이 (7)건양建陽으로 돌아 집현문集賢門이 (8)합문閤門이 되야 시민당時敏堂 앞으로서 덕성합서 (9)연소대筵召待하시는 집을 지나 보화문普化門으로 입시하던지라 춘방이 나가며 입시하는 손이 덕성합 앞을 막 지나갈 제 경모궁에서 소래 높이 하사 너히 부자간은 좋게 못하고 록만 먹고 간치는 아니코저 입시를 하러 들어가니 저런 놈들 무엇에 쓰리오 하오시고 다 쫓으시니 그 과거過擧와 경색이 어떠하리오 그러틋 할 제 화세火勢는 급하니 원손을 관희합이라 하는 집에 두엇더니 락선당과 관희합이 한 일자로 있어 두어간 동안인데 불의不意에 화재火災가 나니 내가 망소罔措하야 원손을 다려내랴 하고 그때 청선淸璿을 잉孕한지 오륙삭五六朔이라 반간이나 한 (10)섬돌을 밧비 뛰여나려가 자는 아기를 깨야 보모를 안겨 경춘전景春殿으로 가게 하고 관희합은 할 일 없이 구치 못할 줄 알앗더니 긔이奇異한 줄이-지척咫尺 관희합은 불이 및지 아니하고 휘돌아 기와도 연치 아니한 양정합養正閤에 달히니 님군 되실 이가 겨시기 관희합이 면한가 이상하더라 화재가 의외意外에 나니 영묘英廟겨오서는 아드님이 성결에 불 지르신가 너기오서 진노震怒하오심이 십배十倍 더하오서 (11)함인정涵仁亭에 제신諸臣을 모흐시고 경모궁을 부르오사 네가 불한당不汗黨이냐 불은 어이 지르니 하시니 그때 설움이 충색充塞하오서 또

게서 그 불이 촉대 굴어져 난 불인 줄 엿잡지 아니하오시고 술 말슴 같이 발명을 아니하오시고 스스로 한 듯이 구오시니 절절히 섧고 갑갑하더니 그 날 그 일을 지내시고 막히오서 청심환淸心丸을 잡사와 기운을 나리오시고 아모리 하여도 못 살게 하였다 하오시고 저승전儲承殿 앞뜰에 우물이 있더니 게를 가오서 그 우물에 떨어지랴 하오시니 그 차악嗟愕한 경상과 경름驚懍한 형용이 이를 것이 어이 있이리오 갓갓으로 구하야 덕성합으로 나오시니라

---

1. 술 먹는 걸 금함.
2. 크게 노함.
3. 여느 때.
4. 보고 말을 이르는 것.
5. 그때 세자世子 시강원侍講院 설서說書벼슬로 있던 이.
6. 경모궁景慕宮께서 계시던 집 창경궁昌慶宮 안에 있던 집인 바 영조英祖 32년三十二年 5월五月 1일一日 밤에 화재火災가 있었음.
7. 창덕궁昌德宮의 동문東門을 이름.
8. 편전便殿의 앞문門.
9. 입직入直한 관원官員을 더불고 왕王이 강서講書를 하심.
10. 계석階石.
11. 창경원昌慶苑 안의 명정전明政殿 서西쪽에 있던 집.

기15其十五[12]
— 경모궁景慕宮의 병환病患 3三

선친이 그해 이월에 광주류수廣州留守를 하오서 나려가오시니 외임外任곧 하오시면 경모궁겨오서 더 의지 없아오신 듯키 하오시더니 그 일로 내대內對하라 하오서 올라오시니 대조大朝에서 지낸 말슴 격정 무수히 하오시고 소조小朝에서 (1)술일 불일 두 가지 원한 말슴 아마도 설워 살기 어려웨라 하오시니 듯잡는 마음 어떠하리오 대조에서는 재애를 잃지 마오시옵소서 루루히 알외시고 소조에서는 가지록 효성을 닦사오소서 체읍涕泣하고 알외시니 소조에서 과거하시다가도 당신이 알외시면 나작하오시던 것이 그리저리하야 겨오 진정하오신 듯하오신지라 내가 을해에 자모慈母를 잃고 설운 정리 이를 것이 없는데 병환이 점점 심하오시니 근심이 중중첩첩한데 그때 광경을 당하야 하 망조하게 지내었다가 선친을 뵈오니 서로 븥들어 체읍하든 일이 어제다 목전의 본 듯하도다 (2)오월변후五月變後 놀라오서 병환도 더하오시고 외조外朝보는데 과거過擧도 하야 겨오시니 강연講筵도 더 드믈고 차대次對때나 강작强作하시니 무삼 의황意況이 겨시리오 더구나 울적을 견대지 못하오서 대조에서 거동이나 나오시면 후원後園에 가오사 활도 쏘오시고 말도 달리오시고 긔치병긔旗

12 「恨中錄(第九回)」, 『文章』, 1939. 10.

幟兵器브치를 가지고 내인들 다리고 노오시고 내관들이 [3]취타吹打까지 다 하더니라

1. 전회前回에 말한 경모궁景慕宮께서 술 자시었다는 일과 부왕父王에 그 꾸중을 당하든 날 밤에 화재火災가 일어난 일.
2. 영조英祖 31년三十一年 을해乙亥 5월五月에 역적逆賊 윤혜尹惠를 복주伏誅한 일.
3. 나발 불고 북 치는 것.

그해 칠월에 인원왕후仁元王后 칠순七旬이오시므로 [1]기로과耆老科 보이오시고 후원後園에서 진하進賀하오시는데 어찌하야 참예케 하오시니 그 진하를 무사히 지내고 오오셔 하 좋와하오시니 이런 일로 보와도 분명히 우해서 화색으로 무휼撫恤하오시고 조금 견대울만하오시더면 어이 이지경에 이르시리오 부자父子두분이 스사로 임의치 못하신 듯이 그리들하오시니 하늘 뜻이니 그저 원혹寃惑하도다

1. 늙은이 즉 기로耆老만 응시應試케 하는 과거科擧.

릉행수가陵幸隨駕를 이십이세 되오시도록 못하오시니 춘추春秋로 가오실가 [1]조이오시다가 한번도 못 가오시니 그 일 또 섧사오시고 울화되오시더니 병자팔월丙子八月 초일일에 처음으로 [2]명릉明陵 수가하오시니 시원하고 깃거하오서 목욕하시고 정성을 다하오시고 요행 탈없이 다녀오시고 가신 사이에 인원왕후 정성왕후 선희궁긔 다 봉서封書하오시고 자녀에까지 하야 겨오시니 그 수적이 지금 내게까지 있이니 그런 일은 조금도

병환 겨오신 이 같지 아니하오시고 순성順成하야 [3]회란回鑾하오심을 큰 경사 같이 아오시니라

1. 마음이 자꾸 끌리는 것.
2. 숙종대황肅宗大王의 릉陵, 고양高陽골에 있음.
3. 대가大駕가 돌아오시는 것, 환궁還宮.

릉행 후 한동안은 대단한 꾸중 듯자오신 일 없으니 그는 [1]정처鄭妻가 팔월초생의 생녀하므로 성심이 흔희欣喜하오서 일이 없어시며 상정常情으로 생각하면 그 누의는 그리 총애하오시고 당신은 브득지하오시니 응당 어떠하신 마음이 겨실 듯하되 그때까지 종시 불효不孝하오신 사색辭色이 없아오시고 순산順產한 일 긔특하야 하오시던 것이오 처음으로 릉행수가 하오시게 하기는 선희궁겨오서 지금 릉행 못하시는 일이 민심民心도 고히 너기리라 하오서 정처다려 엿자오라 하야 된 듯십으더라

1. 경모궁景慕宮의 동복同腹누의, 정치달鄭致達의 처妻가 된 이.

그해 윤구월閏九月에 청선이 나니 전 같으면 오즉 좋와하리마는 들어와 보신 일 없으니 병환이 심하심을 가히 알지라 오래지 아녀 선친先親이 평안감사平安監司를 하셔 당일에 떠나시니 위구危懼하기는 날로 더한데 떠나오시는 일 민망근심 되야 하더니 그 해 지월至月 순간旬間에 경모궁겨오서 덕성합에서 두증痘症이 발반發斑하오시니 증정은 극순하오시나 과립疕粒이 장하오서 더옥 두려하더니 나종의 혀피오서 설두舌痘로 지내오시니

이십이세 춘추春秋에 격화激火는 이를 것 없아오신데 고히 출장出場하오신 일 그런 경새 어대 있이리오 선희궁겨오서 가까이 오오셔 머므오셔 주야晝夜 초려하오시고 원손元孫은 (1)공믁합恭默閤으로 피우避寓시기고 나는 좁은 방에서 구완하노라 한 데서 지내니 그때 칩거는 (2)변졋고 삼면에 성에가 얼음벽이 된데 그 증환을 지내오시니 그런 종사宗社 무강지경無疆之慶이 없을 때 대조에서는 그 병환에 한번도 친림親臨하오신 일 없아오시고 선친先親은 (3)관서關西에 (4)아으라이 겨시고 나만 혼자 아득히 애쓰던 말 어찌 다 쓰리오 (5)송신후送神後 경춘전景春殿으로 와 조리調理하오시니라

1. 경창궁慶昌宮[13] 안의 환경전歡慶殿 남南에 있든 집.
2. 변났다와 같은 말인데 괴상하다는 뜻.
3. 평안도平安道.
4. 멀리와 같은 뜻.
5. 두신痘神을 배송拜送하였다는 것.

정축丁丑 이월 십삼일에 정성왕후겨오서 숙환이 졸연猝然 중하오서 수조手爪가 다 푸르오시고 토혈吐血하오신 것이 한 요강이나 되는데 빛이 바로 붉은 피는 아니오 검고 고이한 것이 소시少時부터 적년積年 모히오신 것이 나오신지 경황驚惶한기 어이 다 측량하리오 나는 몬저 가고 경모궁겨서는 미조차 오오시니 토혈하오시고 름철凜綴하신지라 토하오신 그릇을 붙들고 체루涕淚 횡류橫流하오시니 보는이 뉘 아니 감동하리오 대조에 미처 알외도 못하오시고 그 그릇을 들리오시고 (1)중궁전中宮殿 (2)장방長房에 친히 나가오셔 의관醫官을 뵈시며 우오시더라 하니 비록 지극한 자애

13 昌慶宮을 말하는 것은 아닌가 한다.

를 받자와 겨오시나 친생과 다르오셔 간격間隔이 겨오실 듯하되 천성이 효하고 착하오시기 스사로 발하야 그러하오시니 뉘 병환 겨오신 줄로 알리오

1. 왕후王后.
2. 각관各官의 서리실書吏室인데 이는 중궁전中宮殿의 소속所屬.

밤의 정성왕후貞聖王后겨오서 큰 병환 끝에 어찌 겨오시리 하오서 갈아 권권眷眷하오시니 삼경三更은 하야 경춘전에 나려와 겨오시더니 새벽에 내인이 와하되 혼침混寢하오셔 아모리 엿자와도 대답이 아니 겨오시다 하고 엿자오라 오니 놀라 올라가오신즉 혼침하오셔 자오시는 듯이 아모리 엿자와도 응하오심이 아니 겨오시니 부르지져 천만번이나 엿잡고 소신小臣 왓소 하오셔도 모르오시니 망극하야 울고 하시던 일은 다 못 쓰며 날이 밝은 후는 십사일이니 우헤서 아오시고 오오시니 량전兩殿 사이 극진치 못하오시나 병환이 위중하오시니 오오신지라 경모궁겨오서는 아바님긔 뵈옵사오시고 또 황축惶蹙하야 울고 하시던 일도 못하오시고 국궁鞠躬하야 고개를 못 드오시니 그 병환의 그리 용려하야 체읍하고 막히오신 일 망극하야 부르고 설워하오시니 방인傍人이 감동하야 휘루체읍揮淚涕泣하야시니 아모리 무섭사오셔도 무릅쓰오시고 우오시고 십으오셔 우오시고 삼다蔘茶를 련하야 흘려 떠 넣자오니 그도 보살피시고 병환증정 말슴이나 하오시면 대조에서 보오시기에 조금 낫사오실 때 창황한 가온대 좁은 방에서 한 구석의 송황국축悚惶跼縮하야 업대여 겨오시니 아까 울고 설워하오시던 줄 어찌 아오시리오 의대衣帶 입사오신 것 행전치신 모양까

지 걱정하오시고 (1)내전內殿 병환이 이러하신데 몸을 어이 저리 가지리 하오시니 아까 그 지극하시던 모양이 감초여시니 아까 저러치 아니하옵더이다 할가 우헤서는 불효무상만 하야 하오시니 선희궁 애쓰오시기와 내 타는 듯하기 어대 비하리오 공교히 (2)일성위日城尉 병이 위중하니 옹주翁主를 내보내오시고 영묘겨오서 산란하오신 용려 이를 것이 아니 겨오신데 문안은 점점 위급하오서 십오일 신시에 승하昇遐하오시니 망극하기 이를 것이 어이 있이리오 동궁東宮은 (3)관리각觀理閣 아래 방으로 나려오서 발상하랴 하오시고 나도 발상할 차로 (4)고복皐復 막 하랴 할 즈음에 우헤서 허다 내인들과 량전兩殿 서로 만나오시던 말슴과 이때 이리여해오신 말슴 길게 하오시니 날이 저믈어 동궁겨오서는 가슴을 쳐 망극애통하오시고 때는 어긔되 발상거애發喪擧哀들 못하고 망극망조하더니 일성의(5) 부음訃音이 들어오는 우헤서 그제야 애통하오서 통곡하오시고 즉시 거동을 나오시니 신시의 운명하신데 저믈게야 발상들 하니 그런 망극황황한 일이 없은지라 십륙일이야 (6)습襲을 하옵고 대조 환궁還宮을 기다리와 (7)렴殮을 하와 나이라 동궁겨오서 (8)호천벽용號天擗踊하오심이 과하오시고 때때 봉심하오시고 부르지저 우오시고 안수 줄줄 하오시니 친생모자간이 오신들 이밧 더 하오시리오 애통하오시는 거동을 대조에서 보오시더면 혹 감동하오실는가 환궁 후 뵈웁사오실 제 또 국축한 모양으로 업대여 겨오서 종시 체읍하오시는 양을 못 보오시니 아니 갑갑하고 이상하리오 정성왕후겨오서 상시에도 대조전大造殿 큰방에 거처하오시되 침수와 감긔만 겨셔도 건넌방에 와 지내오시더니 환후 위중하오시니 대조전이 어찌 지중하관대 내 이 집에서 몸을 마츠리 하오셔 (9)서익각西翼閣 관리각觀理閣이라 하는 집으로 밥비 나려오셔 게서 승하하야 겨시더니 렴한 후 (10)경훈각景薰閣에 뫼와 (11)입재궁入梓宮하와 (12)빈전殯殿이 되옵고 옥화당玉

華堂이라 하는 집에 동궁 (13)거려청居廬廳을 맨들고 오삭거려五朔居廬를 게서하오시고 조석상식朝夕上食 (14)주다례晝茶禮에 련하야 참사하오서 어떤 날은 륙시곡읍六時哭泣을 거의 다 하오시고 나는 관리각 맞은방 륭경헌隆慶軒에 있더니라

---

1. 왕후王后.
2. 영조英祖의 제9녀第九女, 이른바 정처鄭妻의 남편인 정치달鄭致達.
3. 창경궁昌慶宮 안의 대조전大造殿 서西편에 있는 집.
4. 죽은 뒤 그 혼魂을 부르는 것, 초혼招魂.
5. 죽은 소식消息.
6. 시신尸身을 목욕沐浴시켜 새 옷을 입히는 것.
7. 소렴小斂과 대렴大斂을 하는 것.
8. 하늘을 부르짖으며 몸부림을 치는 것.
9. 서西편에 딸린 집.
10. 대조전大造殿 서북西北에 있는 이층二層집인데 상층上層은 징광루澄光樓요 하층下層은 경훈각景薰閣.
11. 재궁梓宮은 왕王, 왕후王后의 관棺인데 즉 입관入棺.
12. 발인發靷 전 재궁梓宮을 모신 집.
13. 상인喪人의 여막廬幕.
14. 왕王, 왕후王后의 장례 후葬禮 後 3년三年 동안 혼전魂殿, 또는 산릉山陵에서 행行한 제식祭式.

인원왕후겨오서 칠순이 넘사오시고 심히 싀하야 정성왕후 국상 후 애척하오시는 중 연무중烟霧中의 겨오신듯 하오시더니 이월회간二月晦間에 더치오서 진퇴進退하오시다가 대왕대비전大王大妃殿 장방 피우하오서 삼월 (1)념륙일三月念六日 례척禮陟하오시니 망극 망극 하온 밧 양묘겨오서 (2)

망칠쇠경望七衰境에 거창巨創을 맞나오사 애통이 과도하오심이 더욱 망조한지라 인원왕후 성덕이 탁월하오서 궐내법도闕內法度 인원왕후겨시기 지엄하고 동궁 사랑하오심이 지성으로 그음없아오시고 내 들어오니 자별히 애흁하오시던 성은을 어찌 다 긔록하며 동궁긔 사랑하오심이 정을 다하오서 별찬 매양 자로하야 보내오시기 궐내음식중 인원왕후전 음식이 별미別味와 진찬珍饌이더니라

1. 념念은 20일二十日.
2. 칠십七十이 가까운 늙은 지경.

점점 대소조大小朝의 나는 소문所聞을 듣자 시면 은우恩遇하야 념려하오시고 나를 보오시면 가만히 걱정하오서 아니 민망하냐 하오시고 동궁 [1]쇠복衰服하오신 양을 참아 보지 못하오시고 저리하고 있이니 [2]갓득한데 울긔하게 하였다 하오시고 자로 걱정하오시고 법을 엄히 하오서 옹주翁主네가 감히 빈궁嬪宮의 엇게를 갈와 좁은 방속에라도 못하게 하오시더니 그문門 안의 [3]화순和順은 겨시나 병폐病廢하고 화유和柔만 있어 날을 딸와 다니니 좁은 방의 앉을 즈음에 내 엇게를 갈와던지 빈궁이 어찌 중대하관대 제가 감히 그리하리 분하야 하오시니 그 환후 침변 하오신중도 체모體貌의 엄하오신 줄 감탄하이더니라

1. 상인喪人의 제복制服.
2. 더구나와 같은 뜻.
3. 영조英祖의 2녀二女 황순옹주和順翁主. 영조英祖 9녀九女, 화유옹주和柔翁主.

정성왕후貞聖王后겨오서는 그 아드님 윗사오신 성심으로 대조에서 동궁긔 민망이 구오시는 일을 지한至恨을 삼사오사 애닯고 답답하야 하오시고 과거하오시는 소문 하나 듣자오시면 나라 일을 근심하오서 선희궁에 매양 왕복하오시고 지정으로 (1)초우焦憂하오시더니라

1. 몹시 걱정함.

달을 이어 두 성모聖母겨오서 승하하오시니 동궁이 확연廓然하고 그 지엄하오시던 법이 어느사이 문허지니 한심코 (1)망매茫昧한지라

1. 어찌할 바를 모르는 것.

경모궁겨오서 그 한 마님 자애를 많이 입사와 겨오시니 애통하오시기 각별하오시니 그저 부자분 사이만 저기 예사롭사오시더면 아니하랴 (1)영모당永慕堂에서 렴습殮襲하와 (2)경복전景福殿으로 오르시고 빈전殯殿은 통명전通明殿에 하오서 회일晦日 입재궁入梓宮하오시니 소판상素板上에 (3)소금저素錦褚를 덮사와 상시자전慈殿겨오서 후원 출입하시던 요서문耀西門으로 본처소내인本處所內人들이 (4)령여靈轝를 뫼옵고 위의威儀는 대려 받자오실 때 같이 하야 뫼오니 우럴어 참아 뵈옵지못하오며 대조거려처大朝居廬處는 (5)체원합體元閤에 하오니라 영묘겨오서 환후때부터 초황망조하오서 주야 머므오서 지성으로 시탕하오시고 인산因山 안 오삭을 조전朝奠부터 륙시곡읍六時哭泣을 한때도 궐하오신 일 없사오시니 춘취 륙십사오신데 그러하오신 성효와 그러하오신 정력이 다시 어이 겨으시리오 당신은 이

러하오시니 아드님겨오서 하오시는 일을 본심은 모르오시고 잘못하는 줄만 아오시니 두성모 아니 겨오시고 궐내 모양이 말이 못되니 더욱 망연茫然하더니라

1. 창덕궁昌德宮 안 경복전景福殿 서西에 있는 집.
2. 선원전璿源殿 북北에 있는 집.
3. 힌 비단으로 맨든 구의, 구의柩衣.
4. 상여喪轝.
5. [14]경창궁慶昌宮 안 양화당養和堂 남南에 있든 집.

대저 부자분 사이가 중간의 더가이 없사오신것이 곡절이 있이니 다름이 아니라 신미중동辛未仲冬의 (1)현빈궁賢嬪宮 상사 나오시니 영모겨오서 효부孝婦를 상하오시고 애통애통하오서 상장喪場에 친림하오서 곡진곡진하오심이 아니밎자오심이 없던지라 그렇듯 하오신중 그곳 시녀내인侍女內人이 있이니 소위所謂 (2)문녀文女라 상사 후 갓가히 하오서 수태受胎하고 그 오라비는 문성국이라 하는놈이니 그것을 별감으로 사랑하오시고 누의도 총행寵幸하야 계유癸酉에 옹주를 낳으니 그때의 인심이 소요하야 들리는 말이 그것의 남매가 아들을 못 낳아도 다른 자식이라도 아들을 낳았노라한다 고이한말이 낭자하고 그 어민즉 승이 되였다가 환속還俗하야 딸의 해산에 들어오다 이르더라 성국이 제 무삼 심장心臟으로 동궁의 흉한 뜻을 먹었던지 요악간흉한 놈이 아니리오 별감別監으로 (3)사약司鑰 (4)승차陞次하고 누의는 신미동辛未冬부터 승운乘運하여 남매男妹 총이 극한지라 영묘 어려서 겨오실 제부터 겨오시던 집 (5)건극당建極堂인데 효장세자

14 昌慶宮의 잘못된 표기?

孝章世子를 두오서 현빈궁賢嬪宮이 게 머므시더니 신미상사辛未喪事도 게서 나오시고 그 아래 고서헌古書軒이라 하는 데 문녀를 두오서 게서 해산하고 잡술에 또 생녀하니라 후원 중정문 밖에 문녀의 차지내관內官 전성해를 두오시고 성국이도 그 내관처소로 와 뵈오니 량궁 사이 조치 못하오신 줄 고놈이 알고 승간乘間하야 성의聖意 맞호와 소조小朝의서 하오시는 일을 알아가 대조에 고하니 소조하시는 일을 뉘가 사이에서 말할 이 있이리오마는 성국이는 형세 중하야 무서온 마음이 없고 동궁 액속들이 다 제 동류니 동궁의 세미사細微事를 서로 알아듣는 족족 엿잡고 문녀는 안흐로 소문인즉 다 엿자오니 모르오실 제도 의심하오시던데 날로 듣자오시니 미안성심未安聖心의 사이는 가지록 갑갑하니 국운이 불행하야 요녀妖女와 간적奸賊이는일이 설도다 그 남매 말 엿잡는 일은 의심없이 알거니와 어느 일인 줄은 똑 아지못하더니 병자년간丙子年間의 브럴내인이 없어 세자궁과 빈궁 사약별감司鑰別監의 딸을 내인을 (6)빠랴하니 소조에서 생각하신 일이 아니라 내가 내인이 없어 빠자 말을 하야 그것들의 딸을 들여다가 사약 김수완의 딸을 잡고 별감의 자식도 잡았더니 아츰의 그리한 일을 낮의 어느 사이에 아오시고 소조를 부르오서 네 어이 내게 알외지 아니코 내인을 빠리하오시고 꾸중이 대단대단하오시니 그때 놀랍기 이를 것이 없으니 김수완인즉 성국이 친한 것이니 제 자식을 아니 들이랴 성국에게 청을 하야 그리 급히 아오신 일을 보니 성국의 알왼 줄이 소연한지라

1. 영조英祖의 원자元子인 장효세자章孝世子[15]의 안해 조씨趙氏인데 장효세자章孝世子는 정빈이씨靖嬪李氏의 몸에서 낳아 10세十歲에 승하昇遐.

15 효장孝章세자의 잘못된 표기가 아닌가 싶다.

2. 영조英祖의 후궁後宮, 숙의淑儀로서 폐廢케 된 문씨文氏.
3. 액정서掖庭署 잡직雜織의 일一.
4. 상급관上級官으로 오른 것.
5. 창경궁昌慶宮 안, 고서헌古書軒 서西에 있든 집.
6. 뽑는 것.

병자두후丙子痘後로 오래지 아니하야 대고大故를 당하오서 비척悲慼도 하오시고 마음을 많이 쓰오시니 병환은 점점 더하오시고 과거過擧는 있사오시니 성국이는 듣는 말마다 알외여 두 분 사이가 더욱 망극한지라

오삭 빈전에서 대조는 경훈각景薰閣에 곡하러 오오시면 옥화당玉華堂에 가오서 무슨 일이나 잡히오면 꾸중이오시고 소조는 통명전에 가오시면 또 꾸중이오시니 화는 불 같이 일어나오시니 사람 모힌 대와 내인들이라도 많은 대야 허물을 들어내시는 참이오신데 통명전의 인원왕후전 내인이 가득이 하였는데 그 륙칠월 극열極熱 가온대 통명전에서 여러가지로 수책受責이 잦사오시니 그대로 격화激火와 병환이 점점 더하오서 내관 매질하오시기가 그때부터 더하오시니 초상의 거룩히 설워하오시던 일로 비기면 상중의 매질이 잘못하시는일이오 정축년丁丑年부터 의대의탈이 나시니 그 말이야 어찌 다 하리오 오삭가온대 지극히 어려옴을 지내오시고 륙월에 정성왕후 인산因山이 되오시니 설워하오심이 초상과 다르지 아니하오서 성외城外까지 나가오셔 대여大輿를 곡송哭送하오신데 호곡애통號哭哀痛하오시니 백관군민百官軍民이 뉘 아니 감읍하야시리오 본마음이 나오시면 이러하오시것마는 대조에서는 모르오시고 곡송하고 들어오실 제와 [1]반우返虞에 영곡迎哭하랴다가 오실 즈음에 무슨 탈이나 조건條件은 다 생각지 못하되 한재旱災도 있고 격노激怒 장하오서 엄교嚴教가 많사오

시니 그 밤의 덕성합德成閤 뜰에서 [2]휘령전徽寧殿 보라 하오시고 [3]호곡號哭하오서 삶이 없고저 하오시던일을 어찌 다 적으리오

1. 장례葬禮를 마치고 신주神主를 모시고 돌아오는 것.
2. 정성왕후貞聖王后의 전호殿號.
3. 부르짖으며 우는 것.

그 룩월부터 화증이 더하오사 사람 죽이오시기를 시작하오시니 그때 [1]장번내관長番內官 김한채라 하는 것을 몬저 그 머리를 들고 들어오오서 내인들의게 회시回示하오시니 내가 그때 사람의 머리 버힌 것을 보와시니 흉하고 놀랍기 이를 것이 어이 있이리오 사람을 죽이고야 마음을 조금 풀리오신지 그때 내인 여러히 상하니 그 갑갑하기 층량없어 마지못하야 선희궁에 병환이 점점 더하오서 이러하오시니 갑갑하오니 어찌 할고 엿자오니 선희궁이 놀라오서 폐식잠와廢食潛臥하오서 용려하오시니 그 말슴을 알은체 하자하오시니 뉘가 이 말을 한고 찾아내오시면 날 보오실 인사가 아니 겨오시니 내 몸에 급화急禍가 이를듯하기 선희궁의 울며 안탓가오니 아는 일을 알의지 못하야 엿자와시니 저리하오서 어쪄 할가보오니 잇가하야 겨오 진정하야시니 그때 점점 애쓰던 말 어찌 다 형용하며 그저 죽어 모르고 십으더니라

1. 장번長番은 내시부內侍府의 일직一職인데 이는 장번長番에 있는 내시內侍.

칠월에 인원왕후 인산이 되오시니 그때 대우大雨는 흐르는데 대조에서

는 릉소陵所까지 따르오서 반우返虞하오시는데 뫼옵고 드오시니 지극하오신 효를 다하오시고 소조는 효가 아니 겨오신 것이 아니엿마는 병환은 점점 더하오시고 사람 죽이오시는 길이 나니 인심이 공구恐懼하고 죽을 대를 못 얻어 하니 그런 모양이 어대 있이리오

선친이 관서에서 오월에야 [1]환조還朝하오시니 대조에서 반겨 애통하오시고 소조도 뵈옵고 그사이 병환 지내오시고 대고大故를 만나오시며 병환으로 근심이나 하 우구憂懼하니 부녀父女 서로 만나 망극지통과 목하 근심이 무궁함을 붙들어 설워하야시며

1. 조정朝廷으로 돌아온 것.

그 해 구월에 경모궁겨오서 인원왕후전 [1]침방내인針房內人빙애를 다려오오시니 그 내인인즉 현주의 어미니 해포 그 내인을 마음에 두어겨오시니 그때 화증火症은 점점 나오시고 마음 붙일 대 없으시고 인원왕후 아니 겨오시니 장말 뉘가 엿자오랴 하오서 다려다가 방 꾸미고 기용즙물器用什物이며 아니 가촌 것이 없으니 그사이 내인들 가까히 하오시나 그 내인들이 순종치 아니하면 치오서 혈육血肉이 림리淋漓한 후라도 일호 [2]가차하심이 없더니 이것에게는 그리 대사로이 구오시니 그것의 인물이 또 요악한지라 동궁의 무슨 재력財力이 있이리오 그때브터 내 쓰기를 비로소 하오시니 민망하기 이르리오 [3]내사차지이하內司次知以下로 알외든 아니하나 어이 모르오시며 성국이 어찌 알외지 아냐시리오 구월에 다려와 겨오신데 지월至月에 아오시고 그날이 동지날이러니 대조 조詔하오서 동궁 부

르오서 "네 감히 그리하랴" 하오시고 들어난 허물도 아니 겨오실 적도 엄책이 긋지아니 겨오시거든 하물며 오즉 오즉하시리오 성노가 진첩震疊하오서 그 내인을 잡아내라 하오시니 그때 경상이 그것에 혹하오서 한사하고 못나 나게 하오시니 어서 잡아오라는 하시고 소조에서는 그것을 내여보내지 아니코 사생死生으로 저혀 아니 보내시니 일이 급한지라 그 내인의 얼굴을 모르오시니 여기 침방 내인 년상약한 것을 빙애로소이다 하니 내여보내시고 나는 (4)갑자 후로 애휼하오심이 자별하오시고 그 아드님긔 미안할 제 그 쳐자가 밉사오시기 상리常理로되 날 사랑하오시고 내 자녀 귀중하오심은 그 아드님 쳐와 자녀 같지 아니하오시니 매양 감축천은感祝天恩하되 그 일로 불안지단이 무수하니 어찌 형상하리오 시봉侍奉 십사년의 내게 처음으로 꾸중이 지엄하오시니 꾸중 조건條件이오신즉 "세자가 빙애를 다려올 제 네 알아시려든 네 내게 하지아닐가십으니 너조차 날을 (5)긔이니 그럴 대가 어대 있이리 네 남편의 정을 권연하야 빙애게도 네 조금도 새오는 일이 없고 그 자식을 거드니 내 인정 밖으로 알아 너를 미안하야 하더니 웃전 내인을 감히 다려다가 저까지 일을 하되 네 날다려 아니하고 내 오날 알고 물으되 즉시 하지 아니하니 네 행새가 저러할 줄 몰랏노라" 하오시고 따흘 두다리오시고 꾸짓사오시니 그 책교責敎를 받고 황공하되 알외기를 "어찌 감히 남편의 한 일을 우헤 이리이리 하다 하올가보니잇가 소인小人의 도리가 그렇지 못하오이다" 하니 가지록 꾸중하오시니 자애만 받잡다가 처음으로 엄교를 듣잡고 송율悚慄하기 이르리오

1. 바느질 맡은 내인內人.

2. 용서容恕하는 것.

3. 내수사內需司의 일을 맡은 관원官員 이하以下.

4. 혜경궁홍씨惠慶宮洪氏 10세十歲적, 세자빈世子嬪이 처음 된 때.

5. 속이는 것.

그러할 즈음에 그 내인을 감초와 다른 내인과 (1)안동하야 (2)정처鄭妻가는 때라 그 집으로 보내야 감초와 두라하였더니 그 밤의 대조 거려청 공믁합恭默閤으로 동궁을 부르사 또 꾸중을 많이 하오시니 섧사오서 그 길로서 양정합養正閤 우물에 빠지오시니 그런 망극한 광경이 어대 있이리오 방직이 박세근이라 하는 것이 업사와 내니 우물가의 얼음이 가득하고 마츰 물이 많지 아니하야 무사히 뫼오나 막히오시고 상하시기도 하야 겨오시니 점점 이러하오시니 무슨 말이 있이리오 대조에서 갓득하오신데 우물에 빠지오시는 해거 보오시고 어이 아니 진노震怒하오시며 그때 대신이하大臣以下 다 입시入侍하야 광경을 목도目覩하니 그때 수상首相은 (3)상로尙魯러니 음흉하야 소조 뵈올 재는 뜻을 맞호는 체하고 대조긔는 망극한 사색을 하야 뵈오니 흉하더라 선친이 소조에서 그 수책하오심과 우물에 빠지오심을 보시고 충애우민지심忠愛憂悶之心을 이기지 못하오서 지처至處를 돌아보지 아니하오시고 알외오시되 “옛말에 부득어군不得於君이면 열중悅衆이라 하야사오니 군신도 그러하옵거든 하물며 부자 천성이오시나니잇가 자애를 잃사오서 전전하야 저러하오시니 이마대를 생각하오심을 천만 바라옵나이다” 알외오시니 군신제우君臣際遇가 천고에 드므오서 (4)추고推考 한번 하오신일 없사오시더니 그 날 알외는 말슴에 격노하오시고 날도 미안하신 끝이라 내죄를 겸하오서 (5)삭직削職하오시고 엄교嚴教 대단하오시니 선친이 황황이 나가오서 성외城外월과게라 하던지

거긔 겨오시니 대조과거는 그러하오시고 백성들도 선친만 믿다가 인심이 요란하야 어찌될줄 측량치 못하고 나도 엄교를 처음으로 듣잡고 황공하야 하실下室에 나렸더니 오래게만에 선친을 서용하오시고 날을 부르오서 자애 여전하오시니 천만사 황름한 때나 지극하오신 성은이시야 미신분골糜身粉骨한들 어찌 다 갚사오리오

1. 함께.
2. 정치달鄭致達의 처妻.
3. 그때 영의정領議政으로 있든 김상로金尙魯.
4. 죄를 상고하는 것.
5. 관직官職을 삭탈削奪하는 것.

기16其十六[16]
— 경모궁景慕宮의 병환病患 4四

(1)무인戊寅 세초歲初에 상후上候 미령하야 지내시나 소조小朝에서 (2)일양一向 병환으로 문안을 아니하오시니 점점 망조罔措하야 지내기를 노 어렵고 날로 어려워 맞나뵈올 적마다 신혼神魂이 산비散飛하니 차마 어찌 형상하리오

1. 영조英祖 34년三十四年 무인戊寅, 경모궁景慕宮께서 24세二十四歲 되던 해.
2. 일향의 전음轉音된 것, 줄곳.

정월에 (1)월성위月城尉 상喪이 나니 화순옹주和順翁主가 혈속血屬 없고 (2)일단 우직愚直하신 마음으로 대의大義를 구지 잡아 십칠일을 (3)절곡絶穀하야 상사喪事나시니 왕가王家의 이런 거룩한 일이 없으나 영묘겨오서 로부老父를 두고 당신 말슴을 듣지 아니코 돌아가신 것을 불효라 하셔 노怒호아 하오시고 (4)정문旌門 청함을 허치 아니시니라 소조에서 그 누의님 정렬貞烈을 탄복하셔 많이 일칼아 겨오시니 그 병환 가온대 어찌 그리하시던고 십으더라

16 「恨中錄(第十回)」, 『文章』, 1939. 11.

1. 영조英祖 2녀二女 화순옹주和順翁主의 남편 김한신金漢藎.

2. 다만.

3. 음식飮食을 먹지 않는 것.

4. 충신忠臣, 효자孝子, 열녀烈女를 표창表彰하여 그 집 앞에 세우는 문門.

정축丁丑 지월至月 [1]변후變後에 관희합觀熙閤에 머므오시더니 무인戊寅 이월에 대조에서 또 무슨 일로 불평하오서 소조겨오신데로 찾아가오시니 하고 겨신 것이 어찌 눈걸리지 아니하오시리오 숭문당崇文堂으로 오오시고 소조를 부르오시니 지월후至月後처엄 맞나오신지라 여러 조건條件을 많이 꾸종하오시고 사람 죽이오신 것을 우헤서 응당 아오시고 바로 하시는가보랴 하오셔던지 하오신 일을 바로 아뢰라 하오시니 경모궁에서 아무리 [2]왼처에서는 아오시면 큰일이 날 줄로 하오시다가도 [3]어전御前에 밎어는 당신 하오신 일을 바로 아뢰오시는 품이니 이는 천성天性의 가리옴이 아니 겨오서 그러하오시던지 이상하오시더니라 그 날 그 말씀 대답하오시기를 "심화나면 견디지 못하야 사람을 죽이거나 닭즘생을 죽이거나 하여야 나오라" 하오시니 "어찌 그러하니" 하오시니 "마음이 이상하야 그러하얏노라" 하오시니 "어찌하야 상한다" 하오시니 "사랑치 아니하오시기 섧고 꾸종하오시기로 무서워 화가 되어 그러하오이다" 하오시고 사람 죽이신 수를 하나토 감초지 아니하고 세세히 다 고하오시니 영묘겨오서도 그때 일시一時 천륜지정天倫之情이 동하오시던지 성심聖心이 어찌 연측憐惻하오시던지 내 이제는 그리 말리라 하오시고 그 진노震怒가 조금 감하오서 경춘전景春殿으로 오오서 날더러 하오시기를 "세자가 이리이리 하니 그러할 시 옳으냐" 하오시니 부자간 그 말슴이 처엄이오신지라 하의외意外의 말슴이오시니 내 창졸히 듣잡고 경희驚喜하고 감읍感泣하여 눈물을 드리워 "그러하옵다 뿐이오리잇가 자소自少로 자애慈愛를 입삽지 못하와 한 번 놀라고 두 번 놀라와 심병이 되야 그러하오이다" 하니 "상하여 그러하였다 하는고나" 하오시기 "상하기를 이르오리잇가 은애를 드리오시면 그렇지 아니하오리이다" 이리 여짜오며 설워와 우니 (4)사기辭氣가 좋사오서 "그러면 내가 그리한다 하고 잠은 어찌 자며 밥은 어찌 먹었느니 내가 묻는다 하야라" 하오시니 그 날이 무인이월戊寅二月 이십칠일이러니라

---

1. 영조英祖 23년二十三年 정축丁丑 11월十一月 세자世子 경모궁景慕宮가 여러날 진견進見을 아니하였는바 영조英祖께서 진노震怒하시고 전위傳位의 교教를 내리시고 세자世子는 혼도낙상昏倒落傷을 하였다.
2. 다른 곳.
3. 임금님 앞.
4. 말씀과 얼굴 빛.

내가 대조大朝에서 관희합觀熙閤으로 가오시는 양을 보고 또 무슨 변이 날 줄 몰라 혼비백산魂飛魄散하여 애를 쓰다가 의외意外의 하교下教를 듣잡고 하 감격感激하야 내가 울며 웃으며 "(1)작하오리잇가 이러하와 그 마음 잡게하시면" 하고 절을하고 손을 비비니 "그리하야라" 하오시고 가오시니 그 어찌하오신 성교聖教신고 (2)의희依稀 꿈같으야 아모라타 없더니 소조에서 나를 오라하시거늘 뵈옵고 "어이 묻지 아니하오시는 사람 죽이오신 말을 하야 겨오시오 스스로 저리 말을 하오시고 나종은 남을 탓을 삼오시니 아니 답답하오니잇가" 대답하오시기를 "알고 물으시니 다하지" 하오시기 "무엇이라 하오시옵더니잇가" 하니 "그리 말라 하오시더

라" 하시기 내가 또 "이리 듣자와시니 이후는 부자간이 행혀 낫사오리잇가" 하니 화증을 덜컥 내오서 하오시되 "자네는 사랑하는 며느리기 그 말씀을 다 고지 듣잡는가 브러 그리하오시는 말씀이니 믿을 것이 없으니 필경은 내가 죽고 마느니" 그리할 제 병환겨오신 이 같지 아니하고 아까 대조에서 [3]유연油然한 천륜을 말씀하오시니 믿잡지를 못하나 한 때 말씀이오서도 감축感祝하야 울고 소조에서 그 병환 중 능히 말씀하시는 밝은 소견을 들으니 또 울리이니 저하늘이 부자 두분사이를 그대도록 하오시게 하여 아바님겨오서는 말고저 하시다가도 뉘가시기는 듯 도로 미온 마음 나오시고 아드님도 뵈옵는 때나 긔이 오실 일 없이 당신 과실을 [4]은휘隱諱하랴 하오시는 배 없으니 이는 천질의 착하오심이라 그저 조금도 예사롭사오시더면 어이 이대도록 하리오 하늘 뜻이 어찌 정하오서 조선국의 이 만고의 없는 설음을 끼치오신고 애통뿐일다

1. 오작의 약어略語. 여북.
2. 분명分明하지 못함.
3. 성한 모양.
4. 숨기는 것.

이때에 대병환이 극하오시니 그 어인 일이런고 의대병환衣帶病患의 말씀이야 더옥 형용없고 이상한 괴질怪疾이오시니 대저大抵 의대 한 가지나 입으랴 하오시면 열 벌이나 이삽십 벌이나 하야 놓으면 귀신엔지 무엇엔지 위하야 놓고 혹 소화燒火도 하고 한 벌을 순히 갈아입사오시면 만행이오 시종드는 이가 조금 잘못하면 의대를 입지 못하서 당신이 애쓰오시고 사람이 다 상하니 이 아니 망극한 병환이냐 어떤 제는 하많이 하니 [1]무명

인들 동궁 세간의 무엇이 많으리오 미처 짓도 못하고 [(2)]필것도 얻지 못하면 사람 죽기가 호흡呼吸 사이에 있이니 그를 아모조록 하랴하기 마음이 쓰이는지라 선친이 이 말을 들으시고 우탄憂嘆이 무궁한밧 내 애쓰는 일이나 사람상한일을 민망하서 그 [(3)]의대차를 이어주오시니 그 병환이 육칠년이나 그러틋하야 극히 성한 때도 있고 저기 진정한 때도 있으니 그 의대를 입지 못하여 애를 쓰오시다가 어찌어찌하야 좀 [(4)]짓이나 한 벌 천행으로 입사오시면 당신도 다행다행한이 같이 입사오서 더럽도록 입사오시던 것이니 그 무슨 병환이런고 천백 가지 병중 옷 입기 어려온 병은 자고로 없는 병이니 어찌 지존至尊하신 동궁이 이런 병을 들으신고 하늘을 불러 알 길이 없더니라

---

1. 백목白木.
2. 필匹ㅅ것, 필육부치.
3. 의대를 만들 옷감.
4. 홍신.

정성왕후貞聖王后 인원왕후仁元王后 두 분 소상小祥을 차례로 무사히 지내옵고 두어 달을 극한 탈이 없이 지내여가고 [(1)]국휼國恤 후 소조에서 [(2)]홍릉弘陵 전알展謁 못하야 겨오시니 마지못하여 수가隨駕를 시기시오니 그 해 장마가 지리하다가 거동날 대우大雨가 장히 오니 대조에서 일세日勢 이러하기 소조다려온 탓이라 하오서 릉헤 미처 가지 못하오서 도로 들어가라 하오시고 대가大駕만 가오시니 소조에서 릉의 전알 하랴 하오시다가 비결非決하오시고 백관군민百官軍民의 소견所見엔들 오죽 의괴疑怪하리오 거동회란擧動回鑾을 요행 잘 하오시기를 축수하다가 이 기별 듣고 선희궁

宣禧宮을 뫼셔 앉었다가 가이 없고 망연한 밧 들어오오서 화증을 어찌 하오실는고 (3)망조망조하더니 그 대우를 맞자오시고 들어오오시니 그 마음이 어떠하오시리오 격기激氣가 오르오서 바로 오오실 길이 없어 (4)경영고京營庫에 드오서 기운이 막 질리오신 것을 진정하야 들어오시니 그 (5)경색景色이 (6)수통하고 우황憂惶함이 어떠하오시며 소조를 생각하니 그 일은 우원 병드지 아니하오시고 (7)대순大舜의 효외孝外에는 아니 섧든 아니하오실 것이니 선희궁宣禧宮과 나와 서로 마조 붙들어 체루涕淚뿐이니 당신도 점점 살 길이 없노라 하오시고 그 후의 하오시기를 의대를 잘못 입고 가오서 그 일이 나오신가 사려思慮하오서 의대 증정이 더하오시니 안탁갑더니라

---

1. 국상國喪. 왕王, 왕비王妃, 왕세자王世子, 왕세자비王世子妃가 돌아가신 것.
2. 영조비英祖妃 서씨徐氏 정성왕후貞聖王后의 릉陵, 고양高陽에 있음.
3. 어찌할 줄 모르는 것. 망조망조罔措罔措.
4. 경성京城에 있는 군영軍營.
5. 모양.
6. 수통, 숭한 것.
7. 중국中國 고대古代의 성군聖君. 효성孝誠이 지극至極한 이.

그해 (1)납월臘月의 상후가 대단히 미령하오서 기묘정조己卯正朝 (2)혼전제사魂殿祭祀에 친림親臨치 못하오신지라 문안시問安時의 문안 일로 갑갑하니 혹 문안을 하와도 대조에서 순히 아니 보오시고 소조에서 병환도 심하시고 무섭사오시니 어찌 문안하랴 하오시리오 대조 문안 중 한심코 슬프오신지라 그때 (3)령상領相 리상노李相魯니 소조에서 잘 하여 달라 하오시

면 소조부득지小朝不得志한 것을 설워하야 고맙사오시도록 말을 음흉陰凶히 하니 정축 동짓달 변부터 은인恩人이라 하시더니라 대조 문안이 중하시니 국사를 어찌할고 근심하오시는 말슴을 대신에게 자로 하오시니 그때 신하들 (4)처변處變이 실로 난감難堪하야 대소조大小朝 사이의 말슴하기가 극히 어려오려니와 상로相魯는 소조에는 흘러가는 듯이 좋게 하여도 대조에는 성의聖意가 봉승奉承하야 울어 설워하는 색을 뵈오니 말슴을 아뢰랴한들 (5)와내臥內의 선희궁겨오서 주야 대령하야 겨오시고 근시近侍하는 내인內人들이 있는지라 말을 못하고 공믁청恭默廳 거려居廬하오시는 대가 방이 이간二間이니 속 방 지게 밑에 눕사오시고 밧방 한간에 (6)삼제조三提調와 의관醫官 입시入侍하니 대신은 머리 두오시는대 바로 엎디니 밀밀세어密密細語도 족히 하련마는 안의 뫼온 이를 꺼려 매양 방바닥의 손가락으로 써 뵈오면 자상自上으로서는 문지방을 두다려 탄식하오시고 상노相魯는 엎디여 슬허하니 그때 경상景狀이 (7)체극대신體極大臣이야 어찌 통곡고저 아니하리오마는 상로相魯는 음흉하게 말을 전궁殿宮 사이에 하니 그럴 대가 어대 있이리오 선희궁겨오서 매양 게 겨오시니 글자 써뵈옵는 것을 보오시고 차마 통분痛忿하야 흉하다 하오시더니라

---

1. 섯달, 12우러十二月.
2. 왕王의 장례葬禮 후後 3년三年동안 그 신위神位를 모시는 집.
3. 영의정領議政. 지금 총리대신總理大臣.
4. 사기事機를 따러 응변應變함.
5. 와상臥床, 안견.
6. 제조提調는 도제조都提調의 다음, 제조提調 세 사람.
7. 으뜸되는 대신大臣.

그 문안 중의 청연淸衍의 역질疫疾이 처엄 비경非輕터니 나중은 지순하고 상후上候 또 세후 즉시 평복平復되오서 청연 보오시랴 친림하오시니 그때 경사로와 지내니라

기묘삼월己卯三月에 세손책봉世孫冊封을 정하오시고 (1)효소전孝昭殿 (2)휘녕전徽寧殿의 전알하니 소조에서 그 병환중도 세손책례世孫冊禮하신 일 기특 (3)긋긋기오시고 병증이 심하오실 제는 처자를 알아보실 길이 없으시나 세손 귀중하오시기는 이를 것이 없어 군주君主들이 감히 바라지 못하고 천출賤出들이 우러러보지 못하게 명분名分을 엄히 하오시니 이러하오신 때는 어찌 병환 겨오신 이 같으리오 량성모兩聖母 삼년三年을 맞잡고 오월 초륙일 인원왕후 (4)부태묘祔太廟까지 하오니 확연廓然하온 심사를 어찌 다 형용하리오 부태묘祔太廟 전 례조禮曹에서 간선看選을 청하니 효소전孝昭殿에 고하오시고 간택揀擇하기를 정하오사 륙월에 가례嘉禮를 행하오시니 그때 소조 병환이 점점 깊사오시니 불언중不言中 근심이 많은지라 선희궁겨오서 날다려 하오시되 "정성왕후 아니 겨오신 후는 가례를 행하와 (5)곤위坤位를 정하는 것이 응당한 일이라" 하오서 영묘긔 하례하오시고 가례 찰히오심을 몸소하오서 아니 정성됨이 없으시니 성궁 위하신 덕행이 거룩하오신지라 가례 익일翌日에 량궁兩宮이 중궁전中宮殿에 (6)조견朝見하올 제 량전兩殿이 한가지로 받자오시니 소조에서 행례行禮를 지극공경하오서 행혀 례절이 손순치못할가 조심하오시니 본성성효本性聖孝의 뛰어나오시던 줄을 이런 일에 더옥 알지라 윤륙월閏六月에 세손책례를 명정전明政殿에서 행하니 팔세八歲라 엄연儼然 기억하심이라 어찌 이르리오 외면外面으로 보면 당신 몸이 청청靑靑하오시는 (7)저군儲君이오시고 아들이 팔세 되야 세손책례를 지내니 국세國勢 태산반석泰山盤石 같고 무슨 근

심이 있일듯 하리마는 궁중경색宮中景色은 조석을 보전치 못하야 지내니 갈사록 하늘을 우러러 묻자올 길이 없더니라 추동간秋冬間은 가례하오신 후 성심聖心이 자연 한가치 못하오서 들어난 일이 적어시며 (8)계유 그 해를 보내고 경진庚辰을 당하니 그 해는 병환이 더 침독하오시고 대조에서 또 책망하오시며 일일 심하오시니 격화는 점점 성하오시고 의대병환이 더옥 심하오시고 홀연히 지나가지 아니하는 사람이 뵌다하서 단이오실 때에는 미리 사람을 내어놓아 금하고 지나오실 때 혹 미처 피치 못하야 얼프시라도 뵈면 그 의대를 못 입사오서 벗사오시고 비단군복軍服 한 짝을 입사오라 하오시면 군복 몇몇 작을 지어 무수히 소화燒火하오시고 게유 한 벌을 입사오시니 기묘경신간己卯庚申間의 군복 지어 없이 한 것이 비단 몇 궨 줄 모르고 조금도 범연한 비단을 못하니 그때 내 간장이 어찌 상한 줄 알리오 이상한 줄이 정월 이십일 일이오시니 그 날을 예사로이 보내오시면 좋으련마는 부대 그 날 차대를 하시거나 춘방관春坊官을 부르오시거나 하야 동궁 말슴을 하오시니 그 일로 큰 설음이 되어하오시니 갈사록 섧고 애닯사오서 어느 해의 (9)탄일誕日을 예사로이 잡사오신 해가 있이리오 그날 부대 굼사오시고 궁중이 황황하야 지내니 어찌 팔재 그대도록 하오시던고 그저 설우며 경신탄일庚申誕日의 또 무슨 일로 격화激火가 더 대단히 오르오서 그 날부터 부모 위하시는 공경하오시는 말슴을 못하오시고 상말로 천지를 불분不分하듯이 노흡고 섧사오서 살아 무엇하리 하오서 선희궁긔 불공지언不恭之言을 많이 하오시고 세손남매世孫男妹 문안하니 고성高聲하오서 부모를 모를 것이 자식을 알랴 물러가라 하오시니 구세 칠세 오세 아들이 아바님 탄일誕日이오시다 룡초龍綃도 입으며 장복章服들 하고 절하야 뵈오랴 하다가 그 엄려嚴厲하오신 호령을 듣고 대경大驚하야 놀라던 경상이 오즉하리오 병환이 심하오시되 내게나 괴로이 구오시지 어마님께는 그리 못하오시더니 그날이야 비로소 병환을 감초지 못하오시니 선희궁에서 비록 병환 말슴을 닫자오시나 혹 과한 말인가 의심도 하오시다가 처음으로 보오시고 경황해악驚惶駭愕하오서 말슴을 뭇하오시니 병환이 점점 깊으서 [10]칠순七旬 자모慈母를 알아보시지 못하오시고 자녀子女들 자애하오시던 것을 잊자오시고 그리하오시니 선희궁 심사와 자녀들 놀란 기색들 같으니 저런 광경이 어대 있이리오 내 그때에 깎는 듯이 설워 즉시 죽고 십으되 죽들 못하니 내 형용이 어찌 사람의 모양이리오 그 해 봄은 그 병환이 날로 심하오시니 주야의 초전焦煎하는 가온데 여름 한재旱災로 대조에서 또 용려用慮하오서 소조 덕 닦지 아니하는 탓이라 하오서 불인문不忍聞할 하교下教가 많사오시니 여지없은 병환이 이러탓하오시니 참아 견대들 못하오시니 그저 우려憂慮는 무궁하고 일시라도 살 길이 없으니 그저 주야의 죽기만 원하더니라

---

1. 인원왕후仁元王后의 전호殿號.
2. 정성왕후貞聖王后의 전호殿號.
3. 든든히 여김.
4. 제왕帝王이 붕崩하신 후 3년三年을 마치고 그 신위神位를 태묘太廟에 모시는 것.
5. 왕비王妃.
6. 신하臣下가 님금을 뵈는 것.
7. 태자太子, 世子세자.
8. 겨우, 겨오.
9. 나으신 날.
10. 70세七十歲.

정처가 나중에 세손긔 고이히 굴엇지 경모궁 일에는 스스로 몸을 바려

동궁東宮긔 성심이 풀리오시게 간치못한 거죄渠罪라 하려니와 그 오라바님을 두립사와 아모 일이라도 못하올소이다 아니시니 경진병환庚辰病患 더하오신 후로부터 비로소 재물도 가져 오오시고 잘하야내라하오시기가 나시니 그 전에는 조용이 잘 하야 달라 말슴이나 보내오시더니 격긔膈氣는 성하오시고 설움이 극진하오신지라 저는 자애를 극진이 입고 나는 어이 이러할고 그 누의 탓인 듯 참으시던 분이 다 발하오서 다다 잘하라 하오시니 그 사람이 공겁하고 민망도 하야 어찌 위태하다가도 무사하여시니 정처鄭妻의 말을 들으면 대조의 바로 여짜오면 사긔事機가 어떠할 줄 모르기 백방百方을 도모하야 무사히 하야 놓는 말이니 아모란 상이 없고 인견引見을 하오시면 소조 말슴이 나기 인견못하시게 하라 하오시고 정처가 혹 나가면 그사이 또 무슨 일이 있일가 념려하사 호령하시면 다시 아니 보랴노라 (1)저히셔 한동안 그 집에 올라가지 못하게 하오시니 그 양자養子 후겸厚謙의 관례冠禮를 륙월순간六月旬間에 나가 지내랴다가 못나가니라 당신 병환과 당하오신 것이 점점 어려오니 한 대궐大闕에서 지내실 길이 없어 홀연忽然 대조에서 (2)이어移御하오시면 당신이 혼자 겨오서 후원後園에 나가오서 군기軍器나 가지고 소창消暢코저 하오시는 의사意思가 나오서 와드득 정하야 칠월 초생에 정처다려 하오시기를 "아모리 하야도 한 대궐 속에서 살길히 없으니 웃대궐을 보내자하거나 아모 계교計較로나 뫼옵고 가라" 하오시니 그 일을 하랴 할 제 날다려 정처에게 하야내라 하오시고 어이 오즉하시리오 그때 내 겪은 말은 사생死生이 호흡呼吸간의 있더니 그 옹주翁主가 어찌 도모圖謀 이어移御를 하오시게 정하야 초팔일 택일擇日하니 초륙일 그 옹주를 불러다가 안검按劍하고 하오시기를 "이후의 내긔 아모 일이나 있이면 이 칼로 너를 버히리라" 하오시니 선희궁겨오서도 그 옹주翁主를 혹 어찌할가 딸와오오서 그 광경을 대하오시니 심새心事 어떠하시리오 옹주도 울고 "이후는 잘 하올 것이니 한 목심만 살아지라" 애걸哀乞하니 또 하오시기를 "이 대궐만 있기도 갑갑하야 슳으니 네 나를 온양溫陽을 가게하야 주랴느냐 내 습濕으로 다리가 허는줄은 너도 알 것이니 가게 하야내라" 하오시니 "그리하오리이다" 하고 가더니 대조에서 이어하오시고 소조 온양 거동령溫陽擧動令을 내오시니 그는 아모리 하야도 보채는 곡절을 하였기 순히 되였지 그리 아니코야 홀연히 어이 이어移御를 하오시며 어이 온양을 가게 하오실 리가 있이리오 과연 신통도 하니 이 수단을 벌서브터 하야 부자 두 분 사이를 몸을 바려 하야 보더면 나흘는가 하늘이니 홀로 그라신들 어이하리오 나는 이어移御하야 내지 아니한다시고 섯는 것을 바독판을 더져 왼편 눈이 상하니 저기터면 망울이 빠져실러니 어찌하야 그 지경은 아니 되야시나 놀라이 붓고 대단하니 이어移御하오시는데 하직下直을 못하고 선희궁의 가차로 뵈옵지 못하오니 악연한 리회離懷를 어찌하며 할일없이 살 길이 없이니 죽고저 하되 차마 세손을 바리지못하야 결치 못하니 각색 위란지단危難之端이 무수무수하니 어찌 다 쓰리오 이어移御하시며 온양거동 [3]결속結束을 찰히셔 칠월십팔일 떠나오시니 선희궁이 자모지정의 온행溫行을 어찌 회란回鸞하오실고 조이오시는 마음과 못 잊자오시는 정리情理 니를 것이 없사오사 찬합饌盒 이어하야 보내오시고 질자姪子 니인강李仁剛이가 공쥐 영장公州營將이러니 어찌 가오서 지내오신고 소문이나 알아드리라 권권眷眷하오시니 어이 그렇지 아니하오시리오 온행溫行하오실 때 어찌 도모하야 대조에서 하직 말고 바로 가라 하오시니라 거동하오시는 위의威儀는 소조蕭條하기 말이 못되던가 싶으니 당신 [4]전배前陪나 많이 세우고 순령수 소리나 시훤이 시기시고 취타吹打나 장히 하고 가랴 하시는데 대조에서는 마지못하야 보내오시나 어이 그리 찰혀주시며 그때 신하들인들 두 분 사이의 뉘 감히 입을 버리리오 (5)소천所天이 아모리 중하시오나 하 망극하고 위름危懍하야 내명이 브지볼각不知不覺중 어느 날 맞히일 줄 모르니 한마음이 뵈옵지 말기만 원하야 (6)온행溫行하오시기 (7)그덧 사이라도 다행한 이 같더니라 선친의 (8)초갈焦渴하오시기와 두 분 사이의 어렵게 지내오신 일이야 붓으로 어찌 다 긔록하리오 (9)자고새야 부녀간父女間의 간장만 태와 지내여시니 이런 정성이야 훗사람이 상상하야도 거의 알리로다 온행溫行하신 사이에 세손이 게구와 수영을 드려다가 달라 하오시고 내명이 조석朝夕에 잇이니 친척이 하직下直이나 하고저 내 아오와 동생의 댁들이 들어 왓더니라 온행溫行하랴 하오실 적은 사람이 다 죽게 되엿더니 성문城門을 나오시니 격화激火가 나리오시던지 령을 나리오서 일로一路의 작폐作弊를 못하게 하오시고 지나오시는 길헤 은위恩威가 병행幷行하오시니 백성이 고무鼓舞하야 성명지주聖明之主 오시다 하고 (10)행궁行宮에 드오신 후도 일양 덕을 드리오시니 온양일읍溫陽一邑이 고요 안정하야 예덕睿德을 축수찬양祝壽讚揚하더라 하니 그때 시원하신 듯 병환이 물러나고 본연本然 천성天性이 동하오시던가 싶으더라 일것 가오시니 온양소읍溫陽小邑이 무슨 경치가 잇이니 장려壯麗한 물색物色이 잇이리오 십여일 머므오시니 또 답답하오서 팔월 초륙일 환궁還宮하오신 후 온양은 답답하니 (11)평산平山이나 가자 하오신들 또 평산 가자 말슴할 길이 없으니 평산은 좁고 갑갑하기 온양만도 못하다 하야 그 길은 아니 가 겨오시나 그저 답답하여 하오시고 춘방관春坊官이며 신하들이 대조에 (12)진현進見하소서 상서上書가 이어시니 가오실 모양은 못 되오시고 그 일로 큰 근심이러니라

---

1. 두려워 함.

2. 임금의 거처居處를 옮기심.

3. 임금이 출가出駕하실 때 잡인雜人의 훤조喧噪를 금禁함.

4. 앞에서 인도引導하는 관예官隷.

5. 남편.

6. 온양溫陽가는 것.

7. 그때.

8. 극히 민망함.

9. 밤낮으로.

10. 출가중出駕中 임금의 머무시는 별궁別宮.

11. 황해도黃海道에 있는 고을.

12. 임금님을 뵈옵는 것.

기17其十七[17]
— 경모궁景慕宮의 병환病患 5五

대조에서 세손을 자로 다려다가 두오시고 점점 근심이 중하오시니 (1)연중筵中의라도 장하시는 말슴이 우탄吁嘆이오시고 념려가 아니 밋자오실대 업사오시니 자연 종사를 위하오서 세손을 믿자오시니 일캇자오서 나라흘 세손긔 의탁依託하오시고 세손이 숙성하고 영명하서 응대와 행동이 성심聖心에 합당合當하시니 사랑하시는 하교下敎가 자로 겨오신지라 소조小朝에서 (2)연설筵說을 매양 (3)사관史官에게 써다가 보오시니 연설중의 세손 일캇자오시고 사랑하오시며 나라희 중탁重託을 세손世孫긔 하노라 하오시는 마듸에 밋어는 소조에서 세손을 사랑은 하오시나 제왕가帝王家 부자간父子間이 자고自古로 어려온데 하물며 병환중이오시고 당신은 유시幼時브터 자애慈愛를 못 받자와온일이 지한至恨이 되야겨오신대 그 아들만 일캇자오시니 그 격화激火 가온대 어찌 하시리오 세손한 몸의 종사존망宗社存亡이 잇이니 평안하서야 이 나라이 보전을 할 것이니 세손을 무사케 할 도리가 그 연설 뵈옵지 아니하기에 잇이니 그를 아니 보오시게 할길히 없어 (4)내관內官다려 일러 써오거던 그런 사연은 고쳐써 뵈옵게 하고 위급한때면 내가 내관에게 친히 말하여 빠히게 하고 이 사연을 선친긔 긔별

17 「恨中錄(第十二回)」, 『文章』, 1939. 12.

하여 "아모조록 세손 평안하실 도리를 하소서 선친 지극하신 우국충성憂國忠誠으로 두루 주선周旋하소서" 하고 그런 말은 밖으로서 빠히시고 써오게도 하니 선친이 (5)간험艱險한 때를 당하오서 대조은혜도 갑사오랴 소조 보호도 하랴 세손도 위하여 평안케하랴 하오시니 타는 듯한 용려가 과하신 때는 격긔激氣가 성하오서 (6)관격증關格症이 매양 발하오시고 나를 보시면 하늘을 우럴어 국가태평國家泰平만 축수하오시고 세손을 보전하여 종사를 잇게 할 긔틀이 그 연설뵈옵지 아니하기에 있이니 우리 부녀父女의 초심焦心하던 일은 상리인정常理人情이어니와 그 고심지성苦心至誠을 (7)가질신명可質神明할지라 만일 세손 칭찬하오시던 상교上敎를 바로 뵈왓더면 세손긔 놀라온 일이 어느 지경 이르렀일 줄 알리오 이러튼 신사년辛巳年이 되니 병환이 더욱 심하오신지라 이어移御하신 후는 후원後院에 나가오서 말 달리고 군긔軍器브치로나 소일할가 하오시다가 칠월후 후원도 장 가오시니 그도 신신치 아니하오서 생각 밖 (8)미행微行을 시작하오시니 처음 놀랍기가 어히없으니 어찌 다 형용하리오 병환이 나오시면 사람을 상하고 마오시니 그 의대 시종을 현주어미가 드더니 그 병환이 점점 더하오서 그것을 총애하오시던 것도 잊자오신지라 신사정월에 미행하랴 하오시고 의대를 가오시다가 증이 나오서 그것을 죽게 치고 나가오서 (9)즉각卽刻의 대궐서 그릇되니 제 인생이 가련할 뿐 아니라 제 자녀가 있이니 어린 것들 정경이 참혹한지라 어느 날 들어오오실 줄 모르고 시체屍體를 한 때도 못 둘 것이니 그 밤을 계유 새와 내여보내고 (10)룡동궁龍洞宮으로 호상소임護喪所任 정하여 (11)상수喪需를 극진히 하여 주었더니 들어오오서 듣자오시고 이러타 말씀을 아니하오시니 정신이 다 아니 겨오시니 그저 사사事事이 다 망극하도다 정월 이월 삼월을 다 미행하오사 출입出入이 (12)훌훌히오시니 그때 내 마음이 무섭고 (13)황란惶亂하기 어찌 다 이르리

오

---

1. 님금과 신하가 서로 모여 자문주답諮問奏答하는 공석公席.
2. 연석연중筵席筵中에서 왕王의 자문諮問에 대답하는 것.
3. 승정원承政院의 일직一職 주서注書의 별칭別稱.
4. 내시內侍.
5. 어려움.
6. 음식飮食을 못 먹고 구토嘔吐하고 대소변大小便을 통치 못하는 병증病症.
7. 사실事實이 명백明白하다는 말.
8. 미복微服으로 몰래 단이는 것.
9. 즉시卽時.
10. 경성京城 서부西部 황화방皇華坊(지금 정동貞洞)에 있든 궁宮.
11. 상중喪中의 비용費用.
12. 빈번頻繁한 모양.
13. 조심되는 것.

삼월에 세손이 입학入學하시고 그 달에 관례冠禮를 경희궁慶熙宮에서 하시니 내 정리 어이 아니 보고 십으리오마는 소조에서 가오실 모양이 못되어 겨오시니 내 무슨 낯으로 혼자 관례를 가보리오 병을 일캇고 못가 보니 그런 정리 어데 있이리오 그 해 이삼월을 련하여 리천보李天輔 리후李厚 민백상閔白祥 세 정승이 다 돌아가고 상후 미령하오신데 대신이 없는지라 삼월에 선친이 (1)대배大拜하오시니 당신 거처居處나 국세國勢나 본심本心이나 어찌 출사出仕코저 하오시리오마는 (2)휴척지의休戚之誼와 사생지심으로 그때 당신 몸이 물러나오시면 세도인심世道人心이 더욱 일분도 믿을 것이 없는 줄 헤아리오시고 단단한 종국宗國 위하오신 일편혈심一片血心으로 오직 몸을 맞하 나라와 한가지로 존망存亡하랴 하오시니 어

느 때 우황진름憂惶震凜치 아니하시며 어느 날 (3)초조붕박焦燥崩迫지 아니하시리오

1. 의정議政에 배拜하는 것.
2. 안락安樂과 환난患難을 함께하는 정의情誼.
3. 마음이 몹시 조히는 것.

삼월회간三月晦間의 관서미행關西微行을 하오시니 이는 이때 서백西伯이 (1)옹주翁主의 싀삼촌媤三寸 정휘량鄭翬良인 고로 가오셔도 아뢰지못할줄 짐작하오시고 가오서 소조小朝로라 아니하오신들 감새 어찌 영중營中에 있이리오 떠나 영외營外에 대령하여 공궤供饋와 나오시는 때 쓰오실 것을 다 진배進拜하고 간장을 태오며 장림長林에 나올 제 피를 토하다하니 그 사람이 조심 많고 그 조카 일성위日城尉는 없었이나 옹주편애翁主偏愛하오시기로 두려워하더니 그때 황황송구惶惶悚懼하기 어떠하리오 서행하신 후 내 용려는 이르지 말고 선친先親이 초황망조焦惶罔措하사 넌즈시 감사監司에게 알아오서 소식을 들으시고 장 대궐 게시다가 혹 집에 돌아오서도 마로에서 앉아 새와나시니 당신 심새心事 어떠하시리오 소조 하시는 일을 대조에 차마감히 아뢰지 못할것이오 미행하오실 제 장인丈人긔 가노라 말슴도 하오신일 없이니 간할 터히 어이 있이며 간할 만하면 무슨 마음으로 간치 아니하야시리오 설사 간한다 하여도 듣자오실리는 없고 (2)련좌連坐는 내 몸 보전치 못할 것이오 자녀들까지 어찌할 줄 모르니 간하옵고저 아니하시는 것이 아니로되 전혀 병환이오시니 일심으로 세손世孫만 보전하랴 하시는 고심이신데 모르는 이는 보도輔導 잘못하다 책망하니 눌다려 이러하시다 말을 할가 그저 맞나신배 긔험崎險하시니 섧고 섧도다 서행西

行하신 지 이십여 일만의 사월념후四月念後 돌아오오시니 초전焦煎하다가 도로혀 아모라를 못하며 서행하신 사이는 병환 겨오시다 하고 내관內官에게 약속하여 (3)장번내관長番內官 유인식은 속방에 누어 소조 말슴 같이 하고 박문흥이는 각색 일을 수응하니 무섭고 망측하기 어찌 다 긔록하리오 그때 (4)윤재겸尹在謙의 상소가 나니 간하는 것이 (5)신분臣分의 당연하나 소조에서 아오실 지경이 못되오시고 대조에 아오시면 무슨 변이 날 줄 알리오 간할터히없이 되얏더니라 서행 후 저기 마음을 잡으시는 듯하여 차대次對도 하시고 강연講筵도 하오시니 (6)아쇠이 진정하오실가 보라던 마음이 가련하며 그 후 차대次對의 (7)계희啓禧가 무엇이라 아뢰니 하령下令을 엄히 하오서 (8)강충江充의 말슴까지 하오시는 양이 병환이 나으신 듯 하오시니 선친이 차마 깃브오서 들어와 내게 전하시더니라

---

1. 일성위日城尉 정치달鄭致達의 안해된 이, 이른바 정처鄭妻.
2. 무슨 죄에 연루連累되는 것.
3. 장번長番의 직職에 있는 내시內侍.
4. 그때 당령掌令 벼슬에 있든인 바 세자世子의 서행西行을 말하고 그 종용첨유慫慂諂諛한 이를 엄주嚴誅하자는 상서上書.
5. 신하臣下의 분의分義.
6. 아쉽게.
7. 그때 제학提學벼슬에 있든 홍계희洪繼禧.
8. 한무제漢武帝의 신하臣下로서 태자太子를 이간離間하여 해害친 놈.

오월순후五月旬後 처음으로 경희궁慶熙宮가오서 승후承候하오시니 천행으로 탈없이 다녀오오시니 나도 망간望間 세손과 한가지로 경희궁 올라가 대조에 우럿 잡고 선희궁 뵈오니 억색抑塞하여 무슨 말슴이 있이리오 륙

월에 학질瘧疾을 얻자오서 수월數月을 민망히 지내시니 그 해는 봄브터 미령하시기를 옥체玉體를 잘 못 가지오서 그 병환이 나오신가 십으니 내 이 말이 인사의 고이하되 만고소무지사萬古所無之事를 겪사오나니 그 병환에 돌아가 겨오시더면 여희은 지통뿐이지 당신의 설음과 처자의 지원이 이대도록하며 세번망측함과 사람의 상함과 내 집의 원통함이 이 지경에 이르러시리오마는 천도天道를 아지 못 할 일이로다 팔월에 학증瘧症은 나으시고 [1]구월에 이르러 대조에서 정원일긔政院日記를 들여보시다가 [2]서명응徐命膺 상서上書의 서행말이 있이니 비로소 아오시고 그때 일장풍파를 지내였이되 큰 변이 나지 아니하기는 정휘량鄭翬良의 힘을 많이 입으니라

1. 영조英祖 37년三十七年 신사辛巳 9월九月 21일二十一日, 주서注書를 명命하여 5월五月 일기日記를 들여다보심.
2. 그때 대사성大司成 벼슬에 있든 이.

창덕궁 거동도 하랴 하오시고 그때 내관도 다스리오시니 어찌 그리아니 하오시리오 우원 자소로 대조하오시는 일을 격력經歷하니 작은 일에 가찰세밀苛察細密하오서 어렵삽지 일이 커 대단하면 도로혀 소사小事에 격뇌激怒하오시는 이에서 덜하오시니 살생殺生하오신 말슴 듣자오시고 "상하여 그러하다" 도로혀 위로하오시던 일 같자오서 서행일이 아오신후야 진노震怒와 처분處分이 어떠 하시리오마는 나중 그대도록 [1]자차咨嗟 아니하오시니 너무커 할일없어 그리하시던가 도십으며 그때 거동령이 나니 당신버리신 군긔제구軍器諸具 부치를 다 치오고 당신도 무사치 못하오실 듯하여 그때 [2]환취정環翠亭에서 겨오시더니 여러해 정으로 하시는 말슴

을 듣지 못할러니 그날 날다려 하오시기를 “아마도 무사치 못할듯하니 어찌할고” 하오시거늘 내 갑갑하여 대답하기를 “안타깝소마는 현마 어찌 하오시리잇가” 또 하오시기를 “어이 그러할고 세손은 귀하야 하오시니 세손있는 밧 날업시 하여든 관계할가” 하시거늘 내 대답하기를 “세손이 마노라아들인데 부자父子가 화목和睦이 같지 어떠하오리잇가” 하니 또 하오시되 “자네는 못생각하네 질지이심하야 점점 어려오니 날은 제하고 세손世孫을 효장세자孝章世子의 양자養子를 삼으면 어찌할가본고” 그 말씀하오실제는 병환긔운도 없고 천연히 그리하오시니 그말씀이 슬프고 설워 “그럴리 없나이다” 하니 또 하오시되 “두고 보소 자넬 귀하야하니 내게 좇은 사람이로되 자네와 자식들은 예사롭고 나만 그리하야 이리되고 병이 이러하니 어듸 살게 하얏는가” 내 차마 설워 울고 들어더니 갑신甲申 망극지원극통罔極至冤極痛을 당하야 하오시던 말씀을 생각하니 미래지사未來之事를 능히 탁량度量하야 그 날 그 말씀하오시던 일이 이상하오시고 령하에 밝사오시던줄이 원혹지원冤惑至冤하도다

---

1. 탄석嘆惜함.
2. 창경궁昌慶宮 자경전慈慶殿 서西에 있든 집.

거동이 인하야 아니되오시니 희색喜色이 저기 진정한듯하나 한번 광경 곳지내면 병증은 그대로 더하오서 십월즈음은 더 중하시니 망극하며 세손빈世孫嬪 간택揀擇을 정하오시니 청풍집이니 대가덕문大家德門이오 김판서金判書 성응 대부인大夫人 수연壽宴에 선친先親가 겨오시다가 대빈전大嬪殿을 아시보오시고 비상자질이라 하시던 말씀을 들엇더니 처녀단자處女單

子에 김시믁金時默의 녀女 쓰인 것을 소조에서 보시고 많이 하고저 하오서 옹주翁主에 긔별하오서 이곳의 못되면 네알리라 하오시니 윤득양尹得養 딸에게 성의聖意가 기우시고 궁중 소견들도 그러하되 소조에서 못가오시니 내어찌 홀로 가리오 내 그 아들 의지하는 천륜 밧 자별한 지정으로 그 간택 보지 못하는일 굼겁고 인정밧일인줄 한심하여 지내여시며 소조에서 못될가 용려하오시다가 완정하오시니 만심환희滿心歡喜하야 하오시더니 재간을 지내고 빈궁이 즉시 두역痘疫하시고 이어 세손世孫이 성두成痘를 하여 랍월순간臘月旬間에 출장出場하시니 대조에서 용려하오시다가 환희하오시고 소조에서 깃거좋와하서 조심을 능히하오시니 그런때는 병환이 아니 겨오신듯십으며 내 남의 없는 정리로 중한 병환에 합수암축合手暗祝하야 태평히 출장하기를 천지신명에 비던일과 선친이 직숙하야 주야초전하시던 정성이야 더욱 이를것이 어이 있이리오 조종이 음질하서 량궁兩宮이 차례로 평순히 하오시고 십이월에 삼간三諫이 되니 그 경새 어찌 다 형용하리오 삼간에도 부모를 아니뵈옵지 못하오서 소조와 나를 오라하오시니 세손 빈궁嬪宮 볼일 깃븐밧 또 소조에서 의대병환으로 일습을 다 여러 번 가오시니 망건도 그대로 여러 번 가오시는지라 (1)돌이 옥관자貫子를 지당치 못하여 그 날 공교히 (2)통정政通 옥관자를 부치고 가 겨오시더니 (3)사현합思賢閤에서 대소조가 맞나오시니 어찌 순히 감호하오실 성심이 겨오시리오마는 어믜 자식의 대사를 보이랴 다려와 겨오시니 그 통정옥관자가 호반虎班의 관자같이 크고 고이하야 저군儲君이 (4)다오섬즉지 아니하오시나 (5)긔여서 더한일이 많으되 그 관자일이 무삼 그대도록 대사완대 미쳐 처녀가 들어오지 못하여서 그 관자일로 긔로하오서 보지 말고 도로가라 하오시니 그 일은 실로 하쉽고 하 아니하섬즉한 일이니 차마 어이 그리하실고 며느리 될 이 보도못하오시고 가오시는일이 어떠하오시리오 어이 화증을 아니 내오시고 공순히 나려가오시던고 십으며 나도 나중에 죽을 변을 당할 양으로 이믜 올라와시니 세손빈궁 보고 가랴 하야 계오 삼간을 지내고 생각하니 소조에서 삼간까지 아니 뵈옵기가 정리에도 박절하고 일도 어즈로올 듯하야 그때 중궁전의와 선희궁이 오시며 옹주다려 별궁길히 창덕궁으로 지나니 우해 엿잡지 아니코 자하로 다려가기 황공하나 아마 뵈옵게 삽나이다 하니 의논이 귀일하거늘 (6)협시내관夾侍內官다려 일러 아래 대궐 지낼 때 내 련輦과 가치 들게하라하야 다리고오니 소조에서 차마 마음이 좋지못한것이 가 겨오시다가 보오시도 못하고 무광히 나려오오셔 어히없고 쉶사 오서 덕성합德成閤에 도로혀 잠연潛然히 누어 겨시거늘 세손다리시고 오옵나이다하니 반기서 그 며느리를 어르만지시며 긔특 좋와하시고 밤에야 별궁으로 보내니 사세事勢할 일없어 다려와 뵈옵사오나 대조를 긔인듯 죄송하더라 날로 쉶사오시고 날로 병환이 더하오서 부왕긔 향하오신 블공하오신 말슴이 점점 가히 없아오시니 이 아니 망극하냐 마음은 놀랍고 주야로 공구하니 내 목숨이 어느 때 어떠할 줄 몰라 어서 대사나 지내랴하니 맞난바가 세상의 이런 사람이 다시 어이 있이리오 해가 변하여 임오壬午 되니 가례嘉禮는 이월 초이일로 택일하니 어서 날수가 가례순성하기만 조히는데 정월 순후의 홀연 인후咽喉가 대단하야 증정이 비경하오시니 대사는 박두迫頭한데 어떠할고 안타깝더니 수침受鍼하오시고 즉시 복장復常하오시니 만행하여시며 가례긔약이 및으니 막중인륜의 일을 폐치못하게하여시니 초이일 세손을 다리고 오라하오시니 세손은 몬저 가시고 그날 일즉이 올라가오서 (7)숭현문崇賢門 밖에 (8)소차小次하오시고 (9)경현당景賢堂에서 초례醮禮를 하오시니 일당중에 조자손祖子孫 삼대三代가 뫼히서 그 손자를 가례嘉禮하여 전안奠雁하게 보내오시니 그즐거운 성지聖旨와 막대莫大한 경새 다시 어듸 있이리오 초례醮禮를 지내옵고 대례大禮는 (10)광명전光明殿에서 지내시고 이튿날 량전 량궁이 일전에서 세손빈 조현朝見을 받으실 새 량전은 광명전 북변北壁 의교椅交에 좌하오시고 동궁좌석은 동편으로 하고 내좌는 서로하니 세손빈궁이 어리시고 걸음이 쉽지 못하여 그 사이 두 분이 서로 대하신 지 오랜지라 보오시기 셟사오시고 말슴을 참사오시니 긔색이 어이 좋사오시리오 내 우럴어 말슴아니하오시기를 암축하여시며 내가 세손빈을 재축하야 들여세우고 조률棗栗 만과수반을 재촉하여 량전 량궁에 태평히 들이니 그런 만행이 어듸 있이리오 소조에서 그리 어려워하오시며 삼일 지내는 것을 보오시고 가랴하오시니 그리하오실적은 병환증도 아니 나오시니 당신을 조히 대접만 하면 그려도 나올 때 성의는 막중대례를 아니뵈지못하여 겨오시나 조현朝見까지 지나시니 머믈아오실 성의 아니겨셔 동궁환차령東宮還次令을 내오시고 나는 삼일을 보고 가게 하오시니 내가 혼자 있기 난처한일이 많아 계요 도모하야 뒤 미처 나려오고 세손과 빈궁은 삼일후 창덕궁으로 나려오니 소조에서 기다리오시다가 좋와좋와하오서 빈궁을 다리오시고 휘령전徽章殿에 전알展謁하게 하오시고 감창하여 하오시니 이러하실 적은 본심이 돌아오시고 며느리는 과연 이생히 사랑하오시니 대빈전이 특별한 자애慈愛를 받자왓기 충년沖年이로되 상사후 애통이 심하오시고 세월이 갈사록 추모함이 더하야 말슴이 밋으면 눈물아니낼적이 없으시니 자애를 받자온 연괴나 효성이 없으면 어찌 이러하오시리오

1. 정일품正從一品의 관원官員이 쓰는 옥玉으로 무슨 모양을 새기지 않고 맨든 관자貫子. 환옥還玉.

2. 정삼품正三品 관원官員이 쓰는 무슨 모양을 새긴 관자貫子.
3. 경희궁慶熙宮에 있든 집.
4. 답지 않은 것.
5. 거기에서.
6. 근시近侍하는 내시內侍.
7. 경현당景賢堂 남문南門.
8. 출가出駕하다 좀 쉬는 것.
9. 경희궁慶熙宮에 있든 집.
10. 경희궁慶熙宮에 있든 집인 바 하연賀宴을 받는 곳.

근년近年은 장인丈人을 [1]사적事蹟하오신 일이 없으시더니 그때 선친이 북도北道 릉봉심陵奉審을 가시게 되어 대조에서 나를 보고 세손빈을 보고 가라 하오서 아래 대궐 오오시니 소조에서 그 날은 병환도 좀 덜하오시고 며느리 자랑도 하오시랴 보오신지라 원래 소조에서 자라오실 적 보양관輔養官 춘방관春坊官 들 밧 사적事蹟하실 척리戚里 없어 밧사람 친친히 보오신 이 없다가 가례 후 선친을 보오시고 대접하오시고 친후하시니 선친이 삭망朔望으로 문후하시나 상교上教 겨오셔야 뵈옵고 들어오신 때라도 매양 오래 머무지 아니하오서 궁금이 지엄한데 밧사람이 오래 머무지 못하리라 하오서 즉시 나가오시나 소조의 입대入對하오신즉 일심으로 예학睿學을 권면勸勉하오시고 옛 사적事蹟을 [2]미미亹亹히 아뢰시고 유익한 고인 문자를 자로써 들이오시고 글 지어 보내시면 리병利病을 의논하오서 들이오시니 우리 선친긔 배호심이 만사오시니 천만년을 보라오서 태평성군이 되오시기를 옹축顒祝하오시는 지성이 어나 신하가 만일이나 밎으리오 애대愛待하오시기는 비록 그음없아오시나 돕사오시기는 반드시 옳은일로 하오서 척리들이 혹 완호지물玩好之物로 유희遊戲하오시게 들이는 규례

規禮이시되 선친은 일절 그리하오신배 아니 겨오시고 배오면 자초지종이 번번히 엿자오시는 말슴이 효도 힘쓰오소서 학문 브즈런하오소서 이 두마디 밧 다른 말씀하오시는 일 없기 소조의 귀중하오시는중 심히 기대期待하오시고 [(3)]수렴收斂하오시던 고로 병환이 점점 드오시나 낮으로 보오시고 이러타 말슴하오신일 없아오시고 난감하오신때 점점 어려오니 잘하라 믿노라 이처로 내 편지로 쓰이시지 당신 써보내오신 일 없고 그의 병환으로 사생관두한 일이 되야 선친긔 내가 얻어주소서 하얏지 소조에서는 달라하오신일 아니겨오시고 금성위錦城尉긔와 정처鄭妻에긔는 가져오오시되 내 집것은 한 가지 가져온 일이 없사오시고 미행을 시작하오시니 응당 내집에 몬저 가오실 듯한데 금성위집으로 가오서 찰혀가오시되 내집에는 한번도 가오시는 일 없고 상없이 대접지 못하오서 어려이 여긔오시고 기탄하오시고 그사이 변괴 층출하고 미행하신 일이나 스사로 겸연하오시기 선친을 면대하여 말슴을 못하시더니라

1. 옛날 사적事蹟을 알려들이는 것.
2. 부즈런히 힘쓰는 것.
3. 조심하는 것.

밖으로 차대次對때나 병환때나 대리代理 한가지로 입대入對하여 겨오시니 사적事蹟을 해포못하여 겨오시더니 그날 입대하오서 우럴어 반갑사오심과 묘년妙年에 자부子婦를 얻자오시고 량궁이 당신을 보시는것이 귀삽고 깃브다 하례하오시니 소조에서도 평석平昔같이 관접款接하오서 조곰도 병환증이 발치 아니하오시던것이 이상하고 싫도다 삼월이 또 되야 말슴도 또 많사오시니 병환이 더옥 중하오서 어지럽사오신지라 차마 내 붓으

로 어찌 쓰리오 화증이 나오시면 내관 내인들 하여 감히 못할말슴을 시기오시니 그것들이 죽기를 무서워 고성高聲하여 (1)부도지설不道之說을 하니 그저 하늘이 무섭고 차마 망극罔極하니 죽어 모르고 십으며 술을 아니 잡삽고 병자丙子의 술일로 지원至冤하오서 하오시더니 대조에서 하오시던 말슴처로 금주는 지엄하신때에 술을 란만히 들여다가 본대 주량이 적사오시니 변변히 잡삽지 못하오시며 술만 (2)궐중闕中에 낭자浪藉하니 어느 일이 근심이 아니리오

---

1. 이르지 못할 말.
2. 대궐 안. 궐내闕內.

기18 其十八[18]
— 그날의 대변大變

경진庚辰 이후 내관 내인 상한 것이 많으니 긔억지 못하되 (1)표표表表한 것은 (2)내사차지內司次知 서경달이니 내사것 더듸 거행한일로 죽이오시고 출입出入 내관수도 여러히 상하고 선희궁내인 하나도 죽고 점점 차마 어려오서 신사辛巳 미행시微行時 (3)승전承傳하나 관서關西 미행시微行時 기생 하나혼 다려다가 궁중에 두오시고 잔채 하오신다 할제는 사랑하오시는 고자鼓子의 계집들과 기생들이 들어와 잡도이 섯기니 만고萬古에 그런 경상이 어듸 있이리오 이월회간의 옹주翁主를 오라하오서 조석朝夕 다리오시고 당신 병환이 설워 이래하얏노라 하오시니 옹주도 겁을 내야 설워라 설워라 하며 불공지언을 하니 나는 차마 듯지못하고 지사위효至死爲效하야 감히 거드은일 없노라 옹주 다리오시고 통명전通明殿에서 잔채하시니 잔채처소는 후원後園 아니면 통명전이오 머므오시는 환취정環翠亭에도 하오시더라 삼월은 망조중 지내고 또 사월이 된지라 거처범백居處凡百이 어찌 산 사람의 거처하는 대와 같으리오 돌아간 사람의 (4)빈소殯所한 모양도 같고 다홍으로 명정銘旌 모양 같은 것을하야 세우고 (5)령침靈寢하는 평상平牀처로 하야 밤이 깊으면 상하가 다 지쳐자 상우헤 음식은 만반하

---

18 「恨中錄」, 『文章』, 1940. 1.

고 그 경색 다 귀신의 일이니 하늘이 시기는 밧 할 일이 없도다

1. 현저顯著함.
2. 내수사內需司 일을 맡어보는 이.
3. 왕명王命을 전달傳達하는 이.
4. 발인發靷 전 영구靈柩를 안치安置하는 곳.
5. 대렴大斂 후 시체屍體를 안치安置하는 곳.

맹인盲人들 점치오시다가 그것들이 말을 잘못하면 죽은 것도 있고 의관醫官이며 [1]액속掖屬이며 죽은 것들도 있고 병인 된 것들도 있어 하로도 내궐서 사람을 여러흘 서로 저내니 중외인심中外人心이 [2]황황오오惶惶嗷嗷하야 발을 저기 드듸여 죽을바를 못얻어하니 당신 천질天質은 진실로 거룩하오시건마는 그착하신 본성을 잃사오시고 아조 그릇되오시니 이를 어찌 하마 말하리오

1. 액정掖庭 소속所屬, 즉 궁중宮中에 부리는 사람.
2. 두려워하고 원망함.

홀연히 오월에 따흘 파고 집삼삼을 짓고 사이 장자障子하고 마치 광중壙中 같이 맨드오시고 나드는 문을 우후로 내야 널두에를 사람이 용신하야 단일만하게 하고 그 널 우헤 때를 입혀 덮으니 집지은 흔적도 없는지라 묘하다하오시고 그 속에 [1]옥등玉燈을 달아놓고 앉어겨오시니 그는 대조大朝에서 거동하오서 당신 하시는것을 찾사오서도 군긔軍器브치 말까지 감초랴하오시는 일이지 다른일이 없건마는 그집일로 더옥 망극한 말이

있엇이나 다 [2]흉징조를 귀신이 시기드시 그리하오시니 인력으로 어찌하리오

1. 옥玉으로 구미어 맨든 등燈.
2. 흉한 조짐.

그 달에 선희궁이 세손世孫 가례 후 처엄으로 세손빈世孫嬪도 보실겸 아래대궐 나려오시니 소조에서 반갑사오시고 귀하오서 대접하오심이 [1]과중과중過中過中하오시니 마음이 령하오서 마즈막 영결永訣로 그리하시던지하야 잡삽는것과 잔채하는 잔상이 거룩하야 과果는 높고높게 고이고 인삼과人蔘果까지 하야놓고 수석시壽席詩 짓사오시고 [2]헌작獻爵하오시고 남은것 없이 받으오시고 후원 뫼와 갈제 소교小轎로 대연大輦 모양같이하야 선희궁 마다하오시되 우겨 타오시게 하고 앞에 대긔치大旗幟 세우고 취타하며 취타吹打하며 뫼오니 그 모양 당신은 극진히 효봉하오시는 일이나 선희궁겨오서는 당신 병환으로 망극罔極 차악嗟愕하야 하오시고 점점 할일없는줄 보오시고 어느 지경 가오실 줄 모르시오니 나를 대하오시면 눈물만 흘리오시고 공구공구하오서 어찌 될고만 하오서 계요 수일 묵사오시고 올라가오시니 어마님도 우오시고 아드님도 척연慼然하야 하오시니 종천영결終天永訣하오시는 길히라 그러하시던듯 십으며 나는 날로 위란危亂한 가온대 생면生面으로 다시 뵈올가 십으지 아니하야 마음이 더 버히는 듯 한지라

1. 너무 과도過度함.

2. 술잔을 부어들이는 것.

그때 령상領相 신만申晩이가 탈상脫喪하고 다시 정승政丞하니 그사이 삼년을 못보아 겨오시다 새 사람 갈자오서 탐탐이 하오시는 말슴이 다 소조말슴이니 소조에서 신만으로 하야 흉이 나니 그 정승 복없고 밉다 하오서차차 신만이가 사외롭고 무섭고 대조의 무슨 참소나 하다십으게 (1)절치절치切齒切齒하오서 글로 더욱 화가 돋오서 점점 망극하니 어찌할고 망극망조하더니 천만 의외나 (2)경언景彦의 일이 나니 그때 형조참의刑曹參議는내 외사촌 니해중李海重이가 당한지라 그놈의 (3)상언尙彦이 무삼 흉심凶心으로 그 짓을 하야 사긔事機의 망극함이 이를 것이 없어 경언景彦이 친국親鞫하오시고 소조를 부르오서 창황히 행보行步로 웃대궐에 가오시니 그 경색이 어떠하리오 갓득한데 흉한 놈이나 병환은 더 이을 것 없고 부자간은더 형상하야 말 할 것이 없는지라 경언이 (4)정형正刑하고 소조에서 경언의 아오 상언이를 잡아다가 시민당時敏堂 손지각遜志閣 뜰에서 (5)현벌懸罰하야 가르친 이를 뭇자오시되 인하야 복초服招 아니 하얏이며 신만이를더욱 믜워하오서 아비 죄로 (6)영성위永城尉를 잡아다가 죽이라노라 하오시니 그때 화색禍色이 이를 것이 없어 영성위를 오날 잡아온다 내일 잡아온다 하시되 영성위 죽지 아니할 때런지 잡아오기는 썩 아니하오시니선희궁에서 소조하시는 일이 점점 망극하오시니 할 길이 없어 하오시고소조에서 옹주에게 잘 아니하야준다 하고 편지 써 보내신 것이 망극망극차마 거드지 못할 말이 많고 수구水口로 통하야 웃대궐을 가랴노라 하오시고 영성위를 가지록 벼르오서 비록 미처 잡아오든 못하얏이나 영성위관복官服 조복朝服 융복戎服 일용제구日用諸具와 패옥佩玉과 띄까지 가져다가 소화燒火하고 까히니 영성위 성명이 호흡지간呼吸之間인지라 선희궁에서 영성위를 앗기오신 것이 아니라 점점 이러하오시니 안탓가이 마음만 쓰오시는 가온대 소조하시는 일이 극층極層에 오르오서 여지없이 망극하오신지라 웃대궐을 수구水口로 가오신다 하야 가시다가 못가오시고 도로 오오시니 그는 윤오월 십일간이라 그리할 즈음에 황황한 소문이 보태연들 아니 나리오 낭자낭자狼藉狼藉하니 전후일이 다 본심으로 하오신 일이 아니언마는 인사정신을 모르오실 적은 화에 띄이여 하시는 말슴이 병화로 아모리 하랴노라 협검挾劍하고가 아모리 하고 오고 싶으다 하오시니 일분이나 상정常情이 겨오시면 어찌 이러하시리오 당신이 이상이상 험흔험흔하오신 명운으로 천명을 다 못 하오시고 만고소무지사를 당하랴하오실 팔자오시니 하늘이 아모조록 이상흉악한 변을 지어 몸이 그리되도록 맨들랴 하시니 하늘아 하늘아 차마 어찌 이리 맨드시뇨 선희궁겨오서 병 드신 아드님을 어찌 책망하야 믿을 것이 없으니 자모지심이 다른 아들 없이 아드님긔만 몸을 의탁하야 겨오시니 차마 어찌 이 일을 하고저 하시리오 처음의 자애를 받잡지 못하와 이까지 되오신 것이 대조에서 부릉무감不能無憾하오시니 당신이 종신지통이 되야 겨시나 이믜 병세가 이대도록 극진하고 부모를 아지 못할 지경이니 사심私心으로 차마 못하야 유유지지悠悠支支하다가 행혀 병증이 급하야 알아볼 것이 없이 차마 차마 생각지 못할 일을 저즐랴 하오시면 사백년 종사四百年宗社를 어찌하리오 당신 도리가 성궁을 보호하옵는 대의가 옳고 이믜 병이 할 이 없엇이니 찰하리 몸이 없는 것이 옳고 (7)삼종혈맥三從血脈이 세손긔 있이니 천만 번 사랑하야도 나라흘 보전하기가 이밧긔 없다 하오서 십삼일 내게 편지하오시되 "작야소문昨夜所聞은 더욱 무서오니 일이 이리된 후는 내가 죽어 모르거나 살면 종사를 붙들어야 옳고 세손 구할 일이 옳으니 내 살아 다시 볼 줄 모르노라"만 하야 겨오시니 그 봉서封書를 븓들어 체읍하얏이나 그날 대

변大變이 날 줄 어이 알앗이리오

1. 이를 갈며 분을 내는 것.
2. 형조판서刑曹判書 윤급尹汲의 겸종傔從 라경언羅景彦인데 영조英祖 38년三十八年 임오壬午 5월五月 22일二十二日 고변告變.
3. 라상언羅尙彦인 바 액정별감掖庭別監이오 라경언羅景彦의 아오.
4. 사형死刑.
5. 궁중宮中에서 죄과罪過가 있는 이를 두 손을 묶어 나무에 매다는 형벌刑罰.
6. 신만申晩의 둘째 아들 신광완申光緩인데 영조대왕英祖大王의 7녀七女 영빈이씨暎嬪李氏 출出 화협옹주和協翁主의 남편.
7. 부모父母, 남편, 자식의 혈맥血脈.

그 날 아춤에 대조에서 (1)전좌殿座 나랴하오시고 (2)경현당景賢堂 관찬청觀光廳에 겨오시니 선희궁이 가오서 우오시며 고하시되 "병이 점점 깊어 바랄 것이 없아오니 소인이 차마 이 말슴을 정리에 못하올일이오되 성궁을 보호하옵고 세손을 건지와 종사를 편안이 하옵는 일이 옳사오니 처분을 하오서" 하고 또 하오시되 "부자지정을 차마 이리하시나 병이니 병을 어찌 책망하오리잇가 처분은 하오시나 은헤는 끼치오시고 세손 모자를 평안하게 하오소서" 하시니 내 차마 그 안해로 처하야 이를 옳이하시다 못하나 일인즉 할일없은 지경이니 그저 내 딸와죽어 모르는 것이 옳으되 차마 세손으로 결치 못하얏이나 맞난바 긔궁흉독奇窮凶毒함을 설워할 뿐이로다

1. 시정視政, 조하朝賀를 받으려 왕王이 출어出御하심.

2. 경희궁慶熙宮에 있든 집.

대조에서 듯자오시고 조곰도 지체하오시며 자저하오시지 아니하오시고 창덕궁 거동령昌德宮擧動令을 급히 내오신지라 선희궁겨오서 활자인정割慈忍情하야 대의로 말슴을 알외오시고 인하야 퇴흉운절堆胸殞絶하오서 당신 겨오시던 양덕당養德堂에 오오서 페식잠와廢食潛臥하오시니 만고의 이런 정리 어듸 있이리오 전브터 (1)선원전璿源殿 거동하오시는 길히 두 길이니 (2)만안문萬安門으로 드오시는 거동은 탈이 없고 경화문景華門 거동인즉 탈이 나는지라 거동령이 경화문으로 나오시니 그 날 소조에서 십일일야는 수구로 단이오서 몸을 빼치오시고 십이일은 통명전에 겨오신대 그 날 들보에서 브러지는듯시 장히 소래가 나니 듯자오시고 탄식하오시되 "내 죽으랴 하는가 보다 그 어인 일이고" 하오시고 그때 선친이 좌상左相으로서 첫 오월의 엄지嚴旨를 맞나오서 삭직削職하오시고 동교東郊에 달작시나 나가 겨오시니 소조에서 당신이 스스로 위태하오시던지 조재호趙載浩가 원임대신原任大臣으로 춘천春川있이니 계방桂坊 조옥진趙玉進이로 하야금 말을 통하야 올라오라하시다하니 이런일을 보면 병환 겨오신 이 같지 아니하니 그저 이상한 하늘이로다 거동령을 듯자오시고 공구하오서 아모 소래도 없이 긔계와말을 다 감초와 경영하는 대로 하라 하오시고 교자轎子 타시고 경춘전 뒤흐로 가시며 나를 나오라 하오시니 근래 눈에 사람이 뵈이면 화가 일어나기 교자의 가마 두에 하고 사면 장을 치고 단이시고 춘방관春坊官과 밧긔는 학질이 또 있다 하여 겨오시더니 그 날 나를 덕성합德成閤으로 오라 하오시니 그때 오정 즈음이나 되는데 홀연 가치가 수를 모르게 경춘전景春殿을 어여싸고 우니 그는 어인 증조런고 고이하여 그때 세손이 환경전歡景殿에 겨오시던지라 내 마음이 황황한 중

세손 몸이 어찌될 줄 몰라 그리 나려가 세손다려 아모일이 있어도 놀라지 말고 마음 단단이 먹으라 천만 당부하고 아모리 할줄을 모르더니 거동이 지체하야 미시후나 휘령전徽寧殿으로 오오시는 말이 있더니 그리할 제 소조에서 나를 덕성합으로 오라 재촉하오시기 가뵈오니 그 장하신 긔운과 부호하신 언사도 아니 겨오시고 고개를 숙여 침사상량沈思商量하야 벽에 의지하야 앉아겨신데 안색을 나오사 혈긔 감하오시고 나를 보오시니 응당 화증을 내오서 오즉지 아니하실 듯 내명이 그날 마치일 줄 스스로 념려하야 세손을 경게 부탁하고 왓더니 사긔 생각과 다르오서 날다려 하오시되 "아마도 고이하니 자네는 조히 살겟네 그 뜻들이 무서외" 하시기 내 눈물을 드리워 말없이 허황하야 손을 비븨이고 앉앗더니 휘령전으로 오오시고 소조를 부르오시다 하니 이상할슨 어이 피차 말도 돌아나자 말도 아니하오시고 좌우를 치도 아니하오시고 조금도 화증내신 긔색이 없이 썩 룡포龍袍를 달라하야 입으시며 하오시되 "내가 학질을 앓는다하라" 하고 세손의 "(3)휘항揮項을 가져오라" 하시거늘 내가 그 휘항은 작으니 당신 휘항을 쓰시고저 하야 내인다려 당신 휘항을 가져오라 하니 몽매夢寐 밧긔 썩 하오시기를 "자내가 아모커나 무섭고 흉한 사람이로쇠 자네는 세손 다리고 오래 살랴 하기 내사 오날 나가 죽게 하얏기 사외로와 세손의 휘항을 아니 쓰이랴 하는 심술을 알게 하얏네" 하오시니 내 마음은 당신이 그 날 그 지경에 이르오실줄 모르고 이 끝이 어찌될고 사람이 다 죽을 일이오 우리의 모자의 목숨이 어떠할런고 아모라타 없엇지 천만 의외에 말슴을 하오시니 내 더욱 설워 다시 세손 휘항을 갓다들이며 "그 말슴이 하 마음에 없는 말이시니 이를 쓰소서" 하니 "싫애 사외하는 것을 써 무엇할고" 하오시니 이런 말슴이 어이 병환 든 이 같앗이며 어이 공순히 나가랴하시던고 다 하늘이니 원통 원통이오 다 그리할 제 날이 늦고 재촉하야 나가오시니 대조에서 휘령전에 좌하오시고 칼을 안사오시고 두다리오시며 그 처분을 하시게 되니 차마차마 망극하니 이 경상을 내 차마 긔록하리오 섧고 섧도다 가오시며 즉시 대조에서 엄노嚴怒하신 성음이 들리오니 휘령전이 덕성합과 머지 아니하니 담 밑에 사람을 보내여 보니 발서 룡포를 벗고 업대여 겨시더라 하니 대처분大處分이 오신줄 알고 천지망극하야 흉장胸腸이 븡렬崩裂하는지라 게있어 브절없어 세손겨신 대로와 서로 븥들고 아모리 할 줄을 모르더니 신시 전후 즈음에 내관이 들어와 밧소주방의 쌀 담는 궤를 내라한다하니 어찐 말인고 황황하야 내지못하고 세손궁이 망극한 거죄 있는줄 알고 문정전門庭前에 들어가 "아비를 살랴주소서" 하니 대조에서 나가라 엄히 하오시니 나와 왕자재실王子齋室에 앉아겨시니 내 그때 정경이야 고금 천지간에 없으니 세손을 내여보내고 일월이 회색하니 내일시나 세상에 머믈 마음이 있이리오 칼을 들어 명을 결단하랴하더니 방인傍人의 앗음을 인하야 뜻 같지 못하고 다시 죽고저하되 촌철이 없으니 못하고 숭문당崇文堂으로 말매암아 휘령전 나가는 건복문建福門이라 하는 문 밑에를 가니 아모 것도 뵈지 아니코 다만 대조에서 칼 두다리오신 소래와 소조에서 "아바님 잘못하여사오니 이제는 하라하옵시는대로하고 글도 읽고 말슴도 다 들을 것이니 이리 마오소서" 하시는 소래가 들리니 이 간장이 촌촌이 끊어지고 앞이 막히니 가슴을 두다려 아모리 한들 어찌하리오 당신 용력勇力과 장긔壯氣로 게를 들라 하오신들 아모조록 아니 드오시지 어이 필경에 들어 겨오시던고 처음은 뛰여나가랴 하오시다가 이기지 못하야 그 지경에 밎사오시니 하늘이 어찌 이대도록 하신고 만고에 없는 설음 뿐이며 내 문 밑에서 호곡하되 응하오심이 아니 겨오신지라 소조 발서 페위廢位하야 겨오시니 그 처자 안연晏然히 대궐 있지 못할 것이오 세손을 밧긔 두엇이니 어떠할고 차마 두립고 소마소마하야 그 문에 앉아 대조의 상서하야 "처분이 이러하오시니 죄인罪人의 처자가 안연히 대궐 있기도 황송하옵고 세손을 오래 밧긔 두옵기가중한몸이 두립사오니 이제 본집으로 나와지라" 하고 "천은으로 세손을 보전하여지라" 써 갓갓으로 내관을 찾아들이라 하얏더니 오래지 아니하야 선형先兄이 들어오셔 페위서인廢位庶人하야 겨오시니 대궐 있지 못할 것이니 본집으로 나가라하오시니 가마를 들여오니 나가시고 세손은 람예籃輿를 들여오라 하여시니 나가시오리다 하시니 서로 븥들고 통곡하고 업히여 청휘문淸輝門으로서 저승전儲承殿 (4)차비差備에 가마를 놓고 윤상궁이란 내인이 (5)안타고 별갈別監이 가마를 메고 허다상하내인許多上下內人이 다 뒤흘 딸와 좇으며 통곡하니 만고 천지간에 이런 경상이 어듸 있이리오 나는 가마에 들제 막혀 인사를 모르니 윤상궁이 쥐물러 계유 명이 븥엇이나 오즉하리오

---

1. 창덕궁昌德宮 인정전仁政殿 서西에 있는 바 본시는 도총부都摠府로서 효종孝宗 때 창덕궁慶德宮 경화당景華堂을 헐어 이리 이건移建하고 춘휘春暉라 하였다가 숙종肅宗 때 선원璿源으로 개명改名하고 아진御眞을 봉안奉安함.
2. 동문東門.
3. 머리에 쓰는 털로 맨든 방한防寒하는 것, 휘양.
4. 차비문差備門.
5. 함께 탄 것.

집으로 나와 나는 거는방에 누이고 세손은 내 중부와 선형이 뫼셔 나오고 세손빈궁世孫嬪宮은 그 집에서 가마를 가져와 청연淸衍과 한데들어 나오니 그 경색이 망극함이 차마 어찌 살리오 자처하랴다가 못하고 일이

할일없으니 돌아 생각하니 십일세 세손에게 첩첩한 지통을 끼치지 못하고 내없으면 세손 성취함을 어찌하리오 차마 [1]완명頑命을 보전하고 하늘만 부르지지니 만고의 날 같은 완명이 어딕 있이리오 세손을 집에 와 서로 맞나니 충년의 놀라 망극한 경상을 보시고 그 설운 마음이 어떠하리오 놀라 병날가 내 망극함을 서리담아 "망극망극하나 다 하늘이시니 네가 몸이 평안하고 착하여야 나라히 태평하고 성은을 갚사올 것이니 설음 중이나 네 마음을 상해오지 말라" 하고 선친겨서는 떠나지 못하시고 선형도 벼슬 매이여 왕내하시니 세손 뫼옵고 있일 이가 [2]중숙仲叔 두 외삼촌이니 주야로 뫼서 보호하고 내 게제는 오시로브터 들어와 세손을 뫼옵고 노던지라 그 아해가 작은 사랑에 뫼옵고 자고 있어 팔구일을 지내니 김판서 시믁時默과 그 자제 김긔대도 와 뫼옵는다 하며 내 집이 좁고 세손궁 상하내인이 전수 나왓는지라 머믈기 어려워 남장南墻 밧 교리 니경옥 집을 빌어 김판서댁이며 그 며느리를 다리고 와 빈궁을 뫼옵고 있게 하니 담을 트고 왕내하니라

---

1. 모진 목숨.
2. 아버지 다음 아오 되는 이.

그때 선인이 파직罷職하야 동교東郊에 오래 겨시다가 대조에서 대처분大處分하오서 아조 할 일 없은 후 선친을 서용敍用하오시고 다시 배상拜相하야 부르시니 선친이 무망에 그 처분 소식을 들으시고 망극경통罔極驚痛 중 질치疾馳하야 들어오서 궐하에 이르러 혼절昏絶하시니 세손이 왕자재실王子齋室에 게시다가 들으시고 당신 자시던 청심환淸心丸을 내야보내야

겨오 깨시니 당신이 또한 생세에 뜻이 겨오시리오마는 내뜻같으서 망극중 고독이 세손을 보호하랴 하시는 정성만 겨시니 따르지 못하시니 세손을 옹호擁護하야 종사를 보전하실 혈심단충血心丹忠은 천지신명이 가히 질정하실지라 모질고 흉하야 목숨이 븥어시나 당하신 일을 생각하니 어찌 견대오시는고 타는 듯하니 차마 어찌 견댈 지경이리오 유신儒臣 박성원이가 집 대문 밧긔 와 세손이 [(1)]석고席藁하시게 하라 하니 석고가 당연하것마는 차마 어린 아기를 어찌하리오 낮은 집에 겨서 지내시니라

1. 짚으로 자리를 삼고 죄를 기다림. 즉 석고대죄席藁待罪의 생략省略된 말.

나온 후 선친긔도 못 뵈옵고 망극망극하더니 그 이튼날 선친이 상교를 받자와 나오시니 모재母子 선친을 븥들어 일장통곡하고 성교를 전하오시기를 "내가 보전하야 세손을 구호하라" 하오시니 이때 성교聖敎 망극중이나 세손을 위하야 감읍하옴이 측량測量없는지라 세손을 어르만저 성은을 축수하고 "나는 네 아바님 안해로 이 지경이 되고 너는 아들로 이 지경을 맞나시니 다만 스스로 명을 설워할 뿐이지 누를 원하며 누를 탓하리오 우리 모재 이때에 보전함도 성은이시니 우럴어 의지하야 명을 삼음도 또한 성상이오시니 너를 바라는 배 성의를 받자와 힘쓰고 다듬아 착한 사람이 된즉 성은을 갚삽고 네 아바님긔 효자가 되리니 이밧긔 더할일이 없는이라" 하고 선친긔 "감축천은하와 남은 날은 주시는 날이니 하교를 받자오랴 하는 사연을 우헤 알외소서" 하고 통읍痛泣하니 내 이 말이 일호도 지어함이 아니라 처엄브터 그리되오신 것이 섧지 점점 그 지경에 이르오신 바 어찌하리오 내 조금도 마음의 먹음사온 배 없어 감히 일어나

원하옵지 못하왓노라 선친이 날과 세손을 븓들고 통곡하고 위로하시되 "이 뜻이 옳으시니 세손이 현賢이 되시고 성聖이 되시면 성은을 갚사오시고 낳으신 아바님긔 효도 되오시리이다" 하고 들어가오시니 날이 갈사록 차마 망극지경을 생각지 못하야 아모리 할 줄을 몰라 혼혼망극이 누엇더니 십오일은 굳게굳게하고 깊이깊이하야 놓사오시고 상절喪節 오르오신다 하니 할 일이 없는지라 대궐 필단브치도 내여올 길이 없으니 [1]습례제구襲禮諸具를 다 선친이 조비造備하셔 여감餘憾이 없게 하시니 이전 여러 해를 대병환으로 무수히 이워주시고 [2]수의壽衣를 다 조비하셔 당신 위하신 마즈막 정성으로 갈진竭盡히 하시더니라

1. 장례葬禮절, 시체屍體에 옷을 입히는 범절凡節.
2. 시체屍體에 입히는 옷.

이십일신시二十日申時즘 폭우暴雨가 나리고 뇌성雷聲도 하니 뇌성 두려워하시던 일이나 어찌 되오신고 차마 차마 그 형용을 헤알이지 못하니 내 그때 마음이 절곡아사絶穀餓死도 하고저 하고 깊은 물에도 들고 십으고 수건手巾을 어르만질 적이 많고 칼을 들기를 자로 하되 약하야 강한 결단을 못하나 먹을 길이 없어 냉수나 미음이나 먹은 일 없으되 능히 지탱하여 념일念日 밤에 할 일 없어 겨오시다 하니 비 오던 때 수진하시던 때런고 그저 혼신渾身이 비월飛越하니 살아난 줄이 흉완하다 선희궁이 마지못하야 그리 알외여겨오시나 종사를 위하야 대처분은 하오시려니와 병환이오시니 애통하오서 은폐恩幣를 더하오시고 복제나 행하오실가 바라왓더니 성심이 그 처분을 하오시되 성로聖怒는 나리지 아니하오시고 인하야

갓가이 하시던 기녀妓女와 내관 박필수 등과 별감이며 장인이며 무녀巫女들까지 정법正法하오시니 이는 당연지사當然之事오시니 감히 말하리오 다만 지원지원한 바는 의대 병환으로 무수히 여러가지를 갈아입사오시다가 어찌어찌하야 생무명 한 벌 아니 입사오시더니 그 날 생무명의대를 입어 겨오신지라 대조에서는 [(1)]상해 뵈옵사오서도 [(2)]도포道袍 [(3)]룡포龍袍류를 뵈와 겨오시더니 무명 의대는 처엄 보오시니 병환은 모르오시고 "네 날을 차마 없이코 한들 생무명 거상을 어이 입어느니" 하오서 더옥 남은 것 없이 오오시고 상해 쓰오시던 세간을 다 얻어내라 하오시니 그 중의 군긘들 없으며 무엇이 없으리오 아모리 [(4)]국휼國恤인들 상장喪杖이 하나밧 어이 있이리오마는 이상하오신 병환으로 상장을 여러 벌 맨드오시는데 일생 사랑하야 좌우左右에 떠나지 아니하는 것이 환도還刀 보검寶劍들이니 생각밧 상장 모양같이 맨들고 속에 칼을 넣어 두에를 마초아 상장같이 하야 가지고 단이시며 날도 뵈시기 금즉하고 놀라 보왓더니 그것을 없이지 아니하얏다가 얻어낸 중의 그것이 있이니 더욱 놀라와 하오시고 분하야 하오시니 복제를 어이 거론擧論하오시리오 병환은 모르오시고 다 불효한 데만 돌아가시니 지원지원할 뿐이로다

---

1. 당시當時.
2. 국기國忌의 봉심각신奉審閣臣이 입시入侍할 때 입으시는 것.
3. 곤룡포袞龍袍의 약어略語인데 세자世子는 자적용포紫的龍袍에 전후前後에 금수룡金繡龍이 있음.
4. 나라님이 돌아가신 것.

처엄에는 조신朝臣에 복제服制는 여례如禮히 하량하더니 다 못하니 이

지경을 당하야 세손이나 건지는 것이 천은이어니와 병환으로 처분하오신밧 근심사년 대리저군代理儲君이오시니 복제나 상하에서 행하더면 (1)상덕上德이오실대 그를 못하여시니 그저 설우며 념일은 할 없은 지경이니 복위復位를 하서야 초종제구初終諸具를 조비할 때 성의가 아니하랴 하오신 것이 아니로되 복위를 앗기오시고 범절을 례대로 하오시기를 (2)유예猶豫하오시다가 브득이 념일일야 복귀하오시고 대신들이 입시하야 초종절차初終節次를 정하오시는데 처엄 빈소殯所를 룡동궁龍洞宮에 하자 하시니 선친이 이경을 당하서 조금 잘못하야 일호라도 성심이 어긔오면 그때 성노聖怒가 불같사오시니 내 집이 다 멸하기는 둘재오 세손이 보전하시지 못할 것이니 아모로라나 성심을 잃지 아니하오시는 중 돌아가신 이를 저바리지 아니하오시고 세손유한世孫遺恨을 끼치지 말으시랴 하야 갈충진성竭忠盡誠하오시고 좌우 주선하야 복위 후 사시賜諡하오시니 빈궁嬪宮은 시강원侍講院으로 하고 (3)삼도감三都監은 법대로 하시게 정하야 게요 다 정하고 당신이 (4)도제주都提調를 하야 몸소 통칙統飭하야 묘소범절墓所凡節까지 조금도 흠절함이 없게 하오시니 선친이 돕사오심이 아니면 어느 신하가 감히 말을 하며 성심이 어찌 도로혀 겨오시리오 그 날 시강원侍講院으로 뫼옵게 하오시고 새박에 집으로 나오서 우리 모재를 들여보내실 제 선친이 내 손을 잡으시고 중정에서 실성통곡失聲痛哭하시며 세손을 뫼서 만년을 누려 만경晩境 복록이 양양하오소서 하오시고 울으시니 그때 내 설움이야 만고에 또다시 어듸 있이리오 들어와 시민당에서 발상發喪하고 세손은 근복합建福閤에서 (5)거애擧哀하고 빈궁은 내 곁에서 청연과 한가지로 하니 천지간에 이런 정경이 어듸 있이리오 초종 의대를 찰혀 즉시 습襲을 하니 그 극열極熱이로되 조금도 어떠치 아니하오더라 하니 그 설움을 차마 생각지 못할 일이며 습후 렴斂하옵기 전에 나가니 내 정경이 천고에 드믈고 남의 없은지라 설움 밧긔 하오시던 말슴 생각하니 호천극지하야 산 줄이 붓그럽고 유명이 격하니 그 충천하오시던 장긔를 뵈올 길히 없으니 상인喪人이 죽지 못한 유한이 어떠하리오

---

1. 웃사람의 덕.
2. 얼른 결단치 못함.
3. 빈전도감殯殿都監과 국장도감國葬都監과 산릉도감山陵都監.
4. 도감都監마다 각기各其 통어統御하는 관원官員.
5. 발전發展과 같은 말.

기19其十九[19]
— 대변大變 후 세손과의 애통

초종범사初終凡事의 섧기가 이를 것이 없고 신하복제臣下服制를 못하니 대전관大殿官과 내관류內官類가 다 (1)천담복淺淡服이오 밧 제전祭奠은 잇고 안해서 조비造備함이 두리워 수긔隨機를 하다가 다시 제를 감하라 하오시는 엄교嚴敎는 아니 겨오시기 조석상식朝夕上食과 (2)망전望奠을 다 예사로이 지내오니라 세손량궁世孫兩宮과 군주君主 출입出入 (3)재실전梓室殿의는 차마 뵈지못하야 성복成服날 나와 곡하게 하니 세손애통世孫哀痛하시는 곡성은 차마 듯지 못하니 뉘 아니 감동하리오 칠월이 인산因山이니 그 전의 선희궁이 나를 보시고 재실을 대하오서 머리 두다리오시고 가슴을 쳐 통곡하시니 그 정리의 그음 없아오심이 또 어떠하시리오 인산에 대조大朝의서 묘소墓所에 친림하오사 (4)제주題主까지 친히 쓰오시니 부재분 유면지간幽明之間의 서로 어떠하신고 차마 생각지 못하며 칠월에 춘방春坊을 부설附設하고 세손이 완정이 (5)국본國本이 되오시니 비록 성은이시나 선친先親의 갈충보호竭忠保護하신 공이 더옥 어찌 나타나지 아니하리오

---

1. 얇은 푸른빛의 제복

---

19 이 부분은 『文章』에 미수록됨.

2. 보름날 올리는 전.

3. 왕세자의 관을 모신 집.

4. 신주를 쓰는 것.

5. 동궁東宮 즉 왕세자를 이름.

팔월에 대전大殿의서 선원전璿源殿 다례밎어 오오시니 황송하나 아니 감하이옵기 비결하와 [1]진전眞殿 갓가온 습취헌拾翠軒이라하는 접으로 가뵈오니 내 천만 설운회포가 어떠하리오마는 만분지일도 감히 베프옵지 못하옵고 모재 보전함이 다 성은이올소이다 하고 체읍하며 알외오니 영묘겨오서 집수執手하오서 울으시고 네 저러할 줄을 생각지 못하고 내 너볼 마음이 어렵더니 내 마음을 펴게 하니 아름답다 하오시니 이 하교를 듯잡고 내 심장이 더욱 막히고 명완命頑함이 심한지라 내 인하야 알외대 세손을 경희궁으로 다려가오서 가르치오실가 바라옵나이다 하니 네 떠나 견댈가십으냐 하오시거늘 내 눈물을 드리워 알외오되 떠나 섭섭하기는 작은 일이오 우흘 뫼셔 배호옵기는 큰일이올소이다 하고 인하야 세손을 올려보내기 정하니 우리 모자의 정리 서로 떠나는 경상이 어찌 견딜배리오 세손이 나를 차마 떠나지 못하야 울고가시니 내 마음이 버히는듯하나 참고 지내더니 [2]성은이 지중하오서 세손 사랑하오심이 지극하오시고 선희궁겨오서 아드님 정을 옴기오서 좌와긔거坐臥起居와 음식범백의 일심동동一心洞洞하오서 지성보호至誠保護하오시니 선희궁 정사情私로 어이 그리 아니하오시리오

---

1. 선원전璿源殿을 이름.

2. 상감의 은혜.

세손이 사오세부터 글을 좋와하시니 각궐各闕의 떠나 지내나 강학講學의 전일치 아니하오실가 념려는 아니하여시되 내 못 닞어하기는 날로 심하고 세손이 자모慈母 그리시는 정새 간절하야 새박에 깨야 내게 봉서하야 [1]서연書筵 전에 회답을 보고야 마음을 놓으서 삼전을 상리相離하야 지내는데 여일如一이 그리하시던 줄이 이상 숙성하시고 내가 경력한 병이 자로나 삼년 안의 병이 떠나지 아니하니 [2]외오서 의관醫官과 논증하야 약을 하야 보내시기를 어룬같이 하시니 이 다 천성지효天性之孝시어니와 십여세 충년沖年의 어찌 그리하시던고 십으더라

1. 왕세자의 글을 강하는 곳.
2. 멀리서.

그 해 춘추절을 맞나니 자최 옴작염즉지 아니하나 상교를 인하야 보득이 올라가니 감하오시고 무휼련측撫恤憐測하오심이 전의서 더하오시고 내 [1]거려居廬하는 집이 경춘전景春殿 남편 낮은 집이러니 올라간 때 그 집 일홈을 가효당嘉孝堂이라 하오시고 친히 쓰오서 현판懸板하야 달게 하시고 네 효심을 오늘날 갚아 써 주노라 하오시니 내 눈물을 드리워 받잡고 감히 당치 못하야 불안하야 하더니 선친이 들으시고 감축하야 하오시되 오늘날 이 가효이자嘉孝二字를 현판하시게 하오시니 자손의 보배가 되실 것이니 자상으로 자애慈愛와 아래로 이를 받자오시는 효성을 흠탄하노라 하오시고 성은 받잡는 도리로 집안 봉서의 그 당호를 써 다니게 하시더니라 감축명골感祝銘骨이러니 선왕이 자경전慈慶殿을 지으사 나를 있게 하오시니 내 그때 소조가 높고 빛난 집에 있일 모양이 아니로대 성효聖孝를

감동하야 [2]민면黽勉이 들고 그 집의서 여년餘年을 마츨고로 가효당 현판을 옮겨 자경전 상방 남편 문 우헤 걸어 영묘英廟 지자지은至慈之恩을 닛잡지 말고저 한 뜻이러라

1. 상중喪中의 여막廬幕에 거처함.
2. 힘써.

그 해 납월臘月에 조칙詔勅이 나오니 자상으로 겨오서 세손世孫을 다리오시고 [1]혼궁魂宮에 오오서 칙조勅詔를 받자오시고 환궁 때 세손을 다리고 가랴하오시다가 세손이 어미 떠나기를 차마 [2]견연하야 우는 양을 보시고 하오시되 세손이 너를 떠나지 못하야 저리하니 두구 가자 하오시니 혹 당신은 자애하오시는듸 세손이 그 자애는 생각지 아니하고 어미만 못 닞어 하는가 서운이 너기오실 듯하야 알외옵기를 나려오오면 우히 그립삽고 올라가오면 어미가 그립다 하오니 환궁 후는 또 우히 그립사와 이리하올 것이니 다려가옵소서 하니 즉시 [3]화안색和顔色하오사 그러하랴 하오시고 다리고 환궁하오시니 세손이 뫼옵고 가며 어미 인정 없이 떠나여 보내는 일을 섭섭하야 무수이 울고가시니 내 마음이 어떠하리오마는 그리는 것은 사정이오 뫼옵고 가 시봉侍奉하야 그 아바님 못 다 하신 자도子道를 잇는 것이 옳고 정사政事와 나라 일을 배화 아는 것이 옳기 떠날 제 못잇는 마음을 버혀보내니 이것이 다 이전 일을 징게하고 세손으로 하야금 일심으로 우헤 효성을 다하야 자애하오시는 성의를 일호 어긔옴이 있일가 념려함이니 어찌 세손 위한 사정뿐이리오 종국宗國 안위安危가 세손 한 몸에 잇이니 나의 동동한 마음이 하늘의 질정할 것이오 홀로

내 마음 뿐 아니라 이 다 선친이 나를 인도하야 부녀의 (4)세쇄한 사정을 돌아보지 아니하고 대의로 면계하하신힘이니 우리 선친의 고심혈침苦心血忱이 곳곳이 세손을 위하고 종국을 위하시던 일을 뉘가 자시 알리오 세손이 혼궁을 떠났다가 나려오시면 애통하던 곡읍성이야 뉘 아니 감동하리오 혼궁魂宮의 목쥐木主의지 없으신 듯 겨오시다가 그 아들이 와 애곡하면 신위 반기오시는 듯 혈혈孑孑한 혼궁의 빛이 있는 듯 애통 중 도로혀 위로하니 우원 내가 세손을 낳지 아니하엿더면 이 종국을 어찌할번한고 알아오니 업더진 나라히 보전하랴 하고 경오 생산 후 (5)임신경새 있던가 십으더라

1. 왕세자의 장례 후 삼 년간 그 신위神位를 뫼시는 궁전.
2. 떨어지지 못하여.
3. 얼굴빛을 좋게 보이는 것.
4. 자잘모라한 일.
5. 영조이십팔년 임신壬申인 바 정종대왕이 탄생하신 해.

임오화변壬午禍變이 만고의 없은 일이니 당신겨오서는 천만불행하야 그 지경이 되오시나 아들 두오서 당신 자최를 잇고 상하자효上下慈孝가 무간하니 다시야 무슨 일이 잇일 줄 꿈의나 생각하여시리오 갑신甲申 (1)이월처분二月處分은 하 천만몽매 밖이니 우히 하오신 일을 아래사람이 감히 이러타하리오마는 그때 정사의 망극하기는 견조아 비할 곳이 없으니 내 화변 때 내 완명이 결단치 못하고 살아있다가 이 일을 당할 줄이 천만죄한이니 즉시에 (2)합연溘然코 십으되 명을 임의로 못하고 우처분을 원하옵는 듯하야 스사로 구지 참으나 그 망극비원하기 모년某年의서 나리지 아

니하고 선희궁겨오서 절곡경통絶穀驚痛하오시던 일이야 어찌 다 그록하리오

---

1. 영조 사십년 갑신 일월 이십일에 왕세손정종을 효장세자(孝章世子, 영조英祖의 맏아드님으로 영조英祖 4년에 귀끼신 이)의 사자嗣子로 처분한 일.
2. 갑재기 죽음.

세손이 충년沖年의 고금의 없는 지통을 품고 또 제왕가帝王家의 당치 못할 변례를 당하셔 과히 애통애통하오시고 최복衰服을 벗으실 제 곡읍하는 소래 철천극지徹天極地하야 초상 천지회색天地晦塞하시던 때 설음의서 더하시니 (1)년세年歲도 두 해가 더하시고 당신 맞나 신배 가지록 하 지원하니 이를 대하야 내 간장이 쇠가 녹을 듯 돌이 터질 듯 즉객卽刻에 명을 결단코저 하되 세손의 설워하시는 정성이 차마 못 견댈 것이오 내 없으면 세손의 몸이 더욱 고위孤危하니 도차지두到此地頭에는 가지록 세손 보호하기가 웃듬이라 마음을 구지 잡아 세손을 위로하되 설울사록 (2)천금지구千金之軀를 보호하야 비록 유한遺恨이 만단萬端이나 스사로 착하야 아바님을 갚으라 (3)만단개유萬端開喩하야 진정하시게 하니 세손이 종일 폐식곡읍廢食哭泣하야 과상過傷하시는지라 차마차마 아처로와 위로하야 곁에 품고 누워 달내여 잠을 들게 하나 늦게 잠을 이루지 못하니 그 정성이 고금에 어이 잇이리오 그날인즉 이월 이십일일이니 어찌하야 그 처분이 되신지 이상하며 불의不意에 거동하오서 선원전璿源殿에 구주久駐하오시고 나를 와 보오시니 내 무엇이라 감히 알외오리오 모자의 지금 살아 있는 것이 성은聖恩이오니 처분이 이러하오시니 쉽사온들 무슨 말슴을 알외오리잇가 하니 네 그리하는 것이 옳으니라 하오시니 갓득한 정리의 이 설운한이

나 없더면 아니하랴 갈사록 내 명도命道의 긔험奇險한 일이니 스사로 몸을 치고 십은들 밋으랴 만고의 업도다

1. 년세도 두 해가 더하시다는 건 정종께서 열한 살 되시던 해에 그 아버님 변상을 당하시고 갑신년 효장세자의 사자로 되던 해는 두 해가 더 하여 열세 살이 되셨다는 것.
2. 지극히 보배로운 몸.
3. 갖갖으로 깨우쳐 이르는 것.

칠월 (1)담사禫祀의 선희궁겨오서 나려오오셔 지내오시고 가을 후는 모히여 (2)고식姑媳이 상의相議하자 정령한 긔약이오시더니 홀연이 배종背腫이 나오셔 칠월이십육일 (3)하세下世하오시니 망극하기 예사 고식姑媳지정으로 이르리오 당신이 나라흘 위하오셔 자모의 하지 못할 일을 하오시고 비록 성궁을 위하신 일이나 지통이야 오죽하오시리오 상시 말슴의 내가 차마 못할 일 하여시니 내 자최에는 풀도 나지 아니하리라 하오시고 내 본심인즉 위종국爲宗國 위성궁爲聖躬한 일이나 생각하면 모질고 흉하니 빈궁은 내 마음을 알거니와 세손 남매라도 나를 어찌 알리 하오시고 매양 밤의 (4)침수寢睡를 아니하오시고 동편 퇴의 앉아오셔 동녘을 바라 상심하오시며 혹 그 거조擧措를 아니하야도 나라히 보전할는가 내가 잘못한가 하오시다가 또 그러치 아니타 녀편네 유약柔弱한 소견이지 내 어이 잘못하야시리오 혼궁에 오오신 때면 브르짖어 울고 설워하오셔 심중의 병이 되오셔 몸을 맞자오시니 더옥 섧도다

1. 대상 지난 다음 달에 지내는 제사.

2. 싀어머니와 며누리, 고부姑婦와 같은 말.
3. 세상을 떠남.
4. 주므신다는 말.

대저 모년 일을 시방 사람이 날 같이 알며 모년 설움이 뉘 나와 선왕 같은 이 잇이며 경모궁긔 사이없은 정성이 날 같은 이 있이리오 그러하기 내 매양 선왕긔 말슴하되 마노라가 비록 아들이나 그때 오히려 충년沖年이시니 날만치 자서히 모를 것이니 모년의 속한 일은 아모 일이라도 날다려 물으시지 외인의 효효淆淆한 말은 고지 듯지 마오시오 그것들이 저히 일시납충지세一時納忠之勢로 마노라 들으시게 별소문[1]처로 얻어다가 드려도 다 고이한 말이니다 하면 선왕이 하시되 누고 모르옵나잇가 그놈들이 위친한 정성 없다 욕을 무한이 하니 욕도 피하고 경모궁을 위하얏다 하면 인자 도리의 그러치 아니타 말을 차마 못하야 누고 추증追贈하며 누고 시호諡號하며 저희 하자 하는 대로 하야 가니 그런 일에는 분명 알며 [2]그이여흐라 사람이 [3]죄기罪己를 면치 못하노라 하오시니 내 선왕의 지통을 차마 생각지 못할느니라

1. 처럼.
2. 긔이다와 같은 말. 즉 속인다는 말.
3. 당신 자신을 책하는 것.

대저 모년사로 세상의 두 의논이 잇어 다 협잡挾雜하고 [1]상실喪實하니 한 의논은 대처분이 광명정대하야 진천지불패盡天地不悖니 영묘성덕대공英廟聖德大功을 일칼아 조금도 애통망극哀痛罔極하야 하는 의사意思가 없으

니 이는 경모궁을 불효한 죄 잇는 과에 돌아가시게 하고 영묘 처분이 무슨 적국을 소탕하거나 역변逆變을 평정한 모양이 되니 이리 말하면 경모궁긔서 어떠하신 몸이 되시며 선왕긔서 또한 어떠한 거쳐가 되오시리오 이는 경모궁과 선왕긔 망극한 말이오 또 한 의논은 경모궁겨오서 본대 병환이 아니 겨신대 영묘겨오서 참언을 듯자오시고 그 과거過擧를 하야겨오시니 복수설치復讎雪恥를 하자 하니 경모궁 위하야 신설伸雪하는 말인듯하나 영묘긔오서 무죄한 동궁을 뉘 참언을 듯자오시고 처분을 하오신 과에 돌아가게 하니 이리하면 영묘긔오서 또 어떠하오신 실덕이 되시리오 두 말이 다 (2)삼조三朝에 망극하고 실상에 어긔니 선친 수차 말슴 같아야 병환이 망극하오서 성궁 위태하심과 종사 늠늠하기 호흡지간呼吸之間에 잇이니 영묘겨오서 애통망극하오시나 (3)만만 박브득이迫不得已하오서 그 처분하오시고 경모궁겨오서도 본심이오실새 진짓 누덕이 될가 근심하고 갑갑하지 병환이 천성을 잃사오서 당신 하오실일을 다 모르시는지라 병환 드오신 것이 망극하지 병은 성인도 면치 못한다 하니 경모궁의 일호누덕이 어이 되리오 실상이 이러하고 그때 사정이 이러하니 바른대로 말을 하여야 영묘 처분도 애통망극중 만만 박브득이하오신 일이오 경모궁겨오서도 블행이 망극한 병환으로 (4)코드오서 만만할일 없는터흘 당하오셔고 선왕도 또한 애통각각 의리각각으로 말을 하여야 실상도 어긔지 아니하고 의리에도 합당하거늘 우희 두 의논 같으면 하나흔 영묘긔 실덕이 되고 하나흔 경모궁의 실덕이 되고 선왕긔는 두 말이 다 망극하니 이 두 의논이 다 삼조의 죄인이라 한편 의논이 영묘 처분은 거룩하시다 하며 선친만 죄를 삼으랴 하야 (5)일물一物드렷다 하니 일물 아니 드리신 곡절은 다른 긔록에 올려시니 여긔는 또 아니 쓰며 이 말 한 놈이 영묘긔 정성인가 경모궁긔 충절인가 선왕이 모년 일을 위하노라 하면 무론 무죄하고 선왕 입으로 그러치 아니타 못하시는 줄 알고 모년 일을 가지고 (6)긔화奇貨를 삼아 저의 뜻대로 좌롱하야 이리하야 사람을 해하고저 하야 충신이라 자처하니 만고의 이런 일이 어이 잇이리오 사십년내의 모년 일로 충역忠逆이 혼잡混雜하고 시비가 도치倒置하야 지금 정치 못하얏이니 경모궁병환이 만만할 일 없으시고 영묘 처분이 박브득이 하신 일이오 일물一物은 선조의 스스로 생각하신 것이오 내런지 선왕이런지 지통은 자지통自至痛이오 의리는 자의리自義理로 알아 망극중 보전하야 이 종사를 길게 태평한 성은을 감축하고 그때 제신들이 할 일없어 말슴 못한 것을 후인이 상상하야 때맞남을 불행이 너길 다름이지 모년 일이야 군신상하君臣上下의 이러타 말을 어이 용납할터히 잇이리오 모년 되야가던 일을 내 차마 긔록할 마음이 없으나 다시 생각하니 즉 상이 자손으로 그때 일을 망연이 모르는 것이 망극하고 또 시비를 분변치 못하실가 민망하야 이리 긔록하나 그 중 차마 일컷지 못할 일 중 더옥 차마 못일칼을일은 빠힌 조건이 많으며 내 백수잔년白首殘年의 이를 능히 써내니 사람의 흉완궁독凶頑窮毒함이 어이 이에 이르뇨 호천통읍昊天痛泣하야 명수命數를 한탄할 분이로다

---

1. 실상을 잃은 것.
2. 영묘, 경모궁, 정종을 이름.
3. 닥쳐 마지 못하여 하는 일.
4. 추껴들리는 일.
5. 기회와 같은 뜻.
6. 사도세자思悼世子가 구끼실 때 드렸다는 뒤주를 이름.

1. 중요인물重要人物

혜경궁홍씨惠慶宮洪氏	이 글을 지은 본편本篇의 주인공主人公
사도세자思悼世子	영조英祖의 둘재아드님이고 혜경궁홍씨惠慶宮洪氏의 남편이신 경모궁景慕宮이라고 일컫는 이
영조英祖	숙종肅宗의 둘재아드님이고 경종景宗의 아우로서 재위在位하시기 52년五十二年을 한 님금
영빈이씨暎嬪李氏	사도세자思悼世子를 낳으신 선희궁宣禧宮이라고 일컫는 이
인원왕후仁元王后 김씨金氏	숙종肅宗의 계비繼妃
정성왕후貞聖王后 서씨徐氏	영조英祖의 비妃
정순왕후貞純王后 김씨金氏	영조英祖의 계비繼妃
선의왕후宣懿王后 어씨魚氏	경종景宗의 계비繼妃
문녀文女	시녀내인侍女內人으로 영조英祖에게 득총得寵하여 영조英祖와 사도세자思悼世子와의 사이를 험악險惡케 한 이
홍봉한洪鳳漢	혜경궁惠慶宮의 친정親庭아버지

2. 종실세계宗室世系

숙종肅宗
- 경종景宗
- 영조英祖-사도세자思悼世子-정조正祖-순조純祖

3. 홍씨세계洪氏世系

홍주원洪柱元(영안위永安尉)-홍만용洪萬容(정간공貞簡公)-홍중기洪重箕(첨정공僉正公)
- 홍석보洪錫輔
- 홍현보洪鉉輔(정헌공貞獻公)
  - 홍봉한洪鳳漢
    - -홍낙인洪樂仁 수영守榮
    - -혜경궁홍씨惠慶宮洪氏
    - -홍낙신洪樂信
    - -홍낙임洪樂任
    - -홍낙윤洪樂倫
  - 홍인한洪麟漢

한중록恨中錄

1947년一九四七年 6월六月 20일二十日 초판발행初版發行

임시정가臨時定價 150원一五〇圓

서울市桂洞二番地의二四

譯註者 李秉岐

서울市鐘路 二街 八番地

發刊 白楊堂

電話③三五〇八番

인현왕후전仁顯王后傳

박문문고博文文庫
19

인현왕후전仁顯王后傳

이병기李秉岐 주해註解

『인현왕후전仁顯王后傳』(이병기 주해, 박문출판사, 1947) 표지 사진

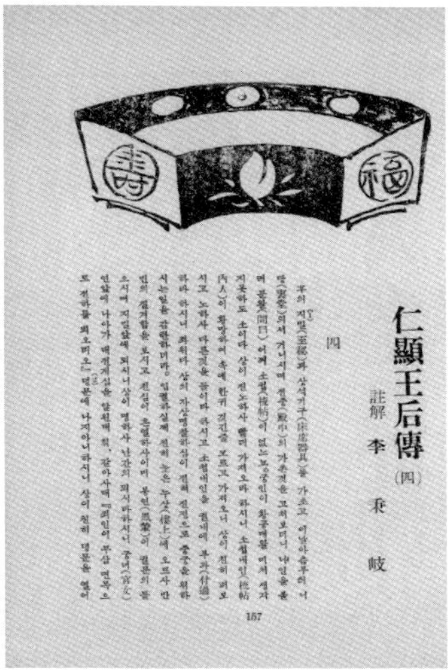

인현왕후전 주해, 『문장文章』 2권 2호-2권 8호, 연재 전6회, 1940. 2.~9.)

박문출판사博文出版社

일러두기

1. 『인현왕후전仁顯王后傳』(박문출판사, 1946)은 원래 『문장文章』(1940.2.-1940.9.)에 연재된 것을 후에 단행본으로 출판한 것이다. 여기에는 『문장文章』에 실린 출전도 함께 표시하였다.
2. 이 책의 원문을 복원하기에 충실하였다.
3. 본문은 한글(한자)로 병기되어 있는 것을 '한글한자'로 병기하였으며 해설과 주석 등의 한자어도 한글이 병기되어 있지 않으나 가독성을 높이기 위하여 같은 방식으로 표기하였다.

인현왕후전仁顯王后傳 해설解說[20]

이는 이조李朝 숙종대왕肅宗大王의 일이다. 숙종대왕肅宗大王은 춘향전春香傳 허두虛頭에도 나타나시지마는 당신 스스로가 이 화설話說의 장본인張本人으로서 극적활동劇的活動을 하고 있었다. 이도 한 사랑의 싸움이었다. 이 싸움에는 우매愚昧한 장졸將卒만이 아니라 영명英明한 제왕帝王이라도 어찌할 수 없는 모양이다.

인현왕후仁顯王后는 병조판서兵曹判書 민유중閔維重의 따님으로 숙종대왕세비肅宗大王世妃 인경왕후仁敬王后께서 승하昇遐를 하시매 그 계비繼妃로 책봉冊封이 되시었다. 천생성자天生聖姿와 성덕聖德으로 더구나 명문법가名門法家에 자라 그 놀라운 범절凡節은 일컫든 태임태사太妊太姒에 비比한대도 하등何等 손색遜色이 없었든 터이다.

그때 숙종대왕肅宗大王의 춘추春秋는 21세二十一歲요, 후后의 춘추春秋는 15세十五歲이었다. 곤위坤位의 춘추春秋가 동갑同甲이 아니면 몇 해 우히 되는 것이 항례恒例이든 바 그렇게 여섯 해나 더 젊은 극히 현미賢美하든 후后를 맞으시매 처음 불같이 일어나든 그 사랑이야 오즉 하였으리오.

그러나 후后는 일즉 생산生産을 못하고 대왕大王을 권하여 숙의 김씨淑儀金氏를 뽑아 후궁後宮에 들이기도 하였다. 한대 궁인장씨宮人張氏는 시비

20 「仁顯王后傳(一)」, 『文章』, 1940. 2.

侍婢로 후궁後宮에 참여參與하고 퍽 혜힐慧黠하여 상의上意를 잘 영합迎合하고 극히 총애寵愛를 받으며 그 몸에 경종景宗을 낳았고 희빈禧嬪이 되었고 더욱 권세權勢를 부리고 갖갖으로 후后를 모함謀陷하여 폐위廢位케 하고 자기自己가 왕비王妃가 되었다.

마츰 중대中隊한 허견許堅의 사건事件이 있었고 노소당론老少黨論이 일어나며 서로 갈등葛藤과 분쟁紛爭이 심甚한 그때, 또한 이 사건事件과 얽히어 더욱 복잡複雜하였다. 검은 구름은 겹겹이 싸고 들며 한때 천심天心은 흐리고 말었다.

후后는 여섯 해 동안이나 그 본겻인 안국동安國洞 본궁本宮에서 외롭고 괴로운 그 날을 보내시다가 복위復位가 되어 끊이든 그 사랑을 다시 이어 보시려다 얼마 아녀 춘추春秋 35세十五歲로 승하昇遐하시였다.

이는 후后가 자필自筆하신 것이 아니고 그 뒤 정조正祖 때쯤 궁인宮人의 손으로 된듯하다. 이도 한 궁금사화宮禁史話로 한중록恨中錄과 아울러 쌍벽雙璧으로 되었다. 그리고 선線이 굵고 센 것 보다도 다른 맛이 있으며 한문맥漢文脈으로 이룬 우리 말글들의 대표적代表的임 즉하다.

대왕大王과 후后의 위의威儀는 그대로 엄연히 살리면서도 이리저리 번득이는 그 사랑의 물결을 수월수월히 그려놓은 것이다. 그래서 무상無常한 인생人生의 기박奇薄한 운명運命을 말하였으며 그 일언일구一言一句에도 자못 경성警醒할 곳이 있다.

이는 우리가 알어야 할 고전古典이라기보다도 마땅히 읽어야 할 인생독본人生讀本이다.

가 람

인현왕후전仁顯王后傳

저자著者 미상未詳

주해註解 이병기李秉岐

一[21]

숙종대왕세비肅宗大王歲費 인현왕후仁顯王后의 본은 여흥驪興이시니 행병조판서行兵曺判書 여양부원군驪陽府院君 (1)둔촌屯村의 녀시오 영의정領議政 (2)송동춘선생宋同春先生의 외손이시라

1. 민유중閔維重, 호號 둔촌屯村.
2. 송준길宋浚吉, 호號 동춘同春.

부인 송시 긔이하신 신몽은 꾸시고 (1)정미사월이십삼일丁未四月二十三日 탄생誕生하오시니 집우에 서긔瑞氣 니러나고 산실의 향취 옹실擁室하여 오래되도록 없어지지 아니니 부뫼 (2)지긔知機 하심이 있어 가중의 말을 내

21 「仁顯王后傳(一)」, 『文章』, 1940. 2.

지 못하시게 하시더라

---

1. 현종顯宗 8년八年.
2. 미리 그 기틀을 아는 것.

잠간 장성하시매 정정탁월亭亭卓越하사 화월花月이 붓그리는 듯 하시고 [1]용안龍顔이 황홀찬란하사 백일白日이 빛을 잃으니 고금의 비할곳이 없으시며 [2]녀공재봉女工裁縫이 민첩신이敏捷神異하사 일백신령一白神靈이 가르치는 듯 하시나 안색顔色에 나타내지 아니하시고 유정유일唯精唯一하시고 숙연肅然하사 회포懷抱를 남이 아지 못하며 무심무려無心無慮한 듯하사 흡연洽然하신 성덕聖德이 유화천연柔和天然하사 덕행례절德行禮節이며 효의孝義특출特出하사 유한정정幽閑貞靜하시고 단일성장端一誠莊하시고 널은 도량이 [3]어위하시고 백행百行이 구비하시니 종일 단좌端坐하시매 화풍경운和風景雲이 [4]옥체玉體에 둘렀으니 단엄침중端嚴沈重하사 사람이 우러러 보지 못하며 맑고 좋으신 골격과 향기로시기 가을물결과 높은하늘 같으시고 높고 곧은절개는 금옥과 송백 같으시고 어려서부터 희학戱謔과 사치를 좋아아니시고 단순이 적적하시니 무색한 의대 가운대 긔이한 자태 비상하시며 정대하사 일백 가지로 빼혀나시고 문필이 유여하사 만고녁대를 무불통지하시나 가만한 가온대나 붓을 들어 문자를 쓰지 아니시니 부모와 삼촌형제 사랑과중하시고 원근 친척이 놀라고 탄복하여 지내니 아시적부터 공경치 아니리 없어 꽃다운 일홈이 세상에 가득하더라.

---

1. 님금의 얼굴.

2. 질삼과 바느질.
3. 넓은 것.
4. 님금의 몸.

상시 세수물애 붉은 무지개 찬란하니 민공이 반다시 긔히 될 줄 짐작하고 심중에 염하여 범사 교훈함을 간절이 하시니 그 중부仲父 [1]노봉민선생盧峯閔先生 성학대도聖學大道와 염정嚴正한 성으로 후后를 사랑하시기를 모든 자질 중의 더하시되 매양 갈아사대 "물이 극히 맑으면 귀신이 끄리나니 차애此兒 과히 현미賢美한즉 수한이 기지 못할가 근심하노라" 하시더라

1. 민정중閔鼎重, 호號 노봉老峯.

일즉 모부인母夫人 상사喪事를 맞나 지통이 되여 애훼哀毁하시며 세월이 오래되 녜에넘으시며 계모季母 조시趙氏 봉양하심을 지성으로 하시니 외조外祖 동춘선생이 애중愛重이 녀기사 다려다 슬하에 두실 때 가만이 날로 일컬어 가라사대 "[1]임사妊姒의 덕행이 있다" 해서 내외문중內外門中의 경학대통經學大通과 절부節夫의 극진여행極盡女行을 교훈하시니 설사 후의 천성天性의 불민不敏하심이 계셔도 이름이 없지 아니하려든 하물며 산고옥출山高玉出이오 해심생태海深生苔라 하니 명가지문名家之門의 성인이 생하시니 범연하시리요

1. 옛날 중국中國의 성군聖君인 주문왕周文王의 어머니 대임大妊[22]과 안해 태사太姒.

경신동庚申冬에 인경왕후仁敬王后 승하昇遐하시니 대왕대비大王大妃께옵서 (1)곤위坤位가 비였음을 근심하사 간택揀擇하는 영을 나리오사 숙덕淑德을 구하시니 (2)청성부원군淸城府院君 김공金公이 후의덕행을 익히 들은 고로 대비긔 주달奏達하고 영의정領議政 송선생宋先生이 상전上前의 알외되 "국모國母는 만민萬民의 복이라 당금 병판 민모閔某의 여애女兒 숙덕이 쌍전함을 신이 익히 아오니 복망伏望 전하殿下는 번거이 간택을 말으시고 대혼大婚을 완정하소서" 대비 대열大悅하사 (3)비망긔備忘記를 나리와 전교傳敎하사 지실知悉하라 하시니 민공閔公이 송률悚慄하여 즉시 상소하여 지극히 사양하니 말슴이 심히 간절하되 상의上意 이미 굳으신지라 허치 아니시고 세번 상소에 도로혀 엄지嚴旨를 나리와 책하시며 좌의정左議政 노봉민공老峯閔公을 입대入對하사 국체불경國體不敬함을 경책警責하시니 신자臣子도리의 사양할 길이 없어 물러 집에 돌아와 형제자질兄弟子姪 다뫼여 송황悚惶하온 천은天恩을 감축感祝하여 눈물이 절로 떠러짐을 깨닷지못하더라

1. 왕비王妃의 자리.
2. 숙종대왕肅宗大王의 외조外祖 김우명金佑明.
3. 나라님의 명령命令을 기록記錄하여 승지承旨에게 나리는 문서文書.

(1)중사中使와 (2)공인貢人을 보내사 후를 어의동於義洞 본궁本宮으로 뫼실새 궁인宮人이 상명上命을 받자와 후를 뫼옵고 놀라며 경복敬服하여 (3)부부인府夫人긔 살외되 "궁인이 천은을 입사와 금궐禁闕에 들어 삼대왕대비三

22 원문에 大姙으로 표기되어 있으나 太姙인 듯함.

大王大妃 행성덕行盛德을 뫼옵고 열인안목閱人顔目이 팔십이 넘사오되 이 같으신 성덕용광聖德容光을 처음 뵈오니 국가와 만인萬人의 만행萬幸뿐더러 궁인의 오래 사온 것이 영화榮華로소이다” 하니 부부인이 불감함을 손사遜辭하고 례용禮容이 법다오니 상궁尙宮이 자탄하고 궐래에 들어와 본대로 알외오니 대비大妃 크게 깃거 길일吉日을 날로 기다리시며 더딤을 한하더라 길일이 당하매 민공이 위의威儀를 가초와 대례大禮를 행할 새 상의 춘취春秋 이십일세라 허다위의許多威儀로 별궁別宮에 거동擧動하사 옥상玉床의 홍안鴻雁을 전하시고 후의 상교上轎를 재촉하여 황금봉연黃金鳳輦을 친히 봉쇄封鎖하여 대내大內로 환궁還宮하실새 문득 세자빈世子嬪 가례嘉禮와 달라 대전大殿긔구라 용봉긔치龍鳳旗幟와 황금절월黃金節鉞이며 만조백관滿朝百官이 시위侍衛하고 칠보응장七寶凝粧한 궁녀와 시네侍女 대도大道를 덮어 십리十里의 나렬羅列하고 향취 은은하며 풍류風流소래 전상殿上의 응하였으니 웅장화려雄壯華麗한 풍채 가히 이로 칭앙치 못할레라 교배交盃를 드리니 녜도 응목凝目하고 성덕이 외모外貌에 나타나시며 찬연燦然한 생광生光이 명월明月이 중천의 빗겻는듯 조요한 맑은광치 용전龍殿의 바애니 금궐보대金闕寶臺 탈색하고 천궁보물天宮寶物이 빛과 향을 발치못하는듯하니 일궁이 대경하고 양전대비兩殿大妃 대희과망大喜過望하사 애중하심이 비할때 없더라

---

1. 님금의 명령命令을 전하는 내시內侍.
2. 궁중宮中에 물건을 바치는 공계貢契의 계원契員.
3. 왕비王妃의 생모生母, 즉 민유중閔維重 부인夫人.

이날 왕비王妃를 (1)책봉冊封하여 곤위坤位에 오르시니 비빙공주妃嬪公主

와 삼백궁녀三百宮女의 [2]조하朝賀를 받으시고 일기 화창하여 혜풍惠風이 습습하고 상운祥雲이 애애하여 봉궐鳳闕을 진짓 태평국모太平國母 즉위하시는 날인줄 알레라 인심이 절로 돌아 천만신민千萬臣民이 흔열欣悅하더라

1. 숙종肅宗 7년七年 신유辛酉 5월五月 14일十四日, 대례大禮를 행行하였음.
2. 조정朝廷의 진하進賀하는 것.

휘, 즉위하사 양전대비兩殿大妃를 효양孝養하시매 출천出天한 성효誠孝 [1]동동촉촉洞洞燭燭하시고 상을 받들어 내조內助를 다스리시매 덕으로써 인도하사 유순정정柔順貞靜하시며 비빙궁녀妃嬪宮女를 거느리시매 [2]은위병행恩威並行하사 선악善惡과 친소親疎를 사이두지 아니시고 애인愛人하시는 화긔和氣 봄동산갈으여 만물萬物이 부성復盛하는듯하여 례절禮節과 법되엄숙강맹嚴肅剛猛하시니 감히 우러러 뵈옵지 못하고 궐중闕中이 성덕을 흠탄欽歎하여 녜도禮度 쑥연하시며 입궐入闕하신지 삼사 삭의 교홰敎化 대치大熾하여 화긔 알연하니 양전대비 극진애중極盡愛重하사 국가國家의 복이라 축수하시고 상이 공경중대恭敬重待하시며 조애朝野 다 흠복하더라 양대비兩大妃 수조서手詔書를 [3]우암尤庵의게 나리와 중궁中宮의 성덕을 못내 기리시고 중궁을 포장襃獎하시며 부부인긔 각별이 상사賞賜를 만이 하사 은영恩榮이 형특逈特하시니 민부閔府의서 송황悚惶함을 마지 아니하더라

1. 퍽 조심하고 부지런한 것.
2. 사랑할 때는 사랑하고 엄할 때는 엄한 것.
3. 송시열宋時烈, 호號 우암尤庵. 그때 영부사領府事 벼슬.

[1]계해癸亥년 겨을에 상이 두환痘患으로 미령하사 증세위중症勢危重하시니 휘, 크게 염녀하사 주야 띄를 그르지 아니시고 정성이 아니 미친 곳이 없으시니 대비大妃게오서 또한 근심하시며 우민憂悶하사 후로 더브러 찬물에 목욕하시며 후원後院에 단을 모으고 친히 주야로 축원하시니 휘, 대비의 옥체 상하실가 염녀하사 몸소 대행代行하여 치성致誠할 바를 알외여 간절이 애권哀勸하되 듯지 아니시고 주야로 정성을 한가지로 하시니 창천蒼天이 감동하사 가만한 가온대 도으심이 있어 상후上候 평복하시니 신민臣民의 경행慶幸함이 측량測量없는지라

1. 숙종肅宗 9년九年, 후后가 입궐入闕한 지 3년三年째 되는 해.

[1]대비大妃 상후중의 한절寒節을 무릅써 많이 근로勤勞하신고로 옥체 자못 상하사 신음呻吟하시더니 점점 침중하시매 상과 후 우황초민憂惶焦悶하사 주야 시탕侍湯하시며 호읍呼泣을 마지아니하시고 대신을 명하사 종묘사직宗廟社稷에 빌라하시며 조서詔書를 나리와 통개옥문通開獄門하여 죄인罪人을 다 노으시고 모든 어의御醫로 시탕을 배설排設하여 의약醫藥을 지성至誠하시되 효험效驗을 보시지 못하시니 상과 휘 망극罔極하사 초황焦惶하시며 신민이 황황망조惶惶罔措하더라

1. 숙종대왕肅宗大王의 어머님.

二[23]

납월臘月 초오일 인시寅時에 창경궁昌慶宮 저승전儲承殿의서 습하昇遐하시니 이때 춘취 사십이세시라 신민이 황황하고 궁중이 경황驚惶하여 공성哭聲이 헌천掀天하고 상과휘 애통하심이 지극하사 육찬肉饌을 나오지 아니시니 궁중상해宮中上下 그 성효誠孝를 탄복지 아닐이없더라 삼년을 지내시고 혼전魂殿을 파하매 상과휘 새로 애통망극하시더라

궁인宮人 장시張氏 시비侍婢로 후궁後宮에 참예하여 희빈禧嬪을 봉하니 간교奸巧하고 민첩혜힐敏捷慧黠하여 상의上意를 영합迎合하니 상이 극히 통애寵愛하시더라

무진戊辰년 정월에 상의 춘취 거의 삼십이 되시나 (1)농장弄璋의 경사를 보시지 못함을 근심하시는지라 휘, 깊이 념려하사 일일 종용이 상긔 고하사 어진 후궁을 빠 자경子慶 보심을 권하신대 상이 처음은 허치 아니하시더니 휘, 날마다 권하여 일 녀자一女子의 생산生産을 기다리고 막중종사莫重宗社를 경솔이 못할 줄로 간절이 알외니 정정하신 덕과 유화하신 말슴이 혈심血心이라 상이 감탄하시고 조정朝廷의 후궁 간택하시는 편지를 나리시니 명안공주明安公主 이 하교下教를 듯삽고 놀라 고모와 장공주를 뫼시고 입궐하여 상과 후긔 조현朝見하고 인하여 중궁中宮의 춘취 성성하신직 아직 생산함을 기다릴지라 후궁 빠심이 불가하신 줄로 간절이 주달奏達하니 휘, 좌에 게시다가 안색이 정정하여 갈오사대 "내, 박덕미질薄德微質로 곤위坤位에 모첨冒忝하여시나 주야 여림박빙如臨薄氷하는 바는 웃전 성덕 갑삽지 못하올가 염려하더니 박덕하야 생산의 길을 얻지 못하니

---

23 「仁顯王后傳(二)」, 『文章』, 1940. 4.

어찌 종사를 염려치 아니리오" 언파言罷에 안색顔色이 일정하사 안과 밖이 작약綽約하시니 공주 등이 감복하여 다시 간치 못하고 서로 성덕을 일컷고 대왕대비 애중하심을 마지 아니하시더라.

---

1. 아들 낳는 것.

드대여 숙의淑儀 김시金氏 빠 후궁에 두시니 휘 례로 대접하시며 은혜로 거느리시니 덕택이 태임태사太妊太姒와 일반이실레라 궁중이 그런 덕택을 외오며 성행을 일러 탄복지 아닐 이 없으나 시운時運이 불행하고 후의 명도命道 천정天定이시니 녜로브터 홍안박명紅顔薄命과 성인聖人의 궁액窮厄을 인력人力으로 못할 배라 이런고로 천도天道를 의심하는 배라.

[1]무진戊辰 추팔월에 인조대왕비仁祖大王妃 창경궁昌慶宮 내전의서 승하昇遐하시니 상과 휘 애중하여 조석제전朝夕祭奠의 슬허하심을 과도이 하시더라

---

1. 숙종14년肅宗十四年.

차세此歲 동 [1]십월에 희빈 장시 처음으로 왕자를 탄생誕生하니 상이 과애過愛하심은 이르지 말고 휘, 대열하사 어루만져 사랑하시기를 긔출같이 하시니 장시 지분知分하여 있으면 그 영화를 어찌 칭양稱揚하리오. 믄득 참남한 뜻과 방자한 마음이 불 이듯하니 중궁전 성덕聖德과 용색容色이 일국의 솟아나고 인망人望이 다도라가니 시긔猜忌하여 가만이 제어하고

대위大位를 음습고자 하니 참람한 역심이 더욱 심하여 날로 긔색을 살펴 중전을 참소하랴 하는 말이 신생新生 왕자王子를 (2)짐살鴆殺하랴 하고 또 희빈을 저주咀呪하다 하여 궁모극게窮謀極計 아니 미친 곳이 없어 간악한 후빙後嬪을 처결締結하여 말을 내고 자최를 들어내여 상이 듯고 보시도록 하니 예로브터 악인惡人을 외롭지 않게 돕는 재 있는지라 중전 간악하단 말이 날로 치성熾盛하니 상이 점점 의심하사 중궁을 아조 박대하시고 장시 요악한 정태情態로 (3)천심天心을 영합하여 왕자王子로 협종協從이 되여 권세 중하니 상이 점점 편벽히 혹하사 능히 흑백黑白을 분변치 못하시니 전일 엄정하시던 성되 아조 변감變減하사 현인군자賢人君子는 다 물리치시며 간신적자奸臣賊子를 많이 쓰시니 조정이 그윽히 의심하고 휘, 근심하사 장시의 위인이 반다시 변괴낼 줄 알으시고 또 왕자의 당당한 긔상이 있는 고로 지감하시고 만행이 너기사 사색치 아니시고 갈사록 숙덕성심을 행하시더니 긔사년己巳年에 여양부원군이 졸卒하시매 휘, 망극애통하사 장례를 지내시되 실과와 좋은 육찬을 진어치 아니시고 망극함을 마지 아니신대 상이 이믜 결단하신 마음이 게신 고로 발설치 아니시나 민간民間의 소설騷說이 낭자하여 중전 폐위中殿廢位한다 하더니 (4)사월이십일은 중궁전 탄일誕日이라 각궁과 내수사內需司의서 (5)공상단자貢上單子를 드리니 상이 단자를 내치시고 음식을 다 물리치시며 대신大臣과 이품이상二品以上을 인견하사 폐비하심을 전교傳敎하시니 좌승지左承旨 니시만李蓍晩이 불가不可함을 간하매 상이 진로震怒하사 니시만을 파직하시고 또 수찬修撰의 니만원李萬元이 실조하심은 간한니 상이 익노益怒하사 원찬遠竄하라 하시매 이러틋 대신중신大臣重臣이 사십여 인이 변지邊地에 정배定配하고 또 비망긔를 나리시니 조정이 진경盡驚하여 일시에 (6)정청庭請을 배설하고 다토는 체하나 실정은 아니라

1. 숙종肅宗 14년十四年 무진戊辰 10월十月 8일二十八日 희빈장씨禧嬪張氏가 창경궁昌慶宮 취선당就善堂에서 경종景宗을 낳았음.
2. 짐주鴆酒를 먹여 죽이는 것.
3. 님금의 마음.
4. 숙종肅宗 15년十五年 4월四月 23일二十三日.
5. 궁중宮中에 물건을 바치는 단자單子.
6. 세자世子, 또 의정議政이 백관百官을 거느리고 궁정宮庭에 이르러 대사大事를 계청啓請하는 것.

차시 후의 부숙父叔과 종형제從兄弟 입조거세立朝居世하여 학문도덕이 조정에 미만하며 명망이 높고 일홈이 세상에 가득하나 후의 입궐入闕하시므로브터 사업事業을 베프지 못한 일이 많으나 소인이 시긔하고 촉목하여 긔회를 얻고자하는지라 그윽히 다행하여 색책을 하고 녜조판서禮曹判書 민종도閔宗道는 정원政院에 죄목罪目을 벗겨드리며 대사헌大司憲 목창명睦昌明은 정청庭請을 역정하여 물리치고 [1]간신奸臣의 간언間言이 방성方盛하여 상의를 영합迎合하고 부운浮雲이 옹폐擁蔽하여 상총上聰을 가리오니 중신의 간언諫言이 효엄이 있으리오

1. 이간離間하는 말.

차시 응교應教 박태보朴泰輔는 파직罷職중에 있더니 우흐로 성상聖上의 실덕失德을 근심하고 버금 중전中殿의 성덕으로 애매하심을 통박하여 모든 파직한 조관朝官으로 더불어 일시一時에 열명상소列名上疏하여 중전을 구할 새 판서判書 오두인吳斗寅과 찬판叅判 니세화李世華 소두疏頭되고 응교

應敎 박태보朴泰輔 소두되여 상소하여 갈오되 "인군이 후비後妃 두심은 조종祖宗 정통正統을 이어 모든 백성의 우희 님하사 만세를 게보繼保하는 경사어늘 전해殿下 만민萬民의 부모父位되사 [(1)]삼강오상三綱五常의 중한 법으로 나라를 다스리나니 스사로 행치 못하심을 행코저 하시니 신민臣民의 바라는 배 끊어지는지라 성인이 법을 지으사 배필配匹을 중히 마련하여 오상에 두시고 서전書傳에 일러시되 여경삼년상如經三年喪이어든 불거不去하라 하엿으니 전해 또한 중궁中宮으로 더불어 삼년상을 지내시고 이제 대왕대비大王大妃 거상居喪을 한가지로 입어 미처 탈복脫服지 못하신데 비록 허물이 있어도 펴치 못하려든 하믈며 백옥무하白玉無瑕함을 보시지 아니리잇고 성인이 갈아사대 부모의 사랑하신 바는 비록 견마犬馬라도 공경恭敬한다 하오니 [(2)]명성대비明聖大妃게오서 중전을 애중하신 배라 전하의 지극하신 효성으로 어찌 차마 인륜人倫을 상하오시며 [(3)]활담대도豁達大度로 어찌 이런 실덕失德을 행하시리잇고 복걸伏乞 전하는 백번 살피사 인륜을 정하시고 신민의 바람을 쫓이시면 어찌 종사宗社와 생민生民의 복이 아니리오 [(4)]오원 성상聖上은 폐비전교廢妃傳敎를 환수하소서" 하였더라

---

1. 삼강三綱은 군신君臣, 부자父子, 부부夫婦의 도道요, 오상五常은 오륜五倫과 같은바 부자父子, 군신君臣, 부부夫婦, 장유長幼, 붕우朋友의 도道를 이름.
2. 그 현종비顯宗妃 김씨金氏인 바 청풍부원군請風府院君 김우명金佑明의 따님이오 숙종대왕肅宗大王의 어머니.
3. 퍽 관대寬大하여 조고마한 일에 구애拘碍치 아니함.
4. 원願컨댄.

상이 상소上疏를 보시고 대로大怒하사 즉시卽時 친국親鞫을 배설排設하시

고 삼인을 잡아 엄문嚴問하시되 "너의가 신자臣子도리에 군부君父를 비방하니 그 죄상罪狀이 가히 (1)삼족三族에 범한지라 다시 충의지심忠義之心을 두어 폐비를 받드지 아닐소냐" 하시니 삼인이 머리를 두다려 조금도 굴치 아니하고 말삼이 강개하여 충의지심이 (2)두우斗牛에 사뭇치는지라 상이 진로震怒하사 나졸羅卒을 호령하여 (3)삼목지형三木之刑을 가초고 삼인을 형틀에 올려 형문刑問 일차一次식 치니 소래 궁구洞口안까지 들리고 유혈이 낭자浪藉하니 판서 오두인吳斗寅 니세화李世華는 칠십지년이라 위령威令을 두리고 혈벌刑罰을 이기지 못하여 머리를 숙이고 말을 못하되 오직 박태보朴泰輔 정신이 씩씩하고 말삼이 추상秋霜같으여 형벌이 몸에 님하여 피육皮肉이 산락散落하되 조금도 두리지 아니하고 한결같이 주달하되-군부실덕君父失德하시매 신재臣子 간諫치 못하고 염참艶讒에 혹하사 무죄하신 국모國母를 폐하시니 이는 천고千古의 없는 대변大變이오 풍속風俗의 관게하온 일이오니 신이 비록 미세微細하오나 국록國祿을 먹고 조항朝行에 참예하엿는지라 군뷔君父 실덕하사 만대의 누명累名을 들으실 줄 알며 어찌 간치 아니리잇가 복원伏願 성상聖上은 국모참소國母讒訴한 자를 버히시고 망극하온 전교를 걷으시면 종사宗社의 복이오 생민의 만행萬幸이로소이다 상이 더욱 노하사 용안龍眼을 높이 뜨시고 용상龍床을 치시고 여성대매왈厲聲大罵曰-조고마한 놈이 여대도록 간악奸惡하냐 날로써 참소듯는 혼군昏君이라 하고 저는 직언하는 충신忠臣이라하니 이런 대역부도大逆不道의 놈을 이만 형벌로 못할 것이니 (4)앞슬긔壓膝器를 드리라 하시니 태보泰輔 응성대왈應聲對曰-전해 신을 죽이시면 말려니와 인명人命이 있은 후에야 아비 실덕함을 아니 간하며 어미 무죄하니 구하지 아니하오리잇가 상이 익노益怒하사 압슬壓膝로 바아시고 (5)릉장稜杖으로 치시니 좌위左右 차마 보지 못하고 피육皮肉이 떠러지며 골절이 들어나 뛰는 피 룡포龍袍아래 떠러지되 안색顔色이 씩씩하고 조금도 굴치 아니하니 날이 이미 저믈어시되 복초服招를 받지 못하므로 친국을 파치 아니시고 앉어 게시락 섯시락 하시며 꾸짖어 갈아사대 이는 간악한 독물毒物이라 빨리 화형火刑으로 (6)단근하라 하시니 정전庭前에 불을 밝히고 화형火刑을 가초와 단근하니 누린내 참천參天하고 검은 피 따에 괴이니 좌우 브는 재 낯을 가리고 눈물을 금치못하며 좌우 시신侍臣이 일신一身을 안접安接지 못하여 엄동같이 떠되 태보는 안연 강직하니 장하다 충신열새忠臣烈士 백인百人의 모함을 고치리오 일신이 다 오고라져 손과 발이 그지없으니 상이 나려다 보시고 착히 너기시나 종일종야終日終夜 근로勤勞하사 옥체玉體 불안不安하신고로 괴로이 너기사 승지承旨를 명하여 갈아사대 — 네 가서 달내여 (7)지만遲晩하게하고 하옥下獄하라 하시니 승지 봉명奉命하고 앞에 나아가 꾸짖어 왈 — 무삼 일로 상의上意를 거스려 저 모양이 되며 성상으로 하여금 경야經夜하여 옥체玉體 (8)잇부시게 하느뇨 언미필言未畢에 태보 노목怒目 브릅뜨며 여성대질 왈 — 난신적재亂臣賊子 국녹만 허비하고 인군을 어진일로 돕지 아니하며 아유첨령阿諛諂佞하여 무죄한 국모를 폐출하되 타연한 일로 알고 오히려 날을 꾸짖이니 이는 금수禽獸와 이적夷狄이라 나는 죽어도 (9)룡봉비간龍逢比干의 무리 되려니와 너희는 살아있으매 국적國賊이오 죽으매 더러온 귀신 될 것이며 앙홰 자손에 미치리라 하니 승지 무참하여 말이 없이 물러나니 상히 악착히 너겨 명하사 하옥하고 명일明日로 갑산甲山 안치安置하라 하시며 추국推鞠을 철파撤罷하시니 즉일 발행하여 (10)일정一亭이 못가서 중궁전 폐출하신 말삼을 듯고 실성장탄失聲長嘆하며 장독杖毒과 화독火毒이 발하여 죽으니 슬프다 자고이래自古以來로 충신렬새忠臣烈士 죽은 이도 많거니와 태보의 정충지절은 룡봉비간후 일인一人이라 일시의 아름다온 일홈이 세상에 가득하고 천추만세후에도 금식今石에 삭여

유전하리니 어찌 죽었다 하리오마는 칠십지년七十之年 생양가부뫼生養家父母 다 있으니 극히 참혹하고 태보의 죽엄을 보고 장안사서인長安士庶人이 아니 울리 없이며 간신소인奸臣小人이라도 차탄하더라

1. 삼족三族은 부족父族, 모족母族, 처족妻族인데 옛날 역죄逆罪에 범하면 삼족三族을 멸하였음.
2. 고형구古刑具인데 모가지와 수족手足을 매는 기계器械.
3. 곤장棍杖으로 정강이를 때리는 것.
4. 목판木版으로서 무릎 우를 강압强壓하든 것.
5. 상단上端에 명철鳴鐵을 달고 하단下端에는 첨창尖槍을 부친 막대기.
6. 불로 지지는 형벌, 낙형烙刑.
7. 자복自服하게 하는 것.
8. 피곤疲困함.
9. 용봉龍逢은 관용봉關龍逢이니 중국中國 고대古代 님금 걸桀의 신하臣下요 비간比干은 주紂의 신하臣下인데 무서운 직신直臣.
10. 한 일마장 되는 것.

차시 휘, 부원군府院君 상사후로 애훼哀毁 과상過傷하사 옥체 종종 미령하시더니 좌우左右 상궁尙宮이 이 말을 듯고 대경실색통읍大驚失色痛泣하며 들어와 후긔 알외니 휘, 불변안색하시고 위연탄왈喟然嘆日 이도 또한 천쉬天數라 누를 원하리오 여등汝等은 [1]수고여병守口如甁하라 하시고 안연晏然부동不動하시더라

1. 말조심함.

이때 명안공쥐明安公主 변을 듯고 장공주로 더불어 크게 놀라 급급히 입궐하여 상긔 조현朝見하고 후의 숙덕성행淑德聖行과 참언讒言이 간사한 일을 고하고 대왕대비긔 시탕하시던 바를 주달奏達하며 눈물이 좌座에 떠러지며 지극히 간하여 충언이 격절激切하되 상이 종시終是 (1)불윤不允하시니 능히 할일 없는지라 탄식고 물러나 후긔 뵈옵고 오열嗚咽 비창하여 옷을 잡고 음읍飮泣하며 능히 말을 이루지 못하니 휘 탄식고 위로왈-화복禍福이 재천在天하니 나의 행색이 천쉬라 다만 순수順受할 따름이라 누를 원하리오마는 공쥐 이러틋 권연眷然하시니 은혜恩惠 난망難忘이로소이다 공쥐, 그 덕행을 탄복하고 위로왈—부운浮雲이 일시 성총聖聰을 가리왓으나 성상이 근본根本 인명仁明하시니 오래지 아니하여 뉘우치실 배라 하나 차마 놓지 못하여 후를 붙들고 눈물이 면면綿綿하니 무수한 궁네 다 울며 차마 떠나지 못하다가 상의 블안하여 하실 줄 알고 인하여 출궁하니 이틋날 감찰監察과 상궁이 상명을 받자와 (2)침전寢殿에 이르러 중궁 폐하는 전교를 알외니 휘, 천연이 일어나사 례복禮服을 벗고 관잠冠簪을 끄르시며 중계中階에 나리오서 전교를 듯잡고 즉시 대내大內를 떠나 본곁으로 나오실새 궁중이 다 통곡하여 곡성이 낭자한지라 상이 들으시고 대로하사 궁녀를 다 궁에 (3)부과付過하고 급히 하교하사 빨리 나시라 하니 입아조入我朝하여 일직 이런 례절이 없는 고로 등대한 일이 없는지라 급히 본곗에 기별하여 타실 것을 드리라 하시더니 이때 궁네 다 권세를 따르고 은총을 구하는지라 후의 형세 외로와 없수이 너기며 언어방자하고 행지교만하여 조금도 존경하는 법이 없이 양양자득하나 휘, 지이부지知而不知하시고 좌우의 뫼신 궁녜 불승경분不勝驚憤하되 죄를 두려 감히 말을 못하고 구석구석이 머리를 마조와 체읍하며 설워할 따름이라 한 궁녜 (4)장시張氏의 가르침을 들었는 고로 앞에 나아와 옷을 뒤려하거늘 휘, 문득 천연이 웃으사 옷을 풀어 뵈시며 쌍안으로 궁녀를 흘려보시니 맑은 광채 일광같으여 사람의 오장을 보는 듯 말삼을 아니하시나 긔상의 엄정하심이 추상같으니 궁녜 붓그럽고 송연하여 고개를 숙이고 물러가니 좌위 더욱 어려이 너기리라 상뇌上怒 급급하사 나심을 재촉하시니 차시 본곁에서 새문밧 애오개로 나가고 약간 부인네만 있더니 미처 가마를 꾸미지 못하여 발서 [5]요금문耀金門에 나오셧단말이 들리거늘 황황급급하여 힌면주보로 우흘 덮어 들어가니 발서 [6]경복당景福堂앞에 나려 기다리시는지라 개연槪然이 교자轎子에 올라 요금문을 나실새 궁녀宮女 칠팔인이 통곡하며 뒤에 따르니 액정소속掖庭所屬들이 일시에 따라오며 통곡하니 행색이 처량하며 수운愁雲이 일어나며 천긔 또한 음음하여 슬픔을 돕는지라 참담함을 어찌다 형언하리오 선배 오십여인이 요금문 앞에 대령하고 백여인은 돈화문敦化門에 업대여 상소를 드리고 호읍하더니 중전 나심을 보고 대경망극하여 뒤에 따르며 방성대곡하며 선배 백여인이 [7]안국동安國洞 본겻까지 이르니 울음소래 천지에 진동하고 백성 남녀없이 길을 막어 통곡하며 각전各廛 시정市井이 다 저자를 파하고 통곡하니 초목금쉬草木禽獸 다 슬허하는 듯 수운이 참담하여 일색日色이 무광無光하는지라 차시 상이 차언을 들으시고 성총이 막히여 도로혀 인심을 통한이 너기사 상소한 자소두疏頭 삼인三人을 잡아 엄형원배嚴刑遠配하시니라

---

1. 듣지 않으심.
2. 내전정전內殿正殿.
3. 과실過失을 적어둔 것.
4. 장희빈張禧嬪.
5. 창덕궁昌德宮 북문北門의 하나.

6. 창덕궁昌德宮의 경복전景福殿.

7. 지금 안국정安國町 덕성유치원德成幼稚園 옆에 있는 감고당感古堂이라는 고옥古屋.

휘, 안국동安國洞 본곗으로 나오시니 [1]부부인府夫人이 마조 나와 붙들고 통곡하시니 휘, 부원군府院君 옛 자최를 망극애통하시다가 이윽고 부부인 긔 고왈 죄인의 몸으로 친족을 뫼셔 안연치 못할 것이니 나가소서 권하시니 부인네 통곡하며 마지못하여 애오개로 다 나가신 후 당일當日 명하사 내외문을 다 봉쇄封鎖하시고 본곗 비비婢婢를 일인一人도 두지하니시며 다만 궁녀만 두시고 [2]정당正堂을 폐하고 하당下堂을 거처하시니 궁인宮人은 다 본곗궁인이오 삼인三人은 궐내궁인으로 죽기를 무릅쓰고 나온지라 휘, 갈아사대 — 너희가 본대 금중禁中 시녀侍女라 내 어찌 외람이 거느리리오 들어가라 하신대 삼인이 머리를 두다려 울며 알외되 천첩賤妾등이 낭낭娘娘의 성은聖恩을 차생에 갚지 못하올지라 어찌 일시나 슬하에 떠나오리잇가 낭낭을 좇아 죽으리소이다 휘, 그 지성을 감동하사 바려두시니 집은 크고 사람은 적어 각방이 다 뷔여 봉쇄하고 휘휘고적하여 인적이 끈첫이니 금궐옥전金闕玉殿에서 범범한 일과 번화부귀繁華富貴를 보시다가 슬프고 한심함을 이기지 못하나 괴로온 줄을 생각지 아니하고 후를 지성으로 뫼시고 슬허 매양 서로 대하여 탄읍嘆泣하다가 휘, 천연 정숙하심을 보고 감히 슬픔을 뵈지못하더라

1. 인현왕후仁顯王后의 생모生母인 은율송씨恩津宋氏.

2. 안방의 큰방.

차시 후의 삼촌三寸 좌의정左議政 [1]민공閔公이 찬배竄配하고 종형제從兄

弟도 다 원찬遠竄하고 애오개집에는 무인만 게시니 (2)조석수라朝夕水刺를 애오개서 안국동으로 드리기를 칠팔일이나 되엿는지라 휘, 좌우다려 갈아사대 — 식반食飯을 먼대서 이우기 어려오니 차우는 건물乾物로 받아드리라 하사 궁중에서 하여드리나 하로 일종도 진어進御치 아니하오시니 좌위 더욱 제읍하고 지친들이 문외에 오되 보시지 아니시고 다만 오지말라 하오시니 감히 가지 못하더라 이러구러 추칠월秋七月을 당하여 본댁에서 송이를 드리거늘 보시고 문득 추연이 안색을 변하시며 옥루를 나리오시니 궁녀 꿀어 뭇자오되 — 낭낭이 위태한 때를 당하셔도 태연하시더니 오날 새로이 슬허하심은 어쩐일이니잇고 휘, 탄식하시고 갈아사대 — 내 이리되어시나 백옥무하하니 시운만 한할것이오 무엇을 슬허하리오마는 내, 대내에 있을 때 본댁에서 송이를 무역하여 드리면 양대비전兩大妃殿에서 질겨 진어하신고로 위하와 수라에 쓰더니 오날 송이를 보매 마음이 절로 감창하도다 말삼으로 좇아 (3)용뉘龍淚 옥안玉顔을 적시오니 좌위 체읍涕泣하고 우러러 뵈옵지 못하더라

---

1. 민유중閔維重.
2. 아츰 저녁 진지.
3. 님금의 눈물.

창호窓戶와 사벽을 바르지 아니시며 너른 동산과 섬의 풀을 매지 아니하매 길같이 무성하여 인적이 고요하니 (1)니매망량魑魅魍魎과 (2)허다잡물許多雜物이 날곳 저믈면 사람 단이듯하니 궁인들이 무서워 움즉이지 못하더니 일일은 난대없는 큰개 하나히 들어오니 모양이 심히 추한지라 궁인이 조치되 또 들어오고 가지 아니하거들 휘, 갈아사대 출처없이 들어와

조치되 가지 아니하니 긔이한지라 바려두라 하시니 궁인이 밥을 먹여 두엇더니 십여일후의 샛기 세흘 나으니 가장 크고 모진지라 차후는 날이 저믈어 망량의불과 니매의자좌 있은즉 개 너히 함께 소래하여 찾오니 잡귀 급히 다라나 종적을 감초고 인하여 니매망량이 없어 궁중이 편안한지라 대개 무지한 짐생도 도음이 있거늘 하물며 신민이냐, 후, 폐출하신 후 조정의 깃거하는 소인이 많으니 도로혀 금수만 못하더라

---

1. 독가비.

2. 여러가지 이상스러운 것 들.

三[24]

휘 천성이 단중하사 요동하시는 배 없으나 매양 급한 풍우의 뇌성을 두려워하사 청사廳舍에 계시다가도 바로 방중으로 들으시나 종일 적요寂寥함을 이기지못하사 오라버님 민정자의 딸을 팔세에 다려다가 두시고 소학과 열여전을 가르치시며 여공방적女工紡績을 가르쳐 소일하시고 신세 구차하며 확낙하시되 일직 사람을 탓하고 귀신을 원망하는 배 없어 천연자약하시니 좌위 더욱 열복하고 부원군 삼상을 마치시매 휘, 더욱 (1)애훼통상哀毁痛傷하사 (2)옥휘玉候자로 미령하시더라 본댁의서 채복彩服을 들이되 받지 아니시고 갈아사대 “죄인罪人이 어찌 채복을 입이리오 무명으로 의복금침을 하라” 하오시니 무명치마와 순색저고리를 들이오니 입으시

---

24 「仁顯王后傳(三)」, 『文章』, 1940. 4.

고 무명금침 덮으시며 보물과 진찬珍饌을 가까이 아니하시더라

---

1. 너무 슬허함.
2. 임금의 몸을 옥체玉體라 하는데 옥후玉候는 옥체玉體와 같은 말.

선시先是에 상이 인후仁后를 폐출하시고 희빈장씨로 왕비를 책봉冊封하여 곤위坤位에 오르니 궁중이 조하朝賀를 받게 하매 일궁이 중궁을 생각하고 슬어하며 장씨 참남함을 분앙하나 조정의 어진 사람과 신해 없이니 뉘, 감히 말을 하리오 그윽이 원분을 품고 눈물을 먹음어 조하朝賀를 마치매 희빈의 아비로 옥산부원군玉山府院君을 봉하고 빈의 오라비 장희재張禧載로 훈련대장訓練大將을 제수하시니 일군이 한심이 너기고 법장法章과 기강紀綱이 풀어졋는고로 위망危亡을 기다리고 팔도인심八道人心이 산란하여 소설騷說이 흉흉하니 대개 예로부터 성제명왕聖帝明王이라도 한번 참소를 듣거니와 숙종대왕 성신문무로도 장씨의게 이대도록 침혹하사 국체國體를 어지럽게 하심은 실로 의외라

이듬해 경오庚午에 장씨의 생자生子로써 왕세자王世子를 책봉하시니 장씨 양양자득하여 방약무인傍若無人하니 이러므로 발악을 일삼아 비빙을 절제하며 궁녀를 엄형하여 포악한 말과 교만한 행지 불가형언이라 희재禧載는 밖으로 탕난蕩亂하고 음험하여 팔도에 작난하되 감히 말할 이 없더라

이렇듯 삼사년을 지내매 천운天運이 세화하여 고진감래苦盡甘來오 흥진비래라하니 부운浮雲이 점점 걷으매 태양이 밝은지라 성총聖聰이 점점 깨달으사 민후閔后의 원억冤抑하심을 알으시고 장빈張嬪의 요악妖惡함을 짐

작하사 의심이 가득하오시니 기색이 전과 다르시고 소인과 간신이 후의 삼촌숙질三寸叔姪을 다 [1]안율按律하여지이다 날마다 [2]계사啓辭하되 마침내 불윤不允하시니 이러므로 민씨의 일문이 보전하니라

1. 법률法律에 부치어 죄를 다스림.
2. 죄를 의론하는 상주문서上奏文書.

장씨 그윽이 상의上意를 짐작하고 크게 두려워 오라비 희재로 더부러 꾀하여 경신庚申년 묵은 [1]옥사獄事를 다시 일으혀 어진이를 다 죽이고 또한 중궁을 사약死藥하려 하니 변이 크게 나매 상이 그 하는 양을 보시며 그심법을 살피사 완연히 간인의 흉모凶謀를 알으시고 즉일卽日에 옥사獄事를 뒤집어 환탈還奪하여 영신佞臣을 다 물리치시며 옛 신하를 다 내여 쓰실 새 갑술삼월甲戌三月에 대전별감大殿別監이 세번 나와 궁을 둘러보고 들어가더니 사월초구일에 비망긔備忘記를 나리와 중궁전中宮殿의 무죄하심을 밝히시고 별궁으로 뫼시라 하시며 봉서封書를 나리와 상궁별감과 [2]중사中使를 보내시니 휘, 사양하여 갈아사대 "죄인이 어찌 문외지인門外之人을 접하며 감히 어찰을 받으리오" 하시고 문을 여지아니하시니 연삼일을 대전별감이 문밖에서 경야經夜하며 문열기를 알외되 마침내 여지 아니하시니 이대도록 겸양謙讓하심을 복명復命한대 상이 더욱 어려이 여기시고 또한 답답하사 예조당상禮曹堂上으로 문열기를 청하시되 허치 아니하시니 예부禮府와 승지承旨 국체國體 그러치 아님을 알외되 종시 허치 아니하시는지라 상이 민부閔府에 엄지嚴旨를 나리오사 이리함은 인군을 원망하는 일이니 빨리 문을 열게 하라 하신대 민부에서 황송하여 서간書簡을 올려

무수히 간하되 종시 허치 아니하시는지라 수일 후 또 이품二品을 보내여 문열기를 청하시니 중신重臣이 말삼을 알외와 사체 그리 못하실 줄로 누누屢屢히 개문開門하심을 청하니 휘, 궁녀宮女로 전어왈 "죄인이 천은으로 인명이 살아신즉 그도 황감하온대 어찌 감히 국명國命을 받자오며 번화이 사람을 인접引接하리오 사명使命이 여러 번 나리니 더욱 블안하여이다" 사관使官이 절하여 명을 받잡고 재삼 간청하며 민부의 두번 엄지를 나리오시니 판서 민공이 황율惶慄하여 후께 간절히 권하니 겨우 밧문만 여시고 사월이십일일야의 비로소 밧문을 여니 초목草木이 무성하여 사람의 키와 같은지라 상명으로 발군發軍하여 풀을 다 비며 들어가니 풀이끼 섬우희 가득하고 진애에 창호를 분변치 못하니 사관이 탄식하며 눈물을 흘리더라 외당外堂을 수소修掃하고 사관과 군새 들어앉으니 황낙하던 집이 일시에 번화한지라 궁인들이 문틈으로 보고 일희일비一喜一悲하며 눈물을 흘리며 즐거하되 후는 조금도 기쁜사색이 없어 블안히 여기시더라 외문外門이 열리매 민씨일가에서 교군轎軍이 무수히 들어가고 문열림을 복명하니 상궁사인尙宮四人을 보내사 어찰御札을 나리오시니 상궁 왔음을 알왼대 중문을 여지 아니하시니 반일을 밖에 있는지라 그사이 별감이 길에 이었으니 연하여 어찰 보심을 청하는지라 민부에서 민연悶然하여 국체불경하심을 누누히 알외어 권하니 휘, 마이못하여 문을 열라하시니 그제야 상궁이 계하階下에서 고두청죄叩頭請罪하고 눈물을 흘리며 우럴어 뵈오니 용안과 복색이 초초무색한지라 슬픔을 이기지못하여 소래남을 모르고 통읍痛泣하나 휘, 쌍안을 나초와 못보신체하고 어찰을 들이니 북향사배北向四拜하시고 양구후良久後에야 펴보시매 만지의 가득한 사연이 다 전과를 뉘우치시고 시운을 슬어하시며 대내로 드심을 청하신지라 휘, 남필覽畢에 묵연단좌默然端坐하사 말슴을 아니하시니 상궁이 복지주왈伏地

奏曰 "성상이 신접臣妾의게 전지傳旨하사 부대 낭낭娘娘 답찰答札을 말아오라 하신지라 회답을 청하나이다" 휘, 양구에 탄왈嘆曰 "너의는 돌아가 다만 죄첩罪妾이 답서答書 알욈이 불감하와 못하나이다 알외라" 상궁이 깊이 청치못하고 하직하고 입궐入闕하여 뵈온대로 알외니 상이 추연감동하사 더욱 뉘우치시며 명일아침에 또 어찰御札을 나리오시고 의복금침과 반상을 보내시니 모든 상궁이 봉명하고 옛말을 일커러 체읍하나 휘, 반겨하심도 없고 박절하심도 없어 왕왕 한물결같은 기상이 전과 다름이없이 하시더라 상궁이 당에 올라 알외되 작일 대전께오서 신첩을 인견引見하사 의복금침과 반상飯床이 있더냐 하옵시기에 하나토 없는 줄로 알왼즉 대전께오서 노하여 갈아사대 "내, 일시 분기로 망거妄擧를 하였신들 일궁이 그후의 뒤를 없게 하니 가히 해완懈頑하다" 하시며 즉각의 준비하라 하시니 내수사內需司 주왈奏曰 "의금衣衾은 지금 하려니와 반상은 금일안으로 못하리로소이다" 하니 대전께옵서 능행시陵行時 새로 만든 은반상을 올리라 하사 친감親鑑하시고 보내시며 금침하옴이 더디다하사 대전금침 새로 하온걸 친히 감하시고 벼개는 밧고와 봉황수침鳳凰繡枕을 가져왔사오며 하로에 의복을 짓삽는데 치마빛이 무색하다 진노震怒하사 내수사를 가두시고 다른 남초藍綃로 밧고와 식전에 급급히 지어 친감하시고 보내심을 낱낱이 주달奏達하고 은영恩榮이 심호深浩하심을 외와 감누感淚 종횡한대 휘, 못듣는 듯하고 인하여 잠간 몸을 굽혀 갈아사대 "천은天恩이 망극하니 어찌 감히 거역하리오마는 천궁긔물天宮器物이라 여항閭巷둚이 불감하고 더욱 대전 금침과 반상이 일시나 사가私家에 두리오 외람하여 감히 받드지 못할지라 도로 가져가라" 하시니 상궁이 재삼간청再三懇請하되 듣지 아니하시고 돌려보내시며 범사凡事 외람하니 분의를 편케하소서 하시더라 상궁이 이에 할일없어 복명復命하니 상이 그 집례執禮함을 아름다이

너기사 다시 어찰을 나리와 후의 마음을 위로하시고 국체 그러치 못한 줄을 밝히시며 이는 우를 원망하며 조롱하여 과인의 허물을 드러냄이라 하시고 도로 다 보내시며 상궁긔 죄있으리라 하시니 휘, 어찰을 보시며 거역못하게 하신 말삼인줄 아오시고 불안히 너기사 봉한채 두라하시며 답서를 아니하시니 형제숙질이 간절히 권하며 궁인들이 빌어 청하니 인하여 조희를 내여 쓰시매 대엿줄 되더라 상궁을 주시니 상궁이 복명하온대 상이 반겨 급히 보시니 말삼이 온공하여 무수히 청죄하신지라 상이 추연감탄하시고 이틋날 이십삼일은 중궁전탄일中宮殿誕日이라 어찰과 수라를 나리시고 각공상各貢上을 예와 같이 하라 하시니 영광이 도로 머엿는지라 인민이 열복悅服하고 민시 일문이 감읍하되 휘, 크게 불안이 너기사 죄인이 어찌 공상貢上을 사가의서 받으리오 물리쳐 받지아니하시니 상이 재삼 권유勸喩하시고 조정이 다 와서 간청하나 마침내 아니받으시니 일국신민이 다 그 성행처신하심을 흠송欽頌함을 마지아니하더라 차시 부부인府夫人이 들어가시매 휘, 모셔 성효자약하여 슬허하시며 일가부인네 가마가 날마다 들어오니 차시此時 중새 입번入番하고 액정소속과 궁인이 호위하여 예절이 엄한지라 문금을 엄히하니 휘, 명하사 들어오는 이를 금치 말라하시고 비로소 친척을 반기시되 한결같이 친소가 없으시더라

1. 숙종肅宗 6년六年 경신庚申에 복창군福昌君, 허성許聖 등에 역모逆謀를 복주伏誅하고 허적許積, 윤휴尹鑴가 좌사坐死한 일.
2. 왕명王命을 전달傳達하는 내시內侍.

관생감의서 입궁入宮 택일擇日하여 올리니 사월이십칠일이라 상이 명관중사命官中使를 보내사 입궐하심을 전하시니 휘, 대경하사 사양왈 “천은

이 망극하여 천일을 보고 부모동생을 상접하여 열친척지정화悅親戚之情和하는 것도 감격하거늘 어찌 감히 궐내에 들어가 천안을 뵈오리오" 구지 사양하시고 예물禮物을 받지 아니하시니 상이 엄지를 민부에 나리오시고 대신 중신을 문밖에 청대하여 간하시며 어찰이 하로 사오차四五次씩 나리오시니 휘, 그으이 현일을 예탁豫度하사 입지立志를 세우지 못할 줄 알고 읍연 탄식하시고 마지못하여 예복을 입으시고 입내立內하실 새 민정자의 딸이 팔세에 다려와 이믜 십삼세 되니 후의 교훈을 받자와 언동성행이 아름다운지라 차마 떠나지 못하여 손을 잡고 울으시니 민소제閔小姐 역시 음읍飮泣하여 능히 참지 못하는지라 좌위 다 눈물을 뿌려 위로하더라 황금채연黃金彩輦을 들이니 물리치시고 교자를 도라하시니 상이 좋지아니리라하며 사관史官이 청대하고 모든 일가들이 권하니 마지못하여 연에 드오시매 허다위의許多威儀 대로大路를 덮었고 칠보홍장七寶紅粧한 시녀侍女 쌍쌍이 앞의 버렸고 군문대장軍門大將이 어림군御臨軍 수천을 거느려 호위하고 대신, 중신으로 시위하여 입궐하시니 녜모禮貌 존중하여 향취 옹비壅鼻하고 광채 찬란하며 천긔 화창하여 혜풍惠風이 일어나고 상운祥雲이 하늘에 가득하니 장안 백성이 영낙榮絡하여 굿보는 이 길이 머히고 일변 옛일을 생각하고 눈물을 흘리며 재상명사宰相名士의 부인婦人이 [1]의막依幕 잡고 굿보기 틈이 없어 도로혀 가례하실 때에 더하고 향연行輦에 흰보 덮고 나오실 제 중인과 선배 통곡하며 따르던 일을 생각하매 어찌 금일을 기필하였으리오 이는 전혀 인후仁后의 원억함과 덕행으로 천시 아름다이 여기사 천의를 감동하심이라 제부인諸婦人네 깃브고 슬허 혹 울며 혹 웃더라.

---

1. 임시臨時 있을 곳인데 옛날 거동擧動 같은 큰 구경이 있으면 종로鍾路 좌우左右의

상점商店 집을 얻어가질 재상가부녀宰相家婦女들이 가서 머물며 굿을 보는 것.

四[25]

후의 (1)지밀至秘과 상석기구床席器具를 가초고 이날 아츰부터 니당裏堂의서 거니시며 전중殿中의 가촌 것을 고쳐보시더니 나인을 불러 문왈問曰 어찌 소첩梳帖이 없느뇨 궁인이 황공대왈 미처 생각지 못하도소이다. 상이 진노하사 빨리 가져오라 하시니 소첩내인梳帖內人이 황망하여 속에 한귀 것긴줄 모르고 가져오니 상이 친히 펴보시고 노하사 다른 것을 들이라 하시고 소첩내인을 궐내에 부과付過하라 하시니 좌위 다 상의 자상명찰하심이 전혀 진정으로 중궁을 위하시는 일을 감탄하더라. 입궐하실 제 친히 높은 누상樓上에 오르사 만민의 질겨함을 보시고 천심이 흔열하사 이미 봉연鳳輦이 궐문의 들으시며 지밀 앞에 뫼시니 상이 명하사 난간의 뫼시라 하시니 궁녀宮女 연 앞에 나아가 대전 게심을 알왼대 휘, 갈아사대 "죄인이 무삼 면목으로 전하를 뵈오리오" (2)덩문에 나지 아니하시니 상이 친히 덩문을 열어 주렴을 걷으시고 쥐신 부채로 덩속의 바람을 내시고 물러 서시니 휘, 성은을 망극히 너기사 덩에 나리사 난간에 업대여 청죄하시니 상이 마음이 불안하사 궁녀를 명하여 붙들어 뫼셔 전중에 드시게 하라 하시니 궁네, 일시에 붙들어 뫼신대 감히 방석에 앉지 아니시고 또 업대리사 예와 이제를 생각하시매 비회悲懷교집交集하여 천산화미千山畵眉의 슬픈 안개 일어나고 효성쌍안曉星雙眼의 옥뉘玉淚 맺히시니 안색이 처연하사 애원하신 긔상이 만좌의 나타나시니 상이 일변 반기시며 옛일을

25 「仁顯王后傳(四)」, 『文章』, 1940. 5.

생각하시고 참괴함을 이기지못하시니 좌위 감히 우럴어 뵈옵지 못하더라.

1. 님금의 기거起居하는 방.
2. 덩은 공주公主나 옹주翁主가 타는 가마.

차시 세자의 나히 칠세에 장성하여 어른같더라 이에 들어와 후기 사배四拜하고 슬하의 앉의니 휘, 그 숙성함이 아름답고 심히 비창하사 손을 잡고 어르만져 허희장탄하실 뿐이더라 상이 좌座를 가까이 하사 전일을 뉘웃치시며 지금을 위로하사 말삼이 관곡하여 금석이라도 녹을 듯하시나 휘, 불감을 일컷고 조금도 홀하심이 없어 한결같이 유순정정하시니 상이 더욱 경복하시고 좌위, 감탄하더라 휘, 입궐하시며 심사 블안하사 아모 것도 [1]진어치 아니시는지라 상궁이 념려하여 수라를 재촉하여 올리니 상은 진어하시고 후는 진어치 아니시니 상궁다려 진어하심을 물으시니 대왈 낭낭이 전일 신긔 블안하사 현명見命하오신 후로는 진어하신 일이 없나이다 상이 놀라사 친히 보미를 들여 권하시니 휘, 성은을 감사이 너기사 마지못하여 받자오셔 두어번 잡수시나 기력을 어찌 수습하리오.

1. 진어進御, 잡수시는 것.

이적에 희빈이 오래 대위大位를 음습하여 천만세나 누릴 줄 아더니 홀연 상의 일조에 변하사 국옥國獄을 뒤집고 폐비廢妃긔 상명上命 영낙하여 즉일복위卽日復位하여 들어오심을 듯고 청천의 벽력이 일신을 바아치는 듯 높은 빙애에 떠러진 듯 일천 잣나뷔 가슴에 뛰노니 스스로 대로, 대분을 이기지 못하여 시녀로 전어왈傳語曰 내, 오히려 곤위坤位에 있거늘 폐비 민시 어찌 문안치 아니하느뇨 크게 실례하며 방자함이 심하도다 궁녀, 이 말을 전한대 휘, 어이없어 들으시되 못듯는 체하사 사긔 태연하오시고 안색이 정정하사 답언이 없으시니 상이 후로 더불어 동좌하여 계시다가 후의 기색을 살피시고 전일과실이 혼암하심을 부끄러하시고 장시의 방자함을 통한하사 즉시 외전에 나오사 전지하여 후를 복위하시며 민부원군을 복관직하시고 후의 삼촌 좌의정左議政이 벽동碧潼 적소謫所에 졸하신 고로 복관작復官爵 [1]추증追贈하시고 그 자손을 전벼슬을 주어 부르시며 장시의 아비는 삭탈관직하시고 빈의 옥책玉冊을 깨치시며 장희재를 안치安置하라 하시고 내시로 전교하사 빈을 조당으로 나리고 큰 전각을 수리하라 하시니 궁인과 중새 전지를 전하고 바삐 나리라 한대 장시 대로하여 고성대질왈高聖大叱曰 내, 오히려 만민의 어미오 세재 있거늘 참아 너희가 무례히 하리오 내, 부득이 폐비의 절을 받고 말리라 하고 악독을 이기지 못하여 세자를 무수히 난타하니 상이 들으시고 대로하사 친림하시니 바야흐로 장시 밥상을 받아더니 상을 뵈옵고 독악이 요동하여 얼굴이 푸르낙 붉으락하며 갈오대 내, 대위에 있거늘 어찌 폐비문안을 아니하며 내, 무삼죄로 하당下堂에 나리라 하시나잇가 상이 진노하사 갈아사대 어찌 감히 문안을 받으며 또 어찌 어위御位를 길래 누리리오 장시 문득 밥상을 박차고 발악왈 세재 있으니 내, 어찌 어위를 못가지리오 기여이 민시의 절을 받고나리라 밥상이 산산이 허여져 방안에 흩어지니 좌위 그 악착한 간담을 어이없이 알고 상이 태연 대로하사 장시를 끌어내라 호령하시니 궁중이 다 절분하든 차 상의를 보고 황황이 달려들어 업고 총총이 당에 나려 하당으로 가니 장시 발악하여 중궁을 후욕함을 마지아니하니 상이 즉각에 내치시고 십으나 전후의 일이 편벽되고 또 세자의 낯을 보와 바려 두시니라.

1. 종삼품從三品 이하以上 관원官員의 부父, 조부祖父, 증조曾祖에게 죽은 뒤 벼슬을 주는 것.

다시 양일良日을 간택하여 례의를 가초와 후를 청하여 곤위坤位에 오르시게 하니 세번 사양하시다가 마지못하여 법복을 가초와 (1)남면南面하여 곤위에 오르신 후 상牀에 나려 상기 사은謝恩하시니 법되 숙연하고 광채 찬란하여 전보다도 배승倍勝하시더라. 상이 용안龍顔에 희기 가득하사 붙들여 탑에 올라 한가지로 좌를 일우시고 비빙궁녀妃嬪宮女의 조하朝賀를 받으시고 조정이 새로이 진하進賀하니 화풍和風이 부는 듯 상운祥雲이 (2)옥루玉樓를 둘러 화긔 알연 궁중이 화열和悅하여 즐기는 소래 양양하고 일국신민一國臣民이 뉘 아니 열복悅服하리오 대장공주와 명안공쥐 조현하고 일희일비하여 도시 성상의 은덕이오 중궁성덕을 일러 즐기며 천은天恩을 감축할 뿐이오 (3)육년고초六年苦楚를 이르지 아니하시며 성상 총명하신 덕택을 일컷고 사오일 믁으니 상이 각별恪別히 명하사 궁중잔치를 배설하여 공주귀척公主貴戚을 모와 즐기시게 하시니 중전입궐中殿入闕하신 후로 화긔 더욱 가득하더라

1. 제왕帝王이 임어臨御하는 것.

2. 궁궐宮闕.

3. 인현왕후仁顯王后께서 여섯 햇 동안 폐비廢妃되어 괴로움을 당한 것.

상이 성품이 엄하시고 (1)천위天威 믁믁黙黙하시나 그윽이 살리시고 고집하사 후 출궁하실 때 방자하고 박대하던 궁인을 다 원찬遠竄하시고 좇아간 궁인은 벼슬을 높이고 녹을 후히 주어 일생을 한가이 하시니 모든 궁녜 도로혀 블워하더라 폐비시廢妃時 간쟁諫爭하든 신하臣下를 적소謫所의 역마役馬로 불러 (2)화직華職을 주시고 죽은 자는 충절忠節을 생각하사 감누感淚를 나리와 치제致祭하시며 서원書院 지어 춘추로 제향祭享하여 그 충절을 포장하사 후세의 이름을 빛나게 하시고 그 자손을 (3)승직陞職을 주시며 녹봉祿俸을 주사 부모처자를 살게 하시고 수포로써 그 일문을 위로하시니 은혜 영감하온지라 주애 감축하며 열복하더라 희빈禧嬪의 간악방자함을 절분이 너기시되 세자를 보사 희빈을 존봉하고 무릇 공상범절供上凡節을 정궁正宮 버금으로 하고 궐내 영숙궁永肅宮 취성당醉醒堂에 거처하게 하시니 은영恩榮이 자못 호탕浩蕩하신지라 사갈시랑蛇蝎豺狼이라도 제 죄를 짐작하고 지극 감격할 배로되 장시張氏 외람이 큰위에있어 일국이 추존하고 상총이 온전하다가 졸지에 폐출하여 희빈에 나리니 앙앙분노怏怏忿怒하고 화심禍心이 대발하여 전혀 원심이 중전긔 돌아가니 불순한 언사와 패악한 흉심이 블 일어나듯하여 세자를 볼 때마다 난타亂打하니 마츰내 병이 든지라. 상이 대로하사 세자를 영숙궁에 못가게 하시니 세재 잇다감 알외되 "어이 어미를 못보게 하시나잇가" 하며 눈물을 흘리니 상이 위로하사 놀 걸 주어 중전슬하中殿膝下에 두시니 휘, 심이 사랑하시니 생각지 아니하더라. 장씨 세자로 유세有勢하다가 세자도 못보고 대전 자최는 아조 돈절하며 일인一人도 불상이 너겨 와 보는 이 없으니 형세 고단하며 당년堂年의 민후보담 심하니 슬프다 (4)복선화음福善禍淫이 분명하여 하늘이 높으시나 나초 들으시는지라 중궁은 폐출하사되 일국만민이 다 창원悵怨하여 도로혀 몸이 괴로오나 일홈이 빛나시거니와 장씨는 폐출하매 만민이 다 낙樂다하며 궁중이 다 상쾌하여 비소하니 더욱 분하고 부끄러 원망악담이 공연이 중궁게 돌아가니 전후前後동산에 배회徘徊하며 귀를 기우려 들은즉 중궁전 자비差備의서 즐기는 소래와 번화한 경새라 간담이 벌어질듯하고 밖으로 조정 소문을 들으면 민씨일문閔氏一門은 혁혁赫赫하고 상총이 예우하시고 세상이 다 축복하되 제오라비 희재希載는 제주죄인濟州罪人이 되어도 불상타 하는 이 없은즉 보고 듣는 것이 다 분통하며 주사야탁晝思夜度의 불같은 흉심이 구름이듯하니 제 어찌 능히 뒤를 누리리오 평생 탐학한 보물을 흩어 궁인을 처결締結하여 독약을 구하여 중궁 수라에 넣으라 하되 휘, 짐작하시고 궁인을 신칙하여 조석수라를 다 심복 내인으로 시기사 다시 변이 없고 난이 없게 하시니 궁중이 다 교화에 심복하여 흉사를 행할 재 없는지라 할일없어 저주咀呪와 방자를 무수이 하여 궁모 흉게 아니 미친 곳이 없이니 슬프다 장시 공순이 있으면 세자의 당당한 세가 있고 중궁이 성덕을 의지하면 천심도 감응하사 영화무궁할 것이로되 족한 줄 모르고 자작지얼自作之孽로 대역大逆을 도모하여 필경이 망급기신亡及其身하니 어찌 두렵지 아니리오.

---

1. 제왕帝王의 성풍成風.
2. 높은 벼슬.
3. 벼슬을 올리는 것.
4. 착한 이에게 복福이 오고 악惡한 이에게 화禍가 오는 것.

차시 시절이 흉황하니 상과 휘, 염려하사 폐정전廢正殿하시고 수라를 반감하사 비망긔備忘記를 나리와 구활지책救活之策을 존절이 하시고 정성이 지극하시니 신민이 감동치 아닐 이 없더라.

병자년丙子年에 세자의 나히 구세라 관례하시고 세자빈을 간택하여 상과 휘 친히 보시고 빠시매 청송靑松 심호沈浩의 녜라 가례를 행할 새 세자빈을 책봉하시니 년이 십이세라 덕성이 아름다오니 상과 휘, 크게 사랑하사 조정국사여가朝廷國事餘暇에는 주야로 내전에 게오사 화언으로 한담하시고 세자빈과 세자를 앞의 두사 자미를 보시니 이때 숙인淑人[1]최씨崔氏 왕자를 탄생하여 삼세라 긔상이 비범하니 상과 휘, 사랑하사 주야무애晝夜撫愛하여 기출 같으시더라. 또 숙의淑儀 심씨金氏는 마츰내 무자無子하매 불상이 여기사 각별은휼恪別恩恤하시니 궁중의 화긔 가득하여 악한 재 없으되 오직 장씨 심사心事는 전같의여 고침이 없이며 세자는 긔출이로되 세자빈을 얻어 무궁한 영화와 극진한 효성을 중궁의서 혼자 보시는가 하여 오매寤寐에 요악한 마음으로 이를 갈며 죽어도 원수를 갚으리라하여 요기로온 무당과 흉다한 술사術士를 얻어 주야모의晝夜謀議하여 영숙궁서 천의신당天儀神堂을 배설하고 각색비단으로 흉악한 귀신을 하여 앉히고 후의 성씨姓氏와 생년일시生年日時를 써 축사함祝辭函을 맨글어 망하심을 축수하여 빌며 또 화상을 걸고 궁녀로 하여금 활로 매일 세번씩 쏘아 조희 해여지면 비단옷으로 습렴襲斂하여 중전신체라 하고 못가의 묻고 화상을 걸고 쏘아 이리한 지 삼년이로되 후의 신상이 반석盤石같으시니 앙앙하여 장희재張希載 첩 숙정은 창물娼物로 요악한 재죄 극심하여 적모嫡母를 살해殺害하고 정처正妻가 되었더니 장씨 청하여 의논하니 이는 짐짓 뉴뉴상종類類相從이라 궁흉극악窮凶極惡한 저주를 다하여 흉한 해골骸骨을 얻어드려 오색비단으로 요기를 맨들어 밤중의 정궁북편正宮北邊[2]섬 아래 묻고 또 채단으로 종전 의복일습을 지어 해골을 작말하여 소음에 뿌려두었으니 누가 흉모를 알리요 요사이 아침마다 그 악귀 방자를 다하여 거짓 공순한 체 편지하고 중전긔 드리니 말슴이 관곡하사 위로하시고 받지 아니하시니 장씨 분노하여 재삼再三 간하되 받지 아니하시거늘 아무리 생각하되 할 일없어 드려두고 날마다 신당축원神堂祝願과 요술방정이 천만가지로 그칠 적이 없으되 사불범정邪不犯正이요 요불승덕妖不勝德이라 하였으나 예로부터 (3)손빈孫臏이 방연龐涓을 해하였는지라 휘, 수한이 부족하사 미해微害를 입으시니 이에 사람이 천도天道를 의심하는지라 액운이 불행한 시절을 당하여 요얼이 침노하니 경진중추庚辰仲秋의 홀연이 옥후玉候 미령靡寧하시니 각별극중하심도 없고 시시로 한열寒熱이 왕래하며 야반夜半이면 골절骨節이 자통刺痛하다가 평시같을 때도 있고 진퇴무상進退無常한지라 궁중이 크게 근심하고 상이 염려하사 민공閔公을 내전內殿으로 인견하사 별증을 이르시고 의약치료醫藥治療하심을 극진이 하시되 일호 효음이 없고 겨울을 지내고 명춘이 되니 후의 백설白雪같은 기부肌膚만이 소삭하사 시시로 누른 진이 엉기엇다 없엇다 하시니 의재醫者 다 병세를 칭앙치 못하는지라 상이 적년積年 고생에 저상沮喪하여 고질痼疾이 되심인가 더욱 뉘우치시고 차석嗟惜하사 후의 기상이 너무 빠혀나시니 행혀 단수하실가 염려하사 용안을 능히 펴지 못하시니 휘, 불안하사 매양 아픈 것을 강작하시더니 장시 후의 이러하심을 알고 요행하여 더욱 행흉하더니 사월이십삼일은 후의 탄일이라 상이 하교하사 대연大宴을 배설하여 민시일가 부인네를 모와 연락하게 하시니 이는 중전병환이 진퇴무상하시매 여한이 없게 하심이라 휘, 불안하여 재삼再三 사양하시되 상이 고집하시니 천은이 황감하시고 또 세자의 효성을 막지못하사 누일屢日 연작宴酌을 배설하여 양전이 세자와 빈의 효성을 깃버하시고 민씨부인네를 청하시니 민부의서 대내출입을 외람이 너기되 후의 병환이 진퇴하시고 상의 은혜 각별하심을 감축하여 다 들어와 조현하니 후의 은은하은 병색을 뵈옵고 근심하는지라 휘, 척연이 옥루玉淚를 나리와 갈아사대 "내, 무재박덕으로 성상의 중은을 입사와 갚사올 배 없거늘 근래 심새 황혹하여 정신이 아득하고 운무중雲霧中 사람같으니 의심하건대 차생此生이 오래지 아닐지라 우흐로 성상의 심녀를 끼치고 아래로 동생자매 연락함이 다시 쉽지 아닐가 하나니 원컨대 제 자매는 자녀를 가르쳐 덕을 쌓고 복을 닦아 이후 자손까지 영화있게 하소서" 언파言罷에 오열嗚咽하시니 궁중이 홀연 후의 비척한 말씀을 듣고 놀라와 의심하여 눈물이 여류如流하고 본겻 부인네 심사 요동하여 눈물이 연락하되 강작하여 참고 위로하여 갈오대 "춘추 아직 정정하시니 일시지환은 평복되시려니와 어찌 이런 하교를 하시나잇가" 하고 인하여 하직고 나올 새 휘, 추연탄식하시고 부인네 다 교자타며 체읍涕泣하고 나오니라 차시 공주와 육궁비빈六宮妃嬪이 짐작하며 의복하여 올리니 휘, 일체一切이 받지 아니하시니 공주 등이 간청한대 그 정성을 물리치지 못하사 받으시고 장빈의 옷도 물리치매 세재 뫼셔있다 권하니 휘, 세자의 간절한 효성과 안면을 보사 부득이 받으시니 슬프다 간인의 홰, 궁극함이 이대도록 심할 줄 누가알며 세자도 추호나 알미 있으면 친모의 허물을 감초지 못한들 어찌 권하여 받으시게 하리오 비록 장빈의 몸이 탄생하였으나 온전한 자애지성은 중궁긔 받자와 친생에 지나는 정이 있거늘 다른 후빙들은 전중의 왕내하여 화긔와 은혜 온전하되 장씨 친모는 자작지얼로 스사로 용납지 못하니 모자간이라도 간언이 유익함이 없고 평생 무안, 무색한지라 어미 행여 공순하신가하여 권하였더니 종신지한終身之恨이 되시니라 휘, 장시의 옷을 입으시지 아니시나 전중의 있는고로 요얼이 밖으로 침노하고 또 방중의서 살긔殺氣 승하니 이해 오월로 병환이 더욱 침중하니 상석牀席의 이지듯하시는지라 약청藥廳을 배설하고 대전의서 크게 우민하사 후의형 민판서 형제를 명하사 친히 의약을 살피게하며 병석의 뫼시게하니 민판서형제 약을 잡고 병측病側의 뫼서 지성으로 하니 휘, 보실 때마다 슬허 체읍하시며 아오와 조카를 경게하여 갈아사대 "너희 벼슬이 높고 병고함을 근심하나니 직업을 명찰하며 행신을 극진이하여 선인의 청덕清德을 떠러바리지말고 보신지책保身之策을 힘쓰고 충의를 효측效則하라 하시며 병환중의나 하로 떠나기 어려워하시나 민중형제 척연감읍하여 지성으로 시탕하며 의자는 밖의 등대하고 백가지로 다스리되 일호도 효음이 없고 점점 침중하시니 이는 신상으로 솟아나신 병환이 아니시라 사실이 왕성하고 저주의 독을 어찌 백초지물百草之物로 제어하리오 낮이면 정신이 게시다가 밤이면 더욱 중하사 (4) 섬어譫語를 하시니 중한 증세 고이하나 능히 깨닫지 못하니 이도 또한 후의 액수 불행하신 연고라 칠월의 별증을 얻어 위중하심이 조석에 계신지라 일국이 진동하고 궁중이 망극하여 천신께 빌며 북두北斗에 제祭하여 세재 친림하시며 정성이 아니 미친 곳이 없으되 날로 주중하신지라 상이 침식을 페하시고 근심하사 용안이 초췌하시니 휘, 미란하신 정신중이라도 과도히 염려하사 간하시더라 휘스사로 회춘치 못할 줄 알고 명하사 의녀醫女를 물리치시고 의약을 나오지아니하시니 상이 들으시고 놀라 들어오사 약을 친히 권하시며 "중병에 약을 끈치며 차도 없으리니 강잉하여 약을 나오고 수히 차복差復하여 과인寡人의 바라는 바를 저바리지 마르소서" 휘, 정신을 겨우 정하여 갈아사대 "첩이 나이 점고 영쇄 제미하니 무엇이 죽고저 하리잇가마는 달포 아픔이 자심하니 어서 죽어 모르는이만 못하나이다 약을 써도 조금 나음이 없고 오장이 더 아프니 전하의 염려하시는 바를 저바리지 못하여 강잉하여 먹사오나 첩이 반다시 오래지 아닐지라 먹고 괴로온 것을 권치 마르소서" 상이 청필聽畢에 뉘우쳐 누수淚水 떠러져 척연이 갈아사대 "휘, 어찌 이런 불길한 말을 하여 과인의 심사를 요동하게 하시느뇨 만일 장위 괴로운즉 수일만 끈쳐 심사를 평안이하여 조리하소서" 친히 미음을 권하시며 병칙에 계서 떠나지 아니하시더니 과연 약 그친 후로 조금 감세 계신듯 하매 궁중이 잠간 다행하여 하더니 하로는 미음을 수차 진어하시고 좌우 시탕하는 궁녀를 돌아보와 갈아사대 "내 이제는 사지 못할 것이니 너의 정성을 무엇으로 갚으리오 너의등은 내, 삼년 후 각각 돌아가 부모동생을 보고 인륜을 가초와 살아있다가 구천타일의 가서 지하地下의 모듬을 긔약하리라" 휘, 이 하교를 나리시니 좌위 듣잡고 망극하여 일시의 낯을 가리와 체읍하며 능히 말을 대답지 못하더라 휘, 명하사 전각을 수소修掃하고 향을 피우고 궁인의긔 붙들려 세수를 정히 하시고 새 의복을 입으시고 궁녀로 대전을 청하시니 상이 들어오시매 휘, 의상을 정돈하시고 좌우로 붙들려 앉어계시니 궁인들이 다 망극 슬픈빛일래라 천심이 당황하사 좌를 가까이 일우시고 어찌 이러틋 섭섭하시느뇨 휘, 문득 옥누玉淚를 나리와 갈아사대 "신이 곤위에 거하여 성상 중은을 입음이 극진하니 한할 배 없사오되 다만 슬하의 혈육이 없어 외롭고 성상대은을 만분지일도 갑삽지 못하옵고 도로혀 천심을 불안케하오며 오날 (5)종천영결終天永訣하오니 구천지하九天之下에 눈을 감지 못하리니 복원伏願 성상은 박명한 첩을 생각지 마르시고 백세안강하소서" 상이 크게 슬허 용루龍淚 영락하여 갈아사대 "휘 어찌 이런 불길한 말슴을 하시느뇨" 하시고 말슴을 능히 일우지못하사 룡포소매 젖으니 휘, 정신이 환란하신 중의도 어찌 상의 슬허하심을 모르시리오 눈물을 흘려 기리 한심을 지시고 왈 "성상은 옥체를 보중하사 돌아가는 마음을 편케 하소서" 세자와 왕자를 앞의 앉히시고 어로만지시며 후궁비빙을 나오라하사 갈아사대 "내, 명운이 부족하여 육년고초를 겪고 다시 성은

이 망극하사 곤위에 올라 세자와 왕자의 충효로 여년을 마칠가하였더니 오늘날 돌아가니 어찌 명박지 아니리오 그대등은 나의 박명을 본받지 말고 성상을 뫼셔 만수무강하라" (6)연인군延礽君이 차시 팔세라 손을 잡으시고 슬허왈 "차애 영특하여 내, 지극 사랑하더니 그 장성함을 못보니 한이라" 하시고 비빙을 치우고 민공형제와 조카를 인견하사 오열비창하신 심사를 참지 못하시니 민공형제등이 배복오열拜伏嗚咽하여 능이 말을 못하는지라 상이 그 모양을 보시매 천심이 막히고 문어지는 듯 차마 보시지 못하시더니 상이 미음을 가지시고 친히 권하시니 휘, 허희탄식하시고 두어번 마시시니 상이 친히 받들어 벼개를 바로하여 누이시니 이윽고 창경궁 경춘전의서 승하하시니 (7)신사추팔월십사일사시辛巳秋八月十四日巳時오 복위팔년復位八年이오 춘취삼십오세三十五歲시라 궁중의 곡성이 진동하여 귀신이 다 우는 듯 궁녀 서로 머리를 부듸져 앙앙이 따르고저하니 하물며 상이 괴로히 슬허하심을 칭앙하리오 땅을 두드리며 방성대곡하시니 용루, 비오듯 룡포 젖으시니 궁중이 차마 우러러 뵈옵지 못할레라 조정과 사서인이 슬허함이 부모친상의서 더하니 후의 숙덕성행곳아니면 어찌 이대도록 하리오 예로 입관성복入棺成服을 지내고 사시제전四時祭典에 친림곡배親臨哭拜하사 애통하심이 날로 더하시니 궁중이 다 근심하더라.

---

1. 영조英祖를 낳은 이.

2. 뜰.

3. 중국中國 고대古代 전국戰國때 제齊ㅅ나라사람으로 방연龐涓이와 함께 귀곡선생鬼谷先生에게 병법兵法을 배웠는바 방연龐涓은 위魏ㅅ나라의 장수가 되었으며 손빈孫臏의 재조를 시긔하여 손빈孫臏이를 불러 그 다리를 끊었고 손빈孫臏은 제군齊軍을 거

느리고 위지魏地에 들어가, 방연龐涓이가 마릉馬陵이란 곳으로 저믈어 당할 줄을 알고 미리 복병伏兵을 하였다가 방연龐涓으로 하여 자경自剄케 하였다.
4. 헛소리.
5. 마즈막.
6. 영조英祖의 처음 봉군封君된 것.
7. 숙종肅宗 27년二七年.

五[26]

구월초사일 상이 친림親臨하사 친제親祭하실 새 제문祭文지어 례관禮官으로 읽게 하시니 대강 제문의왈 "모년모월모일의 국왕國王 (1)비박지전菲薄之奠으로 (2)대행왕비大行王妃 민씨시전閔氏之前에 고하나니 오호嗚呼라 현후賢后 도라가심이 참이냐 거짓말이냐 달이 가고 날이 바뀌되 과인이 황난慌亂하여 능히 깨닫지 못하니 속절없이 천수天數 막막漠漠하고 음용音容이 돈절頓絶하니 그 도라감이 반듯하도다. 고인故人이 (3)실우지탄失耦之歎과 (4)고분지통叩盆之痛을 일러시나 과인寡人의 극통極痛과 유한遺恨은 고금에 비겨 방불彷佛할 재 없도다. 오호라 현후는 명문생출名門生出로 성의 교훈을 받았도다. 빼혀난 재질과 아름다온 성행이 (5)갈담규목葛覃樛木의 극진치 아닌 곳이 없으되 신운이 불행하고 과인이 불명하여 이왕 육년六年 손위遜位는 어찌 차마 이르리오 위태한 시절의 처신을 더욱 평안이하고 어지러운 때에 덕행을 더욱 평정이하여 과인으로 하여금 과실을 많이 감춤은 다 현후의 성덕이라. 꽃다운 효절孝節과 규잠規箴하는 덕이 궁중에 가득하니 도를 임하여 태평을 가치 누릴가 하였더니 창천이 어찌 현후

26 「仁顯王后傳(五)」, 『文章』, 1940. 7.

(6)앗기를 급히 하사 과인으로 하여금 다시 바랄 배 없게 하신지라. 오호라. 현후는 평안이 도라가니 만세를 잊어거니와 과인은 길고먼 세상의 슬픔을 어찌 견대리오. 오호라. 현후의 맑은 자품으로 일개 혈육血肉이 없고 어진 성덕으로 하수遐壽를 누리시지 못하시고 천도天道 과히 무심하신지라. 이는 반드시 과인의 실덕무복함을 하늘이 미워하사 과인으로 하여금 무궁한 한이 되게 하는도다. 통명전通明殿을 바라보매 현후의 덕음德音과 의용儀容을 듯고 볼 듯하되 이제 길이 막힌이 몇천인고 과인이 중간 실덕함이 없이 지금까지 무고하시다가 도라가셔도 오히려 슬프다하려든 하물며 과인의 허물로 육년고초를 생각하니 차악嗟愕한 유한遺恨이 여광여취如狂如醉로다. 제문이 장황하여 지리하매 끝이노라" 읽기를 마치매 방성대곡하시니 곡성과 눈물이 영인감창令人感愴이라. 좌우시신이 다 체읍하고 감히 우럴어 뵈옵지 못하더라. 후의 시호諡號를 인현왕후仁顯王后하시고 능호陵號는 명능明陵이니 고양高陽이라 능전陵殿은 경연전景延殿이라 하시고 대신을 명하사 능역陵役을 지성으로 감찰監察하라 하시고 능묘陵墓 웃전을 뷔워 일후동폄日後同窆하라 하시고 납월臘月초팔일로 인산택일因山擇日을 하시니 오호라 사람의 수요는 인력으로 못한들 후의 현철성덕으로 마츰내 무자하시고 단수短壽하시며 더욱 간인의 참화를 입으시니 어찌 천도天道 순환이 없으리오 어진사람도 복을 누리기 어렵거든 하물며 악인이야 종신終身을 온전하리오.

---

1. 간략한 제전祭奠.
2. 대행大行은 제왕帝王이나 왕후王后가 도라가신 뒤 아직 시호諡號를 올리기 전에 부르는 것.
3. 상처喪妻함을 이름.

4. 상처喪妻함을 이름.
5. 왕후王后의 근검경효勤儉敬孝와 관후寬厚한 덕행德行을 이름.
7. 빼앗는 것.

차설且說 장희빈이 후의 병환시病患時의 두어번 뵈온 후는 칭병하고 문후치 아니하니 휘, 그 심정이 교사巧詐하여 고치지 못할 줄을 알으시고 지이부지知而不知하시더라. 장시 후를 중궁中宮이라 아니하고 민시라 하며 날마다 무녀巫女와 술사術士로 축원祝願하더니 마츰내 승하昇遐하시매 대희대락大喜大樂하여 양양자득揚揚自得하고 신당神堂을 즉시 없이할 것이로대 여러 해를 위하여시니 부지불각에 없애면 세자와 빈의게 해롭다하고 무녀와 술사들이 상의하여 구월초칠일 굿하고 파하려 그대로 두었더니 이도 인력으로 못할지라 어찌하리오. 차시에 상이 왕비를 생각하시고 모든 후궁을 찾지 아니하시고 월하月下의 슬허하시며 조석으로 애통하사 [1]천안天顔이 [2]환탈換脫하시매 제신諸臣이 다 간유諫喩한대 상이 추연愀然탄왈 "과인이 부부지정夫婦之情으로 슬허함이 아니라 그덕을 생각하고 전일일을 잊지못하노라" 제신이 다 감창感愴하더라.

---

1. 님금의 얼굴.
2. 만히 야윈 것.

구월초칠일이 도라오매, 추기秋氣 선선하고 초월初月이 희미한대 심사心事 더욱 처량하사 촉을 대하여 룡누龍淚를 나리오시다가 안석案席을 의지하여 잠간 조으시더니 사몽비몽似夢非夢간의 죽은 내관이 앞에 와 아뢰되 궁중의 사기邪氣와 요얼妖孼이 왕성하여 중궁이 참화를 당하시고 차후

此後 대화大禍불이듯 하올 것이니 복원 성상은 살피소서하며 손을 들어 취선당就善堂을 가리치고 상을 인도하여 뫼시고 한곳을 가니 후의 혼전魂殿이라 정상庭上에 중궁이 시녀를 거나리시고 앉이시되 안색이 참담하여 애연이 우시며 상기고월 "첩의 명이 비록 단하나 독한 병에 잠겨 죽지 아니 할 것이로대 장네, 천백가지로 저주咀呪와 방자하여 요얼의 해를 입어 비명非命에 죽었사오니 이는 장녀로 더부러 (1)불공대천지수不共戴天之讐라 원혼이 운간雲間에 비겨 한을 품어사오니 당당이 장녀의 명을 끊을 것이로되 성상이 친히 분별하사 흑백黑白을 가리여 원수를 갚아주심 바라오며 요사妖邪를 없이하여야 궁중이 다 평안하오리이다" 상이 크게 반기사 옷을 잡고 물으랴 하시다가 깨치시니 (2)남가일몽南柯一夢이라 촉영燭影은 휘황하고 좌우내시左右內侍는 밖에 뫼셔 앉았으니 크게 슬허 일장통곡하시고 좌우다려 때를 물으시니 초경이라 이에 옥교玉轎를 타시고 위의威儀를 다 떠러치시고 좌우다려 인적人跡과 헌화喧嘩를 내지 못하게 하시고 영숙궁永肅宮으로 가시니 이궁에 오심이 칠팔년이라 뉘, 상이 오실 줄 알리오. 이날은 장빈생일이니 숙정이 들어와 하례하고 중궁 모해함을 치하하며 모든 궁인이 공을 다토고 옛말을 이르며 신당에서 무녀술사들이 설법說法하더니 부지불각에 대전 옥교 청廳에 이르사 들어오시니 궁녀들이 놀라 급급히 이러나 맞이며 아무리 할줄을 모르더라 상이 그쟁공爭功하는 소래를 들으시고 심중에 대로하사 묵연黙然이 관형찰색觀形察色하시니 궁녀들이 희빈의 생일이오 중궁이 아니 게시매 오신가하여 수라를 성비盛備하여 드리니 상이 냉소冷笑하시고 멀리 살펴보시니 마즌 편 당의 등촉燈燭이 조요하더니 다 끄고 적적한지라 의심이 동하사 문을 열고 청사廳舍에 나오시니 마즌편의 병풍을 첫스니 치우라하시니 궁인이 당황하나 할 일없어 거두니 벽상에 한 화상을 걸었는지라 자서히 보시니 완연한

민후로다. 살맞인 궁기 무수하여 다 떠러젓는지라 이 어인 것인고 하시니 좌우 황황하여 아모 말도 못하거늘 장녜 내달아 고하되 "이는 중궁전 화상이라, 그 성덕을 감격하여 화상을 그려두고 생각하나이다" 상이 비로소 진로震怒하사 갈오대 "후를 생각하여 그렸으면 저러틋 살맞인데가 많으뇨" 장녜 대답지 못하거늘 다리고 오신 내관內官을 명하여 촉을 잡히고 서편당을 가보시니 흉악凶惡한 신당神堂이라 (3)천로天怒 진첩震疊하사 청사에 앉으시고 궁로宮奴를 불러 모든 궁녀를 다 잡아들여 단단이 절박하고 엄치嚴治하여 갈아사대 "내, 발서 짐작하고 알았으니 만일 궁중 요악妖惡한일을 추오秋毫나 기이면 당장에 죽으리라" 하시니 친로 진첩하사 급한 뢰성雷聲같이 엄하신 기운이 상설霜雪같으시니 어찌 감히 은휘隱諱하리오마는 그중 시영이 간악하여 처음은 모르노라 하더니 피육皮肉이 떠러지나 제녜 일시에 주초奏招하여 전후사前後事를 낱낱이 아뢰니 상이 새로이 모골毛骨이 송연竦然하여 갈아사대 "범을 길러 화를 받는다 말이 과연 이와 같도다 내 장녀를 내치지 아니하고 두었다가 대화大禍를 자취自取하였으니 차는 (4)불가사문어인국不可使聞於隣國이라하시고 상궁시녀尙宮侍女 등을 금부禁府로 나리와 명일로 친국하려하시고 외전外殿에 나오사 잠을 못 일우시고 이튿날 중외中外에 반포頒布하사 중궁中宮이 비명원사非命冤死하심과 장희빈의 대역부도大逆不道와 흉모간악凶謀奸惡이 불가사문어인국이라 하시고 제주안치濟州安置 죄인 장희재張希載를 몽두나래蒙頭拿來하여 역률逆律죄인 정수를 한가지로 모역한 뤄니 다같이 (5)청령聽令하라 하시고 내수사內需司 춘상철향등을 금부의 잡아 인정문仁政門에서 처참處斬하라하시니 승지承旨 윤지인尹趾仁 복지주왈伏地奏曰 희빈의 죄악이 지중하오나 세자를 보아 식로息怒하소서" 상이 대로大怒하사 "장씨를 처음에 궁중에 두기는 세자의 낯을 보아 두었더니 궁중에 신당을 위하고 저주를 묻어 중궁을 모살謀殺하였으니 그런 궁흉극악한 대역부도는 천고에 없는지라 내 친히 국문鞫問하여 죄를 밝혀 중궁의 영혼을 위로하려 하거늘 승지 역적을 두호하여 금부로 추궁하자하니 신자가 되여 국모살해한 원수를 어찌 이렇듯하리오 극히 한심한지라 윤을 삭탈관직削奪官職하여 문외출송門外出送하라" 하시고 국청죄인鞫廳罪人 철항은 형문삼장刑問三杖에 복초服招왈 "을해년부터 신당을 짓고 무녀술사로 축원하여 중궁이 망하고 장시 복위하게 비던 말과 화상을 걸고 살로 쏘든 말이며 절절이 말하고 이외는 시향등이 알며 소인은 모르옵나이다" 시향을 엄문하시니 년이 이십삼이라 희빈이 장희재의첩 숙정淑正으로 서간왕래하매 빈이 숙정의 편지를 본즉 좋아하기에 그 연고는 모르고 숙정을 불러들여 구구히 모해하고저 큰동고리를 치마속에 싸가지고 철향과 소인을 다리고 황혼에 통명전 련못가에 묻고 또 무엇인지 봉한것을 봉봉이 만들어 상준각 부중섬 아래 묻고 신은 철향 등으로 한가지로 단이오나 그 속은 모르옵고 하로는 취영이 빈긔고 왈 "행사를 다하였나이다하니 희빈이 문왈 시영, 철향이도 그곳을 아느냐 하니 답왈 한가지로 단이며 하였으니 어찌 모르며 시영, 철향이 빈의 심복이나 명목이 다르니 소기는 것이 좋지 아니한즉 알게 하소서 하던 말과 신은 그를 몰랐으나 세를 두려 다리고 모역謀逆할시 적실하여이다" 시영은 사십일세라 요악하나 감히 은휘隱諱치 못하여 휘를 오색비단으로 옷을 입혀 중전 생신년, 성씨를 써 묻고 의복에 해골骸骨을 가루를 소음에 넣어두며 또 해골을 염습하여 묻었다가 드러가니 중전께서 받지 아니하시더니 이듬해 탄일에 올려도 받지 않으시다가 춘궁저하春宮邸下에 낯을 보아 받으시니 전일은 아뢰고 축사와 요얼 만든 것을 다 지흉하니 이것은 장희재의 첩 숙정의 조화로이다. 즉시 숙정과 무녀. 술사를 잡아들려 엄형국문하시니 초사왈 "일즉 장희재를 친하였삽더니 정배定配

갈때 은자銀子를 많이 주며 빈긔 천거하니 천인이 무지하와 보화를 탐하여 대역을 지었사오니 지만이로소이다" 숙정을 국문하시니 직초直招하되 "희빈이 매일 궁녀를 보내여 어린 옷을 지어달라 하매 아해 옷을 지어노라하며 시시로 보물을 많이 보내고 또 이르되 취선당이 절로 울고 희빈이 병환이 계시니 굿한다하고 청하거늘 들어가보니 무녀와 술사로 중궁 망함을 축수하는데 희빈이 실정을 일러 모의謀議하니 죽을 때로 동참하고 중궁의 복지은 것도 신이하고 해골은 희재의 청직이 철영이가 얻어드렸나이다" 철영을 잡으니 도망한지라 (6)용모파기容貌疤記하여 추일내 잡으니 "희재와 사생의가 있어 귀향갈 적의 은자를 많이 주며 희빈의 부리는 일이 있거든 진심하라 한고로 팔도의 몹슬 해골을 얻어드렸나이다" 초사, 여출일구하니 만조시신滿朝侍臣이 모골毛骨이 송연竦然하여 곳곳이 묻은 것을 파내니 모양이 흉한 것도 있고 요사한 것도 있서 참아 대치못하고 중전의 의복을 내여 소음을 떠니 과연 푸른 가루 날리니 상이 진로하시고 추연 장탄왈 "도시 과인이 불명하여 궁중의 이런 변이 나니 차는 불가사문어린국不可使聞於隣國이로다. 구천타일九天他日에 하면목何面目으로 중궁을 보리오." 당일 죄인 십여 명을 군긔시軍器寺에 처참하고 기여其餘 궁인과 마직馬直등은 다 원찬하시고 전교하사 갈아사대 국모를 모살하니 이는 막대한 옥사獄事라 부도不道의 신하, 연일 계사啓辭하여 드려왈 가두어 친국하심이 인군의 체면이 아니라 하고 기롱하니 어찌 조차 중궁모살한 원수를 갚지아님이 좋으랴. 이런 신하를 두면 반다시 환이 있을 것이니 다 변지정배邊地定配하라 하시고 장빈을 이때 본궁에 가도와더니 처치를 생각하실 새 경각에 처참하시고시부나, 부자는 오상五常의 대륜大倫이라 세자를 낯을 아니 볼 수 없어 중형重刑을 못하시고 갈아사대 "이제 장녀는 오형지참을 하여도 오히려 죄가 남으되 세자의 정리를 생각하여 감사감

형滅死滅刑하노라" 하사 신체를 온전히 하랴 하시고 일기一器 독약毒藥을 각별 신칙하사 궁녀를 명하여 보내시며 전교왈 "네, 대역부도를 짓고 어찌 사약을 기다리리오. 죽는 것이 옳거늘 요악한 인물이 행혀 살가하고 안연이 천일을 보고 있으니 더욱 사죄로다. 세자의 낯을 보와 형체는 온전이 하여 죽음이 네게는 영화라 어서 죽으라" 하시니 장시 이때 죄악이 탈로하여 일국이 소요하되 요악하고 독한 인물이 조금도 두렵고 부끄럼이 없어 중궁 해한 것만 깃거하고 두 눈이 말동말동하며 독살만 부리더니 약을 보고 고성하여 발악하며 "내 무삼죄 있관대 사약하리오 굿하여 날을 죽일진대 내, 아들을 먼저 죽이라" 하고 약그릇을 엎치며 궁녀를 호령하니 궁네, 위력으로 핍박지 못하여 상달하니 상이 진노하사 "내 앞에서 죽일 것이로대 너를 보기가 더러워 약을 보내니, 네, 염치있을진대 스스로 죽어 자식이 편코 남의 손에 죽지아님이 옳거늘 자식을 유세하여 뉘게 발악하느뇨. 이약이 네게는 상인 줄 모르고 죄상첨죄를 덜어 삼척지률을 받지말라

궁녜 영을 전하니 장시 발을 구르며 손벽쳐 발악왈 "민시 단명하여 죽음이 내게 상관이 있느냐. 너희 나를 죽이고 후일의 세자의긔 살기를 바랄소냐." 불순패악한 소래 악착이하니 상이 들으시고 분연하사 옥교를 드리라하사 타시고 영숙궁으로 친림하사 청사에 전좌殿座하시고 좌우를 호령하여 장녀를 끌어나려 당에 나려놓고 꾸짖어왈 "중궁 모살하였으니 대역부도 천지에 당연한지라 당연이 네머리와 수족을 버혀 천하의 효시할 것이로대 자식의 낯을 보와 특은으로 경벌輕罰을 쓰거늘 점점 태만하여 대죄를 더욱 짓느냐" 장녜, 눈을 독히 떠 천안을 우럴어 뵈오며 고성대왈 "민시, 내게 원망을 기치고 형벌로 죽어거든 내 무슨 죄 있으며 전해정치를 밝히지 아니시니 인군의 도리가 아니라" 하며 살기등등하니 상이

노하사 룡안을 높이 뜨시며 소매를 거드시고 여성하교왈 "천고의 이런 요악한 년이 있으리오" 좌우로 약을 먹이라하시니 장시 손으로 궁녀를 치며 몸을 부듸져 발악왈 "세자와 함께 죽으리라 내 무삼죄 있나있가" 상이 익노益怒하사 좌우를 붙들고 먹이라 하시니 제녜 황황이 달려드러 팔을 잡으며 허리를 안고 먹이려하니 장시 입을 다물고 버리지 아니하거늘 상이 보시고 더욱 대로하사 막대로 입을 어기고 부으라 하시니 제녜 술총으로 입을 버리는지라 장녜, 이에는 위급한지라. 실성애통왈 "전해 내 죄 보지 말으시고 옛날 정과 세자의 낯을 보와 인명을 살리소서." 상이 들은 체 아니시고 먹이기를 재촉하시니 장녜, 공교한 말로 눈물을 비같이 흘리면서 상을 우럴어 뵈오며 참연이 빌어왈 "이약을 먹여 죽이려 하시거든 세자나 한번보와 구원九原의 한이 없게 하소서" 악간할 말슴과 처량한 소래로 슬히 비니 요악한 정태情態 사람의 심장을 녹이고 도로혀 불상하되 상은 조금도 칙은이 아니시고 연하여 세그릇을 부으니 경각의 크게 소래를 지르며 섬아래 것구러져 유혈流血이 샘솟듯하니 일기약一器藥으로도 오장이 다 녹으려든 삼기를 함께 부으니 경각의 칠규七竅로 검은피 솟야나 따에 괴이니 슬프다 조고마한 궁인의 몸으로서 천승국모千乘國母를 모살謀殺하고 여러인명과 함께 죽게 하니 하늘이 어찌 앙화를 나리지 아니하리오 상이 그 죽음을 보시고 외전으로 나시며 신체를 본궁으로 보내라 하시고 이튿날 하교왈 "장녜 죄악이 중하여 왕법을 행하였으나 자식은 모자지정이라 세자의 정리를 보아 초초이 례장禮葬하라" 하시고 장희재는 육실을 리체離體하여 죽이시고 가사家舍를 적몰籍沒하시니 일국 신민이 상쾌하여 아니 즐겨하는 이 없더라 장시의 죽엄을 뉘가 정성으로 수시하리오. 사람의 근본을 생각지 하니한직 앙화있는지라. 제블과 상한 전인으로 궁속을 단이다가 제누의가 경궁에 깃드려 옥궐의 귀인이 되니 분의 족하고 영화 미만하거늘 참람한 마음을 내여 대역을 짓고 이지경이 되니 세상 사람이 조심치 아니하랴.

1. 지극한 원수.
2. 옛날 순간분淳于棼이란 이가 한 고괴목古槐木아래 취醉해 누어 꿈에 귀안국槐安國 남가군南柯郡을 다스렸다는 것.
3. 님금의 노怒함.
4. 극히 극악極惡한 일.
5. 명령命令을 받는 것.
6. 그 얼굴과 모양이 어떠함을 적은 것.

六[27]

상이 친국옥사親鞫獄事를 결단하시고 십월십삼일을 당하여 혼전魂殿에 친림親臨하사 제문지어 치제致祭하실 새 제문에 하여스되 "현후 운간雲間의 오르신지 이미 일월日月이 많이 바뀐지라 음용音容이 깊고 깊어지니 과인의 생각함이 날로 더하고 달로 더하도다 전일을 뉘우치고 이제를 늣겨 한이 골수에 잠겨거늘 내, 도로혀 현후로 하여금 간인奸人의 [(1)]작해作害를 입어 비명非命의 돌아가실 줄 알아스리오, 대역간인大逆奸人의 궁극한 변을 밖으로 신당을 배설하고 안으로 요사를 몰어 흉얼의 해가 후의 신상까지 미치시리오, 병중을 참지 못하시던 일을 생각하면 심장이 무여지는 듯 한지라 후의 현덕과 착한 성정으로 일조의 어찌 간인의 해를

27 「仁顯王后傳. 六」, 『文章』, 1940. 9.

입으며 민씨의 집 음덕이 깊거늘 도움이 어찌 없느뇨. 차희嗟噫라. 이는 다 과인이 박덕하고 불명하여 간흉을 멀리 할 줄 모르고 대화大禍를 자취함이라 뉘우친들 미치리오, 후는 비명에 돌아가고 과인은 화당華堂에 안거安居하니 후의 영혼이 운소雲宵에 비겨 관관이 과인을 한하기 깊었도다. 오회라. 뉘가 죽으면 알음이 없다하더뇨. 후의 일월같은 정신이 흩어지지 아니하여 현몽을 빌어 가르침이 분명한지라 이어찌 도라갔다 하리오. 완연이 깨쳐 간일을 잡아 요얼을 다 숙청肅淸하니 요악한 머리와 간사한 허리를 부월斧鉞과 독약으로 죽이도다. 후의 원억冤抑한 수한을 갚음이 분명하되 사자死者는 불가부생不可復生이라 후를 이르혀지 못하니 지통이 더하며 설분雪憤함이 종시 쾌치 못한지라. 후의 정령精靈도 유명간幽明間 더 슬허 하리로다. 석일의 휘, 지인지감知人之鑑이 응당 영이靈異할지라 간인을 근신近信치 말라하시되 처음의 곤위坤位에 오르시던 말과 과인이 암약暗弱하여 깨닷지 못하고 대화를 취하니 이제 후의 명령明靈이 가르쳐뵘이 없던들 반다시 원수를 갚지 못하고 도로혀 요얼이 궁중에 가득하여 위망危亡을 볼 것을 명혼明魂의 가르침을 입어 궁내宮內를 숙청肅淸하고 과인의 어두온 매명昧名을 면하나 요인의 후의 생전해인生前害人이오 사후원수死後怨讎로다. 후의 체뫼 높고 덕이 두터워 세자世子 애휼愛恤하심이 기출己出에 지나고 세자를 고렴顧念하여 화를 자취함이 되도다. 현재賢哉라 후의 명철한 덕성이 생전 신민의 법이 되고 사후 맑은 정령이 일국의 원을 풀어도다 오회라, 후의 정령이 명명明明한지라 과인이 이러틋 슬허함을 유렴留念치 아니하시느뇨." 읽기를 마치매 대곡大哭하시니 보고 듯는 이 눈물을 금치 못하더라 궁중이 새로 망극罔極하되 세자 게신 고로 감히 말을 못하나 인사알으신 후로는 자모慈母로 지한至恨이 되여 중궁전 성모聖母와 은애恩愛를 받자와 극진하시더니 몽매夢寐 밧 화변禍變을 만나사 처신處身을 아무리 하실지몰라 자처죄인自處罪人하고 여러 번 상소하사 청죄하시고 세자위를 사양하시니 상이 추연감오愀然感悟하사 갈아사대 "어미 죄로 어찌 무죄한 자식을 폐하리오 이런 말을 다시 말라" 세재 오히려 두문불출杜門不出하고 위를 임치 아니하사 사양하시니 상이 불러 앞에 앉히시고 손을 잡고 개유開諭이 탄식왈 "네, 어미 앙화 자식의게 미쳐 골수의 병이 되여 진퇴무안進退無顔하여 말이 이러하니 네 모의 죄는 가히 죽엄즉하나 내 마음이 아프도다. 부자父子는 친성지친天成之親이라 아비 용서하니 자식이 어찌 거스리리요. 이런말 말라" 하시니 세자 고두체읍叩頭涕泣하고 성은聖恩을 감사하여 마지 못하여 위에 서시나 평생 무궁한 지통으로 아시더라.

---

1. 숙종肅宗 27년二十七年, 장희빈張禧嬪이 무고사건巫蠱事件으로 인하여 사사賜死를 당하였든 것. 그때 세자世子 경종景宗은 14세十四歲.

납월에 장차 발인發靷할 새 또 제문지어 갈아사대 "오회라, 현후는 명가名家의 현완賢媛이오 공부자孔夫子의 교훈을 얻어도다. 가례嘉禮하여 입궐入闕하매 우흐로 대비大妃의 범절을 효직하고 아래로 궁인의 추복趨服을 입어도다. 정사 기틀이 완절하며 내조內助하는 덕이 빈빈彬彬하더니 궁극하다. 국운이 불행하고 과인이 박덕薄德하여 후의 성덕으로 하수遐壽를 누리지 못하시니 오호애재라 후의 자최를 어대가 반기며 과인이 의심된 일을 눌로 더불어 해석하리오 혼전魂殿을 임하여 영구靈柩를 대한직 오히려 후의 음용音容을 대한듯하더니 일월이 유매流邁하여 장례葬禮를 임하니 후의 음용과 영구靈柩 길이 궐중闕中을 떠날지라 과인이 스스로 여취여광如醉如狂하니 후의 혼령이 있일진대 또한 유렴留念하여 늣기리라 후는 도라가니 생전 꽃다온 덕이 빛나고 사후死後 슬허함이 만민萬民이 여실부모如失父母하니 비록 없어도 있는 이 같거니와 과인은 길고긴 세상의 유한遺恨이 자심滋甚하니 어찌 참고 견대리오. 차생의 (1)상해같은 은의恩義를 늦기여 영결하매 능우陵右편을 비워 타일他日 동폄同窆하기를 바라나니 천추만세千秋萬歲의 체백體魄이 한가지로 놀리로다" 하였더라. (2)인산因山을 허신 후희 슬허하심을 더욱 참지 못하시고 민부閔府의 은영恩榮을 자조 나리오사 례우禮遇하심이 더욱 하시니 민부의서 더욱 송황겸퇴悚惶謙退하여 (3)긍긍업업兢兢業業하며 갈충보국竭忠報國하더라.

1. 평상시, 여늬 때.
2. 나라님 장사葬事.
3. 퍽 조심함.

국체國體의 곤위坤位 뷔여시니 마지못하사 중궁中宮을 간택하실 새 경은부원군慶恩府院君 김주신金柱臣외 녀를 취하사 임오년壬午年의 책봉왕비冊封王妃하시고 조하朝賀를 받으실 새 전일을 추모追慕하사 누수淚水 떠러저 융포龍袍를 적시시니 (1)비빙妃嬪과 궁녀 슬허 체읍涕泣하더라 삼년을 마치매 슬허하심을 마지 아니하사 후의 유언遺言을 생각하시고 후를 뫼서 (2)육년고로六年苦勞하던 상궁尙宮 십여인을 충은忠恩으로 상급賞給을 많이 하사 각각 민간의 나가 인륜人倫을 찾어 살게 하시니 제녀諸女 황공감격체읍惶恐感激涕泣하며 참아 대내를 떠나지 못하더라.

1. 비빈妃嬪의 원음原音은 비빈. 궁중宮中에서는 비빙이라 함.

2. 인현왕후仁顯王后가 폐비廢妃되어 안국동安國洞 본궁本宮에 가 게실 때 일.

무술戊戌년의 창경궁 장춘헌長春軒의서 세자빈 김시 훙薨하시니 자녀 없으매 그해 다시 간탄하사 함종咸從 어시魚氏를 세자빈世子嬪을 책봉하시나 생산을 못하시고 경자 육월초팔일 묘시庚子六月初八日卯時의 (1)경희궁慶熙宮 융복전隆福殿의서 상이 승하昇遐하시니 춘추 륙십세시라 일국이 다 망극하여 그 성덕대도聖德大度와 성신문무聖神文武하심이 만대의 영군이라 자고로 참소의 속은인군이 많으시되 숙종대왕같이 미구未久의 환연명각煥然明覺하사 광명정대光明正大하심은 력대의 제일이시더라 왕세재 즉위하시고 빈어시嬪魚氏로 책봉왕후하시나 상이 병환이 계셔 (2)롱장弄璋 경사를 보지 못할 줄 알으시고 이듬해 신측의 연인군延礽君으로 왕세제王世弟를 책봉하시니 즉 영종대왕英宗大王이실래라 군의부인 달성達城서시로 세제빈世弟嬪을 책봉하사 우애지극하시더니 갑술오월십오일의 창경궁昌慶宮 환취정環聚亭의서 승하하시니 재위在位사년이오 춘취삼십칠세라 양주楊州에 인산因山하읍고 왕세제 즉위하시니 이는 영종대왕이시라 효의출천孝義出天하시여 요순堯舜의 도덕이 계오사 오십여년 태평을 누리시니 숙종대종 여음餘蔭이시라 어려 계실 적부터 민대비閔大妃 무애撫愛하시던 은혜를 잊지 못하사 추모하심을 세월로 더하고 명철보신明哲保身으로 무사하심을 크게 슬허하사 즉위하신 후로 안국동安國洞 본궁本宮에 거동하사 여섯 해 고로하시던 당堂을 둘러보시고 대성통곡하시며 현판懸板을 들여 어필로 감고당感古堂이라 하시고 술래골 민판서댁閔判書宅은 여양부원군驪陽府院君 형님집이라 인현왕후 탄생하신 집이니 또 거동하사 민시일문을 은혜로 나리오시니 자고로 민시일문은 이제가지 나려오며 주석지신柱石之臣이라 또한 인현왕후 겸공비악謙恭非惡하신 덕으로 천심을 감동하신 바라 주나라 임사妊姒의 덕이 천추만대千秋萬代의 유전遺傳하고 아조의 인현왕후 성덕이 임사 후 제일이실레라 어찌 아름답지 아니하리오 수래골집과 안국동집은 민시대대로 전하여 없지 못하나니라.

---

1. 지금 서대문정西大門町 경성중학교京城中學校ㅅ자리 광해光海때 창건創建하여 이름을 창덕궁慶德宮이라 하다가 영조英祖때 경희궁慶熙宮으로 개명改名하였다.
2. 아들 낳는 것.

민후 출궁하신 후 장빈이 안으로 내응內應하고 간신이 밖으로 모의謀議하여 후를 사약死藥하고 민시일문을 멸하려 기회를 얻으나 천심이 허치 안니시더니 수년 후로 깨다름이 겨사 만단의심의 고요이 생각하시더니 (1)임신壬申의 일몽一夢을 얻으시매 (2)명성대비明聖大妃 안색顔色이 진로震怒하사 왈 중궁은 동국의 성녀오 과인의 사랑하는 배어늘 페출廢出하고 요악천인妖惡賤人을 대위에 올리니 종묘사직宗廟社稷이 욕된지라 제향을 내흠향치 아니하노라 하시고 노기怒氣로 떨쳐 일어나사 옥교玉轎를 타시고 후원문으로 중궁을 보러간다 하시거늘 민망무안한지라 민후 무색한 의복으로 천의天意를 바라고 앉어게시다가 대비를 뵈옵고 사은謝恩하시니 대비 붙들고 애연 통곡왈 천생원수로 액운厄運이 태심太甚하나 불구不久의 천운이 회패回敗할 것이니 스스로 보중保重하여 간인의 마음을 마치지 말라 하시니 중궁中宮 믜신 궁인이 일시의 우는 소래에 놀라니 침상일몽枕上一夢이라 대비전 용안이 완연명백明白하시고 민후의 거쳐하신 집과 자쳐 죄인하고 계신 모양이 처량하거늘 도로혀 슬허하사 감창함을 종일 마지 아니하시고 애연한 마음이 나시니 경각頃刻에 환탈還奪하고저 하시나 국체중난하여 가바야이 못하는 고로 충근한 사람으로 기색을 염문廉問하시니 차시 액정소속掖庭所屬은 다궁인의 족속이라 중궁中宮을 외와 진한盡恨이 되였더니 차시를 타 후의 자처죄인自處罪人하시고 부모동생을 상접하고자 아니사 인적이 끈친말과 민후의 충공정념하여 조심 하는 바를 천심이 감동 하시도록 알외니 상이 몽사와 같음을 아시고 간인참소 하는 바는 중궁이 일직 남의 외인外人을 상통相通하고 인심을 교결交結하여 대역부도를 도모하고 신령기 축원하여 상을 방자하라하니 상이 들을만하시고 천위天威 믁믁하사 민후를 하렴下念하심이 되니라.

---

1. 숙종肅宗 18년十八年, 인현왕후仁顯王后 폐비廢妃 중中에 계실 때.
2. 숙종肅宗의 친親어머니 되시는 명성왕후明聖王后 김씨金氏. 현종顯宗의 비妃.

갑술년 환탈하사 급급히 복위하시고 국사여가의는 중전을 뫼와 계시더라 있다감 갈아사대 "입궁하심을 그대도록 고집하여 과인으로 하여금 답답게 하였느뇨 과인의 성품이 급거하여 참지 못함이 많아 사체를 상각지 못함이 회지무급悔之撫及이라 내, 장녀張女를 몬저 제어하고 친림 거동하여 후를 맞아오더면 체모 극진하고 중궁의 영화 무궁할 것을 내 미처 생각지 못하고 소홀이 하여스니 애닯다" 하시니 휘, 성심聖心이 이제 마치심을 사례하시더라.

세재 매양 앞에서 놀 새 아름다온 실과와 빛난 꽃을 갖다가 후긔 드리며 상기고왈 "영숙궁永肅宮모친은 어진 기운이 없고 새로 오신 모미母娓는 얼골조차 착하다" 하시더라 일일은 산호로 꾸민 장도粧刀를 갖다가 후긔 드리며 "곱사오니 차소서" 하시더라.

복위하시던 날 상이 내전의 들으사 부원군 직함을 써나리실 새 후다려 갈아사대 "전 [1]부부인직호前府夫人職號는 생각하되 지금 부부인 직호는 생각지 아니하니 무엇이뇨" 하신대 휘, 대왈 "상해, 일컷지 아니하여스니 또한 생각지 못하나이다" 상이 미미히 옷고 갈아사대 "후는 태사太姒라 어찌 생각지 못하리오" 하시고 급히 생각하시다가 직호를 써 조정에 나리시니 휘, 척연慽然이 슬허하심이 나타나시더라. 조정朝廷의서 친필親筆로 하교下敎하시는 은영恩榮을 감축하고 흠복欽服하더라.

민시의 제인諸人을 새 배슬을 주어 부르신대 황공불감惶恐不敢함을 사양하고 입조入朝치 아니하나 상이 은혜 여러번 [2]영특英特하므로 마지못하여 입조하니 풍채風采 새로이 늠연한지라.

상이 례우禮遇하심을 극진이 하사 후다려 갈아사대 "평생의 깃븐 일이 없더니 중궁中宮 복위復位하시니 그외 깃븐 일이 없다" 하시더라.

대저 숙종대왕의 성덕문무로 잠시 혼암昏暗하시다가 일조一朝에 개오開悟하시니 천만대의 영걸지주英傑之主이오 인현왕후의 정정한 성덕과 상설霜雪같은 례절禮節은 지금가지 흠송欽頌하는 자 많으니라. -끝-

---

1. 부부인府夫人은 왕비王妣의 생모生母의 작爵인데 이는 숙종肅宗 처음 비妣이든 광성부원군光城府院君 김만기金萬基 부인夫人.
2. 특별함.

계축일기 癸丑日記

계축일기癸丑日記 권지일卷之一

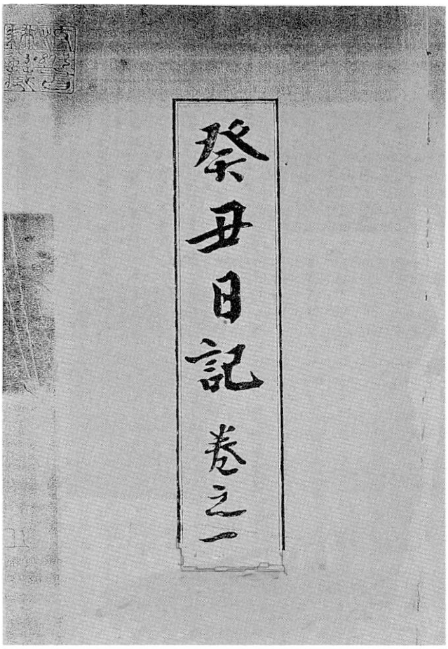

『계축일기』(이병기 주, 단국대학교국어문학연구회, 1956. 4. 30) 표지 사진

단국대학교국어국문학연구회檀國大學校國語國文學硏究會

일러두기

1. 『계축일기癸丑日記』는 원래 세로쓰기였으나 이를 가로쓰기로 편집하였다.
2. 주석과 해설解說의 한자어는 가독성을 고려하여 '한글한자'로 병기하였다.

계축일긔 셔궁녹 권지일

만녁 임인년[28]의 듕뎐이 아기겨오시다 듯고 뉴개 낙ᄐᆡᄒᆞ실 일을 ᄒᆞ노라 놀내오ᄃᆡ 궐ᄂᆡ의 풀매질도 ᄒᆞ고 익뎡 사ᄅᆞᆷ을 사괴여 인측간의 구무ᄯᅮᆲ고 남글 ᄡᅡ시며 녀엄쳐의 명화강도 낫다 소문내니 기시예 궁듕의셔도 뉴가ᄅᆞᆯ 의심ᄒᆞ더라 계모년의 공쥬ᄅᆞᆯ 탄ᄉᆡᆼᄒᆞ오시니 분발[29]가져간재 오뎐ᄒᆞ야 대군이라 듯고 ᄃᆡ답디 아니ᄒᆞ다가 공쥬 나시다 듯고 무엇 주더라ᄒᆞ니 더브러 ᄆᆡ워ᄒᆞ믈 알니러라

그후 병오년[30]의 대군나시다 듯고 뉴ᄌᆞ신 집의셔 머리빠 용심ᄒᆞ며 뎍ᄌᆡ 나시니 동궁의 위ᄐᆡᄒᆞ면쟈ᄒᆞ여 동궁권신과 뎡인홍이 사괴여셔 아모려나 동궁 위ᄒᆞ야 굿을 술을 ᄒᆞ라ᄒᆞ며 일변 말을 내ᄃᆡ 님ᄒᆡ군이 ᄌᆞ식이 업ᄉᆞ니 님ᄒᆡ군[31]을 세ᄌᆞ를 사마 대군을 뎐케ᄒᆞ려 ᄒᆞ신다운 통을 내여 션목뎨 만목뎨랏 동요를 지어내여 텬됴주청을 ᄇᆞ야니 갑진년[32]의 광ᄒᆡ군[33]

28 만력萬曆 임인년壬寅年(선조 35년 1602)

29 분발分發=조보朝報 요항要項을 등초謄抄하여 먼저 배부配付하는 것

30 병오년丙午年=선조 19년 1906

31 임해군臨海君 진珒 선조 제1자子 공빈김씨恭嬪金氏 출出

32 갑진년甲辰年=선조 37년 1604

33 광해군光海君 혼琿 선조 제3자 선조 8년 을해생乙亥生 공빈김씨恭嬪金氏 출出 임진(壬辰 16세) 4월 28일 위爲 세자. 을유乙酉 즉위卽位 재위在位 15년(1609)

을 봉셰ᄌᆞᄒᆞᆯ 일을 표문을 ᄀᆞᆫ측히 지여 올니니 텬되 그적은 화뢰힝티 못ᄒᆞ며 됴뎡이 경답고 황뎨 엄ᄒᆞ신디라 셩지 무ᄒᆞᆫ 엄ᄒᆞ시고 싁싁ᄒᆞ샤ᄃᆡ례댱닙 ᄌᆞᄌᆞᄂᆞᆫ가국이 상망ᄒᆞᄂᆞᆫ일이니 텬도ᄂᆞᆫ ᄉᆞᄒᆡ예법을 펴고 ᄒᆞᆫ됴션을 위티 못ᄒᆞᆯ거시니라

엄지쥰 졀ᄒᆞ시니 그후의 표ᄅᆞᆯ 올니오면 크게 견칙을 보ᄋᆞᆸ고 봉셰ᄌᆞ 일ᄉᆞ도 당ᄂᆡ조차 막히올가ᄒᆞ여 기시때 녜부관과 각뇌ᄀᆞ라든다시주쳥ᄒᆞ랴 졍침ᄒᆞ고 드럿더니 뉴가의 당이 ᄒᆞᄃᆡ 뎍ᄌᆡ 나시니 봉셰ᄌᆞ 주쳥을 아니ᄒᆞᆫ다 ᄒᆞ더니 대왕 불평시의 졍인홍 니이쳠 다엿사ᄅᆞᆷ이 상쇼ᄒᆞᄃᆡ 뉴영경 이라셔 님ᄒᆡ군을 위하야 광ᄒᆡ군 봉셰ᄌᆞ 주쳥을 아니ᄒᆞ오니 슈상 뉴영경의 머리를 주쇼셔ᄒᆞ야 셩의 예ᄂᆡ 도ᄒᆞᆫ 주ᄉᆞᄅᆞᆯ 불패무상ᄒᆞᆫ 구불가도의 말노상쇼ᄒᆞ오니 ᄒᆡ포미류 ᄒᆞ신 중셰예 침식을 못ᄒᆞ오시고 실ᄀᆞᆺᄌᆞ오신 긔운의 상쇼를 보ᄋᆞᆸ시고 제 엇디 군부ᄅᆞᆯ 협픽ᄒᆞᄂᆞᆫ일을 ᄒᆞ리 ᄒᆞ오샤 분완ᄒᆞ오시믈 ᄎᆞᆷ디 못ᄒᆞ오샤 침식을 젼폐ᄒᆞ오시고 인홍등을 뎡ᄇᆡᄒᆞ라겨요 뎐교 ᄒᆞ오 시고 드ᄃᆡ여 홍ᄒᆞ오셔ᄂᆞᆯ 즉시 머추디 아니ᄒᆞ고 셰ᄌᆞ와 빙을 침뎐의 드려 계ᄡᆞ와 ᄉᆡ보와 마패등 이러ᄐᆞᆺ 듕대ᄒᆞᆫ 것들을 즉시 도라보내고 셰ᄌᆞ와 졔ᄌᆞ의게 ᄒᆞ오신 유교ᄅᆞᆯ 후궁[34]이 ᄒᆞᄃᆡ 대군향ᄒᆞ야 ᄒᆞ오신 유교를 내여 이때예 ᄒᆞᆫ가지로 내오쇼셔ᄒᆞ거ᄂᆞᆯ 듕뎐[35]으로 겨오샤 불셩인ᄉᆞᄒᆞ오샤 그유교ᄂᆞᆫ 이제 가티 아니타만 ᄒᆞ시ᄃᆡ 듕의 세워내ᄃᆡ 졔ᄌᆞᄅᆞᆯ 몬져 뵈고 됴뎡의 내ᄃᆞᆺ더라

이리ᄒᆞᆫ거ᄉᆞᆯ 이유교ᄂᆡ댜하고 큰허믈을 삼으니 진실노 대군을 셰우랴ᄒᆞ면 대젼이 장듕의 이신제 늘니디ᄉᆡ보를 내여 베플ᄉᆞ이 업시 셔ᄌᆞ의 뎐으로 즉시 보내시며 ᄯᅩ 유교의 참뫼 이셔도 심ᄎᆞᆷ티 말고 대군을 어엿비

34 후궁後宮=공빈김씨恭嬪金氏

35 중전中殿=인목대비仁穆大妃

너기라ᄒᆞ오신 말ᄉᆞᆷ이 어ᄂᆞᆯ 엇디 유교대로 대군 셰울일이 이시리오 뎡미년[36] 십월 블평시예도 동궁이며 방을 즉시 불너 시축의셔 시약[37]ᄒᆞᄋᆞᆸ게ᄒᆞ며 블민ᄒᆞ여 셩의예 어긔온 일이 이셔도 ᄂᆡ뎐으로 겨오샤 ᄉᆞ이예셔 됴토록 ᄭᅳ려가니 그ᄣᅢ예ᄂᆞᆫ ᄂᆡ뎐상덕[38]이 지듕ᄒᆞ여라 깃거ᄒᆞ더니 졈 ᄂᆡ외 표리ᄒᆞᆯ 사ᄅᆞᆷ이 이셔 님ᄒᆡ브터 업시ᄒᆞᆯ 모칙을 내여 블의예 일노 영튱ᄒᆞ여 ᄆᆞᄎᆞᆷ내 쇼장의 대환을 브쳐내니 그런 간인이 어ᄃᆡ 이시리오 대개 ᄋᆞ시적브터 블민히 넉이오시나 임진왜란의 블의예 뎡ᄒᆞ오신디라 상시훈회[39]예 뎐교 나오신 일이나 일졀의 승슌티 아니ᄒᆞ고 닐오시ᄂᆞᆫ 족족 원슈로이 너겨만ᄒᆞ니 니ᄅᆞ오시ᄃᆡ ᄌᆞ식이 어버이향ᄒᆞ여 ᄒᆞᄂᆞᆫ도리 뎌러ᄐᆞᆺᄒᆞᆯ 거시리오 ᄒᆞ오시고 외오 너기 오시더니 후궁의 족하ᄅᆞᆯ 의인왕후[40] 빙뎐적의 드려다가 쳡사마가려 ᄒᆞ거ᄂᆞᆯ 못ᄒᆞ리라 엇디브덕의 일을 ᄒᆞ려ᄒᆞᄂᆞ뇨 ᄒᆞ오셔 허티아니 ᄒᆞ오시ᄂᆞᆫ 일을 깁히ᄒᆞᆫ ᄒᆞ다가 병오년의 대환[41]를 내여ᄒᆞᆫ 힘을 엇고져 대욕ᄒᆞ여 긔이ᄋᆞᆸ고 드러가랴 후궁을 저히ᄃᆡ 이리ᄒᆞᄂᆞᆫ일을 엿ᄌᆞᆸ거나 아니주거나 ᄒᆞ면 타일의 족멸ᄒᆞ리라 저히고 협픽ᄒᆞ야 ᄂᆡ인을 보내여 이사가니 그를 듯ᄌᆞᄋᆞ시고 크게 사오나이 넉이오샤 닐ᄋᆞ샤ᄃᆡ 녜조종됴의 쇼헌황후를 그아바님 일노 태종이 폐ᄒᆞ랴ᄒᆞ시니 그리 ᄒᆞ리이다 ᄒᆞ시ᄃᆡ 여ᄃᆞᆲ대군을 엇지 쳐치ᄒᆞ리잇가 ᄒᆞ시니 태종이 그제야 말나ᄒᆞ시니 ᄒᆞᆫ 어린계집이 므어시 귀ᄒᆞ여 어버이를 긔이고 ᄃᆞ려가니 흉악ᄒᆞᆫ ᄯᅳᆺ이

---

36 정미년丁未年=선조 40년

37 시약청侍藥廳-내의원內醫院 도제조都提調 이상以上 제원諸員이 숙직宿直한 약藥

38 상덕上德=장상長上의 은덕

39 훈회訓誨=교훈敎訓

40 의인왕후懿仁王后=박씨朴氏 을묘乙卯 명조明朝 10년생 기사己巳 선조 2년책왕冊王 3년 6월 37일 승하昇遐

41 강상인지옥姜尙仁之獄=태종太宗 18년 무술戊戌 8월 상上 수선태종위상왕 심온영의정청천부원군강상인사연피참受禪太宗爲上王沈溫領議政靑川府院君姜尙仁辭連被斬

로다 ᄒᆞ오시고 이후브터 맛당이못너기오시더라

대개 대군향ᄒᆞ와 병오년브터 화심을 됴장ᄒᆞ야 안듕경과 계ᄌᆞᄀᆞ티 넉이다가 대군이 자라가며 큰변을 수이 일워 급거히 업시홀 일을 뉴가와 날로 일워내니뎌언ᄉᆞ도 모ᄅᆞᄂᆞᆫ 대군이 ᄋᆡ연이 불상ᄒᆞ고 어엿브리오마ᄂᆞᆫ 상시 대쇼ᄉᆞ의 반ᄃᆞ시 쉬온 일도 슌죵티 아니ᄒᆞ고 뜻을 거슬워 박ᄃᆡᄒᆞ미 심ᄒᆞ더라

뎡인홍등은 뎍소의 채가디 아니ᄒᆞ여셔 홍셔ᄒᆞ오신날 즉시 궐하의불너 블ᄎᆞ[42]로 용지 ᄒᆞ고 빙텬ᄒᆞ오신 이 칠일만의 형을 외쳑으로 두ᄃᆡ간[43]ᄒᆞ야 논계ᄒᆞ게 ᄒᆞ야노코 님ᄒᆡ를 보고 계ᄉᆞ를 뵈여왈 이제 나가면 죄를벗고 궐듕의 이시면 죄더을 거시니 내몰나니ᄅᆞᆯ가수이나가소 ᄒᆞ고 군병을 포렬은 복 ᄒᆞ엿 ᄃᆞᆺ더라

님ᄒᆡ 쇠예 감겨 즉시 나가니 일시예 내ᄃᆞ라 두로 빠ᄆᆡ여 비변ᄉᆞ[44]의 구류ᄒᆞ여 둣다가 교동의 보내여 우리안치 ᄒᆞ엿더니 어ᄉᆞ당인[45]이 오니 님ᄒᆡᄃᆞ려닐오ᄃᆡ 젼신 불슈ᄒᆞᆫ테 하야 야쳐ᄌᆞ와 ᄒᆞᆫᄃᆡ두고 니ᄅᆞᆫ대로 아닌즉 죽이리라ᄒᆞ고 공빙ᄉᆞ촌 오라비 김녜직을 보내여 은근이 달내니 고지 듯고 니ᄅᆞᆫ대로 ᄒᆞᆫ대 당장이 도라간후 즉시 심복의 의원을 보내여 치독ᄒᆞ여 죽이 니라

님ᄒᆡ 죽일제 대군을 흠긔 잡으려 ᄒᆞᆫ번의 소계예 언ᄌᆞ니 도녕이 혹시비ᄒᆞᄃᆡ 당시 강보의 잇고 신경을 ᄒᆞ매 형뎨둘흘 흠긔 업시키 어렵다ᄒᆞ니 도로 대군을 거드지 아니ᄐᆞᆺ더라

삼시 문안을 ᄌᆞ로 드ᄂᆞᆫ체 ᄒᆞ더니 졈〃ᄒᆞ여 삭망으로 들고 그도연고

42 불차不次-불차탁용不次擢用 계급불구괄탁등용階級不拘括擢登用

43 두 대간臺諫=사헌부司憲府 사간원司諫院

44 비변사備邊司=군국사무軍國事務를 총리總理하는 관청官廳

45 어사당인御使唐人=명조견당애민영일사문임해병장明朝遣萬愛民寧一査問臨海病狀

이시면 절하고 든째도 녜ᄉᆞ 말ᄉᆞᆷ이나 혹시쇽말ᄉᆞᆷ이나 일가의 은휘아녀 ᄒᆞ오시면 말ᄉᆞᆷ을 츌혀 듯도 아니ᄒᆞ고 아모란 ᄒᆞ여디라 ᄒᆞ오시ᄂᆞᆫ 말ᄉᆞᆷ을 의논 ᄒᆞ오시면 손내여 헤저으며 ᄌᆞ교란 듯디 아니ᄒᆞ고 넓더니러나며 문안을 오래게 야와서 머므도 아니ᄒᆞ고 안ᄂᆞᆫ듯 니러나니 므ᄉᆞᆷ 징그라 온화ᄒᆞᆫ 말이 이시리오

대왕 빙텬ᄒᆞ오신후 삼칠일만의 문안드니 상시벗의 됴상도 처엄 만나면 곡읍ᄒᆞ미 녜ᄉᆡ어놀 우히 ᄋᆡ곡 ᄒᆞ오시니 드리ᄃᆞᄅᆞ며 손내여 헤저오며 시위인ᄃᆞ려 우디 마ᄅᆞ시게 ᄒᆞ라ᄒᆞ고 더두여리며 곡ᄒᆞ믄ᄏᆞ니와 조금도 ᄋᆡ쳑지 용이 업ᄉᆞ니 인ᄌᆞ졍은 업거니와 쳑인 인들 상가의 와 ᄆᆞ옴이 무심ᄒᆞᆯ 거시랴 크게 비인졍 이러라

대왕 묘호[46] ᄒᆞ올제 우히 니ᄅᆞ오시ᄃᆡ 임진왜란의 듕흥지공은 혜ᄋᆞᆸ디 말녀니와 조종망극되 무ᄀᆡ능지공은 막ᄃᆡᄒᆞ니 창업지 쥬의셔 쩌러디시리잇가 묘를심상히 마ᄅᆞ시고 헤아려 ᄒᆞ소셔 ᄒᆞ오시니 오래ᄉᆡᆼ각다가 엿ᄌᆞ오ᄃᆡ 비록공이 겨오시나 임진왜란으로 조종[47]이 평안이 못디내여 겨시니 엇지 공이 겨시다 ᄒᆞ리잇가 다시 의논을 못ᄒᆞᆯ소이다 ᄒᆞ니 우히의 논ᄒᆞ오샤 다시옴 ᄀᆡ유ᄒᆞ오샤니ᄅᆞ오시ᄃᆡ 듯디 아니 ᄒᆞ올분 아니라 ᄃᆡᄒᆞ오ᄃᆡ 종ᄇᆡ를 가지셔도 ᄂᆞᆺ디 아니시다 ᄒᆞ니 그브효ᄒᆞ미 가히 알리라

ᄌᆞ고로 ᄌᆞ뎐이 초상의 ᄇᆡ능ᄒᆞ오시ᄂᆞᆫ 녜 이시매 우흐로셔니거디라 ᄒᆞ오시니 ᄃᆡ왈 가시미 블가ᄒᆞ니 이댜햐가고져 ᄒᆞ시면 쇼샹의 나가쇼셔 ᄒᆞ

46 선능宣陵-광주廣州에 있는 성종成宗의 릉陵 동계비同繼妃 정명왕후貞明王后
정능靖陵-광주廣州에 있는 중종의 능.
강릉康陵-양주埸州에 있는 명종의 능. □上을 왜적倭賊이 발굴發掘한바 다시 원대苑大함

47 조종祖宗-묘호불천庙号不遷 최존자왈조最尊者曰祖 차유왈종次有曰宗 조유공祖有功 종유덕야宗有德也 금역이위선세지통今亦以爲先世之通 창업지군칭조創業之君稱祖 계체지군칭종繼體之君稱宗

거ᄂᆞᆯ 겨유 기ᄃᆞ리오셔 ᄯᅩ 니거다라 ᄒᆞ오시니 ᄯᅩ 탈ᄒᆞᄃᆡ 됴뎡이 하막으니 못가시리이다 대샹의 나가쇼셔 ᄯᅩ 그ᄣᅢ 다ᄃᆞᄅᆞ니 ᄒᆞᄃᆡ 이뮈다 디나시니 이제가시다 므슴 유익ᄒᆞ미 겨시리 잇가 녜 왕후 ᄂᆡ가심도 녜예일이 아니니 이다 폐이실 ᄯᆞ롬이오 보실 일이 업ᄉᆞ니 결연이 못가시리이다 ᄒᆞ더라

삼년을 두고 ᄀᆞᆫ측이 비다가 못ᄒᆞ고 달내다가 못ᄒᆞ오시니 그런 불상ᄒᆞ오신 일이 업더라 혼뎐[48]의 나가디라 ᄒᆞ오시니 그도 여러번 막거ᄂᆞᆯ 우히 ᄂᆡ뎐의 ᄋᆡ긍히 비오시니 ᄃᆡ왈 본ᄃᆡ 대뎐이 변통이업서 그러ᄒᆞ오시니 지극히ᄒᆞ야 가오시게 ᄒᆞ리이다 ᄒᆞ더니 ᄂᆡ뎐 지휘로 허ᄒᆞ니라 날을급히 ᄐᆡᆨ일ᄒᆞ니 ᄂᆡ인을 보내여 뉴희분[49]ᄃᆞ려 날을 물니라 ᄒᆞᄂᆞᆫ디라 우리뎐의셔ᄂᆞᆫ 급〃히 졔뎐의 차반[50]을 당만 ᄒᆞ엿더니 ᄂᆡ뎐은 심상히 넉여 졔던을 아니ᄒᆞ려 ᄒᆞ엿다가 불의예 ᄉᆡᆼ각ᄒᆞ여 ᄒᆞ노라 놈의 폐를 보디 아니ᄒᆞ고 대ᄉᆞ를 내ᄒᆡ편토록 홀션뎡 이러ᄐᆞ시 ᄒᆞᆫ들 어ᄃᆡ가 민망ᄒᆞ여라ᄒᆞ리오 슉셜[51]ᄒᆞ온 후 여러날 물니매 우리뎐의 셔ᄂᆞᆫ 당만ᄒᆞᆫ 거ᄉᆞᆯ 오ᄅᆞ다ᄇᆞ라고 새로 당만ᄒᆞ니라 ᄂᆡ뎐의셔 힝혀 진지[52]ᄒᆞ여도 공쥬란 밧ᄌᆞᆸ고 대군으란 아니밧ᄌᆞᆸ더라 대뎐이 니ᄅᆞᄃᆡ 웃뎐의 문안가면 대군의 소ᄅᆡ 듯기 슬터라ᄒᆞ며 홀로대군이 하 대뎐 형님보아디라ᄒᆞ셔ᄂᆞᆯ 공쥬 대군 두아기시를 문안오신 ᄣᅢ예 안쳐 뵈오니 공쥬란 나아오라ᄒᆞ여 문져 보고 하 영민ᄒᆞ니 어엿브이다 ᄒᆞ고 대군으란 본톄도 아니ᄒᆞ고 말도 아니ᄒᆞ니 어려워 ᄒᆞ시거ᄂᆞᆯ 우히 ᄒᆞ오시ᄃᆡ 너도 나아 니거라 ᄒᆞ오시니 니러나 대뎐 압ᄒᆡ 셔시ᄃᆡ 본톄도 아니 ᄒᆞ니 대군이 나가 우ᄅᆞ시며 대뎐 형님이 누으님으란 어엿비 ᄒᆞ고

---

48 혼전魂殿=왕의 장례 후 그 신위神位를 3년간 모시는 궁전宮殿

49 유희분柳希奮=유자신柳自新의 차자次子

50 차반=진미珍味의 식찬食饌

51 숙설熟設=음식물의 조리

52 진지進支=밥의 경칭敬稱

날난 본뎨도 아니시니 나도 누으님이나 될거술 므ᄉᆞ일 ᄉᆞ나히 되돗던고 ᄒᆞ시고 동일토록 우ᄅᆞ시니 보매 불샹터라

대뎐이 샹〃의 니ᄅᆞ되 내이신적은 열대군이 이시나 두립디 아니려니와 셰ᄌᆞᄂᆞᆫ 대군과 족해니 조종됴의도 족하를 해ᄒᆞ고 셔시니 이런 일이 이실가 저허 ᄒᆞ노라 내브ᄃᆡ 대군을 업시ᄒᆞ고 셰ᄌᆞ를 편히살게 ᄒᆞ렷노라 이러듯 들녓기예 셰ᄌᆡ 대군 보기를 슬희여 두리은것 보ᄃᆞᆺ ᄒᆞ니라. 빙뎐ᄒᆞ오신 석돌만의 대뎐이 슈라를 못자시거ᄂᆞᆯ 우히 육션을 권ᄒᆞ오시니 권육ᄒᆞᆫ 두번만의 자시다 양쥭을 ᄒᆞ여 갓더니 자시고 물녀 근신을 당보ᄒᆞᄃᆡ 이 쥭이 ᄀᆞ장 됴흐니 ᄎᆡ와 둣다가 훗째예 달나ᄒᆞ니 ᄂᆡ인이야 븟그려 닐오ᄃᆡ ᄒᆞ로 소션도 못ᄒᆞ오시던ᄃᆡ 하졀의 서너돌을 ᄒᆞ오시니 그도 ᄀᆞ장 잘ᄒᆞ여겨오시더니 웃뎐이 권ᄒᆞ오야시니 하젓ᄉᆞ와 잡ᄉᆞ와시니 이도 웃뎐이 겨오시매 둣다가 달나 ᄒᆞ오신다 ᄒᆞ니 듯ᄂᆞ니 불샹히 넉이고 웃더라

뎡미년 십월브터 불평ᄒᆞ오시ᄃᆡ 셰ᄌᆡ 녀졷ᄎᆞ[53]의 와 시약 ᄒᆞ숩더니 엄연히 드러 안잣디 못ᄒᆞ여 공ᄉᆞᄒᆞ오시던 쳥의와 죄텰노코 안잣더니 빙뎐ᄒᆞ오신 후의 닐오ᄃᆡ 겨을히 ᄎᆞᆫᄃᆡ 안잣던 일이야 죽다 니ᄌᆞ랴ᄒᆞ더라 빙측의도 ᄒᆞᆫ달의 ᄒᆞᆫ번식 가락말낙 외쳑이 아조 업서 상복듕의 우음[54]이 ᄌᆞ약ᄒᆞ고 대뎐상의 감션 ᄒᆞᄂᆞᆫ 뎨도 ᄒᆞ고 입을 ᄀᆞ리오고 우음을 ᄎᆞᆷᄂᆞᆫ뎨도 ᄒᆞᄃᆡ 다 ᄎᆞᆷ디 못ᄒᆞ야 하우 ᄉᆞ니 보ᄂᆞ니 민망 ᄒᆞ더라

우히 빙측의 와곡읍을 그치디 아니ᄒᆞ오시니 이우롬소ᄅᆡ 어ᄃᆡ셔 나ᄂᆞ니 ᄂᆡ관이 ᄒᆞᄃᆡ ᄌᆞ뎐의셔 우옵시ᄂᆞ이다 무ᄉᆞ일 져리우옵시ᄂᆞᆫ니 츈취 만하업서 겨옵시니 셜워 ᄒᆞ오시미 우읍다 사ᄅᆞᆷ이ᄆᆡ양 살냐 듯기슬타ᄒᆞ니 좌우의 잇ᄂᆞᆫ 사ᄅᆞᆷ이 어히업시 너겨 혹 ᄀᆞ마니 웃더라 공ᄉᆞ롤 하 못ᄒᆞ여

53 여차廬次=직숙사直宿舍

54 우음=웃음

ᄒᆞᆫ댱것도 친히 결티 못ᄒᆞ여 ᄂᆡ뎐을 녜ᄎᆞ겻의낭 방의다 가두고 듀야의 공ᄉᆞ롤 무러 결ᄒᆞ니 ᄂᆡ뎐이 혹 빙텽의 와 나가신 적이면 공ᄉᆞ롤 못ᄒᆞ여 혼자서 두로ᄆᆡ며 됴희 와 칼흘 노티 못ᄒᆞ여 됴희롤 졸게 빠호라 두로브티고 칼흘 두로 버텨 셰우고 이셔셔 혹 듕듕 옵족어리니 ᄂᆡ관이 혹 소ᄅᆡ 나ᄒᆞ면 소ᄅᆡ질너 ᄭᅮ지ᄌᆞ니 ᄂᆡ관도 드러 붓디 못ᄒᆞ며 밧긔셔 앙텬ᄒᆞ야 애롤ᄐᆡ오더니 명종됴 늙은 ᄂᆡ관이 잇더니 당돌이 드러가 ᄉᆞᆯ오ᄃᆡ 므ᄉᆞ일 심긔롤 내옵시ᄂᆞ니잇가 형님도 놈의말 듯고 볼셔 입시ᄒᆞ여 겨시고 이공ᄉᆞ는 아조 어렵지 아니ᄒᆞ니이다 글ᄇᆡ호션디 오래니 슬긔ᄂᆞᆫ 글의셔나ᄂᆞᆫ 일이오 마노ᄅᆡ션왕 아ᄃᆞ님이시고 드러겨신 집도 션왕집이오 됴회 필목이 다션왕 거시니 이만 공ᄉᆞ롤 못ᄒᆞ셔 사ᄅᆞᆷ업시 ᄒᆞ고 고요히 안자겨샤 칼과됴희롤 가지고 므ᄉᆞ일을 ᄒᆞ시ᄂᆞᆫ고 ᄒᆞ니 붓그려 좀좀 ᄒᆞ엿더라 이말이 튓튓나니 이 ᄂᆡ관을 뮈워ᄒᆞ더니 대군 난의 죽이니라 ᄂᆡ관을 ᄒᆞᆫ번 일시기매 열번 고쳐 시기고 ᄒᆞᆫ번 심브림 ᄒᆞ매 열번 고쳐브ᄅᆞ고 잘ᄒᆞᆫ일도 샹홀줄을 모르고 그ᄅᆞᆫ 일이 죄줄줄을 모르더라 샹시예 뉴개 민망ᄒᆞ여 날마다 ᄣᅢ마다 ᄀᆞᄅᆞ쳐 이제 아모개 상소ᄒᆞ려ᄒᆞ니 이리이리 ᄃᆡ답ᄒᆞ오려 ᄣᅢ 아모개 계ᄉᆞᄒᆞ려 ᄒᆞ니 이리이리 ᄃᆡ답ᄒᆞ시고 시시로 진셔로며 언셔로 ᄡᅧ 광즮이며 속고리예 녀허ᄃᆞᆫ니며 혹문을 다든ᄡᅵ면 동산측간다히 외당이 이시니 그리로 사ᄅᆞᆷ이 들게 싀공을ᄂᆡ여 시ᄃᆡ하크매 밧긔셔 번히 뵈다 못ᄒᆞ게 안희만 ᄀᆞ리와두고 ᄂᆡ외예 옹ᄒᆞ야 츌납ᄒᆞ고 ᄒᆞᄌᆞ루 ᄒᆞ매 담밧긔 죵을 막지어 ᄂᆡ도히살니며 밤이면 그죵ᄒᆞ야 뉴가의 통ᄒᆞ야 아라오더라 침실의ᄂᆞᆫ 노쎄운 광즮과 보뽄소코리ᄃᆡ글 데글 ᄒᆞ여시니 ᄒᆞᆫ시녜 ᄆᆡ양 맛나 공ᄉᆞᄃᆡ답아라 뉴가 잇게 보내더니 날마다 공ᄉᆞ든족족 하 ᄢᅧ보내랴 밥먹을 ᄉᆞ이도 업ᄉᆞ니 괴롭고 셜니 넉여 ᄒᆞᆫ번은 혼잣말노 니ᄅᆞᄃᆡ ᄉᆞ나ᄒᆡ로셔 이만공ᄉᆞ롤 못ᄒᆞ여 ᄆᆡ양 놈의게 뭇고 ᄃᆞᆫ니ᄂᆞᆫ가 우리 침실의ᄂᆞᆫ 고리

광즮도 만흔쟈 박ᄎᆞ돗더라 내뎐이 듯고 영츌ᄒᆞ고 소문내ᄃᆡ 침실의 븟터 안잣디 아니ᄒᆞ니 내칠와 ᄒᆞ뎌라 본ᄃᆡ 셩이 잔잉ᄒᆞ야 녜업던 힝실노 기동으로 사ᄅᆞᆷ을 티며 채로 치거나 혹 뎍쇠로티니 알패라ᄒᆞᄂᆞᆫ소ᄅᆡ 딘동ᄒᆞ여 들니고 ᄂᆡ뎐마노라 살오쇼셔 ᄒᆞᄂᆞᆫ 소ᄅᆡ 밧긔들이더라 ᄂᆡ슈ᄉᆞ 거ᄉᆞᆯ젼 녜브터 웃뎐이 입낭으로 ᄡᅳ시ᄂᆞᆫ거ᄉᆞᆯ ᄒᆞᆫ 적은 쳥밀을 바다 아모만을 웃뎐의 드리라 ᄒᆞ니 ᄎᆞ디 ᄂᆡ관이 붕뎡이 ᄒᆞᄃᆡ 싱심이나 ᄌᆞ하로셔 금텨드리리잇가 ᄡᅳ오실 ᄣᅢ예 드리리이다 ᄒᆞ니 아니 니ᄅᆞ고 ᄯᅩ ᄒᆞᆫ적은 ᄒᆞᄃᆡ 웃뎐이 드리라ᄒᆞ시거ᄂᆞᆫ 거ᄉᆞᆯ 날ᄃᆞ려 니ᄅᆞ고 드리라 ᄒᆞ니 그후브터 몬져 취품ᄒᆞᄂᆞᆫ버ᄅᆞ시 나더라 마을거ᄉᆞᆯ 다ᄅᆞᆫᄃᆡ 옴기니 하인은 ᄒᆞᄃᆡ 웃뎐이 돗ᄡᅳ오시게 그리ᄒᆞᆫ다 ᄒᆞ고 님자ᄂᆞᆫ ᄒᆞᄃᆡ 힝혀 블의지변이 이셔도 내궁의 가살엿노라 ᄒᆞ며 니현궁이라 일홈 짓고 각ᄉᆡᆨ거ᄉᆞᆯ 다 그궁으로 거두어 ᄲᅡ터라 무신초[55]의ᄂᆞᆫ ᄀᆞ장 공경ᄒᆞ옵ᄂᆞᆫ 톄ᄒᆞ야 닐오ᄃᆡ 내위ᄒᆞ옵ᄂᆞᆫ 거ᄉᆞᆫ ᄌᆞ뎐이오시니ᄒᆞ고져 ᄒᆞ오시ᄂᆞᆫ 일난 다니ᄅᆞ쇼셔ᄒᆞ니 우히 감동 ᄒᆞ으시고 고마이 너기오셔 셰ᄌᆞ[56] 향ᄒᆞ여 티 ᄃᆡ답ᄒᆞ오시고 대왕 딘일홈을 엇과뎌 ᄒᆞ으셔 일일마다 ᄌᆞ영민 ᄒᆞ시니 더옥 어엿비 넉이오샤 ᄉᆞ나ᄒᆡ게가 ᄒᆞᆫ거ᄉᆞᆯ 문안은 쪽쪽 주오시니 셰ᄌᆞ보모샹궁 욕환이 손비븨여 상덕 츅슈ᄒᆞ며 닐오ᄃᆡ 웃뎐이 아니시면 우리게 무어시 잇ᄉᆞ올고온쪽쪽 주오시니 이샹덕 은 하ᄂᆞᆯᄀᆞᆺᄉᆞ와아바님은 ᄉᆞᆨ비지 ᄒᆞᆫ당도 아니주니 눌을 달마겨오신 고 죵의 말 아니 듯기ᄂᆞᆫ 슐위쉰들 그리질길가 션왕마노라 아ᄃᆞᆯ이나 눈ᄯᅩᆼ이나 달마실가면 별노 ᄯᅩᆼ을 두 세슌식 누시노라 육셕휘 야드ᄅᆞ시니 그런 애ᄃᆞᆯ온 일이 어ᄃᆡ 이실고 아모 일이나 ᄒᆞ려ᄒᆞ오시거든 긔별ᄒᆞ엿거니 마오시고 ᄲᅩᆨᄲᅩᆨ 어려들셔기옵고 ᄒᆞᆫ번 드ᄅᆞ신 일은 본ᄃᆡ 아니 드ᄅᆞ시나ᄂᆞ니 뎌술위

55 무신초戊申初=선조 40년

56 광해세자光海世子=지䄵 무술생 경술책봉庚戌冊封

쇼야야하야 놀ᄆᆞ다 엇디져런 말을 ᄒᆞ시ᄂᆞᆫ고 ᄒᆞᆫ대 답왈쇼 ᄀᆞᆺ거든 쇠라 아니랴ᄒᆞ더라

처음 말이나 순히듯고 용ᄒᆞᆫ가 ᄒᆞ더니 졈졈 ᄒᆞ야 박대심하고 경술 신ᄒᆡ년 ᄉᆞ이도 더욱 심ᄒᆞ야 불공ᄒᆞ미 심터라 샹궁 가히란 졈졈 친히ᄒᆞ고 ᄂᆡ뎐은 소히 ᄒᆞ더니 공ᄉᆞ결단 ᄒᆞ기ᄂᆞᆫ ᄂᆡ뎐을 블러다가 시기니 ᄂᆡ뎐도 노ᄒᆞ야 가디아니ᄒᆞ면 친히 와 ᄃᆞ려가며 뭇고 혹 ᄂᆞ려와도 므ᄅᆞ니 ᄂᆡ뎐이 ᄒᆞᄃᆡ 이맛 공ᄉᆞ롤 친히 결티 못ᄒᆞ시ᄂᆞᆫ가 이후란 날ᄃᆞ려 뭇디마소 ᄒᆞᆫ다 ᄒᆞ더라

대군을 두고 각식으로 의심ᄒᆞᆫ후 더욱위엄을 내여 고기롤 화거만 드려 놀고기로 만히먹고 밥으란 쥭ᄀᆞᆺ티 ᄒᆞ야 먹고 놀고기롤 즐기어 눈은 졈졈 븕더라 산채란 더럽다 ᄒᆞ고 아마도 고기만 자시고 즌광어과 즌여술 즐기더라 거동이 슈상ᄒᆞ고 놈과 달나 놈이 ᄒᆞ라ᄒᆞᄂᆞᆫ일난 아니ᄒᆞ고 말나ᄒᆞᄂᆞᆫ 일은 부ᄃᆡ ᄒᆞ터라 속은 흉ᄒᆞ고 말은 실이 없ᄉᆞ니 위엄은 걸쥬롤 본밧고 힝실은 양톄의게 더으니 우히쥬야의 두려ᄒᆞ오샤 타일의 션묘롤 져ᄇᆞ리올가 넉이오시더라 과연 난을 일워 내니라 ᄂᆡ인 향ᄒᆞ여도 무신[57]초는 ᄀᆞ장후히ᄒᆞᄂᆞᆫ쳬ᄒᆞ야 우흘찰 시위ᄒᆞ야셔 평안ᄒᆞ오시니 너ᄒᆡ곳 아닌즉 엇더 잘 평안히 디내오시리 ᄒᆞ시며 침실 상궁간족족 인ᄉᆞᄒᆞ고 상주더니 신ᄒᆡ년[58] 브터ᄂᆞᆫ 졈졈 소히ᄒᆞ야 본톄도 아니ᄒᆞ고 간ᄌᆞᆨ 밧긔셰워두기 날이 기우도록 ᄒᆞ고 드러오라 ᄒᆞ렷마ᄂᆞᆫ 연고 이셔 못보니 가라ᄒᆞ더라 ᄒᆞᆫ 늘근 샹중이 ᄒᆞᄃᆡ 션왕마노라ᄂᆞᆫ 웃뎐ᄂᆡ인이 가면 마리 빗ᄌᆞ오시다가도 마리털을 쥐오시고 샹중을 침실의 드러오라 ᄒᆞ오셔 웃문안을 뭇갓오시고 셰슈ᄒᆞ오시다가도 드러오라 ᄒᆞ오샤 문안을 뭇자 오시던말을 ᄒᆞᆫ대 ᄉᆞ지저

57 무신戊申=선조40년

58 신해辛亥=광해3년

닐오ᄃᆡ 나ᄂᆞᆫ 현마못ᄒᆞᆯ노다 ᄒᆞᆫᄃᆞᆯ의 두번식 친히 가문안ᄒᆞᄂᆞᆫᄃᆡᄂᆡ인을 블너 친히 보리내 마ᄋᆞᆷ대로 ᄒᆞ리 그 조차션왕을 본바드랴 나ᄂᆞᆫ내 법으로 ᄒᆞᆯ거시니 다시니ᄅᆞ디 말나ᄒᆞ니 듯ᄂᆞ니다 어히 업시 너기더라

대뎐이 처엄으로 ᄇᆡ능가니 뎨ᄌᆡ샹들은 동구부터 통곡 고져ᄒᆞᄃᆡ 겨우 ᄎᆞᆷ아가셔 샹이 우오셔든 슬켯 울니라 ᄒᆞ고 이ᄣᅢ뎌ᄣᅢ 기다리고 잇더니 샹능ᄒᆞ여 편편이 그져오니 그간의 뉘ᄀᆞᄅᆞ친디ᄂᆞ려온 후야 녜조의 울냐 말냐 의논ᄒᆞ니 우ᄅᆞ셔야 올타ᄒᆞ니 울적이야 우니 그소ᄅᆡᄅᆞᆯ 듯고 뉴ᄌᆞ[59]ᄂᆞᆫ ᄒᆞᄃᆡ 실셩통곡 하엿더니 너므 우다 외오 넉이 실가 ᄒᆞ더라 이러ᄐᆞᆺ 텬셩의 조ᄎᆞᆫ 효셩이 업서 완포ᄒᆞ미 심ᄒᆞ니 우리게 향ᄒᆞ야 엇디 ᄯᅩ 지극ᄒᆞ리오 ᄂᆡ뎐은 ᄉᆞ상ᄒᆞᆫ 적의 문안 아니와셔 쇼샹의 버ᄉᆞᆫ 휘나올가 넉이더니 벗고도 아니와셔 양ᄌᆞᄅᆞᆯ 아니뵈고 ᄂᆡ란만 지어내니라 신ᄒᆡ년의 신궐[60]의 가 겨오셔 후원 귀경 가오시니 ᄂᆡ뎐이 ᄒᆞᄃᆡ 나ᄂᆞᆫ 나히 만코 웃뎐은 나히 졈ᄉᆞ오시니 현마 내뒤 ᄒᆡᄂᆞᆫ 못셜거시니 나ᄂᆞᆫ 져근덧 탈ᄒᆞ고 머물워든 웃뎐을 몬저 뫼셔 가시게ᄒᆞ라 ᄒᆞᄃᆞᆺ더라 여러번 유의ᄒᆞ야 디내니 과연 뒷 시위ᄒᆞ기ᄅᆞᆯ 아니ᄒᆞ더라 이날우히 오시다가 년메온 하인이 업더뎌년기우러뎌 거의ᄂᆞ려디오실번 ᄒᆞᄃᆞ 이런줄을 ᄂᆡ뎐이 드ᄅᆞ시ᄃᆡ 엇디ᄒᆞ오신고 뭇도 아니ᄒᆞ고 바로 당신뎐으로 가니라

늙은 ᄂᆡ인들이 의인왕후 겨오신ᄣᅢ 웃뎐 셤기옵던 일을 보와다가 어히 업시 너기더니 이말을 ᄂᆡ뎐이 듯고 탄ᄒᆞ고 원ᄒᆞ야 타일의 보쟈 벼르더라 그러나 ᄂᆡ뎐은 말도 잘 아라 듯고 글도 잘ᄒᆞ매 혹 용코져 ᄒᆞᄂᆞᆫ 일이 이시ᄃᆡ 내뎐과 죵이 흉악블통ᄒᆞ야 죵젹 업ᄉᆞᆫ 거즛말을 하여 웃뎐이 무신빈텬의 우히 없ᄉᆞ오시믈 셜워 곡읍을 쥬야 그치디 아니ᄒᆞ시니 닐오ᄃᆡ 어ᄃᆡ셔

59 유자儒者=유생儒生

60 신궐新闕=광해원년光海元年 중건重建한 창덕궁昌德宮

그저 사ᄅᆞᆷ이야 뎌럴고 대군을 셰우랴타가 못 일우시니 글노ᄒᆞ야 더옥 셜워ᄒᆞ오실가 시브다ᄒᆞ니 대뎐이 고디 듯더라 ᄯᅩ 은덕이 갑이란 ᄂᆡ인이 닐오ᄃᆡ 임진이 후의 션왕 마노라 뫼화 겨오시던 셰간을 우리뎐의 주디 아니시니 대군을 주랴 ᄒᆞ시ᄂᆞᆫᄃᆞ 식긔ᄒᆞᆯ 일인가 지녀 살가 보새 늙은 샹궁을 가히라셔 만나보고 닐오ᄃᆡ 대군 보뫼 죠히 잇ᄂᆞᆫ가 귀밋ᄒᆡ 패ᄃᆞᆯ날이시리 김샹궁 됴히 잇ᄂᆞᆫ가 약사발 븟들날이시리 ᄒᆞᆫ대 듯ᄂᆞᆫ 사ᄅᆞᆷ이 하흉히 넉여 못 드른쳬 ᄒᆞ고 오ᄃᆞᆺ더라

ᄂᆡ뎐의셔 진지ᄅᆞᆯ ᄒᆞ며 ᄂᆡ뎐은 냥반이라 혹 잘ᄒᆞ란 말이 이셔도 죵들이 심히 박ᄃᆡᄒᆞ야 길ᄒᆡ 사ᄅᆞᆷᄃᆡ졉ᄒᆞᄃᆞᆺ 하더라 신ᄒᆡ년의 대궐 이어 ᄒᆞ오실제 셰ᄌᆞ친영 구ᄉᆞᆯ 보려ᄒᆞ오신 일이러니 다ᄅᆞ니ᄂᆞᆫ 관광의 족친이라도 홀연이 금ᄒᆞ니 우흐로 겨오 샤ᄂᆞᆫ 나디 마오쇼서ᄒᆞ야 ᄉᆞ이예 후궁이 엿ᄌᆞ온대 길ᄉᆞ의 미안ᄒᆞ시ᄃᆡ 친영ᄒᆞᄂᆞᆫ 일을 두굿겨 보고져 ᄒᆞ더니 그러면 못ᄒᆞᆯ노다ᄒᆞ고 아니보와 겨오시더니 그후의 말을 지어내ᄃᆡ 졍이 업서 아니 보오시다 ᄒᆞ며 진풍뎡도 탈샹ᄒᆞ연디 오라디 아니ᄒᆞ니 무어시 밧브리잇가 날희쇼셔 ᄒᆞ니 세워 시작ᄒᆞ야 두고 ᄐᆡᆨ일을 ᄆᆡ양제 ᄆᆞ음대로 진퇴ᄒᆞ며 지어차반을 다 슉셜ᄒᆞᆫ 후도 슬흔 째면 퇴뎡ᄒᆞ여 됴뎡의 지이 외쳑으로 통ᄒᆞ야 험ᄒᆞ올실대로 ᄒᆞ며 ᄂᆡ인은 덕이 가히 둥은 그적브터 ᄒᆞᄃᆡ ᄒᆞ로니나고 이살가보쟈 대군 긔물이나 슈진궁이 아니오라 우리게 오리라 이러틋 듕한 말을 ᄆᆡ양ᄒᆞ더라

무신년의 대왕빙텬ᄒᆞ오신 후의 녀염의셔 요언을 뎐파ᄒᆞ리 하만흐니 외쳑과 혼가나되면 요언이 침식ᄒᆞᆯ가 헤오샤 공쥬대군 듕의 샹뎍ᄒᆞ니로 듕뎐 가문의 뎡ᄒᆞ사이다 ᄒᆞ오시니 호셰ᄒᆞ리빅간인인 들 신이 신참ᄒᆞ며 션왕 옥교ᄅᆞᆯ 니ᄌᆞ리잇가 혼ᄉᆞᄂᆞᆫ 그리 ᄒᆞ리이다 ᄒᆞ엿더니 임ᄌᆞ년[61] 김딕ᄌᆞ[62]의 난의 괘방일노 더욱 화심을 조장ᄒᆞ야 그런놈들의게 무복바들제

아ᄒᆡ라도 니로라 ᄀᆞᄅᆞ치니 그옥ᄉᆞ후의 됴뎡 어루신ᄂᆡ며 기듕심희 쉬부 원긔가 ᄒᆞᄃᆡ 아ᄒᆡ라도 니로라 ᄒᆞᆯ적은 등의 쏨이 ᄉᆞ못 ᄉᆞᆸ더니 그난의 버서나시니 유복ᄒᆞ실샤 ᄒᆞ더라 이적난후브터 싀긔 심ᄒᆞ야 밧긔라도 복쟈 일홈난이ᄂᆞᆫ 다 블너 뉴가의집의 안쳐두고 제뜻을 일울수과 이녁 ᄋᆡᆨ운을 슬컷 확논ᄒᆞ여 뭇고 ᄯᅩ 뉴희량이 신경달이 ᄃᆞ려 무ᄅᆞ니 그ᄆᆡᆼ인이 ᄒᆞᄃᆡ 대군 분위가 ᄒᆞᆯ만ᄒᆞ다 ᄒᆞ니 놈이 죽여도 아니죽으랴 ᄒᆞ더라 아모려나 죽이고말냐 ᄒᆞ돗더라 임자년 겨올ᄒᆡ 뉴ᄌᆞ신 안해 뎡시[63] 궐ᄂᆡ예 드러와 ᄯᆞᆯ과 사회과 머리ᄅᆞᆯ 마초고 년사흘을 삼경이 되도록 의논ᄒᆞ여 계튝년[64] 정월 초 사흔날 져듀ᄅᆞᆯ 시작ᄒᆞᄃᆡ 셴개야지ᄇᆡ타 드리며 사람그려 쓰ᄂᆞᆫ양 ᄒᆞ여 외인 아니 ᄃᆞᆫ이ᄂᆞᆫᄃᆡ 대뎐자시ᄂᆞᆫᄃᆡ도 노흐며 담너 ᄆᆡ쳐도 노흐며 이리ᄒᆞ기ᄅᆞᆯ ᄉᆞ월ᄀᆞ디 ᄒᆞ며 말내기란 님ᄒᆡ 뉴영경 부인 ᄒᆞᄂᆞᆫ일이라도 ᄒᆞ며 온가지로 니ᄅᆞ기ᄂᆞᆫ 국무녀 슈난개 니ᄅᆞ더라 ᄒᆞ더라 우리 의심 아니케 ᄒᆞ미라 우리게셔ᄂᆞᆫ 우리겟 사ᄅᆞᆷ ᄃᆞᆫ이ᄂᆞᆫ 곳이 아니매 우리향ᄒᆞ여 의심ᄒᆞᆫ 일이 아닌가 념녀도 아니ᄒᆞ니 비록 념녀ᄒᆞᆫ들 엇디ᄒᆞᆯ거시 아니어니와 말이 누셜ᄒᆞ면 제일이 그릇될가 ᄒᆞᆫ일이 롯더라

ᄉᆞ월노셔 뉴개 니이쳠 박승중등 심복과 도모ᄒᆞ며 방정지ᄉᆞ로 소계ᄒᆞᆯ ᄆᆞᄃᆡ 예은 도적 박응셰[65]포도쳥의 개개히 복툐ᄒᆞ니 결안 다딤바다 결의낼 거시여ᄂᆞᆯ 뉴박니 삼쳑이 포도 대장 지주ᄒᆞ여 죽이고 죄슈난 되로 가도고 이리이리ᄒᆞ라 마초니 그도적이 제살 억탁으로 일죵 지휘대로 상소ᄒᆞᆫ

---

61 임자년壬子年=광해 4년

62 김직재金直哉=유공량柳公亮 신율紳慄 무고반정후誣告反正後 신사伸死 심희수沈喜壽는 우의정

63 정씨鄭氏는 유고녀惟古女

64 계축년癸丑年=광해 5년

65 박응서朴應犀=좌포장左捕將 한희길韓希吉 우포장右捕將 정항鄭沆

대 ᄉᆞ월 스므엿새날 상소든대 즉시 고변이라 셩셩내고적도 옹셰탑젼[66]의 ᄀᆞᄅᆞ쳐가며 뭇난 말이네 김부언군 집의 갓던다 비로롸 ᄒᆞ면 살니라 ᄃᆡ왈 살기ᄂᆞᆫ 듕ᄒᆞ오나 부원군은 모ᄅᆞᄂᆞ이다 대군도 니ᄅᆞ라 ᄒᆞ거ᄂᆞᆯ ᄒᆞᆫ 부원군이 무어시 귀ᄒᆞ여 아니 못더라 ᄒᆞ리잇가 그집문도 모ᄅᆞᄂᆞ이다 아무라 살오려 ᄒᆞ시다 모ᄅᆞᄂᆞᆫ ᄉᆞᄅᆞᆷ을 엇디 거덜니잇가 대군도 우리부원군을 니론말이디 부원군도 알배 아니니이다 놈의 ᄋᆡᄆᆡᄒᆞᆫ 말을 ᄒᆞ리잇가 ᄒᆞᄃᆡ 저의 어버이다 잡아다가 ᄀᆞᆨ형ᄒᆞ니 혹 어미 안치고 아ᄃᆞᆯ티며 아ᄃᆞᆯ 안치고 어미동싱 치ᄃᆞᆺ 갓가지 ᄀᆞᆨ형을 ᄒᆞ며 서로 뵈며 티ᄃᆡ 그것들이 잔잉ᄒᆞᆫ 소ᄅᆡ로 서로 보며 어미ᄂᆞᆫ 아ᄃᆞᆯ아 무복ᄒᆞ며 날살와라ᄒᆞ면 아모리 어버히 듕ᄒᆞ여 살오고져ᄒᆞᆫ들 거ᄌᆞᆺ말을 ᄒᆞ여 나도 셟거든 놈의게 밀워 아ᄃᆡ다가 굿틀다히리오 ᄒᆞ며

ᄌᆞ식이 어버이ᄅᆞᆯ 보채면 ᄒᆞᄃᆡ ᄌᆞ식이 듕타ᄒᆞ고 언근[67] 업ᄉᆞᆫ 말을 내엇디 갈모리 ᄒᆞ여 이톄로 싱소히 구다가 영갑이ᄂᆞᆫ 어미 ᄀᆞᆨ형ᄒᆞ여 죽은 후의 문ᄉᆞ[68] 남쳥이계 하로 ᄌᆞ로 오ᄅᆞᄂᆞ려 말ᄒᆞ더니 그후ᄂᆞᆫ 놈의말 ᄒᆞ듯ᄒᆞᄃᆡ 부원군도 아ᄂᆞ이다 ᄒᆞ니 네 그집의 가니 엇더ᄒᆞ더니 ᄃᆡ답ᄒᆞᄃᆡ 가니 ᄉᆞᆯ내여 먹이더이다 역모ᄒᆞᆯ 시올 호니이다 저ᄂᆞᆫ 경형ᄒᆞ나 제아븨 무덤 ᄑᆞ기난 아니ᄒᆞ고 아ᄃᆞᆯ 살오니 그 언약을 ᄒᆞ노라 귀에다 혀무복밧ᄃᆞᆺ더라

이후ᄂᆞᆫ 더옥 아히 어른 극형ᄒᆞ야 무복 밧기만 힘뻐 ᄒᆞ야 큰 옥ᄉᆞᄅᆞᆯ 일워시나 ᄂᆡ인 죽일일을 어려이 너겨 방졍ᄉᆞᆯ을 내고져ᄒᆞᄃᆡ 모ᄅᆞ업서 못ᄒᆞ여 ᄒᆞ로 모ᄃᆡ예 박동냥이 요공ᄒᆞ려 거ᄌᆞᆺ 유능 방졍을 거ᄃᆞ라 대군위로 ᄉᆞᆫ창[69]이 션왕 블평시예 ᄒᆞ닷말 듯고 ᄆᆡ양 셜워ᄒᆞᄃᆡ 고ᄒᆞᆯ 곳이 업서 언제

---

66 탑전榻前은 옥좌玉座의 전前

67 언근言根은 풍설風設의 출처出處

68 문사즉청問事卽廳은 죄인罪人 신문訊問할 때 서기낭독書記郎讀 등等을 맡은 임시직臨時職

원슈ᄅᆞᆯ 갑흐려뇨 ᄒᆞ더이다 ᄒᆞ니 대개 유릉방졍난니 뎡미년 블평시예 어ᄂᆡ 궁인인지 유릉[70] 기슭의셔 굿ᄒᆞ다 드럿더니 무신년 녀름의 법ᄉᆞ국 무녀 슈난개 친국 ᄒᆞ엿다가 도로 ᄋᆡᄆᆡ타 ᄒᆞ고 놋타 ᄒᆞ더라

나ᄅᆞ흔슈난개 외예 잡무녀 아니부리ᄂᆞᆫ 일은 만목이 다 아ᄂᆞᆫ 줄노 드럿더니 뉴개 박동냥[71]의게 이리 이리 ᄒᆞ면 살으마 달내니 일죵 뉴가의 ᄯᅳᆺ대로 일을 온가지로 거ᄌᆞᆺ말을 ᄭᅮ며 우리게셔 슌챵이 시겨 ᄒᆞ오시다 ᄒᆞ야 일뎡 본톄ᄒᆞ야 모식 모해ᄒᆞ니 이런 말을 듯고져 ᄒᆞ다가 그제야 긋ᄎᆞᆯ 엇괘라ᄒᆞ야 유릉 방졍도 ᄒᆞ야시니 우리겟 방졍도 이리이리 ᄒᆞ엿다ᄒᆞ고 오월 십팔일의 침실샹궁 김시과 대군 보모 샹궁과 침실시녀 옥이과 대군 큰 각시환이ᄅᆞᆯ 쇼명ᄲᅧ 와셔 박동냥 표ᄉᆡ니어셔 내쇼셔ᄒᆞᆫ대 그ᄂᆡ인들이 하ᄂᆞᆯ을 브ᄅᆞ고 ᄯᅡ흘 두ᄃᆞ려 궁듕이 진동ᄒᆞ여 곡셩이 챵텬ᄒᆞ고 박동냥 도적놈아 우리네 일홈을 알기나 아더냐 나라과 무ᄉᆞᆷ 원쉬러니 진동ᄒᆞ며 져긔가 모진 형벌을 어이닙으리 목ᄆᆡ여 죽으리라 ᄒᆞ고 김샹궁과 옥인ᄂᆞᆫ 목ᄆᆡ야 ᄃᆞ랏거ᄂᆞᆯ 모다즐니 죽디 못ᄒᆞ니라 예셔 죽으면 저즐고 죽다ᄒᆞᆯ 거시니 다 니거라

이렁굴제 그셜움이 어더ᄒᆞ리오 텬ᄃᆡ 믜여 디ᄂᆞᆫᄃᆞᆺᄒᆞ며 마노라 죽으라 가ᄂᆞ이다 우리게셔 므ᄉᆞ일을 ᄒᆞ던고 디하의 가 다시감ᄒᆡ올소이다 ᄒᆞᆯ제 그안들이 엇더ᄒᆞ리오 박동냥[72]은 임진호동이오 나라ᄒᆡ 인친이되여 션됴의 슈롱역상을 닙ᄉᆞ온 은혜 하날ᄀᆞᆺ고 우리뎐의셔 슈릉산일노 졔신듕도 각별위ᄃᆡ ᄒᆞ오시더니 평일의ᄂᆞᆫ 상덕이야 ᄒᆞᄃᆡ 부원군 긔ᄂᆞᆫ 각별졀ᄒᆞ더

---

69 순창順昌=대군방大君房 하인下人

70 의인왕후능懿仁王后陵 초호初号

71 박동량朴東亮=정협초좌鄭浹招坐한 이

72 박동량朴東亮=의인왕후懿仁王后 친정親庭 사촌四寸이오. 금양위錦陽尉 박미朴彌의 부父니 즉 선조의 묘에 수릉관守陵官이 되었다.

니 흉참ᄒᆞᆫ 쇠 내여 그런 지원극통ᄒᆞᆫ 환난을 ᄂᆡ도ᄒᆞᆫ 일노혀 다혀 여러주니 진짓 붓ᄂᆞᆫ 불의 섭 안아감 ᄀᆞᄐᆞ니 엇디 혈육지인의 홀일 이리오 그런 죽은 ᄂᆡ인은 박동냥아 우리네 일홈알기나 아더냐 ᄒᆞ고 뭬여 쑤지ᄌᆞ며 이혼이야 죽다니ᄌᆞ랴 의군식 녹영쟉지은을 ᄇᆞ리미쇼야 무지지인 인들 이리 심ᄒᆞ랴 기듕 김상궁은 열네설의 호듕ᄒᆞ야 촌시도 써나지 아니ᄒᆞ고 환됴 ᄒᆞ오시니 간고히 시위ᄒᆞᆫ 일노ᄂᆞᆫ 대공신을 ᄒᆞ렷마ᄂᆞᆫ ᄂᆞ인인 젼ᄎᆞ로 반공신도 못ᄒᆞ나 결네위쟝[73] ᄒᆞ이오시고 궁인듕의도 위ᄃᆡ ᄒᆞ오시더니 이적의 머리지어 잡아내니 그사ᄅᆞᆷ이 나가ᄂᆞᆫ 셔문안ᄒᆡ 안쟈서 ᄒᆞᄃᆡ 아모 나라힌들 아븨 쳡을 나쟝의 손의 잡아내니 님군도 사오 납거니와 신하도 ᄒᆞ나로 사ᄅᆞᆷ이 업도다 니덕형 니홍북 머리지이예 안잣더니 임진호 죵신은 내일홈 므ᄅᆞ시리 업ᄉᆞ리이다 평양 함셩ᄒᆞ야 깁히 드러갈제 ᄂᆡ인을 내디 아니ᄒᆞ니 대로의셔 길ᄒᆡ 머므오시며 션뎐관 보내여 우리 ᄎᆞᆺᄌᆞ 오실제ᄂᆞᆫ 비록 창황듕이나 몸이커 ᄀᆞᄅᆞ어치리 업더니 그마노라 아ᄃᆞᆯ이셔 겨오셔 오ᄂᆞᆯ날 이리 욕볼줄 아더면 무신ᄌᆡ궁밋ᄒᆡ셔죽을나소이다 당장이 평양 보통문을 쌔쳐 왜적 모라내친 긔 별니ᄅᆞ오시니 우리다 ᄂᆞᆲ드며 이제야 다 사라 환됴 ᄒᆞ오실 날이 이시로다 모다즐겨 ᄒᆞ던 일이 어제론듯 ᄒᆞ더니 그작난의 버서나 나죵시위ᄒᆞ와 좌군 님궁의 드오시니 인심이 진졍티 못ᄒᆞ야 골홈글너 줌자디 못ᄒᆞ여셔 ᄒᆞ로ᄂᆞᆫ 하인이 ᄃᆞᆰ 잡으라 집우ᄒᆡ 오ᄅᆞ니 ᄂᆡ간 엿보ᄂᆞᆫ 도적 인가 넉여 우히 오시며 후궁이 놀나 나왓다가 우흔 ᄂᆡ관의게 가오시며 쇼환도ᄅᆞᆯ 주오시며 급ᄒᆞᆫ 일이 잇거든 ᄌᆞᄉᆞᄒᆞ라 ᄒᆞ오시니 각각 손의들 쥐고 셔셔도 근도근이 기ᄃᆞ리더니 그시졀 다디나셔 내마노라 아ᄃᆞᆯ이 셔셔 욕볼줄 엇디 알니오 의녀로 나잡아 내디 아냐

---

73 위장衛將은 각지전各地殿 포수위布守衛의 일직一職

나장이로 잡오니 이욕이 내몸의 당티 아녀 대왕이 보오시ᄂᆞᆫ 작시 니녹 자시ᄂᆞ니다 아ᄅᆞ쇼셔 이제 이리 ᄒᆞᆯ일이니잇가 이도리로 님군을 속이면 상망ᄒᆞᆯ ᄆᆡᆼ되로소이다 이톄로ᄒᆞ야 긴ᄒᆡᄅᆞᆯ 져모도록 대언을 ᄒᆞ니 원졍[74]을 바드랴 ᄒᆞ다가 못ᄒᆞ고 이말을 듯고 의녀ᄅᆞᆯ 뎡ᄒᆞ니라

옥듕의셔 이텨로 말을 바로 ᄒᆞᆯ가 즉시 내여 ᄉᆞ약ᄒᆞ고 그이하로 대왕 근시인은 다ᄉᆞ약ᄒᆞ고 그남으니ᄂᆞᆫ 샹궁의 니ᄅᆞ 히 듕형을 베퍼 박동냥의 표ᄉᆡ라 ᄒᆞ고 뉵월 십삼일 열세사ᄅᆞᆷ을 쇼명뼈 내다 시녀 계난이 슈ᄉᆞ 학쳔이 수모 언금이 덕븍이 춘가히 표금이 보모 샹궁의 마ᄋᆞ복이 죵도 셥이 고운이 김샹궁죵보ᄅᆞᆷ이 보삭이 대군 겻읏각시녜 환인 슈모 향가히 등을 도ᄉᆞ과 나장과 댱번ᄂᆡ관 니덕샹이 와셔 어셔 내라 독촉ᄒᆞ니 곡셩이 텬디 딘동ᄒᆞ여 새로이 망극ᄒᆞ여 궁듕이 딘동ᄒᆞ니 통곡ᄒᆞ며 박동냥을 알기나 아더니잇가 엇디 우리ᄅᆞᆯ 이리 셟게ᄒᆞᄂᆞᆫ고 죽어 원혼이 되여도 박동냥은 닛디 못ᄒᆞᆯ소이다 마노라 ᄋᆡᄆᆡᄒᆞ오신 일을 놈의게 잡혀 겨오시니 죵시 셜니죽다 므ᄉᆞᆷᄒᆞᆫ이 이시리잇가 ᄏᆞ니와 우히 보ᄃᆡ 사오시고 우리 이리 죽ᄉᆞ오니 이원슈ᄅᆞᆯ 브ᄃᆡ 닛디 마오쇼셔 죽으라 가ᄋᆞᆸᄂᆞ이다 기듕의 향가히ᄂᆞᆫ 병드러 나갓더니 두고셔 긔이고 아니내여 준다ᄒᆞ고 의녀 대여시와 공쥬대군 드러 겨신 침간지이 뒤여 어드ᄃᆡ 업ᄉᆞ니 ᄯᅩ 드러와 어셔내라 독촉ᄒᆞ여 보채니 사ᄅᆞᆷ이 족블니지ᄒᆞ야 평일의 병드러 나갓ᄂᆞ니라 ᄒᆞ여도 무ᄒᆞᆫ와셔 어셔 내라 아니 내거든 감찰샹궁 하옥ᄒᆞ라 의녀 여닐곱이나 흐터 궁듕의 엿고 공쥬 대군은 하두려ᄒᆞ고 우흔 거적의ᄅᆞᆯ 넙ᄉᆞ오시고 업ᄃᆡ여 겨오셔 업ᄉᆞᆫ ᄂᆡ인을 내라ᄒᆞ니 이리 핍박히보채ᄀᆞ뇨 왓뇨 ᄂᆡ관ᄃᆞ려내 친히 니ᄅᆞ리라 ᄒᆞ시고 니ᄅᆞ오시니 ᄂᆡ관이 ᄒᆞᄃᆡ 나가고 업다ᄒᆞ더이

74 원정原情=사정事情의 진소陳訴

다 ᄉᆞᆯ오니 거즛말이니 어셔가 빠뒤여 어드라 ᄒᆞ시니 ᄆᆞᄋᆞᆷ으로 못ᄒᆞᄂᆞ이다ᄒᆞ더라 의녜 니ᄅᆞᄃᆡ 침간이라도 뒤라ᄒᆞ시니다 뒤여 어드리이다 ᄒᆞ거ᄂᆞᆯ ᄂᆡ인이 쥬먹으로 쳐 물니티고 네 아모리ᄒᆞᆫ들 어ᄂᆡ뉘 곳이라 이리 ᄒᆡᆼ실 업시 구ᄂᆞᆫ다 ᄭᅮ지ᄌᆞ니 우리도 살냐ᄒᆞᄂᆡᄒᆞ고 나아다드러가니 두 아기시ᄂᆞᆫ 우흘 의지ᄒᆞ야 ᄒᆞᆫ녁희 ᄒᆞ나식 짓보 ᄆᆡᆺ티 업ᄃᆡ여셔 숨을겨요 쉬시고 ᄋᆞᄅᆞ시니 보ᄋᆞᆸ기 참담ᄒᆞ고 가ᄉᆞᆷ이 믜여디ᄂᆞᆫᄃᆞᆺ ᄎᆞ마 보ᄋᆞᆸ지 못ᄒᆞᆯ너라 잇튼날 감찰상궁 둘흘 다잡아내여다가 뉴월 이십팔일의 대군아지 네히니 쇼명 ᄲᅧ 와셔 이수대로 다내라 아기시 ᄌᆞ라시매 유뫼 다 나가고 업다ᄒᆞ니 괴이니어셔 내라 보채더니 밧그로 가 잡아다가 칠월의 슈ᄉᆞ 명환이 슈모 신옥이 ᄎᆞᆨ금이등여라 문하인을 잡아내여가다 궁인 셜흔 나믄이 ᄒᆞᆫ뎡도무복 아니ᄒᆞ고 죽으니 방졍일이 허ᄉᆡ될가 민망ᄒᆞ여 ᄂᆡ인의 ᄌᆞᆼ나히 열다ᄉᆞᆺ만ᄒᆞᆫ 아ᄒᆡᄅᆞᆯ 내여다가 죠흔 음식먹이고 살을 거시니 이리이리ᄒᆞ라 달내니 ᄂᆞᆷ의 죽ᄂᆞᆫ양보고 므ᄉᆞᆷ 튱셩으로 살길흘 ᄇᆞ라리오 죽을 끗을 가랴ᄒᆞ리오 니ᄅᆞᆫ대로 ᄃᆡ답ᄒᆞ니 그제야 방졍지ᄉᆡ 복툐ᄒᆞ여다ᄒᆞ고 평일브터 뉴ᄌᆞ신 집의셔 사괴ᄂᆞᆫ ᄆᆡᆼ녀 고셩이ᄅᆞᆯ 후히 사괴여 드려다가 온갓 말 닐너주고 제 ᄌᆞᆼ도 업시ᄃᆞ려가 온갓 말닐러두고 이거시 대군 겻치 오난 대군 겻 큰 각시로라 대뎐 동궁 팔ᄌᆡ 엇더ᄒᆞ며 웃쉬ᄂᆞᆫ 엇더ᄒᆞ며 갑신ᄉᆡᆼ이 병오ᄉᆡᆼ 위ᄒᆞ여 을ᄒᆡᄉᆡᆼ 무슐ᄉᆡᆼ을 해코져ᄒᆞ니 일우랴 못 일우랴 방졍을 ᄒᆞ더니 득하랴 못득ᄒᆞ랴 온가지로 방졍ᄒᆞᄂᆞᆫ 즘ᄉᆡᆼ을 닐너 들니며 이리이리ᄒᆞ노라ᄒᆞ고 아모날노ᄒᆞ더니 길흉이 엇더ᄒᆞ니ᄒᆞ며 이거시 대군 겻하쳬오 나ᄂᆞᆫ 대군 유뫼로라ᄒᆞ여 이ᄅᆞᆯ 닛디 아니케늬 이예 돌녀 듯다가 잡아드려 셤겨가며 무ᄅᆞ니 마치 젼의 제듯던 바로 ᄃᆡ답ᄒᆞᆫ대 고셩이 복툐ᄒᆞ여다ᄒᆞ며 고셩이 ᄃᆞ려 오윤남이 네게가 문복 ᄒᆞ더냐 오윤남이ᄂᆞᆫ 듯도 못ᄒᆞ고 님별패라ᄒᆞ고 대군 팔ᄌᆡ 엇더ᄒᆞ니 문복ᄒᆞ더이다 네그릇 아랏다 님별

파아냐 오윤남이ᄅᆞᆯ 별패라ᄒᆞ니 오별패랏다 ᄒᆞ니 업ᄉᆞ니 오가가 아녀 님별패라 ᄒᆞ옵데다 시곰 욱이ᄃᆡ 님별파ᄂᆞᆫ 업ᄉᆞ니라 네 므ᄅᆞ니 오별패니라 욱여 오윤남이 무복 아니ᄒᆞ고 댱하의 죽으니 아ᄃᆞᆯ 열두ᄉᆞᆯ 먹은 거ᄉᆞᆯ 암ᄉᆞᄒᆞᄃᆡ 몰내라ᄒᆞᄂᆞᆫ 거ᄉᆞᆯ 무복 ᄒᆞ더라 말만ᄒᆞ면 살오마ᄒᆞ고 달내여 셤겨 무ᄅᆞ니 과연 무복 ᄒᆞ더이다ᄒᆞ니 오윤남의 아ᄃᆞᆯ 복툐ᄒᆞ여다 말내니 실노 복툐 ᄒᆞ여시면 죽일거시여ᄂᆞᆯ 살오마 언약ᄒᆞ엿더라 ᄂᆡ인 긔의 적죽인 김시은덕이며 글난 드ᄅᆞᆯ 쳬도 아니ᄒᆞ고 슈리 안셔ᄒᆞ고 비록 미쳔ᄒᆞᆫ ᄂᆡ인인들 인명 듕ᄉᆡ여ᄂᆞᆯ 아마도 방졍을 올흔일노 내려ᄒᆞ여 듕틍의 거ᄉᆞᆯ다 쳐죽이더라

대개 살인도적 나며 이 셜심[75]을 내여 ᄡᆞᆯ을 잘ᄂᆡ여허메오고 ᄉᆞ태우의 집들의 들며 대비뎐의셔 대뎐동궁 죽이랴 방졍ᄒᆞ미 석ᄃᆞᆯ재니 하민망ᄒᆞ니 녕ᄒᆞᆫ 무당 어더 문ᄉᆞᄒᆞ려 ᄒᆞ니 여긔 무당이 잇ᄂᆞᆫ가ᄒᆞ고 두로 ᄃᆞᆫ니더라

그리ᄒᆞᄂᆞᆫ 때ᄂᆞᆫ 일뎡뎌러 홀ᄉᆡ 민망ᄒᆞ여 문ᄉᆞᄒᆞ려 ᄒᆞᄂᆞᆫ도다 이리 아라셔야 이 옥ᄉᆞᄅᆞᆯ 올타 녁이게 ᄒᆞᆫ 일이러라

셴가야지 ᄇᆡ타드리가ᄂᆞᆫ 뉴ᄌᆞ신 안해ᄒᆞ야 동고리예 다마드리더라 살인도적의 일노 부원군 나슈ᄒᆞ오시다 듯ᄌᆞ오시고 쓸ᄒᆡ박셕 돌ᄒᆡ 마리ᄅᆞᆯ 브드잇ᄌᆞ오시고 대군으로 이런 홰부모 동싱의게 미ᄎᆞ니 엇디 ᄎᆞ마 드ᄅᆞ리잇가 내 머리털을 버혀죠ᄒᆞ니 대군을 ᄃᆞ려다가 아모리나 쳐치ᄒᆞ고 아바님과 동싱을 노호 쇼셔 ᄒᆞ시며 ᄌᆞ식으로 ᄒᆞ여 어버의게 홰 밋ᄂᆞᆫ 일을 차마 사라셔 못볼소이다 ᄒᆞ오시니 그ᄃᆡ답의 엇디 이런말을 ᄒᆞ옵시ᄂᆞᆫ고 님ᄒᆡ군 됴히 ᄃᆡ답ᄒᆞ여 듯ᄂᆞᆫ 거ᄉᆞᆯ 제병ᄒᆞ야 죽엇더니 살형이란 말과 션왕

75 설심設心=주간계做奸計로서 속이는 일

약밥의 티독ᄒᆞ여 승하ᄒᆞ오시고 션됴 궁인을 알기나 아ᄂᆞᆫ 거ᄉᆞᆯ 시부 살형 음등이란 말을 겟 궁듕의셔 내여시니 이원슈ᄂᆞᆫ 불공ᄃᆡ텬이로소이다 글월 마ᄅᆞ쇼셔 어른 대군이야 알니잇가ᄒᆞ고 뉴ᄌᆞ신 안해게 비오시니 회답ᄒᆞᄃᆡ 셔영갑의 아비며 박응셰의 아비다 셔인이니 연흥과 혼편 사ᄅᆞᆷ이니 어이몰내라 ᄒᆞ ᄋᆞᆸ시니잇가 ᄋᆡ미티 아니ᄒᆞ오니 다시 말 브리디 마ᄋᆞᆸ쇼셔 두곳의셔 다 이리ᄒᆞ니 시부음증은 우리게셔ᄂᆞᆫ 듯디 못ᄒᆞ엿다가 이말 듯고 ᄭᆡ치니 그날 약ᄆᆡ고 물인디 잡ᄉᆞ오시고 즉시 구역ᄒᆞ오시고 위급ᄒᆞ오시니 근시인도 제 심복이니 티독ᄒᆞ기 고이티 아니ᄒᆞ고 일변 적신 뎡인홍의 상쇼로 위급히 되오시니 ᄀᆞᆺᄒᆞ여 칼노 디ᄅᆞ며 매로 텨야 죽이다ᄒᆞ디 아녀 설워 그만ᄒᆞ면 시뷔라ᄒᆞᆯ 거시오 음증도 션묘근시ᄒᆞ던 쇽진이가 희권당이니 ᄆᆡ양 은근히 ᄒᆞ더라 ᄒᆞ니 그리ᄒᆞᆯ제 음증ᄒᆞ기 고이티 아니ᄒᆞ고 살형도 형을 하ᄂᆞᆯ도 못보게가 ᄉᆡᆼ안ᄒᆡ 너허두고 쟝덩이다 보리밥을 드리더니 당장 온다ᄒᆞ니 제심복 의원보내여 쥬찬을 가져다가 다잡고 독쥬ᄅᆞᆯ 먹여 온돌을 달오고 너허ᄌᆞᆷ오고 오니 가ᄉᆞᆷ을 허워여 피흐른 자최 잇더라ᄒᆞ고 그시예ᄂᆞᆫ ᄌᆞ비 하인들도 금치 아녀 니ᄅᆞ매 뉘 모ᄅᆞ리오 게겨오셔 말내ᄋᆞᆸ시다ᄒᆞ돗더라 비록 말내ᄋᆞᆸ시다 일뎡 그론 일ᄒᆞ야 두고 말낸 사ᄅᆞᆷ과 블공ᄃᆡ쳔지 취되리오 이리말을 내고 오월 초오일 ᄌᆞ비문의 만병을 포셜ᄒᆞ고 위립ᄒᆞ야 쥬야의 목탁지셩이 딘동ᄒᆞ여시니 ᄀᆞᆺᄃᆞᆨ 듀야의 구으러믈고 기뭇ᄒᆡ나 니ᄀᆞᆺ티 쒸노라 것머딜 듯 셜워ᄒᆞ시ᄂᆞᆫᄃᆡ 목탁지셩이 인동ᄒᆞ여 드러쳐시니 곤ᄒᆞ야 ᄃᆡ도오ᄃᆞᆺ ᄒᆞ오신 적도 놀나오시더라 이리다든 후ᄂᆞᆫ 반족 말도 ᄌᆞ명[76] ᄒᆞᄋᆞᆸ실일난 구디 닷고 온갓 일을 진짓 일노 내노라 어린놈은 벽이ᄅᆞᆯ 극형ᄒᆞ야 셤겨 무ᄅᆞ니 그런 방졈 제나 ᄒᆞᆯ와 ᄒᆞ

76 자명소自明疏=자기 무죄無罪함을 하소연함.

니 ᄆᆞᆨ능[77]의 흙도 ᄑᆞ오이다 궁듕의 도려드오ᄃᆡ 밤이면 슈문쟝ᄃᆞ려 ᄃᆞ니 ᄅᆞ고 드러니이다 ᄒᆞᆫ대 그런듕ᄒᆞᆫ 죄슈ᄅᆞᆯ 조차거ᄂᆞ려 ᄆᆞᆨ능의 가셔 져도 아니 ᄒᆞ고 상돌 밋틀 석자히나 ᄑᆞ니 아모것도 업ᄉᆞ매 두어곳 만 파보고 ᄯᅩ 유릉의 올나가 ᄑᆞ돗더라 지극 무지ᄒᆞᆫ 하인이라도 어버이 무덤의 흙을 지우랴 ᄒᆞ면 그모ᄒᆞ고 샹심ᄒᆞ거ᄂᆞᆯ ᄌᆡ 텬지녕을 ᄂᆞᆯ내ᄋᆞᆸ고 그듕현ᄒᆞᆫ 피덩 이ᄅᆞᆯ ᄭᅳ어닫아 니장이며 군ᄉᆡ메여 궁듕의 드러 침뎐 기ᄉᆞᆰ의 노흐니 ᄂᆡ인은 노쇼업시 하두려 마로 아래 숨으며 저ᄒᆡ 잡으라 왓ᄂᆞᆫ가 넉여 뼈헤디 ᄅᆞᄂᆞᆫ 형상 엇디 얼골 ᄒᆞ여 긔록ᄒᆞ리오 ᄂᆡ뎐의셔 년ᄒᆞ여 날마다 글월 보내여 저히오며 훌혀 보채ᄃᆡ 너히 ᄂᆡ인들이 다 알거시로ᄃᆡ 내여 죽여시니 변상궁문 샹궁이 일뎡 알 일이니 변과 문이 다 잡ᄌᆞᄉᆡᆼ이니 두갑ᄌᆞᄉᆡᆼ듕의 ᄒᆞ나흘 수이 내여 달나 보채나 ᄒᆞᆫ 일을 번드시ᄒᆞ아셔 ᄉᆞᆺ감기 어려워 갑ᄌᆞᄉᆡᆼ ᄒᆞ나흘 달나ᄒᆞᆫ들 ᄂᆞᆯ을 의지ᄒᆞ여 내여주ᄋᆞᆸ시리 ᄃᆡ답ᄒᆞ오시ᄃᆡ 인간의 사ᄅᆞᆷ 살며 어ᄃᆡᆫ 일을 ᄒᆞ여도 복을못어들가 두려 ᄒᆞᄂᆞᆫᄃᆡ ᄒᆞ물며 샤특ᄒᆞᆫ 일을ᄒᆞ야 엇디 복이 올가 미드리오 이 ᄯᅩᄒᆞᆫ 텬쉬니 셜우미 태산 ᄀᆞᆺᄒᆞᄃᆡ 죽디 못ᄒᆞᄆᆞᆯ 고이히 넉이ᄂᆞ이다 듀야 안젼의 ᄯᅥ나디 아니턴 죵을 잡아내여가고 힝혀 남앗ᄂᆞᆫ 죵을 ᄆᆞ자 내라ᄒᆞ니 디라ᄒᆞ니 나ᄂᆞᆫ ᄒᆞᆫ일이 업ᄉᆞ니 엇디 잘ᄀᆡᄒᆞ여 내리잇가 ᄂᆡ년 내드러 안자셔 대뎐ᄂᆞᆺ치하 ᄯᅩᆼ ᄇᆞᄅᆞ디 마ᄅᆞ소셔 ᄒᆞ니 이후ᄂᆞᆫ 갑ᄌᆞᄉᆡᆼ 달란말 아니터라 ᄯᅩ ᄒᆞᄃᆡ 박ᄌᆞ릉이 ᄀᆞᆺ사돈되여 신제 진상ᄒᆞ여ᄂᆞᆯ 우리뎐의셔 ᄃᆡ답의 벼개 주어 겨오시더니 이적의 닐오ᄃᆡ 벼개 속의 방경ᄒᆞ여시니 그 벼개ᄅᆞᆯ 베니 벼개속의셔 병알의 소ᄅᆡ 나거ᄂᆞᆯ 보니 잡쌔와 ᄇᆡ ᄯᅩ린 널조각이 드럿다ᄒᆞ니 이 ᄒᆞᆯ일인가 아리고 갑ᄌᆞᄉᆡᆼ이나 침실 갑자ᄉᆡᆼ듕의 ᄒᆞ엿다ᄒᆞ니 이런 못ᄉᆡᆼ각ᄒᆞᆯ 쇠ᄅᆞᆯ ᄒᆞ여 ᄂᆡ인

77 목릉穆陵=양주楊州 건원릉建元陵 제이강좌병향第二崗座丙向

들을 ᄆᆞ자 죽이랴ᄒᆞ니 텬디간의 이런 사흉ᄒᆞᆫ 사ᄅᆞᆷ이 어ᄃᆡ 이시리오 대군이 궐ᄂᆡ예 겨오신 일을 민망ᄒᆞ여 만ᄃᆡ 예 긔롱을 드롤가ᄒᆞ여 ᄀᆞ장 어딘톄ᄒᆞ야 갈오ᄃᆡ 됴뎡이 대군을 수이 내라 날마다 보채ᄃᆡ 어린 아ᄒᆡ 알냐ᄒᆞ여 듯대 아니 ᄒᆞ거니와 도적 사괴여 역모ᄒᆞ기와 방경ᄒᆞ여 대란이 나시니 이제 뉘타시라 ᄒᆞᄂᆞ니 ᄒᆞ더라

이리ᄒᆞᆫ후 오라디아녀셔 ᄂᆡ관을 뎐언ᄒᆞᄃᆡ 대군을 하 내여 달나 보채니 아니 드르랴 견집ᄒᆞ니 됴뎡의 노롤 져기플냐 잔치예 와보려 ᄒᆞ니 잠간 문밧긔 내여든 노롤 플게ᄒᆞ여 디이다 말이 ᄀᆞ장 흉ᄒᆞ매 우흔 ᄎᆞ마 듯디 못ᄒᆞ오셔 시위인이며 ᄆᆞ옴이 새로이 산난ᄒᆞ여 간댱이 줄고 애ᄡᅧ려디더라 아니ᄃᆡ답디 못ᄒᆞ오셔 ᄃᆡ답ᄒᆞ오시ᄃᆡ 텬디간의 업ᄉᆞᆫ 대변을 만나 아바님과 ᄆᆞᆺ동ᄉᆡᆼ을 죽여겨시니 내ᄌᆞ식의 일노 어버이게 큰 블회되여 시니 텬디간의 용납디 못홀 줄 알ᄃᆡ 대군이ᄌᆞ란 거시면 ᄌᆞ식을 내여주고 어버이 동ᄉᆡᆼ을 살와디라ᄒᆞ미 올흘 거시로ᄃᆡ 당시 슬하를 ᄯᅥ나디 아냐 칠팔셰 아ᄒᆡ 동셔도 블분ᄒᆞ니 이러매 당초애 대군으란 ᄃᆞ려다가 죵사마 제나흘 ᄆᆞᆺ게 ᄒᆞ시고 아바님과 동ᄉᆡᆼ을 살와디라ᄒᆞ고 내 머리털을 친히 버혀 친히 글월 ᄡᅥ 보내니 밧디 아니ᄒᆞ고 엇디 이런 말을 ᄒᆞ시ᄂᆞ니잇가 어린아ᄒᆡ 알배아니〃 어룬의죄 아ᄒᆡ게 당ᄒᆞ리잇가 ᄒᆞ시니 답ᄒᆞᄃᆡ 션왕이 어엿비 너기라 ᄒᆞ오신 유교도 겨오시니 대군으란 의심도 마ᄅᆞ쇼셔 머리털은 두디못홀거시라 도로 드리ᄂᆞ이다 ᄒᆞ여ᄂᆞᆯ 아바님 업ᄉᆞ신 일은 간댱이 버히ᄂᆞᆫ 듯ᄒᆞ나 나라법이 듕ᄒᆞ여 ᄆᆞ옴으로 살오디 못ᄒᆞ나 이 이ᄒᆡᄂᆞᆫ 션왕의 유ᄌᆡ니 그러나 ᄉᆡᆼ각ᄒᆞ매 겨실가 ᄒᆞ더니 새로이 이런 말을 하시니 션후 말이 다ᄅᆞ믈 셜워 ᄒᆞᄂᆞ이다 어린 아ᄒᆡ롤 어디다가 두리잇가 내안고 ᄒᆞᆫ가지로 죽을 ᄲᅮᆫ 이언뎡 내여보내기ᄂᆞᆫ ᄎᆞ마 못할소이다 ᄒᆞ오시니 ᄯᅩ 글월 ᄡᅥ 보내ᄃᆡ 아모라타 아ᄒᆡ안다 ᄒᆞ오며 문밧긔저졉나ᄂᆞᆫ 일도 녜브터 이시

니 이도 그만 너기오셔 내어 보내오쇼셔 됴뎡이 하 보채니 ᄆᆞᄋᆞᆷ을 져기눅이옵게 ᄒᆞᄂᆞᆫ일이 옵디 해로온 일이잇ᄉᆞ올가 근심마ᄅᆞ쇼셔 ᄒᆞ엿거ᄂᆞᆯ ᄃᆡ답ᄒᆞ오시ᄃᆡ 날을 보오실 거시이냐 대뎐도 션왕 아ᄃᆞ님이옵시고 대군도 아ᄃᆞᆯ이니 경의 ᄎᆞ마 해ᄒᆞ미 겨시리잇가 다만 대군이 열설이 못ᄒᆞ여셔 대뎐오아ᄅᆞ시ᄃᆞ시 ᄒᆞᆫ번 밧긔 져졉냅도 업ᄉᆞ니 어린거ᄉᆞᆯ 어ᄃᆡ다가 두리잇가 대뎐이 누ᄅᆞ오실 타시니션왕을 ᄉᆡᆼ각 ᄒᆞ오샤 인졍을 ᄉᆞᆯ펴보쇼셔 ᄒᆞ니 ᄯᅩ ᄃᆡ답ᄒᆞᄃᆡ 문밧긔 내옵쇼셔 ᄒᆞ다 ᄉᆡᆼ심이나 먼니 보내여 두리잇가 이셔문밧긔 궐ᄂᆡ 갓가온ᄃᆡ 별셔집을 잡아시니 오히려 궐ᄂᆡ의 두고셔ᄂᆞᆫ 됴뎡이 ᄆᆞ양 보채여 업시ᄒᆞ여디라 날마다 서너ᄃᆞᆯ을 아니보챌날이 업ᄉᆞ니 내비록 아니듯고져ᄒᆞ나 됴뎡이 요란ᄒᆞ니 문밧긔 내여 그ᄆᆞᄋᆞᆷ을 싀훤킈 ᄒᆞ미됴흔 일이오니 얼현이 대군을 ᄡᅳᆯ이리잇가 거ᄌᆞᆺ말이 아니되리이다 ᄇᆡᆨ번 미더 내여보ᄂᆡ쇼셔 됴토록 ᄒᆞ리이다ᄒᆞ여ᄂᆞᆯ ᄯᅩᄃᆡ답ᄒᆞ오시ᄃᆡ 여러번 이리ᄒᆞ옵시니 셜운듕의도 더옥 망극 하고 션왕을 ᄉᆡᆼ각ᄒᆞ고 녯날 국모라 ᄒᆞ시던 일을 ᄉᆡᆼ각ᄒᆞ시니 감격ᄒᆞ거니와 다시옴 대뎐도 ᄉᆡᆼ각ᄒᆞ여 보쇼셔 사ᄅᆞᆷ이 ᄌᆞ식을 뭇 두고도 ᄒᆞ나만치 귀히 너기 거ᄂᆞᆯ 나ᄂᆞᆫ두 어린 아ᄒᆡᄅᆞᆯ 두고 션왕이 업ᄉᆞ시니 기시 죽을 일이ᄅᆞᄃᆡ 사라시믄 어린 아ᄒᆡᄅᆞᆯ 경의 ᄎᆞ마 ᄇᆞ리고 죽디 못ᄒᆞ여 명이 브터 잇다가 오ᄂᆞᆯ날 ᄯᅩ 이런일을 보오니 대왕을 위ᄒᆞ야 죽디 아니ᄒᆞ고 사라숩던죄로 소이다 죽을 분이언뎡 ᄎᆞ마 혼자 내여 보내고 살니 잇가 날을 조차 보내여든 ᄒᆞᆫ가지로 나가리이다 ᄒᆞ옵시니 ᄯᅩᄒᆞᄃᆡ 이말ᄉᆞᆷ은 그ᄅᆞ옵시이다 ᄃᆡ군이 안ᄒᆡ이시면 오히려 됴뎡이 노ᄒᆞ여 죽여디라 ᄒᆞᆯ거시니 나ᄂᆞᆫ 뎐을 보오나 ᄃᆡ군을 보오나 됴흔일을 보고져 ᄒᆞ옵더니 ᄆᆞᄎᆞᆷ내 이리 듯디 아니 ᄒᆞ옵시면 나도 내ᄆᆞᄋᆞᆷ으로 못ᄒᆞ여 됴뎡이 ᄒᆞᄂᆞᆫ대로 ᄒᆞ올소이다 이제내여 보내옵시면 살게ᄒᆞ려니와 이리막고 아니 내여보내옵시면 사디못ᄒᆞ오리다 하혓거ᄂᆞᆯ 시위인이며 모다 엿ᄌᆞ오ᄃᆡ 처음브터 흉ᄒᆞᆫ ᄆᆞ음을 내여 각식 말을 바다 여러번 니ᄅᆞ오니 ᄆᆞᄎᆞᆷ내 이긔오실줄이 아니오니 됴흘대로 ᄃᆡ답ᄒᆞ쇼셔 ᄒᆞ오니 내ᄎᆞᆷ아 어린 아ᄒᆡ롤 내여 보내리 당초의 이런일이 이실가 ᄒᆞ여 내 몬져 죽으려 ᄒᆞ엿더니 늙은 ᄂᆡ인들이 하셜워ᄒᆞ며 나곳죽으면 ᄂᆡ인을 ᄒᆞ나토 살와 아니 둘거시니 오래산ᄂᆡ인도 어엿비 녀기라 ᄒᆞ여놀 셜음을 ᄎᆞ마 사랏다가 아바님과 동싱을 죽이단 말을듯고 지금 사라시니 또 엇디 대군을 내여두고 눌을 미더 살길히 이시리 비러도 드롤 길히 업고 내여보내쟈 ᄒᆞ니 ᄎᆞ마 못홀 일이니 텬디간의 이셜음이 엇더ᄒᆞ니 나ᄂᆞᆫ 결단ᄒᆞᆫ 말을 ᄎᆞ마 못홀노다 ᄒᆞ오시니 ᄉᆞ이의 ᄂᆡ인의게 글월ᄡᅥ 보내ᄃᆡ 너희뎐을 시위ᄒᆞ여 각식 모칙을 다 ᄒᆞ다가 일이나타낫거놀 뉘타시라ᄒᆞ고 이제 대군을 아니 내여 주ᄂᆞ니 ᄒᆞ엿거놀 사ᄅᆞᆷ이 산긔ᄒᆞ여 우희 엿ᄌᆞ오ᄃᆡ 각식 흉한 ᄆᆞ음을 히 죠장ᄒᆞ엿다가 이제 ᄃᆡ란을 지어내여 ᄂᆡ외가 문이며 ᄂᆡ인을 다내여 죽여숩고 또 ᄃᆡ군을 내라ᄒᆞ오니 망극 ᄀᆞ이 업숩기야 어ᄃᆡ다가 니ᄅᆞ오리잇가 마ᄂᆞᆫ 하놀이 므솜 허물을 보샤 이런 이ᄆᆡᄒᆞᆫ 일을 만나게 ᄒᆞ오ᄃᆡ 도라보미 업서 날노 망극ᄒᆞᆫ 말이오 오니이 긔디 못ᄒᆞ오실 거시오니 문밧긔만 내여 두어디라 ᄒᆞ올제 내여주오쇼셔 볍은 만나ᄃᆡ ᄒᆞ올볍 잇거니와 이범은 피키 어렵ᄉᆞ오니 수이 허ᄒᆞ오셔 사람의 목숨을 닛ᄌᆞ오쇼셔 ᄒᆞ오니 우히더옥 이통 막극 ᄒᆞ믈 이긔디 못ᄒᆞ오시미비길ᄃᆡ 이시리오 또 ᄂᆡ관으로 뎐언ᄒᆞᄃᆡ 어셔내라 어ᄃᆡ내면 죄크리라 ᄒᆞ여놀 그제야 이긔지 못할줄 아오시고 그ᄃᆡ답 ᄒᆞ오시ᄃᆡ 대군을 죠히 잇게ᄒᆞ마 여러날 말부리오시고 ᄂᆡ뎐의셔 소기디 말아 극진이 덕어 겨시니 내의 셜우믈 어ᄃᆡ 어흘ᄒᆞ여 말을 ᄒᆞ리잇가 마는 대군을 션왕 유지라혀샤 텬싱 제나흘 안보ᄒᆞ여 살게 ᄒᆞ마 ᄌᆞᄌᆞᄒᆞ오시니 이말을 표사마 내여보내려니와 아바님과 동싱을 죽여시니 셟다 ᄒᆞ여 측냥ᄒᆞ여 니ᄅᆞ리 잇가 이제 둘재 동싱과 어린동싱이 사랏다ᄒᆞ니 ᄆᆞᄎᆞᆷ내 이두 동싱이나 살와 주시면 대군을 내여 보내리이다 설니 죽은듕의 졀ᄉᆞ나 아니ᄒᆞ게 비나이다 ᄒᆞ오시니 그제야 깃거ᄃᆡ 답ᄒᆞᄃᆡ 이두 동싱으란 됴히 살게ᄒᆞ리이다 대군을 슈이내여 보내쇼셔 죵이며 긔용이며 궐ᄂᆡ에 잇던대로 ᄀᆞ초와 보내시고 싱심도 다ᄅᆞᆫ길노 나가거니 말고저사던 거ᄉᆞᆯ 더러보내디 마ᄅᆞ쇼셔 저점나ᄀᆞ니 도곤 편코 됴히 이시리이다 날마다 안부 사람도 통케 ᄒᆞ리이다 먹을것도 보내쇼셔 ᄒᆞ시난대로 보내오시고 ᄒᆞ고저ᄒᆞ시ᄂᆞᆫ 일도 다 ᄒᆞ리이다 ᄒᆞ더라 이리ᄒᆞᆫ후 이튼날 장뎡ᄂᆡ관 여라믄과 안흐로셔 ᄉᆞ이문 열고 장뎡ᄂᆡ인들 감찰상궁 ᄋᆡ옥이 ᄉᆞᆺ향이 은덕이 갑이 ᄉᆡᆨ장하인 셋 므스리 둘 져믄내인 여닐곱이 너머오니 우리게 ᄂᆡ인들은 하두려 구석구석 드럿더니 그년들이 와셔 침실의 올나안자며 닐오ᄃᆡ 무어시 못ᄎᆞ며 무어시 낫바 이런일을 ᄒᆞ신고 대군겻희 쳔업던가 명비중의 쳔업던가 대비도 바치시고 대군을 살오시던들 엇더ᄒᆞ여 이런 역모ᄅᆞᆯ ᄒᆞ실고 아히 알가 마ᄂᆞᆫ 저즈럿거든 뉘타시라 ᄒᆞᆯ고 어셔 내여보내소ᄒᆞ고 말이 하 흉악 포악ᄒᆞ니 사람이 차마 어이드르리오 말이나디 아녀 ᄌᆞᆷᄌᆞᆷ코 이시니 저희 ᄯᅩ ᄭᅮ짓고 닐오ᄃᆡ 고디바로 드러시니 임이뻐 ᄃᆡ답ᄒᆞᆯ 말이 잇ᄂᆞᆫ거시라 ᄃᆡ답ᄒᆞᆯ가려라말업서 ᄒᆞ시니 더옥 올타 너해 ᄂᆡ인들이 대군을 수이나시게 ᄒᆞ여야만 뎡힝혀더듸 내여 주시오면 너ᄒᆡ ᄂᆡ인 ᄂᆡ겨레 아오ᄅᆞ 죽을거시니 알나 하더라 우히 건ᄆᆞᄅᆞ 죽어겨오시다가 인ᄉᆞᄅᆞᆯ ᄎᆞᆯ히오셔 겟ᄂᆡ인 우두쟈 너덧 사ᄅᆞᆷ을 드러오라 ᄒᆞ오셔 닐오시ᄃᆡ 너ᄒᆡ도 사람이니 현마내의 ᄋᆡᄆᆡ코 셜워ᄒᆞᄂᆞᆫ 줄을 모ᄅᆞᆯ다 내 무신년의 죽디 아니코 사랏기ᄂᆞᆫ ᄃᆡ뎐 션왕 ᄌᆡ신가 ᄒᆞ여 두어린 아ᄒᆡᄅᆞᆯ 의탁ᄒᆞ여 평안히 살닐가 ᄒᆞ더니 여러ᄒᆡ를 두고 ᄒᆞ로도 편한날이 업시 ᄇᆡᆨ가지로 근심ᄒᆞ여 사더니 흉적을 만나 텬디간의 용납디 못ᄒᆞᆯ ᄃᆡ역의 말을 내게로 밀워오니 하ᄂᆞᆯ이 무지ᄒᆞ샤 이리 ᄋᆡᄆᆡ ᄒᆞᆯ줄을 말아니 ᄒᆞ니 므ᄉᆞᆷ 말을 ᄒᆞ리오 이제 날을 다ᄒᆞ다ᄒᆞ고 밧그로ᄂᆞᆫ 아바님과 동싱을 업시 ᄒᆞ엿고 안흐로ᄂᆞᆫ 근시ᄂᆡ인을 다 내여죽여시니 이 어린거ᄉᆡ 몸의ᄂᆞᆫ 죄미ᄎᆞᆯ 일이 아니로ᄃᆡ ᄯᅩ 대군을 내라ᄒᆞ니 내너ᄒᆡ 알패셔 고ᄃᆡ죽어 뵈야 ᄎᆞᆯ히 이런망극ᄒᆞ고 셜운 말을 듯디말고 적시 브ᄃᆡ ᄃᆡ뎐말과 ᄂᆡ뎐말이 내귀예 잇고 ᄂᆡ인이 증인이 되여시니 인군이 현마 국모ᄅᆞᆯ 소기며 범인의 비길배 아니라 여러번 뎡녕ᄒᆞᆫ 말이 이시니 ᄇᆡᆨ번 밋고 ᄃᆡ군을 내여 보내려니와 두져문 동싱을 노하주셔든 어마님을 뫼셔 션조의 졔ᄉᆡ나 ᄂᆡᆺ게 ᄒᆞ고 대군을 내여보내려ᄒᆞ노라 이말대로 대뎐과 ᄂᆡ뎐긔 뎐ᄒᆞ라 ᄒᆞ오시고 ᄋᆡ통ᄒᆞ오시니 사람이 어이 ᄎᆞ마드ᄅᆞ리오마ᄂᆞᆫ 그년들은 무ᄒᆞᆫ말을 쾌히 ᄒᆞᄃᆡ 이ᄃᆡ도록 아니ᄒᆞ오시다 대뎐이야 열현이 ᄒᆞ오시리가 수이 내여 보내오쇼셔 ᄒᆞ더라 내여보내오시기ᄅᆞᆯ ᄎᆞᆷ아 못ᄒᆞ오샤 무ᄒᆞᆫ 통곡 ᄒᆞ오시더니 두아기시ᄂᆞᆫ 겻ᄒᆡ셔 우ᄋᆞᆸ시고 우히 ᄒᆞᄋᆞᆸ시ᄃᆡ 하ᄂᆞᆯ아 내므ᄉᆞᆷ죄ᄅᆞᆯ 지엇관ᄃᆡ 하ᄂᆞᆯ이 이리 셟게 ᄒᆞ시ᄂᆞᆫ고 ᄒᆞ오사 하 셜워 우ᄋᆞᆸ시니 비록 털셕ᄀᆞᄐᆞᆫ ᄆᆞᄋᆞᆷ인들 엇디 눈물이 나디 아니ᄒᆞ리오마ᄂᆞᆫ 장뎡ᄂᆡ인들이 ᄉᆡᆷᄉᆡᆷ이 안자셔 너ᄒᆡ 우러들 니오면 ᄃᆡ군을 아니 내여 주오실 거시니 됴흔 ᄂᆞᆺᄎᆞ로 어셔 어셔 도러가 엿ᄌᆞ와야만뎡힝혀 셜운 ᄂᆞᆺᄎᆞ로 가면 다 죽게 ᄒᆞ리라 저히니 각각 눈물을 곰초고 드러가 엿ᄌᆞ오ᄃᆡ ᄇᆞᆯ셔 범의게들믈 벗디 못ᄒᆞ게 되여ᄉᆞ오니 병드오신분겨티 지금 사라겨오시믄 우흘 젼혀 미더사라 겨오시니 부원군 쌔도 잘못 간ᄉᆞ하여 겨오실거시오 두 오라비님이나 살나 주셔든 졔ᄉᆞ나 ᄂᆡᆺ게 ᄒᆞ오시고 셟ᄉᆞ오시믈 져근덧 ᄎᆞᆷᄉᆞ오셔 내여보내오쇼셔 날은 느저가고 어셔내라 곰븨 님븨ᄎᆡ촉 ᄒᆞ고 ᄯᅩ 안흐로셔 ᄂᆡ인이 나와 ᄌᆡ촉ᄒᆞ니 하ᄂᆞᆯ흘 쎄칠 힘이잇다 엇디 긋때예 이긔리오 져근더ᄉᆡ 느저가니 우리시위인을 각각 ᄊᆞ지ᄌᆞ 여너ᄒᆡ 이리ᄒᆞ야 못ᄒᆞᆯ거시니 우리드러가 대군을 아사 ᄃᆞ려오리라 너ᄒᆡ ᄒᆞ나히나 살가보쟈 ᄒᆞ고 드리ᄃᆞ르려 ᄒᆞᆫ대 어룬 변샹궁이 다시드러가 엳ᄌᆞ으ᄃᆡ 안팟긔 장뎡을 보내엿고 밧긔ᄂᆞᆫ 금부 하인이 쇠사슬을 들고 위립ᄒᆞ엿고 ᄂᆡ인ᄃᆞ려가려 의녀ᄃᆡ ᄃᆡ령ᄒᆞ여시니 우리 죽으믄 셟디 아니ᄒᆞᄃᆡ 우리 믿ᄌᆞ오시리 업시 이늙은 거ᄉᆞᆯ 미뎌 겨오시고 쇼신도 우흘 믿ᄌᆞ와 실ᄀᆞᆺᄌᆞ오신 옥톄ᄅᆞᆯ 힝혀 블힝ᄒᆞᆫ 일을 보아도 쇼인이 사라ᄉᆞᆸ다가 졍으로 ᄒᆞᄋᆞᆸ고 져ᄇᆞ리와 죽디 아니코 사라ᄉᆞᆸ더니 대군 아기시ᄅᆞᆯ 뎌리 아니 내여 주오시니 이제야 죽을 곳을 아올 소이다 우히 니르오시ᄃᆡ 너ᄒᆡᄂᆞᆫ ᄂᆡ인인 젼ᄎᆞ로 ᄌᆞ식의 졍을 모ᄅᆞᄂᆞᆫ도다 졍의 ᄎᆞ마 내여주기ᄅᆞᆯ 못ᄒᆞᆯ노다 ᄒᆞ오시더라 일변으로 대군 뫼온 ᄂᆡ인들이 대군 아기시ᄅᆞᆯ 달내ᄃᆡ 사나흘만 피졉낫다가 올거시니 보션신고 웃옷닙고 날조차 나가ᄋᆞᆸ사이다 ᄒᆞ니 니ᄅᆞ시ᄃᆡ 죄인이라ᄒᆞ고 죄인 나드ᄂᆞᆫ 문으로 내여가라 ᄒᆞ니 죄인이 보션신고 웃옷닙어 쁠ᄃᆡ 업다 ᄒᆞ셔ᄂᆞᆯ 뉘셔 그리 니ᄅᆞᄋᆞᆸ더니 잇가 ᄃᆡ답ᄒᆞ시ᄃᆡ 놈이 닐너 알가내다 아랏ᄂᆡ 쇼셔문은 죄인 나드ᄂᆞᆫ 문이니 나도 죄인이라ᄒᆞ고 그문밧긔다가 두려ᄒᆞᆫ다 ᄒᆞ고 나과 누으님조차 가면 가려니와 내혼자ᄂᆞᆫ 못갈 노다 ᄒᆞ시니 우흔 더옥 텬디 망극히 우오시더라 어셔내라 ᄌᆡ촉ᄒᆞ며 아니내여 주거든 ᄂᆡ인을 다 잡아내라 볼볼 사람 브리더라 대군뫼온 김샹궁을 곗ᄂᆡ인이 잡아내여 더욱 울고 아니 뫼셔내니 하옥ᄒᆞ라 ᄒᆞ시다 ᄒᆞ니 아모리 달내여 나가사이다 이대도록 ᄒᆞᄃᆡ 져리 우ᄅᆞ시고 죄인 나드ᄂᆞᆫ 쇼셔문으로 나가랴 ᄒᆞ시니 아모리 아기시낸들 이러틋 ᄒᆞ거든 엇디 이리 핍박ᄒᆞ야 보채ᄂᆞᆫ고 내뫼셔 나갈거시니 져근덧 믈너시라 ᄒᆞ니라 날은 느저가고 하 민망ᄒᆞ여 힐 우다가 못ᄒᆞ여 우흔뎡샹궁이 업ᄉᆞᆸ고 공쥬 아기시ᄂᆞᆫ 쥬샹궁이 업ᄉᆞᆸ고 대군 아기시ᄂᆞᆫ 김상궁이 업ᄉᆞ와시니 ᄃᆡ군이 ᄒᆞ시ᄃᆡ 웃뎐과 누으님과 몬져 셔시고 나ᄂᆞᆫ 뒤ᄒᆡ 셔디라ᄒᆞ셔 ᄂᆞᆯ엇디 그리셔라 ᄒᆞ시ᄂᆞᆫ고 ᄒᆞ니 내믄져 셔면 날만 내고 다 아니 나오실거시니 나보ᄂᆞᆫᄃᆡ셔 가ᄋᆞᆸ사이다 ᄒᆞ시더라 우혼짓의ᄃᆡ예 짓보뎝 뎝ᄉᆞᆷ고 두 아기시ᄂᆞᆫ 남보뎝ᄉᆞ와 각각 업ᄉᆞ와 ᄌᆞ비문의 다ᄃᆞ라더니 ᄂᆡ관이 십여인이나 업ᄃᆡ여 어셔내ᄋᆞᆸ쇼셔 ᄇᆞ야더니 우히ᄂᆡ관ᄃᆞ려니ᄅᆞ오시ᄃᆡ 너ᄒᆡ도 션왕 녹을 오래먹고 사라시니 현마 어이 참측ᄒᆞᆫ ᄆᆞᄋᆞᆷ이 업ᄉᆞ랴 ᄉᆞ십여년을 경위예 ᄌᆞ식을 못보아 겨오시다가 병오년의 처음으로 대군을 보오시고 깃브고 ᄉᆞ랑ᄒᆞ오시미 ᄀᆞ이업ᄉᆞ오시니 당시 강보의 ᄡᆞ인거ᄉᆞᆯ 므ᄉᆞᆷ 뜻을 두어 겨읍시리 ᄒᆞᆫ갓ᄌᆞ라ᄂᆞᆫ 일홈만 듯고져 ᄒᆞ오시다가 귀텬ᄒᆞ오시니 내기시예 ᄌᆡ궁을 조차 죽던들 오ᄂᆞᆯ날이 셜운 일을 보랴 이거시 내죽디 아니코 사랏던 죄라 어린 아ᄒᆡ 동셔도 아디 못ᄒᆞᄂᆞᆫ 거ᄉᆞᆯ ᄆᆞ자 잡아내니 됴뎡이나 ᄃᆡ간이나 션왕을 ᄉᆡᆼ각ᄒᆞ오면 이리 셟게 ᄒᆞ랴ᄒᆞ오시고 하 ᄋᆡ통ᄒᆞ오시니 ᄂᆡ관이 눈물을 ᄡᅳᄉᆞ며 입을 여러 말을 못ᄒᆞ고 ᄒᆞᆫ갓 어셔 내ᄋᆞᆸ쇼셔 우리라 모ᄅᆞ리 잇가마ᄂᆞᆫ 이길일이 아니라 ᄒᆞ더라 뎌집 ᄂᆡ인 년갑이ᄂᆞᆫ 우업ᄉᆞ온 ᄂᆡ인의 다리를 붓드럿고 은덕이ᄂᆞᆫ 공쥬 업ᄉᆞ온 쥬샹궁 다리ᄅᆞᆯ 붓드러 옴겨드ᄃᆡ디 못ᄒᆞ게 ᄒᆞ고 대군 업ᄉᆞ온 사ᄅᆞᆷ을 압흐로셔 ᄭᅳ어내고 뒤흐로셔 밀텨 문밧긔 내고 우리 만다미러드리고 ᄌᆞ비문빡을 다드니 그망극ᄒᆞ미 엇더ᄒᆞ리오 대군 아기시만 문밧긔 업혀나셔셔 업은 사ᄅᆞᆷ의 등의 머리ᄅᆞᆯ 브듸쳐 우ᄅᆞ시며 마마보새ᄒᆞ다가 못ᄒᆞ여 누오님이나 보새ᄒᆞ시고 하애ᄅᆞᆯ타 셜워 ᄒᆞ오시니 곡셩이ᄂᆡ외예 텬디 딘동ᄒᆞ며 눈물이 싸ᄒᆡᄀᆞ득 ᄒᆞ니 사ᄅᆞᆷ들이 눈이 어두워 길흘 모ᄅᆞᆯ너라 아기시ᄅᆞᆯ 문밧긔 내여 호위ᄒᆞ여 환도화살ᄎᆞᆫ 군장이 위립ᄒᆞ야 가니 그제야 울기ᄅᆞᆯ 긋치고 머리ᄅᆞᆯ숙여 차ᄂᆞᆫᄃᆞ시 업혀 가시더라 우흔 도로 드러와 겨오샤 하ᄂᆞᆯ흘 웨여 ᄋᆡ통ᄒᆞ오셔 여러번 긔졀ᄒᆞ오시고 사ᄅᆞᆷ 업ᄉᆞᆫ ᄣᆡ예 결항도 ᄒᆞ오시며 ᄌᆞ경도 ᄒᆞ려ᄒᆞ오셔 사ᄅᆞᆷ을 ᄎᆡ라 ᄒᆞ오시니 변상궁이 아ᄋᆞᆸ고 듀야ᄅᆞᆯ ᄯᅥ나디 아녀서로 톄면ᄒᆞ야 안자셔 각ᄉᆡᆨ으로 위로ᄒᆞ야 엿ᄌᆞ오ᄃᆡ 본겻티 오시나 우히 오시나 본ᄃᆡ 젹션의 뜻을 먹ᄉᆞ오셔 사ᄅᆞᆷ을 ᄒᆞ나토 해ᄒᆞ오시미 업ᄉᆞ오시니 하늘이 므ᄉᆞᆷ 허믈을 보오신지 이런 셜운 일을 보게 ᄒᆞ시니 이 셜우믈 반ᄃᆞ시 벗ᄌᆞ오실거시오 대군이당시 열설도 못ᄒᆞ오시니 현마 이제죽이오리잇가 문을 열면 ᄌᆞ로 안부나 아니 듯자오시며 우히사라 겨오셔야 본겻졔ᄉᆡ며 오ᄅᆞ 아니 거노리오시리잇가 늙ᄉᆞᆸ신 본겻치 눌을 밋고 사라겨시리잇가 아ᄃᆞ님 위ᄒᆞ야 고ᄃᆡ 죽고져 ᄒᆞ오시나 부모긔 ᄎᆞᄎᆞ브회되니 어마님을 도라보오셔 손조죽고져 ᄒᆞ오시믈 프러 먹ᄉᆞ오샤 져근덧 견ᄃᆡ여 문이나 열거든 본겻ᄎᆞᆯ 만나오샤 ᄋᆡᄆᆡ코 셜운 말ᄉᆞᆷ도 통ᄒᆞ오시고 공쥬아기시도 일변 ᄌᆞ손이오시니 비록 ᄯᆞ님이 오시나 ᄇᆞ리고 죽ᄉᆞ오시면 어ᄃᆡ가 눌을 의지ᄒᆞ야 사ᄅᆞ시며 이제 쳑의게가 브쳐 의지ᄒᆞ야 사ᄅᆞ시면 당신이 ᄌᆞ라신들 그셟거든 ᄒᆞ믈며 우ᄒᆞᆯ 잡아 업시ᄒᆞᄋᆞᆸ고 대군을 죽이ᄋᆞᆸ고 누으님을 언제됴히 살게 ᄒᆞᆯ가시보니잇가 이제 반ᄃᆞ시 샤특ᄒᆞᆫ 일노 잡아ᄆᆞ자 업시ᄒᆞᆯ 거시니 우히 국뫼되여 겨오샤 두ᄌᆞ손을 두어겨 오시던 일은 무치이고 가ᄉᆞᆷ ᄉᆞ이예 방졍과 역모 ᄒᆞ오시다가 발각ᄒᆞ야 죽ᄉᆞ 오시다 ᄉᆞ칙의 ᄡᅳ이올거시니 인간의 견ᄃᆡ기 어렵ᄉᆞ온 측측 셟ᄉᆞ온 일이 다시 업ᄉᆞ오나 훗일홈이나 아니ᄉᆡᆼ각ᄒᆞ오시리잇가 이어리고 미혹ᄒᆞᆫ 즘ᄉᆡᆼᄀᆞᆺᄌᆞ온 소견의도 이러ᄒᆞ오니 ᄋᆡ통을 ᄎᆞᆷᄉᆞ오셔 져기눅여 ᄉᆡᆼ각 ᄒᆞ오쇼셔 ᄒᆞ니 낸들 므ᄉᆞᆷ 혬이 업ᄉᆞ여 더러온 일홈을 싯고져 아니랴마ᄂᆞᆫ 하 셜워 애ᄅᆞᆯ 뻐ᄐᆞᄂᆞᆫ 듯 간당이 졸고 심간의 블이 븟ᄂᆞᆫ듯 ᄒᆞ니 후일ᄉᆡᆼ각 업고 이 인간을 어셔 여ᄒᆡ고져ᄒᆞ야 손조 죽고저 ᄒᆞ노라 ᄒᆞ오시고 촌ᄀᆡᆨ도 곡읍을 그치디 아니 ᄒᆞ오시며 식음을 나오디 아니ᄒᆞ오샤 ᄒᆞᆫ갓 ᄂᆡᆼ슈과 어름ᄲᅮᆫ 마시오시고 날마다 어마님 안부와 대군 안부ᄅᆞᆯ 문여러 주어든 아라디라 보채오시ᄃᆡ 대군은 됴흔 말노 하달내어 내여 가시매 ᄒᆞ로ᄒᆞᆫ번식 ᄂᆡ슈ᄉᆞ로 문안만 아라ᄌᆞ로 니ᄅᆞ라 ᄒᆞ고 자실음식이나 내여 주면 금군 군ᄉᆞ 아오ᄅᆞ 낫낫치 펴뒤져겨보고 대면 ᄂᆡ면이 가져다가 쉬문을 본후ᄅᆞ야 대군긔로 가져가더라 이리ᄒᆞᆫ ᄒᆞᆫ달만의 강홰로 옴기ᄃᆡ 니ᄅᆞ도 아니ᄒᆞ고 늣도록 안부 사ᄅᆞᆷ도 오디 아니ᄒᆞ거ᄂᆞᆯ ᄀᆞ장 슈상히 녀겨 새로이 근심ᄒᆞ고 아기시긔 보낼 실과며 고기ᄅᆞᆯ ᄡᆞ고 담아 침실의 노코 즐기던 실과란 됴ᄒᆡ 쟈ᄅᆞ의 너허 겻ᄒᆡ 노하두고 엇디 오ᄂᆞᆯ 온 지금 안부도 아니오ᄂᆞᆫ고 필연 연고 잇도다 아모려나 놉흔ᄃᆡ 올나 길히 나 알고오라 ᄒᆞ오샤 ᄂᆞᆯ 뎐의 침실 ᄒᆞ엿던 다락의 셔셔 다히로 ᄇᆞ라보니 사ᄅᆞᆷ이 새문셩을 둘넛고 셩우ᄒᆡ 올나 굿보ᄂᆞᆫ 재수ᄅᆞᆯ 보ᄅᆞ게셧고 화살ᄎᆞ고 횟빗ᄀᆞᄐᆞᆫ 창환도 가시니 수업고 길가ᄂᆞᆫ 거동으로 ᄆᆞᆯᄐᆞᆫ사ᄅᆞᆷ이 만터라 ᄇᆞ라보고 하ᄀᆞ이업서 눈물을 나ᄂᆞᆫ줄을 몰나 ᄆᆞᄎᆞᆷ내 보려ᄒᆞᄃᆡ 죵젹을 아디 못ᄒᆞ엿더니 이윽고 거믄발노덩ᄀᆞᄐᆞᆫ거ᄉᆞᆯ 메고 ᄂᆡ인 두 어히ᄆᆞᆯᄐᆞ고 므릅ᄡᅳ고 오ᄂᆞᆫ소ᄅᆡ 젼의 듯던 소ᄅᆡ여ᄂᆞᆫ 그제야 일뎡 죽이ᄋᆞᆸ도다 녁이고ᄂᆞ려와 아모ᄃᆡ 온통 죵젹을 아디 못ᄒᆞ올너이다 이리 엿ᄌᆞ오나 셜운 ᄉᆞ식을 ᄎᆞᆷ아 ᄎᆞᆷ디 못ᄒᆞᆯ너라 밧사ᄅᆞᆷ 통노ᄒᆞᄂᆞᆫᄃᆡ 잇더니 게가 ᄀᆞ만이 드ᄅᆞ니 대군을 강홰로 옴기니 블샹ᄒᆞ더라 ᄒᆞ거ᄂᆞᆯ 그제야 강홰로 옴긴줄 아니라 수일이 디나ᄃᆡ 안부도 오디 아니ᄒᆞ고 강홰로 옴기단 말도 니ᄅᆞ디 아니 ᄒᆞ더라 우흔 내인을 무ᄒᆞᆫ보채오셔 어셔안부나 어더니ᄅᆞ라 ᄒᆞ오신들 어ᄃᆡ가 드ᄅᆞ리오 ᄂᆡ관ᄃᆞ려 니ᄅᆞ오시ᄃᆡ 안부ᄂᆞᆫ 념녀말고 드ᄅᆞ라 ᄒᆞ더니 이제 수일이로ᄃᆡ 안부ᄅᆞᆯ 모ᄅᆞ니 어ᄃᆡ가시며 엇디 언약과 다ᄅᆞ니잇가 먹ᄋᆞᆯ 거ᄉᆞᆯ란 ᄆᆞᄋᆞᆷ 족〃보ᄂᆡ라 ᄒᆞ시거ᄂᆞᆯ 드럿더니 인쥐되여 현마 소기랴 미덧더니 이제야 소겨시니 간곳이나 니ᄅᆞ라ᄒᆞ오시ᄃᆡ ᄃᆡ답도 아니터라 대군이 아니가신제 뫼신 김상궁긔 업혀겨샤 슬프믈 이기디 못ᄒᆞ야 우ᄅᆞ시고 내발 싯기라 목욕 ᄀᆞ마디라 ᄒᆞ셔ᄂᆞᆯ 아기ᄂᆡ도 목욕ᄀᆞ나ᄉᆞᆸᄂᆞᆫ가 못ᄒᆞᄋᆞᆸᄂᆞ니 므ᄉᆞ일ᄒᆞ랴 목욕을 ᄀᆞ므랴ᄒᆞ시며 므ᄉᆞ일노 져리 셜워 우ᄅᆞ시ᄂᆞᆫ고 늣겨 ᄀᆞ장 셜워 우ᄅᆞ시다가 뉵월 스므ᄒᆞ로니 언제뇨 ᄒᆞ셔ᄂᆞᆯ 날 아라 무엇ᄒᆞ랴

ᄒᆞ시ᄂᆞᆫ고 알일이셔 뭇노라 ᄒᆞ시고 더옥 셜워 우ᄅᆞ시거ᄂᆞᆯ 좌위슈상히 넉이더니 과연 뉵월 스므ᄒᆞ로날 내여가니라 졍신이 긔특ᄒᆞ야 아ᄅᆞ시돗더라 우흔 더욱 셟ᄉᆞ오샤 낫물을 뭇치오시고 듀야 ᄋᆡ곡으로 디내오시더니 하 권ᄒᆞ매 콩ᄀᆞᄅᆞᄅᆞᆯ ᄒᆞ여 ᄂᆡᆼ슈의 프러지령 죵ᄌᆞ의 잡ᄉᆞ오면 그도 ᄒᆞᄅᆞ ᄒᆞᆫ번식도 아니 잡ᄉᆞ오면 변상궁이울고 ᄀᆞᆫ졀이 알외와 목ᄂᆞᄅᆞ 물적시오시고 우오쇼셔 ᄒᆞ와야 두어번식 마시오시더라 계튝 갑인 을묘년 ᄀᆞ지ᄂᆞᆫ 콩미시 죠니 만날을 아오라 ᄒᆞᆫ번식 잡숩더니 대군긔별 아라디라 문안오ᄂᆞᆫ ᄂᆡ관ᄃᆞ려 아모리 닐러도 드ᄅᆞᆫ 쳬ᄅᆞᆯ 아니터라 대개 안흐로 장졍ᄂᆡ인 십여인과 밧그로 장뎡ᄂᆡ관들 보ᄂᆡ기ᄂᆞᆫ 우히 대군을 ᄃᆞ리오시고 밧긔나가 오실가 녁여 ᄂᆡ외예 빠화셔 밀티고 조차ᄂᆡ티고 문을 다 밀어 닷고 ᄉᆞ이문을 팅〃닷고 구블가도의 말노 ᄭᅮ짓고 가니라 ᄂᆡ인 아ᄒᆡ들이 우ᄂᆞ니 이시면 은덕이 갑이 삭지ᄌᆞ며 요년들 대군 죽으나 사나 네 아ᄅᆞ곳가네 어미 네아비 죽거든 울고 ᄃᆡ군 ᄉᆡᆼ각고란 우디마라 우ᄂᆞᆫ눈의 ᄌᆡ녀챠ᄒᆞ고 ᄭᅮ짓고 치니 사ᄅᆞᆷ이 나ᄃᆞᆫ니지 못ᄒᆞ더라 ᄃᆞᆯ이 포되ᄃᆡ강 홰음기닷말을 아니ᄒᆞ거ᄂᆞᆯ 긔별 드ᄅᆞᆯ길히 업서 더욱 망극히 넉여 셜워ᄒᆞ더라 본겻치 죽어겨오신 동 사라겨오신 동 아디못ᄒᆞ여 문안 ᄂᆡ관ᄃᆞ려 문여러 노모의 죽사리 긔별이나 듯고 죽네ᄒᆞ라 ᄇᆡ오시니 ᄇᆡᆨ번이나 ᄒᆞ여도 ᄃᆡ답도 아니ᄒᆞ다가 여러번 ᄒᆞ니 ᄂᆡ관을 ᄭᅮ지ᄌᆞᄃᆡ 역적의 집의라 ᄒᆞᄂᆞᆫ거ᄉᆞᆫ 족멸ᄒᆞ고 그집을 못ᄑᆞ고 못살게ᄒᆞᄂᆞᆫ 거ᄉᆞᆯ 내 견집ᄒᆞ여 그죄잇고 ᄂᆡ슈ᄉᆞ의 냥식나모드려 디내게ᄒᆞ엿디이리 어ᄌᆞ러이 문여러 긔별 드러디라 ᄒᆞ시게 ᄒᆞ노니 너히ᄂᆡ인들 국〃히 안자셔 어버의 긔별 드러디라 뎐을 보채오니 이리ᄒᆞᄂᆞᆫ도다 다시 이런말ᄒᆞ면 너히ᄅᆞᆯ 다죽일 거시니 니ᄅᆞ디말나 ᄒᆞ더라 ᄯᅩ 이ᄒᆡ ᄀᆞ올의 문여러달나 날마다 ᄂᆡ관의게 닐너 보채으시니 쳔번의 한번도 ᄃᆡ답지 아니 ᄒᆞ다가 ᄂᆡ관으로 뎐언 ᄒᆞᄃᆡ 그리타 ᄒᆞᆫᄒᆡ 두ᄒᆡ 다다두며

삼년을 다〃두랴 못잡은 죄인 박티의ᄅᆞᆯ ᄆᆞ자 잡고 문을 열마 ᄒᆞ엿더라

탄일 이ᄃᆞ다라 ᄂᆡ뎐의셔별 문안ᄂᆡ관을 브렷거ᄂᆞᆯ ᄃᆡ답ᄒᆞ오시ᄃᆡ 녯날 양ᄌᆞ보옵던 일을 ᄉᆡᆼ각 ᄒᆞ옵시니 감격ᄒᆞ거니와ᄒᆞ옵시니 감격ᄒᆞ거니와 나도사ᄅᆞᆷ이오 뎌도 사ᄅᆞᆷ이니 인졍은 다 ᄒᆞᆫ가지니이다 온가지 일을 다날올ᄒᆞ다 ᄒᆞ고 어버이 동ᄉᆡᆼ이며다 내여 죽여잇고 대군을 ᄆᆞ자 내여다가 아모ᄃᆡ 갓다 말도 듯디 못ᄒᆞ연디 ᄒᆞ마ᄒᆡ되여시니 셜우미 비길곳이 업ᄉᆞᄃᆡ 목숨이 죽디못ᄒᆞ여 사라셔 노모의 안뷔나 듯고져 듀야ᄇᆞ라니 문을 여러됴무 존안부나 듯고 죽게 쥬션ᄒᆞ야 ᄌᆞ믄 문을 여러 쥬셔든 디하의 가도ᄂᆡᆺ디못ᄒᆞ고 죽어도 눈을 ᄀᆞ마 죽으리이다 ᄒᆞ오시니 ᄃᆡ답도 아니ᄒᆞ더라 이ᄒᆡ 뎡됴 다ᄃᆞ랏더니 문안 ᄂᆡ관의게 또 이러틋 니ᄅᆞ오시ᄃᆡ ᄃᆡ답도 아니ᄒᆞ더라 ᄂᆡ인이란거ᄉᆞᆫ 본ᄃᆡ 이구잇 일만ᄒᆞ고 밧긔어버이 동ᄉᆡᆼ이 제셰ᄉᆞᄂᆞᆫ 도라보ᄂᆞᆫ거시라 ᄒᆡ거의 디나ᄃᆡ 문열그ᄋᆞᆷ을 몰라 답〃민망ᄒᆞ여 저히 닙셩의것도 당초에 죽을동 살동 아디 못ᄒᆞ여 힝혀 블힝ᄒᆞᆫ 일이 이셔도 저ᄒᆡ거ᄉᆞ로나 죽엄을 ᄲᆞ게 ᄒᆞ려ᄒᆞ고 우히 대군과 ᄒᆞᆫ가지로 죽으랴 ᄒᆞ오시매 ᄉᆡᆼ을 아디못ᄒᆞ야 힝혀 닙은것외예다 내여보내엿더니 ᄉᆞ례ᄅᆞᆯ 혜아리니 샹하의 손조 죽으미 가티 아녀 일시예 다 사라시니 ᄒᆡ포되여가매 하 민망ᄒᆞ여 ᄌᆞ비ᄂᆡ관의게 모든 ᄂᆡ인이 아모리 비러도 드른톄 아니ᄒᆞ고 드려둘톄 업서 ᄂᆡ인들이 구석구석이셔 울거ᄂᆞᆯ 나라ᄒᆡ셔 ᄂᆡ인을 닙을 것들 주오시고 셜움을 져근덧 견ᄃᆡ라 나ᄂᆞᆫ 나라히 되여서 ᄂᆞᆷ의게 잡힌배 되여 ᄒᆞ로 두번식 본겻 안부ᄅᆞᆯ 알고 일시ᄅᆞᆯ ᄯᅥ나디 아니코 쥬야 내겻ᄒᆡ 잇던 대군을 내여주어시니 져근덧 너ᄒᆡ도 답〃ᄒᆞ믈견ᄃᆡ고 어ᄌᆞ러이 ᄂᆡ관ᄃᆞ려 통티말나 힝혀 알길히 이시면 이리 텰통ᄀᆞᆺ치 ᄒᆞᆫ번 긔별도 통티 못ᄒᆞ니 셜워ᄒᆞᄂᆞᆫ줄 난 도ᄅᆞ고 샹하의 긔별이나 듯고 됴히 잇ᄂᆞᆫ가 녁여 범의 위엄을 더욱 낼거시니 조심ᄒᆞ야 살고 틈집ᄒᆞ야 긔별 드러디라

말나 ᄇᆡᆨ번 당보ᄒᆞ오시니 아니ᄒᆞ리이다 ᄒᆞ더라 그려도 견ᄃᆡ디 못ᄒᆞ야 외ᄒᆡᆼ남의 큰대문이 이셔본ᄃᆡ 다든문 이로ᄃᆡ 군ᄉᆡ ᄃᆡᆨ희여셔 빙텽 ᄯᅳᆯᄒᆡ ᄉᆞ못보ᄂᆞᆫᄃᆡ러니 혹 어비구실됴니ᄂᆞᆫ 양올보ᄃᆡ 뎐홀길히 업서 셰월을 지내더라 당초의 환난을 념밧긔만나 졍뎐의 겨오시니 못ᄒᆞ여 후궁 뎡빙 입궁쳬ᄒᆞᆫ ᄀᆞ디러니 올마 거젹을 ᄭᆞᆯ고 본겻 상듕과 망극ᄒᆞ믈 디내오시더라 ᄂᆡ인듕환이과 경츈이란 하인은 녜브터 입궐ᄒᆞ야 사더니 경츈이ᄂᆞᆫ 의인왕후 본겻 죵이매 ᄒᆞᆫ뎐삼년후의 침실샹궁이 용타 엿ᄌᆞᆸ고 드렷더니 늙은 ᄂᆡ인들은 ᄒᆞᄃᆡ 본겻 죵이니 이제 근측ᄒᆞᆫ 소임 맛기기 가티아니타 ᄒᆞ니 우히 듯ᄌᆞ오시고 무식ᄒᆞᆫ 말이로다 나라히 되여셔 내죵 젼죵을 달니 혜랴 의인본겻티 본ᄃᆡ 용ᄒᆞ시다 드럿고 의인이 어디ᄅᆞ시믈 드러시니 항거시 용ᄒᆞᆫ ᄌᆞᆨ종조차 용타 드럿노라 비록 하인이나 슌덕ᄒᆞ미 뎨일이니 녜와 이제ᄅᆞᆯ ᄎᆞᆯ히디 말고 부리라 ᄒᆞ오셔ᄂᆞᆯ 침간의 블ᄯᅵᆺᄂᆞᆫ 소임을 시겻더니 듕환이ᄂᆞᆫ 각ᄉᆞ사ᄅᆞᆷ으로셔 아ᄒᆡ제 대궐의 드러셔 ᄯᅳᆺ이 용치 못ᄒᆞ매 여러번 영츌ᄒᆞ엿더니 도로 경츈이과ᄒᆞᆫ 소엄을 ᄒᆞ여시나 듕환이ᄂᆞᆫ 녯하인이라 블ᄯᅵᆺᄂᆞᆫ 소임을 ᄒᆞ엿고 덕복이ᄂᆞᆫ 시지본겻 하인이라도 상직방블ᄯᅵᆺᄂᆞᆫ 소임을 뎡ᄒᆞ여시매 녯ᄂᆡ인들은 ᄒᆞᄃᆡ 너모 사ᄅᆞᆷ을 미터 져리 ᄒᆞ오시니 어디 오시기ᄂᆞᆫ 오히려 넘ᄉᆞ오시나 녜브터 아니하ᄂᆞᆫ 일이라 ᄒᆞ더라 아ᄃᆡᆨ보매 흉ᄒᆞᆫ 일은 아닛ᄂᆞᆫ가 넉이오시더니 듕환이 제 오라비 인위조의 드러여러ᄒᆡ 형축 ᄒᆞ매 대뎐을 원ᄒᆞ미 날노 심ᄒᆞ야 원악을 이긔디 못ᄒᆞ야 공현이 원망의 말곳ᄒᆞ면 듯ᄂᆞᆫ재번저타 ᄒᆞ여 ᄉᆡᆼ심도 그런말 말나ᄒᆞ더니 원망ᄒᆞᄂᆞᆫ 일을 가히라셔 알고 ᄃᆞ려가 울히며 달내여 ᄀᆞ장 은근히 말ᄒᆞ고 졍을 닉게 ᄒᆞᆫ후의 너도내니ᄅᆞᄂᆞᆫ 말을 드ᄅᆞ면 나도 네 오라비ᄅᆞᆯ 살와주마 언약ᄒᆞᆫ후 진샹슈과 은바리ᄅᆞᆯ 도적ᄒᆞ야 가히ᄅᆞᆯ 주엇더라 임ᄌᆞ 뉵월 십팔일이 왕자경평군[78] ᄉᆡᆼ일이러니 쇼쥬방 하인이 진지 바드라간ᄉᆞ이ᄅᆞᆯ 타

듕환이ᄂᆞᆫ 망보거든 경츈이 ᄌᆞ문 문골희ᄅᆞᆯ ᄠᅮᆲ고 바리ᄅᆞᆯ 내여다가 가히ᄅᆞᆯ 주다 오래 사ᄅᆞᆷ들이 슈근더려 경츈이 듕환이 ᄒᆞᆫ배라 ᄒᆞᄃᆡ 침실샹궁들은 의심을 아니니 뉘라셔 말을 내리오 본ᄃᆡ 제 동ᄉᆡᆼ의 일노 원ᄒᆞᄂᆞᆫ 사ᄅᆞᆷ이오 경츈이ᄂᆞᆫ 더욱 상궁을 보아도 쑬어뵈고 고개ᄅᆞᆯ 추들어 말을 아니코 밧긔 소ᄅᆡ를 내디 아니매 뉘뎌ᄅᆞᆯ 의심ᄒᆞ리오 복쟈의게 일은 거ᄉᆞᆯ 므ᄅᆞ니 양ᄌᆞ밤블기ᄅᆞ고 놈과말도 아니ᄒᆞᄂᆞᆫ 사ᄅᆞᆷ이 픔어다가 ᄌᆞ손곳의 쥬어시니 엇기 ᄀᆞ장 어렵다 ᄒᆞ거ᄂᆞᆯ 모다 닐오ᄃᆡ 경순이ᄂᆞ치 뻬로니 지가 가져다가 ᄒᆞᄃᆡ 모다 고지듯디 아냐 경츈이 ᄋᆡᆨ굿다 ᄒᆞ더라 저ᄒᆡᄂᆞᆫ 므릇 일을 즐겨 밤마다 ᄉᆞ이문을 열고 가셔 우히 오시며 아기시 내오시며 ᄂᆡ인들 밥 ᄡᅧ 먹ᄂᆞᆫ 일을 다가히ᄃᆞ려 일〃히 니ᄅᆞᆫ후의야 제오라비ᄅᆞᆯ 노아주니라 우리ᄂᆞᆫ 뎌리 사괴ᄂᆞᆫ 줄을 몰낫더니 계튝년변이 나매 저ᄒᆡ ᄂᆞᆫ 저리 될줄을 미리 알고 가희복심이 되여시니 우리보ᄂᆞᆫ ᄃᆡᄂᆞᆫ 놈의 뉴의 더옥 셜워 ᄡᅡ흘 허위고 셜워ᄒᆞᄂᆞᆫ 형상을 ᄒᆞ매 죄벌의 ᄃᆡᄅᆞᆯ다주고 샹궁이 울고 닐오ᄃᆡ 너ᄒᆡ 둘을 우리 각별이 어엿비 너기온 의인 마노라 죵이오 듕환이ᄂᆞᆫ 아ᄒᆡ제브터 보던거시니 너ᄒᆡᄂᆞᆫ 살거시니 우리 업서도 아기시 즐기시던 실과나 명일 이어든 ᄉᆡᆼ각ᄒᆞ야 놋ᄌᆞ와라 ᄒᆞ니 둘히 울고 이리아니 ᄒᆞ옵시다 얼현이 ᄉᆡᆼ각ᄒᆞ리잇가 ᄒᆞ더라 소긔ᄂᆞᆫ 칼츤ᄆᆞ옴을 품어셔도 밧그로 셜워ᄒᆞ논톄ᄒᆞ니 졍ᄆᆞ옴인가 미더 ᄒᆞ더라 임ᄌᆞᄉᆞ월의 ᄂᆡ인들이 모다 잔ᄎᆡᄒᆞ야 먹으며 그뎐상궁들을 쳥ᄒᆞ니 두어흔 슌히오고 가히 병탈 ᄒᆞ고 아니오거ᄂᆞᆯ ᄌᆡ삼 쳥ᄒᆞᄃᆡ 듕병ᄒᆞ엿노라 ᄒᆞ고 ᄆᆞᄎᆞᆷ내 아니 오더라 삼경은 ᄒᆞ야 혼자 ᄀᆞ마니 침실겻ᄒᆡ 쇼듀방의 와시ᄃᆡ ᄂᆞᆰ은 견막이 닙고 쪽도리 그어 ᄡᅳ고 소ᄅᆡ업ᄉᆞᆫ것 신고 조즉방의 드러셔 ᄀᆞ마니 나셔 침실노 드러가려

78 경평군慶平君=선조 11남 온빈溫嬪 한씨韓氏 출出

ᄒᆞᆯᄆᆞ듸예 마ᄎᆞᆷ 침실상궁이 쇼변보라 나와셔 침실나 하하고요ᄒᆞ거ᄂᆞᆯ 놀나 타뎐 사ᄅᆞᆷ도만히 와시니 힝혀 잡하인이 드러갈가 넉여 침실노 드러가보려 ᄒᆞ니 가히라셔 김샹궁을 보고 놀나 피ᄒᆞ랴 애ᄅᆞᆯ 쓰ᄃᆡ 문안의 드러가 근측ᄒᆞᆫᄃᆡ매 피ᄒᆞᆯ고들 모ᄅᆞ고 ᄀᆞ마니 고개ᄅᆞᆯ 숙이고 지게 뒤흐로 ᄂᆞᆺᄎᆞᆯ향ᄒᆞ야 브드〃ᄯᅥᆯ고 셧거ᄂᆞᆯ 김샹궁이 하 무셔워 나와 드디 못ᄒᆞᄃᆡ 그러나 당돌ᄒᆞᆫ ᄆᆞᄋᆞᆷ을 먹음고 드러가자 ᄂᆡ 뉘신고 ᄒᆞ여 여러번므ᄅᆞᄃᆡ ᄃᆡ답도 아니ᄒᆞ고 하 ᄯᅥᆯ거ᄂᆞᆯ ᄇᆞᆯ셔 가히 소작인줄 알것마ᄂᆞᆫ날이 어두오니 힝혀 아닌가 도집더 손을 잡으며 자ᄂᆡ 뉘신고 하 여러번 무ᄅᆞ니 그제야 내로쇠ᄒᆞ여ᄂᆞᆯ 샹궁이신가 ᄋᆡ 내로쇠ᄒᆞ여ᄂᆞᆯ 엇디와 겨시던고 뎨 굿보라 왓더니 ᄒᆞ더라 잡아도 고ᄒᆞᆯ고디 업고 두뎐ᄉᆞ이예 어ᄌᆞ러워 올분이로다 ᄒᆞ고 짐즛 노하 보내며 알파 못가노라 ᄒᆞ여ᄂᆞᆯ 섭〃ᄒᆞ여 ᄒᆞ더니 보고가시니 깃거ᄒᆞᄂᆡ ᄒᆞ고 노하 보ᄂᆡ니라 숀목 잡아실제 산고기 놀씌듯ᄒᆞ더라 이말을 김샹궁이 일졀 입밧긔 내디 아니ᄒᆞ고 놈모르ᄂᆞᆫ 근심을 ᄒᆞᄃᆡ 대군 나시며브터 더옥 씌리다가 무신년 이후의 님ᄒᆡ군일 나며브터ᄂᆞᆫ 더옥 헛말을 지어내니 듀야 상하의 근심으로 디내더니 임ᄌᆞ년 괘방일노[79] 대군 위ᄒᆞ미 더옥 심ᄒᆞ더라 두대궐ᄉᆞ이 문을좀가두고 열제면 ᄂᆡ관이 여러야 됴셕문안 상궁이 ᄃᆞᆫ니더라 그러ᄒᆞ매 틈을 타셔 대군을 ᄌᆞ직ᄒᆞ려ᄒᆞ다가 대군이 침실의셔 자시매 못ᄒᆞ고 방경을 ᄒᆞ고 가돗더라 이후 브터ᄂᆞᆫ 초즉방마로 아래셔 아ᄒᆡ 소ᄅᆡ로 놉히 울고 한숨 소ᄅᆡ 하나니 져녁 때ᄂᆞᆫ ᄎᆞᆷ아 그다히 사ᄅᆞᆷ이 드러가디 못ᄒᆞ야 무셔워 ᄒᆞᆫ다ᄒᆞᄃᆡ 가히왓던 말이 날가ᄒᆞ여 일졀 드른양 아니ᄒᆞ여 못드ᄅᆞᆫ체ᄒᆞ고 아ᄒᆡ들이 무셔워 ᄒᆞᆫ다ᄒᆞ여도 돗갑이나 잇도다 ᄒᆞ고 서기고 사러라 듕환이 경츈이과 ᄒᆞᆫᄆᆞᄋᆞᆷ으로 ᄒᆞ여와

79 괘방掛榜-도명문서屠名文書의 정시榀示

그리ᄒᆞ돗더라 제집의셔 방졍을 ᄒᆞ여 노ᄒᆞ두고 우리ᄅᆞᆯ 향ᄒᆞ야 대란을 지어내여 저희ᄂᆞᆫ 듕환이 경츈이과 둘흔 은혜ᄅᆞᆯ 만히 쳐두고 각ᄉᆡᆨ 노ᄅᆞ술 다ᄒᆞ엿거니와 우리ᄂᆞᆫ 놈 해홀뜻 업고 젼후의 ᄉᆞ졍을 알니도 업고 그뎐침 실기숣도 아디못하더니라

계튝 동지ᄯᆞᆯ의 듕환이 ᄒᆞᄃᆡ 내오라비 듕죄예 드러신제 엇던 즁이 니ᄅᆞᄃᆡ 소ᄌᆞ경과 다라과츅을 닑으면 가도인 일도 프러디고 ᄌᆞ믄 문도 수이 열리고 대쇼 익이 버서난다 ᄒᆞ거ᄂᆞᆯ 옥듕의셔도 ᄆᆞ양 닑으니 그덕을 닙은디 이제사라나셔 노혀시니 이일과 ᄂᆞᆫ 다르나 대군이나 사라나시고 다ᄃᆞᆺ 문이나 수이 여ᄅᆞ셔도 ᄀᆞ마니 손들고 안잣ᄂᆞ니 졍셩ᄒᆞ고 ᄀᆡ나 ᄒᆞ여 보ᄋᆞᆸ소 ᄒᆞ거ᄂᆞᆯ 드르매 우이너기더니 기듕의 김상궁이 과연히 넉여 이경을 닑어디라ᄒᆞ니 우히 말니오시ᄃᆡ 경이란거ᄉᆞᆫ ᄀᆞ장 공슌ᄒᆞ고 졍셩ᄒᆞ야 야덕을 닙ᄂᆞᆫ다 ᄒᆞᄂᆞᆫᄃᆡ 모든 사ᄅᆞᆷ이 산난ᄒᆞ고 내 모양듀야 곡읍의 ᄌᆞᆷ겨셔 ᄆᆞᄋᆞᆷ이 버히ᄂᆞᆫ듯 셜워 ᄒᆞ거ᄂᆞᆯ 뉘ᄆᆞᄋᆞᆷ의 드려경을 닑으리 말나 ᄒᆞ오시니 뎐교 맛당 ᄒᆞᄋᆞᆸ거니와 덕을 닙어 문을 수이 열고 본겻과 아기시 긔변을 수이 어더 듯ᄌᆞ오셔도 안자괴로이노ᄂᆞ니 닑어디라 여러번 쳥ᄒᆞ오니 너희ᄉᆡᆼ지 ᄒᆞ라 ᄒᆞ오시다 드려겨오신ᄃᆡᄂᆞᆫ ᄌᆞ비 갓가오니 더럽고 요란ᄒᆞ매 대군드러 겨오시던 집이 졀졍ᄒᆞ고 인졍이 업ᄉᆞᆫ 고디라 듕환의 입을 바다 언셔뻐가지고 게가 이 경을 닑더니 도로혀 흉ᄒᆞᆫ ᄆᆞᄋᆞᆷ을 내여 고홀 뜻을 품어셔 틈을 못어더 ᄒᆞ더니 제 오라비셰ᄌᆞ궁 등촉비치라 ᄆᆞ양다든 문밧긔 와 제누의 긔별을 들려 거나텨ᄃᆞᆫ니ᄂᆞᆫ 양을 틈으로 여어 보고 밤의 군사ᄅᆞᆯ 만히 주고 사괴여 제오라비ᄅᆞᆯ 블너다가 각ᄉᆡᆨ말 다ᄒᆞ고 글월 뻐 가희게 보ᄂᆡᄃᆡ ᄉᆞ이문으로 오거든 ᄒᆞ던말 다니ᄅᆞ 마ᄒᆞ돗더라 긔별 못드러 민망ᄒᆞ여 ᄒᆞ다가 밤듕만 문을 열고 와셔 가히 듕환이ᄅᆞᆯ 달내ᄃᆡ ᄒᆞᄂᆞᆫ 일을 ᄌᆞ시 니ᄅᆞ면 너ᄅᆞᆯ 몬져 나가게 ᄒᆞ리라 ᄒᆞ니 요공ᄒᆞ려 ᄒᆞᄃᆡ 홀일이

업서ᄒᆞ다가 제 ᄀᆞᄅᆞ쳐 경닑ᄂᆞᆫ 말을 니ᄅᆞ고 시지 대비 마노라 친히가 텬제ᄒᆞ야 대뎐을 죽으라 비ᄅᆞ신다 이리 하돗더라 할고셔 가히 은덕이 동궁무스리 업관이ᄅᆞᆯ ᄃᆞ려다가 그 경닑ᄂᆞᆫ ᄃᆡᄅᆞᆯ ᄀᆞᄅᆞ쳐 뵈ᄃᆡ 우히 친히 나가오신 일이 업고 힝혀 경닑ᄂᆞᆫ 일의 잡아다가 죽이기ᄅᆞᆯ 못ᄒᆞ며 아모ᄆᆞᆯ니나어더 남아 잇ᄂᆞᆫ ᄂᆡ인을 ᄆᆞ자 업시ᄒᆞ고 우흘 혼자 두오와 애ᄫᅳᆺ쓰샤 승하ᄒᆞ오시게 ᄒᆞ려ᄒᆞ야시나 잡을 ᄆᆞᆯᄅᆞᆫ 못 어더 애쓰더라

계튝일긔 권지 일 ᄭᅳᆺ

4289년四二八九年 4월四月 30일三十日 간刊

주註 **이병기**李秉岐

단국대학교국어국문학연구회檀國大學國語國文學研究會

계축일기癸丑日記 일명一名 서궁록西宮錄

해설解說

영창대군永昌大君 의㼁는 선조宣祖의 계비繼妃 인목대비仁穆大妃 김씨金氏가 낳으신 아드님이다. 선조의 초비初妃 의인왕후懿仁王后 박씨朴氏가 선조 33년에 승하하시매 그 담담해 선조께서 보령宝令 51세로 바야흐로 19세 되는 김제남金悌男의 따님을 왕후로 삼고 그다음 해 즉 선조 36년에 정명공주貞明公主를 낳고 선조 39년에 이르러 비로소 선조의 적자嫡子인 영창대군을 낳으셔 퍽 귀여워하시었다. 사속문제嗣續問題는 사가私家에서도 종래 분운紛紜하여 왔거니와 더구나 궁정에서는 가장 중대한 일로서 역대제왕이 만만萬萬 고심苦心하였던 것이다. 선조께서도 초비初妃 박씨朴氏의 몸에는 한 점 혈육이 없었고 다만 여러 후궁의 몸에서는 자녀를 많이 두었는바 후궁의 그 하나인 공빈김씨恭嬪金氏의 기출己出인 2남 광해군光海君 혼琿이 일찍 세자가 되어 임진왜란도 겪고 그 인척姻戚과 요계僚屆와 결어 동궁東宮의 세력이 떨쳤는데 이런 대군이 있으니 혐의가 없을 수 없으며 이상한 풍설風說도 떠돌지 않을 수 없던 차 선조께서는 그 41년 2월에 57세로 아직도 정정한 옥체가 갑자기 승하하시고 즉시 광해주光海主가 즉

위하며 친형 임해군臨海君 진珒을 죽이게 하고 또 무옥사건誣獄事件이 종종 일어나며 그 겸의병謙疑病은 더욱 심하고 그 5년 계축癸丑에는 마침 서양갑徐羊甲等 등의 사건이 발각되었다. 이 사건은 그때 모모한 명가名家의 서자들이 천대함을 반항하고 그 무리를 모여 한 폭력단을 이뤄 재물을 빼앗다가 포청捕廳에 잡혔더니 이이첨李爾瞻이 그 무리의 하나인 박현제朴玄齊를 꾀어 김제남金悌男이 영창대군을 추재推載하여 모반을 한다고 무고하게 하였다. 이런 모략으로 말미암아 그 혐의의 뿌리를 캐게 되며 조금이라도 혐의쩍은 이는 모두 그 과중過中에 몰아넣었고 김제남 부자와 영창대군과 그 소속나인所屬內人들 참혹한 죽음을 당하고 인목대비 인목왕후께서는 서궁西宮, 명례궁明礼宮, 대막문大漢門 안에 있는 궁으로 옮아 계시다가 또 폐모가 되어 갇혔었다. 이런 끔찍한 설음 속에서 그 좋은 청춘을 다 보내시고 늦게야 인조반정을 만나 복위되셨으매 그 원한이야 전과 다름이 있으랴?

계축일기는 상하 2권 1책인 사본으로서 이상에 말한 영창대군의 일을 적은 것인데 대군보다도 그 어머님 인목대비의 심정을 소상히 그린 것이다. 즉 어머니가 자식을 사랑하는 정을 더할 나위 없이 쏟아놓은 것이다. 인목대비께서 처음 궁궐宮闕에 들어가실 때부터 모해謀害를 하기 시작하여 점점 그 술책도수術策度數가 높아져 영창대군을 빼앗아 가는 때에는 아주 그 초점에 이르렀다. 무서운 비관적悲觀的이었다. 아직 여덟 살인 대군이 무엇을 알까마는 용상竜床이 무서운 자리라 이런 잔인 포악한 행위가 있었다. 이 기록은 한중록恨中錄과 인현왕후전仁顯王后傳과 같은 궁중의 추사秋事라 옛날 같으면 민간에 퍼질 수 없다. 비록 누가 안다 하더라도 아는 척도 못하였다. 그러므로 왕궁 밖에도 이 기록이 없었고 혹 척신戚臣집에 있었다 하더라도 극히 비장祕藏하던 것이었다. 이 계축일기도 구왕

궁소장旧王宮所藏이다. 그 말장末張에 내인內人들이 잠깐 기록하노라 함을 보면 이 작자는 그때 인목대비를 서궁에 모시고 있던 내빈內嬪이다. 이는 물론 삼인칭 작이었다. 이 자기自記는 순연히 우리말로 쓴 점과 '곰비님비'와 같은 고어의 어휘를 흐뭇하게 쓴 점으로도 그러려니와 침울반복沈鬱反覆한 치렁치렁한 어세와 절실 심각한 문맥으로써 인정의 깊은 근저를 밝히고 뒤지고 하여 명백히 우리 생활의 일면을 보여준 한 귀중한 작품이었다.

의유당일기 意幽堂日記

의유당일기意幽堂日記

연안김씨延安金氏 저著
이병기李秉岐 교주校註

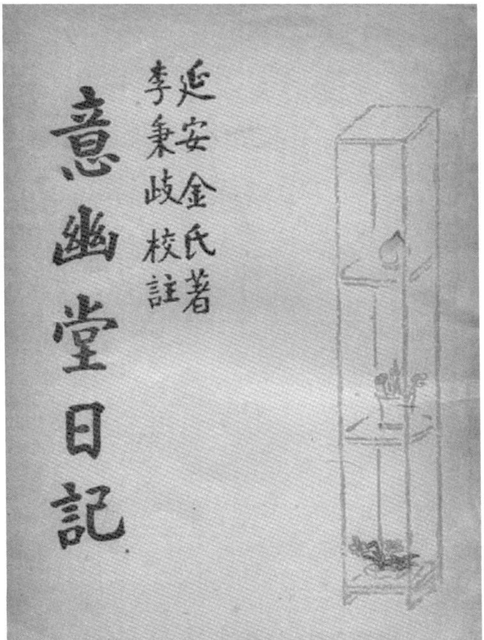

『의유당일기』(연안김씨 저, 이병기 교주,
백양당, 1948) 표지 사진

일러두기

1. 『의유당일기意幽堂日記』(연안김씨 저, 이병기 교주, 백양당, 1948)의 원문은 순한글로 되어 있다.
2. 한글이 병기되어 있지 않은 「서序」와 「범례凡例」는 가독성을 높이기 위하여 한글을 병기하였다.

서序

이 책은 의유당意幽堂의 작품을 모은 것으로 『의유당 관북유람 일긔』라기도 하나 기행·전기·번역을 합친 진귀珍貴한 문집文集이었다.

이런 보배로운 글을 지은이는 과연 누군가 하면 연안김씨延安金氏의 의유당이라는 당호堂號를 지닌 한 여사女史이었다. 이 여사는 본시 잠영세족簪纓世族의 집에 태어나서 그 덕행이며 범절이 놀라운 가운데 글공부가 더욱 도저하여 그 절세의 재분을 이걸로 드러내던 바이었다.

그 남편인 한산리씨韓山李氏 희찬羲贊과는 금실이 퍽 좋았으며 순조 29년二十九年(1929년一八二九年) 가을에 이희찬이 함흥판관咸興判官으로 부임赴任하매 의유당도 따라가 있으며 그 부근의 명승고적을 찾아다니며 그 보고 듣고 느끼고 생각나는 바를 그 붓으로 적은바 그 신묘한 붓질은 남구만南九萬 박성원朴聖源 따위의 북정록北征錄으로 견줄 것도 아닐뿐더러 유명한 한중록恨中錄과도 다른 찬란한 색채가 있다. 그중 『동명일긔東溟日記』와 같은 건 가장 걸작傑作이고 『득월루상냥문得月樓上樑文』 번역도 또한 창작創作이다. 그때 우리글을 적던 이가 얼핏 하면 한문어투漢文語套나 따다 썼지만 의유당은 그렇기는커녕 하잖은 한문 그것까지도 우리 말글로 하여 멋이 나게 하였다.

이는 고전古典의 한 해왕성海王星이다. 썩은 고서古書 속에서 튕기쳐 나온 진본珍本으로 이보다 더 좋은 작품이 또 얼마나 나올는지는 알 수 없으나 8·15八·一五 해방 후 우리 어문학語文學 연구열硏究熱이 점점 높아지는 이때 이런 책을 감추어 두기는 너무 애석한 일이기 나는 이 원문을 주해註解 교정校正하여 백양당白楊堂에 맡겨 간행하여 어서 널리 퍼치고자 한다.

1974년一九四七年 말복날

계동 매화옥 이병기

범례凡例

一. 원본原本은 사본寫本이고 탈락脫落 또는 오사誤寫된 데가 많다. 『영명사 득월루 샹냥문』 본문本文에는 뒤바뀌어 적힌 구구자자句句字字가 퍽 많은데, 그것은 번역문飜譯文과 대조對照하여 고쳤다.

一. 철자綴字에 있어서는 다음과 같이 고쳤다.

1. 띄어쓰기는 구조口調를 많이 참작參酌하였다.
2. 속칭俗稱 "아래아" 자字(ㆍ)는 말을 따라서 ㅏ ㅡ ㅗ ㅜ들로 고쳤다.
3. 된소리 ㅺ ㅽ ㅼ ㅲ ㅽ ㅶ들은 ㄲ ㅃ ㄸ ㅆ ㅉ로 고쳤다.
4. 주主로 한자음漢字音에 있어서 ㅅ ㅈ ㅊ 다음 오는 ㅕ ㅑ ㅛ ㅠ는 ㅏ ㅓ ㅗ ㅜ로 고쳤다.
5. ㄹ이 ㄴ으로 된 것은 철자법綴字法대로 ㄹ로 고치기도 하였다.
6. ㅅ받침은 철자법綴字法대로 ㄷ ㅌ ㅈ ㅊ으로도 고치기도 하였다.
7. 명동名詞와 모음母音 토는 대강 구별區別하였다.

一. 「춘일소흥」에는 한자漢字를 본문本文에다 끼어 주註의 번거로움을 덜었다.

一. 「영명사 득월루 상냥문」 원시原詩는 하단下段에다 상고하여 두었다.

차례

서序

범례凡例

낙민루

븍산루

동명일긔

춘일소흥

영명사 득월루 상냥문

낙민루

함흥 [1]만세교와 낙민뤼 유명하다 하더니 [2]긔툭년 팔월 념 사일 [3]낙을 떠나 [4]구월 초 이일 함흥을 오니 만세교는 당마의 문허디고 낙민루는 [5]서호로 성밧긴듸 [6]누하문 [7]전형은 서울 [8]흥인 모양을 [9]의디하야시되 [10]둥골고 적어 [11]계유 [12]독교가 간신이 드러가더라

그 문을 인하여 성밧그로 [13]빼그어 누를 지엇는듸 두층으로 대를 [14]무으고 [15]아오라이 싸올려 그 우희 누를 지어시니 [16]단청과 [17]난간이 다 [18]퇴락하야시되 경치는 [19]정쇄하야 누우희 올라 서편을 보니 [20]성천강이 크기 한강만하고 물결이 심히 맑고 [21]됴촐한듸 새로 지은 만세교 물 밧그로 놉희 대여자히나 소소노혀시니 [22]거동이 무디게 [23]휘온듯하고 [24]기릐는 [25]니로기를 [26]이편으로셔 저편가지 가기 오리라 하되 그럴니는[27] 업서 삼사리는 족하여 뵈더라 강가의 버들이 차례로 만히 서고 [28]녀염이 즐비하여 [29]별결이듯하야시니 [30]몃가구믈 모를러라

[31]누상 마루청 녈을 밀고 보니 그 아래 아득한듸 사닥다리를 노코 저리 나가는 문이 [32]바히 적으되 침침하야 [33]자시 못보다 밧그로셔 아득히 우러러 보면 놉흔 누를 두층으로 [34]무어 [35]뎡자를 지어시니 마치 그림속 절 지은것 갇더라

주註 기1其一 ———

1. 만세교와 낙민뤄=만세교萬歲橋와 낙민루樂民樓이 낙민정樂民亭은 성천강상城川江上에 있는데, 병화兵火에 무너지고 낙서洛西 장만張晩이 선조宣祖 40년四十年(1607)에 북호란北胡亂을 치러 갔다가 이를 중건重建하였다. 루하樓下에 만세교萬歲橋가 있다.
2. 기튝년 운운云云=기축년己丑年 순조純祖 29년二十九年 8월八月 념念 24일二十四日. 서력西曆 1829년一八二九年 9월九月 21일二十一日.
3. 낙=洛. 낙양洛陽은 주공周公의 도읍지都邑地. 전轉하여 서울을 가리킴.
4. 구월 초 이일=양陽 9월九月 29일二十九日.
5. 서흐로=서西으로. 주註 기4其四16 참조參照.
6. 누하=樓下.
7. 전형=典刑. 모양.
8. 흥인=흥인문興仁門. 지금 서울 동대문東大門.
9. 의디하야시되=의지 하였으되. 본떴는데.
10. 둥골고=둥글고.
11. 계유=겨유. 겨우.
12. 독교=獨轎. 말 한마리가 끄는 승교.
13. 빼그어=빼쳐났다는 말. "빼구어"라고도 함.
14. 무으고=무으다는 포개어 쌓다의 고어古語. 루壘 무슬류訓蒙字會.
15. 아오라이=묘망모渺茫貌.
16. 단청=丹靑. 푸르고 붉은 색.
17. 난간=欄干.
18. 퇴락=頹落. 무너져 떨어지는 것.
19. 정쇄=精灑. 정하고 깨끗한 것.
20. 성천강=城川江. 함흥咸興 남서南西 2리二里(輿地)
21. 됴촐한듸=깨끔한데. 설屑 됴촐할셜字會.
22. 거동=꼴. 의儀 거동의字會.
23. 무디게 휘온듯=무지게 휘인듯.
24. 기릐=길이. 장長. 이 책에 기릐 너븨 구븨 등等으로 있는 것을 모두 기릐 너븨 구븨로 하였다.

25. 니로기를=이르기를. 말하기를.

26. 이편으로셔 운운云云=이편으로부터 저편까지 가기가 5리五里.

27. 그럴니는=그럴 리理는.

28. 녀염 운운云云=여염閭閻이 즐비櫛比.

29. 별결이듯=별을 결인 듯. 결다編.

30. 몃가구믈=몇 가구家口임을.

31. 누상=樓上.

32. 바히=전혀, 아주.

33. 자시=자세히.

34. 무어=견見 본주本註14.

35. 뎡자=정자亭子.

븍산루

[1]븍산루는 [2]구천각이란듸 가면 예사 퇴락한 누히라 그 마루의 가서 마루 [3]굼글 보니 사닥다리를 노하시니 다리로 [4]게를 나려가니 성을 [5]짝원 모양으로 갈나 구천각과 [6]븍루의 [7]브쳐 길게 싸 븍루의 가는 길흘 삼고 [8]빠혀 누를 지어시니 븍루를 바라보고 가기 [9]눅십여보는 하더라

븍루문이 [10]역시 낙민루문 같으되 [11]마이 더 크더라 반공의 솟은듯하고 구름속의 비최는듯 하더라 [12]성둘기를 구천각으로브터 빼그어 누를 지어시니 [13]의사가 공교하더라

그 문속으로 드러가니 휘휘한 굴속같은 집인듸 사닥다리를 노하시니 다리우흐로 올나가니 [14]광한뎐 같은 큰 마루라 [15]구간대청이 [16]활낭하고 [17]단청분벽이 황홀한듸 압흐로 [18]내미러보니 [19]안계 훤츨하여 탄탄한 벌이니 [20]먼니 바라보이는듸 [21]치마하는 [22]터히기 기생들을 시긴다하되 머러 못시기디

동남편을 보니 무덤이 [23]누누하여 [24]별버듯하야시니 [25]감창하야 눈믈이나 [26]금억디 못하리려라 서편으로 보니 낙민루 앞 성천강 물줄기 게가지 [27]창일하고 만세교 비슥이 뵈는것이 더옥 [28]신긔하야 황홀이 그림속 같더라

[29]풍류를 일시의 주하니 [30]대모관풍류라 소래 길고 화하야 가히 드럼즉 하더라 모든 기생을 쌍지어 [31]대무하야 종일 놀고 날이 어두오니 도라올

새 풍류를 [32]교전의 길게 잡히고 청사초롱 수십쌍을 고히 닙은 기생이 쌍쌍이 들고 [33]서시며 [34]홰블을 [35]관하인이 수업시 들고 나니 가마속 밝기 낫같으니 [36]밧겻 광경이 [37]호말을 혤디라 븕은 [38]사희 프른 사흘 니어 초롱을 하야시니 그림재 어롱디니 그런 장관이 업더라

[39]군문대장이 비록 [40]야행의 사초롱을 [41]현들 엇디 이대도록 장하리오 [42]군악은 귀를 [43]이아이고 [44]초롱빛은 됴요하니 마암의 [45]규듕쇼녀자믈 아조 니치고 허리의 [46]다섯인이 달리고 몸이 [47]문무를 겸전한 장상으로 [48]훈업이 고대하야 어듸 [49]군공을 일우고 [50]승전곡을 주하며 [51]태평궁궐을 향하는듯 좌우 [52]화광과 군악이 내 [53]호긔를 돕는듯 몸이 [54]늒마거듕의 안자 [55]대로의 달리는듯 [56]용약환희하야 오다가 관문의 니르러 [57]아내 마루아래 가마를 노코 장한 초롱이 [58]군성이 양긔를 마자 떠러딘듯 업스니 심신이 황홀하여 몸이 절로 대청의 올라 머리를 만져보니 [59]구룸머리 [60]꿔온것이 고아잇고 허리를 만디니 치마를 둘러시니 [61]황연이 이몸이 녀자믈 깨다라 방듕의 드러오니 침선 [62]방적 하던것이 좌우의 노혀시니 [63]박댱하야 웃다 븍뤼 블븟고 다시 지으니 더옥 [64]굉걸하고 단청이 새롭더라

주註 기2其二

1. 븍산루=北山樓.
2. 구천각=九天閣.
3. 굼글=굶을. 굶 혈穴의 고어古語.
4. 게=거기.
5. 짝읜=쪼갠.
6. 븍루=北樓, 북산루를 이름.
7. 브쳐=붙여.
8. 빠혀=빼어.

9. 늑십여보=六十餘步

10. 역시=亦是. 또한.

11. 마이=매우. 매오, 매이 동同.

12. 성둘기=성파城坡. 파坡 두듥파字會.

13. 의사=意思. 의장意匠.

14. 광한뎐=廣寒殿. 당명황唐明皇이 신천사申天師 홍도객鴻都客으로 더불어 8월八月 망일望日 밤에 월중月中에 동유同遊한대 방牓을 보니 "광한청허지부廣寒淸虛之府"라 하더라.

15. 구간대청=九間大廳.

16. 활낭=濶朗. 널찍하고 명랑함.

17. 단청분벽=丹靑粉壁. 丹靑과 흰벽.

18. 내미러보니=내밀고 보니.

19. 안계 운운云云=眼界가 훤칠하여. 장하고 시원하여.

20. 먼니=멀리.

21. 치마=馳馬. 치마대馳馬臺 재함흥북在咸興北.

22. 터히기=터이기에. 기지基地.

23. 누누=累累. 첩첩.

24. 별버듯=별 벌듯.

25. 감창=感愴. 슬픈 것.

26. 금억디=禁抑지.

27. 창일=漲溢. 넘치는 것.

28. 신긔=新奇.

29. 풍류 운운云云=풍류風流를 일시一時에 주奏하니. 갑자기 풍악風樂소리가 들리는 광경光景.

30. 대모관풍류=큰 고을의 풍류.

31. 대무=對舞. 쌍지어 춤추는 것.

32. 교전=橋前.

33. 서시며=섰으며.

34. 홰블=횃불. 거화炬火.

35. 관하인=官下人. 관예官隸.

36. 밧겻=바깥.

37. 호말 운운云云=호말毫末을 헤아릴지라. 털가락 끝도 셀수가 있을만큼 밝더라.

38. 븕은 사희 운운云云=붉은 사紗에다 푸른 사紗를 이어서.

39. 군문대장=軍門大將.

40. 야행=夜行. 밤행군行軍.

41. 현들=혀다는 켜다의 고어古語. 발화發火.

42. 군악=軍樂.

43. 이아이고=이아치고. 그소리 밖에는 안들린다는 뜻.

44. 됴요하니=조요照曜하니. 밝게 비치니.

45. 규듕소녀자믈=閨中少女子임을. 한낱 규중부녀閨中婦女에 지나지 않음을.

46. 다섯인=다섯 개의 인印.

47. 문무 운운云云=문무文武를 겸전兼全한 장상將相.

48. 훈업 운운云云=훈업勳業이 고대高大하야.

49. 군공=軍功.

50. 승전곡=勝戰曲.

51. 태평궁궐=太平宮闕.

52. 화광=火光. 불빛.

53. 호긔=호기豪氣.

54. 눅마거듕=육마거중六馬車中.

55. 대로의=大路에.

56. 용약환희=勇躍歡喜.

57. 아내=衙內. 내아內衙. 원님의 관사官舍.

58. 군성 운운云云=뭇별群星이 햇빛陽氣를 맞이하고서 슬어진 듯.

59. 구룸머리=구름송이처럼 만들어 머리에 얹는 머리. 운발雲髮.

60. 꿔온것 云云=꿘 것이 고여 있고.

61. 황연이=晃然히. 환히 깨닫는 모양.

62. 침선 방적=鍼線 紡績. 바느질과 길쌈.

63. 박당하야 웃다=박장拍掌. 손벽을 치고 웃더라.

64. 굉걸=宏傑. 굉장하고 빼어남.

[1]쵀순상 제공이 [2]서문루를 새로 지어 [3]호왈 무검루라하고 경티와 누각이 긔하다하니 한번 오르고져하되 [4]녀염총듕이라하기 못갓더니 [5]신묘년 십월 망일의 [6]월색이 여주하고 상뢰 긔강하야 목엽이 진탈하니 경티 쇼쇄하고 풍경이 가려하니 [7]월색을 타 누의 오르고져 [8]원님긔 청하니 허락하시거늘 독교를 타고 오르니 [9]누각이 표묘하야 하늘가의 빗긴듯하고 [10]팔작이 [11]표연하야 가히 [12]보암즉하 월색의 보니 희미한 누각이 반공의 소슨듯 더옥 긔이하더라

누듕의 드러가니 [13]뉵간은 되고 새로 단청을 하야시니 [14]모모 구석구석이 초롱대를 세우고 쌍쌍이 초를 혀시니 화광이 조요하야 낫같으니 눈을 드러 살피매 단청을 새로하야시니 [15]채색비단을 기동과 반자를 짠듯하더라

서편 창호를 여니 누하의 저자 버리던 집이 [16]서울외예 지믈가가 같고 곳곳이 가가집이 겨러잇는듸 [17]시뎡들의 소래 고요하고 모든집을 [18]칠칠이 겨려가며 지어시니 놉흔 누상의서 즐비한 녀염을 보니 천호만가를 손으로 [19]혤듯하더라 [20]성루를 구븨도라보니 [21]밀밀제제하기 [22]경듕낙성으로 다름이 업더라

이런 웅장하고 거룩하기 경성 남문루라도 이에 더하디 아니할디라 심신이 용약하야 음식을 만히 하여다가 기생들을 슬컷 먹이고 즐기더니 [23]듕군이 장한 이 월색을 띄여 [24]대완을 타고 누하문을 나가는듸 풍뉴를 치고 만세교로 나가니 [25]휜화가갈이 또한 신긔롭더라 시명이 서로 손을 니어 잡담하여 무리지어 단니니 서울 같아여 [26]무뢰배의 기생의 집으로 단니며 호강을 하는듯 십으더라

이날밤이 다하도록 놀고 오다

주註 기3其三 ———

1. 최순상=채순상蔡巡相. 순상巡相은 순찰사巡察使. 채제공蔡濟恭.
2. 서문루=西門樓.
3. 호왈 무검루=號曰 舞劒樓.
4. 녀염총듕=여염총중閭閻叢中. 여러 민가民家의 가운데.
5. 신묘 운운云云=순조31년신묘 10월純祖三十一年 辛卯 十月 보름날. 서력西曆 1831년 11월18일一八三一年 十一月 十八日.
6. 월색이 여주하고 云云=월색여주月色如晝 상로霜露 기강旣降 목엽진탈木葉盡脫 경치숙쇄景致潚灑 풍경가려風景佳麗.
7. 월색을 타=달빛을 이용利用하여.
8. 원님=작자作者 의유당意幽堂의 남편되는 함흥판관咸興判官 이의찬李義贊.
9. 누각 운운云云=樓閣이 표묘縹緲하야. 다락집이 아득하여.
10. 팔작=추녀가 넷이 있는 집의 부연婦椽 단 추녀를 이름.
11. 표연하야=飄然하야. 날을듯한 모양.
12. 보암즉하=보암즉하여, 보암즉해.
13. 뉵간=육간六間.
14. 모모=모통이 마다.
15. 채색비단을=채색彩色한 비단으로.
16. 서울 외예=서울 성밖에. 지믈 가가는 종이파는 집. 지물가가紙物假家.
17. 시뎡=시정市井. 시민市民.
18. 칠칠이 운운云云=길차게 결어가며. 길게 결어가며. 결다는 편編.
19. 혤듯=헤아릴듯. 세다{(수數}.
20. 성루 운운云云=城樓를 구비돌아보니.
21. 밀밀제제=密密濟濟. 빽빽하고 가득한 것.
22. 경듕낙성으로=京中洛城과. 서울과.
23. 듕군=중군中軍. 군영軍營의 대장大將.
24. 대완=大宛. 중앙아세아中央亞細亞에 있던 옛 나라이름. 거기서 나온 말을 이르는

것.

25. 훤화가갈=喧嘩呵喝. 떠드는것.

26. 무뢰배=無賴輩. 건달들.

동명일긔

[2]긔툑년 팔월의 낙을 떠나 구월 초생의 함흥으로 오니 다 니로기를 [3]일월출이 보암즉다 하되 [4]상게 오십니라하니 마음의 [5]듕난하되 기생들이 못내 칭찬하여 거록하믈 일카르니 내 마음이 들석여 원님긔 청한대 [6]사군이 하시대 녀자의 출입이 [7]엇디 경이 하리오 하여 [8]뇌거블허하니 할일업서 그쳣더니 신묘년[9]의 마음이 다시 들석여 [10]하 간절이 청하니 허락하고 겸하야 사군이 동행하야 팔월 이십일일 동명서 나는 [11]듕노손 [12]한명우의 집에 가 자고 게서 달보는 [13]귀경대가 십오리라하기 그리 가려 할새 그때 추위 지리하야 길떠나는 날가지 구룸이 사면으로 운집하고 따히 즈러 말발이 빠디되 임의 [14]내현 마음이라 동명으로 가니 그날이 종시 청명티 아니하니 [15]새박달도 못보고 그저 환아를 하려하더니 새박의 종이 드러와 임의 날이 됴화시니 귀경대로 오르자 간청하기 죽을 먹고 [16]길희 오르니 임의 먼동이 트더라 쌍교마와 종과 기생 탄 말을 밧비 채를 치니 네굽을 모화 뛰여 다르니 [17]안뎝디 못하야 십오리를 [18]경객의 행하야 귀경대의 오르니 사면의 [19]애운이 끼이고 해 돗는듸 잠간 터져 겨유 보는듯 마는듯하여 인하여 도라올새 [20]운전 니르니 날이 쾌청하니 그런 애달은 일이 업더라

조반 먹고 도라올새 바다가의 쌍교를 [21]교부의 머여 세우고 [22]전모 쓴 종과 군복한 기생을 말태와 좌우로 갈나 세우고 [23]사공을 시겨 [24]후리질

을 시기니 후리 모양이 [25]수십척 댱목을 마조 니어 너븨 한간배만한 그물을 노흐로 얽어 장목의 치고[26] 그물폿은 [27]백토로 구어 [28]탕긔마곰한 [29]것을흐로 달아 [30]동화줄로 [31]낀을 하야 [32]해심의 후리를 너허 해변의서 사공 수십명이 서서 [33]아오성을 치고 당긔여내니 물소래 광풍이 이는듯하고 옥같은 물구븨 [34]노호와 뛰는것이 하늘의 다하시니 그 소래 산악이 움즉이는듯 하더라 일월출을 변변이 못보고 이런 장관을 한줄 위로하더라 후리를 끄어내니 [35]년어 가자미속이 그물의 달리여 나왓더라

보기를 다하고 가마를 [36]두루혀 도라올새 교듕의서 생각하니 녀자의 몸으로 [37]만리창파을 보고 바다 고기잡는 상을 보니 세상이 헛되디 아니믈 [38]자긔하야 십여리를 오다가 태조대왕 노오시던 [39]격구뎡을 바라보니 놉흔 봉우희 노는듯한 뎡자 [40]이시니 가마를 도로혀 오르니 단청이 약간 퇴락한 눅칠간 뎡자 이시니 뎡자 바닥은 [41]박석을 까라더라

뎡자는 그리 조흔줄 모르되 [42]안계 [43]긔이하야 압흔 탄탄훤훤한 벌이요 뒤흔 플흔바다히 둘러시니 [44]안목이 쾌탕하고 심신이 상연한듸 바다 한가온대 큰 병풍같은 [45]바회을 [46]연이 서시니 거동이 긔이하더라 니로기를 선바회라 하더라

[47]봉하의 [48]공인을 숨겨 안치고 풍류를 느러지게 치이고 기생을 [49]군복한재 춤을 추이니 또한 보암즉하더라 원님은 몬저 내혀서 원으로 가시고 종의 형례만 다리고 왓기 마음노하 노더니 촌녀 저문녀자 둘과 늙은 노패와서 굿보려하다가 [50]종이라셔 네 어듸 엇는 녀인인다 하니 [51]상풍향족부녀란가 하야 대로하여 다르니 [52]일장을 웃다

인하야 도라나올새 [53]본궁을 디나니 보고십으되 [54]별채 허락디 아니하기 못보고 도라오니 [55]일것 별러 가서 일월출을 못보고 [56]무미막심이 단녀와 그 [57]가이업기를 엇디 다 니로리오

주註 기4其四

1. 동명=東溟은 함흥咸興 동서東西 해변海邊 땅이름.
2. 긔튝년 운운云云=전출前出 『낙민루』 참조參照.
3. 일월출=日月出. 해돋이와 달돋이.
4. 상게=상거相距이. 멀기가.
5. 듕난하되=심란하지만.
6. 사군=使君. 삿도. 원님을 일컬음.
7. 경이=輕히. 가벼이.
8. 뇌거블허=뇌거불허牢拒不許. 아주 거절하여 허락지 않음.
9. 신묘년=辛卯年. 순조純祖 31년三十一年. 1831一八三一年.
10. 하=몹시. 하도.
11. 듕노손=중노손. 양반도 아니고 아주 상 사람도 아닌 이.
12. 한명우=韓명우라는 사람.
13. 귀경대=龜景臺. 운전포雲田浦 동東에 있는 거북모양으로 생긴 바위.
14. 내현 마음=내킨 마음. 내친 마음.
15. 새박달=새벽달.
16. 길희=길에. 모음초성토母音初聲吐 위에서 ㅎ음音울 갖는 명사名詞가 많다. 서흐로, 누희, 우흐로, 사紗흘, 바다히, 뒤흔……, 이 책에도 많이 보인다.
17. 안졉디=안접지. 안접安接지. 안정安定하지.
18. 경객의=경각頃刻에. 삽시간에.
19. 애운=靄雲. 아지랑이구름.
20. 운전=雲田. 함흥咸興 동남東南 운전포雲田浦.
21. 교부=轎夫. 가마 메는 이.
22. 전모=戰帽. 전립戰笠. 벙거지.
23. 사공=沙工. 뱃사람.
24. 후리질=후리그물질.
25. 수십척 댱목=수십척數十尺 장목長木.
26. 그물폿=그물축. 그물에 다는것. 축을 또 돛, 닻, 툭이라고도 함.
27. 백토=白土. 백악白堊.

28. 탕긔마곰한=탕기湯器만큼한.

29. 것을흐로=것으로.

30. 동화줄=동아줄.

31. 낀=끈. 영纓 긴영{자회字會}.

32. 해심=海心. 바닷속.

33. 아오성=아우성.

34. 노호와=노하여.

35. 년어 운운云云=鰱漁 가자미 속屬.

36. 두루혀=도로혀. 돌이켜.

37. 만리창파을="萬里滄波흘"의 변한 것.

38. 자긔하야=자기自期. 스스로 기약하야.

39. 격구뎡=본문本文에는 모두 『격구뎡』으로 되어있으나 격구정擊毬亭이다.

40. 이시니=있으니. 유有의 고어古語.

41. 박석 云云=礡石을 깔았더라.

42. 안계=眼界.

43. 긔이=기이奇異.

44. 안목 운운云云=眼目이 쾌창快暢하고 심신心神이 상쾌爽快한데.

45. 바회을="바회흘"의 변한 것.

46. 연이=連히. 연連하여.

47. 봉하=封下. 봉대封台아래.

48. 공인=工人. 풍악風樂잡이들.

49. 군복 云云=군복軍服을 기생妓生에게 입히고 춤을 추이다 하니 근조말엽近朝末葉의 퇴폐상頹廢相을 가히 엿볼수 있다.

50. 종이라셔=종이로부터. 종이는 노비명차장출奴婢名次章出.

51. 상풍향족부녀 운운云云=常風鄕族婦女. 제딴은 양반인데 노비奴婢의 모욕侮蔑을 당하여 가버린 것이다.

52. 일장을 웃다=一場을 웃기다. 혹或은 一場이 웃다.

53. 본궁=本宮. 목조穆祖. 익조翼祖. 도조度祖. 환조桓祖. 태조太祖의 위패位牌와 태조太祖가 쓰던 갓과 궁시弓矢 등을 둔 곳.

54. 별채=별차別差이. 이 본궁本官을 지키는 직명職名.
55. 일것 별러=일껏 벼른 나머지. 모처럼 벼르고 별러.
56. 무미막심이=無味莫甚히. 재미없기 짝이 없이.
57. 가이업기=가엾기.

그후 [1]매쳐 다시 보기를 계교하되 사군이 엄히 [2]막자로니 감히 [3]생의치 못하더니 임진 [4]상측을 당하야 [5]종이를 서울 보내여 임의 달이 넘고 고향을 떠나 사년이 되니 죽은이는 [6]이의여니와 [7]생면이 그립고 종이조차 보내여 [8]심우를 도으니 [9]회꾀 자못 괴로온지라 원님긔 다시 동명 보기를 청하니 허락디 아니하시거늘 [10]내 하대 [11]인생이 긔하오 사람이 한번 도라가매 다시 오는일이 업고 심우와 [12]긔통을 싸하 [13]마양 울울하니 한번 노라 심울을 푸는것이 [14]만금의 다혀 밧고디 못하리니 덕분의 [15]가디라 하비니 원님이 역시 일출 을못보신고로 허락 동행하자 하시니 구월 십칠일 [16]로 가기를 정하니 [17]속기생 [18]차섬이 보배 쾌락 대회하야 무한 [19]치장 기구를 [20]성비할재 차섬이 보배 한쌍 [21]이랑이 일섬이 한쌍 계월이하고 가는듸 십칠일 식후 떠나려 하니 십뉵일 밤을 당하야 기생과 [22]비복이 다 잠을 아니자고 뜰희 나려 사면을 [23]관망하야 혹 하늘이 흐릴가 애를 쓰니 내 역시 민망하야 한가지로 하늘을 [24]울울보니 망일의 [25]월식 긋치라 혹 흑색 구름이 층층하고 [26]집애긔운이 사면의 둘러시니 모든 비복과 기생이 발을 굴러 [27]혀차거의 미칠듯 애를 쓰니 내 또한 [28]초됴하야겨유 새와 [29]칠일 미명의 밧비 니려나 하늘을 보니 오히려 [30]텬색이 쾌티 아냐 동편의 붉은 긔운이 일광을 가리오니 [31]흉듕이 요요하야 하늘을 [32]무수이 보니 [33]날이 느즈며 홍운이 것고 햇긔운이 나니 [34]상하 즐겨 밥을 재촉하여 먹고 길흘 떠나니 압희 군복한 기생 두쌍과 아해 기생 하나히 [35]비룡

같은 말을 타고 서시니 [36]전닙 우희 [37]상모와 [38]공작모 햇빛의 조요하고 [39]상마한 모양이 나는 듯한듸 군악을 교전의서 느러지게 주하니 미세한 규듕녀자로 거의 바록 [40]낭패하여시나 [41]거년 호사를 금년 차일의 다시하니 어느거시 사군의 은혜 아니리오

[42]짐즛 서문으로 나서 남문밧글 도라가며 쌍교마를 천천이 노하 좌우 저자를 살피니 [43]거리 여섯저자 [44]댱안낙듕으로 다르미 업고 [45]의전 백목전 채마전 각색 전이 [46]반감희하여 고향 생각과 친척 그리옴이 배하더라 [47]포전 백목전이 더옥 장하야 필필이 건것이 몃천동을 내여 견줄 모를러라 각색 옷이며 비단 [48]금침을 다 내여 거러시니 [49]일색의 [50]바애더라

쳐엄 갓던 한명우의 집으로 아니가고 가치섬이란듸 숙소하려 가니 읍내서 삼십리는 가니 [51]운전창브터 바다히 뵈더니 다시 가치섬이 표묘히 놉하시니 한편은 가이업슨 [52]창해오 한편은 텹텹한 뫼힌듸 바다가흐로 길히 겨유 무명 너븨만은 하고 [53] 고녑히 산이니 쌍교를 인부의 [54]머여 가만가만 가니 물결이 구븨뎌 [55]홍치며 [56]창색이 홍용하니 처엄으로 보기 금즉하더라 길히 [57]소삽하고 돌과 바회 깔녀시니 인부가 계유 조심하야 [58]일리는 가니 길이 [59]평탄하야 너른 들힌듸 가치섬이 우러러 뵈니 놉기는 서울 [60]백악산 갈고 모양 [61]대소는 백악만 못하고 산색이 븕고 탁하야 조키 백악만 못하더라

바다가흐로 도라 섬밑희 집집아드니 [62]춘매 매홰 [63]추후하여 왓더라 점심을하여 드리는듸 생복회를 노하서니 그 밑희서 건진것이라 [64]맛이 별하되 [65]구치하여 가니 잘 먹디 못하니 낙듕 친척으로더브러 맛을 난호디 못하니 [66]지한이러라

주註 기5其五

1. 매쳐=맺혀. 마음에 맺혀.
2. 막자로니=막자르니. 막잘러 말함.
3. 생의치=生意하지. 마음두지.
4. 임진 상촉=임진壬辰은 순조純祖 32년三十二年인바 상촉은 상척喪慼인듯. 자손의 초상의 뜻.
5. 종이=비복婢僕의 이름.
6. 이의여니와=已矣. 그만이려니와.
7. 생면=生面. 살아있는 이의 얼굴.
8. 심우=心憂. 시름.
9. 회푀=회포懷抱가. 궁거운 것.
10. 내 하되=내 말하되.
11. 인생이 운운云云=인생人生이 기하幾何오! 하고 나서는 의유당意幽堂 인생관人生觀 토로吐露는 들음직한 일절一節이다.
12. 긔통=기통氣痛. 심기心氣가 아픈 것.
13. 마양=매양每樣. 주註 기이其二11 참조參照.
14. 만금의 다혀=만금萬金에 비겨.
15. 가디라=가지이다. 가게 하십사.
16. 구월 십칠일=순조純祖 32년三十二年 9월九月 17일十七日. 양陽 1832년 10월 10일.
17. 속기생=屬妓生. 궁속宮屬의 기생妓生.
18. 차섬이 보배=기생명妓生名.
19. 치장=治裝. 행장을 정돈함.
20. 성비=盛備. 성히 갖춤.
21. 이랑이 일섬이 계월이=기생명妓生名.
22. 비복=婢僕. 계집종과 사내종.
23. 관망=觀望. 바라보는 것.
24. 울울보니=우러러보니.
25. 월식 긋치라=월식月蝕 끝이기 때문에. 바다에서는 조감치, 보름치, 그뭄치라, 하여 그때그때 흔히 날이 궂어진다. 월식月蝕은 보름에 있는 법이므로 여기서는 보름치

에 날이 궂어짐을 말함.

26. 진애=塵埃.
27. 혀차=혀를 차고.
28. 초됴하야=초조焦燥하여.
29. 칠일 미명=십칠일十七日 미명未明을 일커름.
30. 텬색 운운云云=천색天色이 쾌快ㅎ지 아니하여.
31. 흉듕=흉중胸中이 요요搖搖하야. 마음이 켱기는 것.
32. 무수이=無數히. 수없이 여러 번.
33. 날이 느즈며=아침 늦게.
34. 상하=上下.
35. 비룡=飛龍. 나는 용.
36. 전닙=戰笠. 벙거지.
37. 상모=솔 모양으로 만든것. 삭모槊毛 또는 상모象毛.
38. 공작모=孔雀毛.
39. 상마=上馬.
40. 낭패하여시나=狼狽하였으나.
41. 거년 호사 운운云云=거년去年 지난해에 다 못한 호사好事를 이날에 다시하다.
42. 짐즛=짐짓. 일부러.
43. 거리=시가市街란 말.
44. 댱안낙듕=장안낙중長安洛中. 서울.
45. 의전 운운云云=의전衣廛, 백목전白木廛, 채마전菜麻廛.
46. 반감희하여=半感喜하여. 반쯤 반갑게 느껴.
47. 포전=布廛.
48. 금침=衾枕. 이부자리와 베개.
49. 일색의=日色에.
50. 바애더라=환히 빛나더라. 눈부시더라. 照 ᄇᆞ쇨죠. 暎 ᄇᆞ쇨영 字會.
51. 운전창=雲田艙. 창艙은 선창. 항港. 주註 기사其四의 20 참조參照.
52. 창해=滄海. 큰 바다.
53. 고='그'를 얕잡은 말.

54. 머여=메여.
55. 홍치며=홍청거리며.
56. 창색이 홍융하니=창색蒼色이 흉용洶湧. 시껌은 파도波濤가 격렬激烈히 이는 것.
57. 소삽하다=소삽疎澀. 익지 못한 울퉁불퉁한 길.
58. 일리=一里.
59. 평탄하야=平坦. 바닥이 판판하여.
60. 백악산=白岳山. 북악산北岳山.
61. 대소=大小. 크기.
62. 춘매, 매홰=春梅 매화梅花가. 기생명妓生名.
63. 추후하여=追後. 뒤쫓아.
64. 맛이 별하되=맛이 특별함.
65. 구치하여=驅馳하여. 말을 달리어.
66. 지한=至恨. 지극한 한恨.

날이 오히려 이르고 [1]텬긔화명하며 [2]풍일이 고요하니 배를 꾸며 바다희 사군이 오르시고 [3]숙시와 성이를 다리고 내 오르니 풍류를 딴배의 실어 우리 오른 배 머리의 달고 일시의 주하니 해수는 프르고 프르러 가이 업고 군복한 기생의 그림재는 하늘과 바다희 것구로 박힌듯 풍류소래는 하늘 바다속의 사뭇차 들레는듯 날이 석양이니 [4]쇠한 햇그림재 해심의 비최니 일만필 [5]백깁을 물우희 편듯 도니 마음이 [6]빗기 흔듦여 상쾌하니 만리창파의 일엽편주로 망망대해의 위태로오믈 다 니즐러라

기생 보배는 가치섬 봉우희 귀경갇다가 나려오니 발서 배를 띄여 대해의 [7]등뉴하니 오르디 못하고 해변의 서서 [8]손을 쓰니 또한 [9]긔관이러라 [10]거년 격구뎡의서 선바회를 보고 긔이하여 도라왓더니 금일 [11]선유의 선바회 밑희 니르니 신긔하더라

해 거의 져가니 행혀 월출보기 느즐가 밧비 배를 다혀 [12]햐척의 도라와

저녁을 밧비 먹고 일색이 채 [13]딘티아냐 귀경대의 오르니 오리는 하더라

귀경대를 가마속의서 보니 놉희 아오라하야 엇디 오를고 하더니 사람이 심히 단녀 길히 반반하여 어렵디 아니하니 쌍교의 인부로 오르니 올라간 후는 평안하 됴코 귀경대 압희 바다속의 바회 잇는듸 [14]크기도 퍽하고 형용 [15]삼긴것이 거복이 꼬리를 끼고 업듼듯하기 [16]텬생으로 삼긴것이 공교로이 [17]조아 맨든듯하니 연고로 귀경대라 하는듯 십으더라

대상의 오르니 [18]믈형계 더옥 장하야 바다너븨는 엇더하던고 가이 [19]측냥업고 [20]푸픈 믈결티는 소래 광풍 이는듯하고 산악이 울히는듯하니 텬하의 금즉한 장관이러라

구월 기력이 어즈러이 울고 한풍이 끼치는듸 바다흐로 말도 갇고 사슴도 갇은것이 물우흐로 단니기를 말달리듯하니 날긔운이 임의 침침하니 자셔티 아니하되 또 [21]긔절이 보암즉하니 일생 보던 기생들이 [22]년성하야 고이함을 [23]브를제 내 마음의 신긔키 엇더하리오 혹 [24]해구라하고 고래라 하니 모를러라

해 쾌히 다 지고 어두온 빛이 니러나니 달도들듸를 바라본즉 진애 사면으로 끼이고 모운이 창창하여 아마도 달보기 [25]황당하니 별러 별러 와서 내 마음 가이업기는 니르디 말고 차섬이 이랑이 보배 다 [26]마누하님 월출을 못보시게 하엿다하고 소래하여 한하니 그 정이 또 고맙더라

달 도들때 [27]못밋고 어둡기 심하니 좌우로 초롱을 혀고 매홰 춘매하야 대상의서 [28]관동별곡을 시기니 소래 놉고 맑아 집의 안자 [29]듯느니여서 신긔롭더라

물치는 소래 장하매 청풍이 슬슬이 니러나며 다행이 사면 연운이 잠간 걷고 물밑치 일시의 [30]통낭하며 [31]게드린 도홍빛 갇은것이 어레빗 잔등갇은것이 냑간[32] 비최더니 차차 내미는 믜 둥근 빗 붉은 [33]폐백 반만한것이

길게홍 텨올라 브트며 차차 븕은 긔운이 업고 온 바다히 일시의 희여디니 바다 프른빗이 희고 희여 은갇고 맑고 조하 옥갇으니 창파만리의 달비최는 장관을 엇디 능히 볼듸러오마는 사군이 [34]세록지신으로 [35]텬은이 망극하야 [36]년하여 [37]외방의 작재하야 나라것을 [38]쯘히 먹고 나는 또한 사군의 덕으로 이런 장관을 하니 도모지 어느것이 [39]성주의 은혜 아닌것이 이시리오

밤이 드러오니 바람이 차고 믈티는 소래 요란한듸 [40]한냉하니 [41]성이로 더옥 민망하야 햐처로 도라오니 기생들이 월출 [42]관광이 쾌티아닌줄 애달와하니 나는 그도 장관으로 아는듸 그리들 하니 심히 서운하더라

주註 기6其六

1. 텬기화명=천기화명天氣和明.
2. 풍일=風日. 풍양風陽. 바람과 볕.
3. 숙시, 성이=계집종의 이름.
4. 쇠한=衰한. 미약微弱하여진.
5. 백깁=흰 깁. 깁 위회爲繪(訓民正音).
6. 빗기 흔득여=빗기는 사斜·횡橫의 부사형副詞形. 비틀거려 흔득여.
7. 듕뉴하니=중류中流하니. (바다) 한복판에 떠 있으니.
8. 손을 쓰니=손짓을 하니.
9. 긔관=기관奇觀.
10. 거년 운운云云=본本 『동명일긔』 첫장章에 나오다. 견見 18페지.
11. 선유=船遊. 뱃노리.
12. 햐쳑=하처下處. 숙소宿所의 존칭尊稱.
13. 딘티아냐=진盡ㅎ지 아니하여. 미쳐 다 하지 아니하여서.
14. 크기도 퍽하고=크기도 퍽 크고.
15. 삼긴것=생긴것.
16. 텬생으로=天生으로. 타고 나기를. 자연自然으로.

17. 조아=쪼아. 쫒다 탁啄. 조각彫刻하여.

18. 믈형계=물 形界.

19. 측냥업고=측량測量할 수 없고.

20. 푸픈=푸프른.

21. 긔절=기절奇絕. 기이奇異하고 절묘絶妙함.

22. 년성하야=연성連聲하야. 소리를 이어.

23. 브를제=부를 적에. 창唱. 외칠 적에.

24. 해구=海狗. 올납膃肭. 옷도세이.

25. 황당하니=荒唐하니. 허탄하니. 믿을 길이 없어.

26. 마누하님=말루하抹樓下님. 마나님. 마님. 귀인貴人의 존칭尊稱.

27. 못밋고=때가 못되고.

28. 관동별곡=關東別曲. 선조宣祖 때 정철鄭澈{송강松江}이 강원감사江原監司로 있을 때 지은 장편長篇의 노래.

29. 듯느니여서=듣느니보다.

30. 통낭하며=통창하며. 환하며.

31. 게드린=게자字 위에 혹或 무슨자字가 탈락脫落된 듯.

32. 냑간=약간. 若干.

33. 폐백 반만 한것=폐백幣帛은 예물禮物인데 그걸 담는 쟁반.

34. 세록지신=世祿之臣. 대대代代로 국록國祿을 받는 신하臣下.

35. 텬은 운운云云=천은天恩이 망극罔極하야. 임금 은혜恩惠가 그지없어.

36. 년하여=연連하여. 그 우에.

37. 외방 운운云云=외방外方의 작재作宰하여. 시골에서 수령守令이 되어.

38. 쯘히=쯘더이. 든든히. 떳떳이. 쯘덥다(찐덥다)의 부사형副詞形. 찐덥다=마음에 든든하다.

39. 성주=聖主. 임금.

40. 한냉=寒冷.

41. 성이로=계집종 성이가 치워하던 것이다.

42. 관광=觀光. 구경.

행혀 일출을 못볼가 [1]노심초사하야 새도록 자디 못하고 갓금 [2]영재를 불러 사공다려 무르라하니 내일은 일출을 쾌히 보시리라 하다하되 마음의 믿브디 아니하야 초조하더니 먼듸 닭이 울며 년하야 [3]자초니기생과 비복을 [4]혼동하하여 어서 니러나라 하니 밧긔 [5]급당이와 [6]관텽감관이 다 아직 너모 일즉하니 못떠나시리라 한다하되 고디 아니듯고 [7]발발이 재촉하야 떡국을 쑤어시되 아니먹고 밧비 귀경대에 오르니 달빛이 사면의 됴요하니 바다히 [8]어제밤도곤 희기 더하고 광풍이 [9]대작하야 사람의 뼈를 [10]사못고 믈결티는 소래 산악이 움즉이며 별빛이 말곳말곳하야 동편의 차례로 이셔 새기는 머럿고 자는 아해를 급히 깨와 왓기 치워 날티며 기생과 비복이 다 니를 두다려 떠니 사군이 소래하여 혼동 왈 상업시 일즉이 와 아해와 실내 다 큰병이 나게 하엿다하고 소래하여 걱정하니 내 마음이 불안하야 한소래를 못하고 감이 치워하는 [11]눈픠를 못하고 죽은드시 안자시되 날이 샐 가망이 업스니 년하여 영재를 불러 동이 트느냐 무르니 아직 멀기로 년하야 대답하고 믈티는 소래 텬디 딘동하야 한풍끼티기 더옥 심하고 좌우 [12]시인이 고개를 기우려 입을 가슴의 박고 치워하더니 [13]마이 이윽한 후 동편의 [14]성쉬 드믈며 월색이 차차 [15]여러디며 홍색이 분명하니 소래하야 싀원하믈 브르고 가마밧긔 나서니 좌우 비복과 기생들이 [16]옹위하야 보기를 [17]조이더니 이윽고 날이 밝으며 불근 긔운이 동편 길게 벗텨시니 [18]진홍대단 여러필을 믈우희 펼틴듯 만경창패 일시의 븕어 하늘의 자옥하고 노하는 믈결소래 더옥 장하며 [19]홍전 같은 믈빛이 황홀하야 수색이 [20]됴요하니 참아 금즉하더라

븕은 빛이 더옥 븕으니 마조 선 사람의 낯과 옷이 다 븕더라 믈이 구븨뎌 치치니 밤의 믈티는 구븨는 옥같이 희더니 즉금 믈구븨는 븕기 홍옥같아야 하늘의 다하시니 장관을 니롤것이 업더라

붉은 긔운이 펴뎌 하늘과 믈이 다 됴요하되 해 아니나니 기생들이 손을 두다려 소래하야 애다라 갈오대 이제는 해 다 도다 뎌 속의 드러시니 뎌 붉은 긔운이 다 프르러 구룸이 되리라 [21]혼공하니 [22]낙막하여 그저 도라가려 하니 사군과 숙시셔 그러티아냐 이제 보리라 하시되 이랑이 차섬이 냉소하야 이르되 소인등이 [23]이번분이냐 [24]자로 보아사오니 엇디 모로리잇가 마누하님 큰 병환 나실거시니 어서 가압사이다하거늘 가마속의 드러안즈니 봉의어미 악써 갈오대 하인들이 다 [25]하되 이제 [26]해니라라 하는듸 엇디 가시리오 기생아해들은 철 모로고 [27]즈레 이렁 구는다 이랑이 박댱왈 그것들은 [28]바히 모로고 한 말이니 고디듯디 말라하거늘 도라사공다려 무르라 하니 사공셔 오늘 일츌이 유명하리란다 하거늘 내 도로 나서니 차섬이 보배는 내 가마의 드는상 보고 몬저 가고 계집종 세히 몬저 갓더라

홍색이 거록하야 붉은 긔운이 하늘을 뛰노더니 이랑이 소래를 놉히하야 나를 불려 저긔 믈밑츨 보라 웨거늘 급히 눈을 드러 보니 믈밑 홍운을 [29]헤앗고 큰 실오리 같은 줄이 붉기 더옥 긔이하며 긔운이 진홍같은것이 차차 나 손바닥너븨 같은것이 그믐밤의 보는 숫블빛 같더라 차차 나오더니 그 우흐로 적은 회호리밤 같은 것이 붉기 호박구슬 같고 맑고 통낭하기는 호박도곤 더 곱더라

그 붉은 우흐로 흘흘 움즉여 도는듸 처엄 낫던 붉은 긔운이 백지 반장 너븨만치 반드시 비최며 밤 같던 긔운이 해되야 차차 커가며 큰 쟁반만하여 븕읏븕읏 번듯번듯 뛰놀며 적색이 왼 바다희 끼치며 몬저 붉은 기운이 차차 [30]가새며 해 흔들며 뛰놀기 더옥 자로 하며 [31]항 같고 독 같은것이 좌우로 뛰놀며 황홀이 번득여 [32]냥목이 어즐하며 붉은 긔운이 명낭하야 첫 홍색을 헤앗고 텬듕의 쟁반 같은것이 수레박회 같아야 믈속으로셔

치미러 밧치드시 올라 븥으며 항독같은 긔운이 스러디고 처엄 붉어 겉츨 빗최던것은 모혀 [33]소혀텨로 드리워 믈속의 풍덩 빠디는듯 십으더라 일색이 됴요하며 믈결의 붉은 긔운이 차차 가새며 일광이 [34]청낭하니 만고텬하의 그런 장관은 [35]대두할듸 업슬듯 하더라

짐작의 처엄 백지 반당만티 붉은 긔운은 그 속의서 해 장찻 나려하고 우리여 그리 붉고 그 회호리밤 같은 것은 진짓 일색을 빠혀내니 우리온 긔운이 차차 가새며 독 같고 항 같은것은 일색이 [36]모디리 고온고로 보는 사람의 안력이 황홀하야 도모디 혯긔운인듯 십은디라

차섬이 보배 내 교듕의 드니 몬저 가는듯 십으더니 도로 왓던양하야 [37]묘시 보시믈 하례하고 이랑이 손을 두다려 보시도다하여 즐겨하더라

장관을 [38]쯘더이 하고 오려할새 촌녀들이 [39]작별운집하여 와서보며 손을 비븨여 므엇 달라하니 [40]돈냥인디 주어 난화먹으라 하다

햐처로 도라오니 쯘덥기 [41]듕보를 어든듯 하더라

주註 기7其七

1. 노심초사=勞心焦思. 몹시 마음을 조리는 것.
2. 영재=데리고 갔던 하인下人의 이름.
3. 자초=날새기를 재촉함.
4. 혼동하하여=혼동하게 하여. 소동시켜.
5. 급댱=급창及唱. 군아郡衙 하인의 일종一種.
6. 관텽감관=관청감관官廳監官. 여기서는 마을官衙의 주방廚房의 관원官員들과 감관監官들.
7. 발발이=볼볼이. 볼볼, 뿔뿔 개동원皆同源.
8. 어제밤도곤=어제밤보다. 주註 기육其六 "듣느니여서" 참고參考. 명사名詞에는 "도곤". 동사에는 여서. 보다는 통용通用.
9. 대작하야=大作. 크게 일어.

10. 사못고=사무치고.

11. 눈픠=눈치.

12. 시인=侍人. 시종侍從들.

13. 마이=매우. 퍽. 見『낙민루』.

14. 성싂=성수星宿이. 성수星宿는 별, 또는 동양식東洋式 성좌星座. 황도黃道 28수二十八宿가 있다. 여기서는 일반적一般的으로 별들을 가리킴.

15. 여러디며=여리어지며. 희미하여지며. (달빛이) 희어지며.

16. 옹위하야=擁衛하야.

17. 조이더니=경기더니. 기달리다.

18. 진홍대단=眞紅大緞. 대단大緞은 중국中國에서 나오는 비단의 한가지.

19. 홍전=紅氈. 다홍 전.

20. 수색이 됴요하니=수색水色이 조요照燿하니.

21. 혼공하니=모두 떠드는것.

22. 낙막하여=落寞. 마음이 적막하여.

23. 이번분=이번뿐.

24. 자로=자주.

25. 다 하되=다 말하되.

26. 니라라=니르라起. 이르려.

27. 즈레 운운云云=지레 이렁 구는다. 미리 이렇게 구느냐.

28. 바히=아주. 전혀. 견見『낙민루』.

29. 헤앗고=헤치고.

30. 가새며=가시며. 흔적이 차차 없어지다. 새로와지다. 경更 고의古義.

31. 항 같고=항아리 같고.

32. 냥목=양목兩目. 두눈.

33. 소혀텨로=소牛의 혀舌처럼. 주註 기팔其八 사람텨로 참고參考.

34. 청낭하니=청랑淸朗하니. 맑고 명랑하다.

35. 대두할듸=對頭할 데. 견줄 곳.

36. 모디리=모질게. 전의轉義 몹시.

37. 묘시=卯時. 아침 다섯 시부터 일곱 시까지. 여기서는 해돋이를 일컬음.

38. 쯘더이=실컨. 주註 기육其六 38 참조參照.
39. 작별 운집=作別雲集. 작별차로 많이 모인것.
40. 돈냥인디=돈냥兩인지. 돈냥인가를.
41. 듕보=중보重寶. 귀중 보물.

조반을 급히 먹고 도라올새 [1]본궁 보기를하야 허락을 받고 본궁의 드러가니 궁뎐이 광활한듸 [2]분장을 두루 싸고 백토로 [3]디와말날 칠하고 [4]팔작우희 디와로 사람텨로 맨들어 화살멘것 [5]공속하고 선것 [6]양마지속을 다하여 안텨시니 또한 보암즉 하더라

궁뎐의 드러가니 집이 그리 놉디 아니하대 너르고 단청채색이 녕농하야 해빛의 됴요하더라 뎐 퇴마루 [7]앏희 태조대왕 [8]빗갓은 다 삭아 계유 [9]보흘 의지하고 은으로 [10]일월 옥노 닙식이 다 빛이 새로아있고 화살은 빛이 [11]절어도 다른듸 상티 아니하고 동개[12]도 새로온재 [13]이시되 [14]요대 호슈 활시위 하던 실이 다 삭아시니 손다히기 무더날듯 무셥더라

뎐문을 여니 [15]감실 [16]네위예 [17]도홍 수화듀의 초록 허리를 다라 [18]댱을 하야 위마다 텨시니 마음의 우리우리하고 무셥더라

다 보고 나오니 뜰앏희 [19]반송이 이시되 킈 적어 손으로 [20]만지이고 퍼디기 양산 같고 냑간 누른닙히 잇고 노송이 이시대 새로아시니 다 [21]친히 심그신것이 여러백년이 디나시되 이리 [22]신신하니 엇디 긔이티 아니리오 뒤희 도라 드러가니 큰 소나모 마조 섯는듸 몸은 남자의 아람으로 두아람은 되고 가지마다 농이 트러딘듯 틀려 언텻는듸 놉희는 다엿길은 하고 가지 쇠하고 닙히 누르러 퍽 떠러지더라 녯날은 나모몸의 [23]구피로 다 쌋더라하되 녹고 [24]봇츨 싸고 구리띄를 하여 띄엿더라 곳고 큰 [25]남그로 사면으로 드러밧텻더라

다 보고 도라 나오다가 동편으로 보니 우믈이 이시되 그리 크디 아니하고 돌로 [26]무으고 널로 짜더라 보고 수보는 나오니 [27]장히 큰 밤남기 서시니 언제적 남긴줄 모를러라 [28]제긔 노힌대로 오니 다 [29]은긔라하되 잠갓기 못보다 [30]방하집의 오니 방하를 [31]정히 [32]결고 집을 지어시니 정하기 [33]이상하더라 제믈하압는 것만 띳는다 하더라 세세히 다 보고 [34]환아하니 사군은 몬저 와 겨 시더라

인생이 [35]가초 괴로아 우흐로 [36]두녁 뫼다 아니겨시고 [37]알들한 [38]참경을 가초 보고 동생이 [39]녕낙하여 회픠 가초 괴롭고 [40]지통이 몸을 누루니 세상의 [41]호홍이 업더니 성주의 은덕이 망극하와 이런 [42]대디의 와 [43]호의 이호식을 하고 동명 귀경대와 운전바다와 격구뎡을 가초 보고 필경의 본궁을 보옵고 [44]창업태평 성군의 [45]옥택을 사백년 후의 이 무지한 녀자로서 귀경하니 엇디 자연하리오

구월 십 칠일 가서 십 팔일로 도라와 [46]이십 일일 긔록하노라

주註 기8其八

1. 본궁=本宮. 견見『동명일긔』. 주註 기사其四 52 참조參照.
2. 분장=粉牆. 석회石灰로 바른 담.
3. 디와말날=기와집 말랑이를.
4. 팔작=견見『븍산루』. 주註 기삼其三 10 참조參照. 디와로 사람텨로 맨들엇다는건 어우야담於于野談에 "일왈一曰 대당사전大唐師傅, 이왈二曰 손행자孫行者, 삼왈三曰 저팔계猪八戒, 사왈四曰 사화상沙和尙, 오왈五曰 마화상麻和尙, 육왈六曰 삼살보살三殺菩薩, 칠왈七曰 이구룡二口龍, 팔왈八曰 천산갑穿山甲, 구왈九曰 이귀박二鬼朴, 십왈十曰 나토두羅土頭"라는 십신十神의 상像.
5. 공속하고=국축하는 것.
6. 양마지속=羊馬之屬.
7. 앏희=앞에. 전前 앏젼. 南 앏남字會.

8. 빗갓=빛갓. 색립色笠. 사립絲笠을 이름. 박성원朴聖源(정조正祖 22년二十二年)의 북정기北征記 "개시일감開視一感, 사립파양絲笠破壞, 유존광위猶存匡圍"란 것이 이를 설명說明하였다.

9. 보흘=갓의 양태를 이름.

10. 일월 옥노 닙식=日月 玉鷺 笠飾.

11. 절어도=쩔어도. 케케이 묵어도.

12. 동개=활과 살을 넣어서 어깨에 메는 것.

13. 이시되=있으되

14. 요대 호수 활시위=요대는 腰帶. 허리띠. 호수는 호발虎鬚인데 갓 위에 장식하는 것. 활시위는 활줄.

15. 감실=龕室. 신주神主를 모셔두는 장.

16. 네위=네位. 사위四位.

17. 도홍 수화듀=桃紅 수화주水禾紬. 붉고 품질品質이 좋은 깁.

18. 댱=장. 帳. 휘장揮帳.

19. 반송=盤松. 가지가 사방으로 퍼지게 자란 소나무.

20. 만지이고=만지고의 피동형被動形.

21. 친히=태조太祖가 친親히.

22. 신신하니="新新하니"보다도 싱싱하니의 뜻.

23. 구피=狗皮. 개가죽.

24. 봇츨=봇껍질을. 화피樺皮를.

25. 남그로=나무로. 남 목木 고어古語.

26. 무으다=주註 기일其一 14 참조參照.

27. 장히=壯하다의 부사형副詞形. 굉장하게.

28. 제긔=제기祭器.

29. 은긔=은기銀器.

30. 방하집=방아집.

31. 정히=淨히. 깨끗이.

32. 결고=겯고編. 짜고. 결구結構.

33. 이상하다=예사롭지 않다.

34. 환아=還衙. 관아官衙로 돌아옴.

35. 가초=갖추.

36. 두녁=두분. 양위兩位. 양친兩親을 말함.

37. 알들한=알뜰한.

38. 참경=慘景.

39. 녕낙하여=영락零落하여. 더러 죽어.

40. 지통=至痛. 지극히 아픈 것.

41. 호흥=好興. 좋은 흥치.

42. 대디=대지大地. 대처大處바닥. 도회지都會地.

43. 호의이호식=好衣而好食. 잘 입고 잘 먹는 것.

44. 창업태평=創業太平. 나라를 세워 편안하게 하는 것.

45. 옥택=玉宅. 본궁本宮을 가리킴.

46. 이십 일일=순조純祖 32년三十二年 9월九月 21일二十一日. 1832년一八三二年 10월十月 14일十四日.

춘일소흥春日消興

一. 김득신

[1]김득신은 [2]감사치의 재(子이)라 위인爲人이 소탕疎蕩하고 오활迂濶하야 세간사정世間事情을 일절 모르고 글닑기만 됴화하되 천만번 닑어도 외오디 못하고 사긔史記를 더옥 됴하하야 백이전伯夷傳을 닑어 일억 이만 [3]팔천번을 닑으되 성품性稟이 심히 노둔魯鈍하야 비록 만히 닑기를 이러트시하되 책을 덮으면 문득 닞는디라 만년晩年의 사람이 시험하야 백이뎐 문자를 무른대 망연茫然이 아디 못하고 갈오대 그 문재 어느글의 잇느뇨 그 사람이 갈오대 이 백이뎐 문재라한대 오히려 깨닷디 못하고 이에 그 책을 펴보고 크게 놀라 갈오대 올타 [4]이라 이라 하니 그 둔하미 이러틋 하더라

[5]녹천 [6]니상국계모繼母는 김득신 녀女라 그 딸이 죽어 상행喪行하야 성문城門의 니르러 관을 머믈우고 문열기를 기다리더니 그 부친이 또한 [7]수구隨柩하야 니르러 홰블 분답紛沓한 가온대 한 책권冊卷을 놓고 대독大讀하니 모든 사람이 본즉 백이뎐이라

그 오활하미 이같고 그후 상처하매 그 조캐(조카이) 가서 됴상하매 더브러 한가지로 우더니 그 조캐 우룸을 긋티고 들으니 아자비 바야흐로

백이뎐을 끗티디 아닛는디라 듯는재 다 웃더라

주註 기9其九

1. 김득신=金得臣. 호號는 상곡柏谷. 현종顯宗때 문신文臣.
2. 감사치=감사監司 김치金緻. 감사는 지금 도지사道知事와 같음.
3. 일억一億 이만二萬 팔천八千 번=지금 십이만팔천十二萬 八千 번.
4. 이라 이라=이것이라 이것이라.
5. 녹천=鹿川. 숙종肅宗때 영의정領議政 이유李濡의 호號.
6. 니상국=李相國. 상국相國은 영領, 좌左, 우의정右議政의 총칭總稱.
7. 수구=상여喪轝를 따라가는 것.

二. 남호곡

[1]남호곡은 아시兒時로브터 시재詩才 므리의 뛰여나 일일一日은 한 어룬이 운韻을 블러 누에를 두고 글을 지으라한대 [2]응구텹대하니 [3]시왈詩曰

치인흑순영녹엽이요

여려서 거문 입시울을 인하야 프른 닙흘 맞고

노타황복상청뎨라

늙어서는 누른 배를 끄을고 프른 다리로 오르는도다

실각진형인화졉하니

진짓 형상을 일코 인하야 나븨 화하니

갱의장수몽혼미라

다시 장수의 몽혼이 희미한가 의심하노라

그 어른이 아름다이 너겨 상을 주고 갈오대 첫귀로서 보면 이 아해

반다시 일즉이 [4]청요하고벼슬의 벌고 늙어서 큰 벼슬을 할것이오 말재귀로 보면 마참내 부귀를 보전티 못할 상이니 가히 흠이로다 하더니 공公이 이십일의 등뎨登第하야 [5]현도의 출입出入하고 임의 늙으매 [6]극품의 올라 [7]종백과 태재와 판금오와 전문형의 디나니 『노타황복상청제』 글귀 딩험徵驗이 되엿더니 후의 간당奸黨의 얽힌배 되어 다 관함官銜을 삭削하고 북새北塞의 귀향가 뎍소謫所의서 죽으니 『실각진형의화집』의 글귀 딩험이 되엿더라

주註 기10其十

1. 남호곡=南壺谷. 이름은 용익龍翼. 숙종肅宗때 사람.
2. 응구텹대=응구첩대應口輒對. 묻는말이 떨어지자 곧 대답함.
3. 시왈詩曰=치인흑순영록엽稚因黑脣迎綠葉 노타황복상청제老拖黃腹上青梯 실각진형인화접失却眞形仍化蝶 갱의장수몽혼미更疑長睡夢魂迷.
4. 청요하고=淸要하고.
5. 현도=玄道. 도교道教를 이름. 현교玄教. 현학玄學.
6. 극품=極品.
7. 종백과 운운云云=종백宗伯은 예조판서禮曹判書. 태재太宰는 이조판서吏曹判書. 판금오判金吾는 판의금부사判義禁府事. 의금부義禁府의 수직首職{(종일품從一品}. 전문형典文衡은 대제학大提學에 임명任命됨.

三. 뎡유악

[1]뎡유악이란 사람은 서인西人으로서 [2]갑인후의 남인南人의 브텨 아첨하는 태도를 사람이 참아 바로보디 못할러니 그때 남인이 새로 득지得志하야 [3]허목을 튜존推尊하야 와주窩主를 삼아 일일은 모든 남인이 유악으로더

부러 궐듕闕中의 모혀 [4]미수야는 허목의 별호別號라 유악이 또한 조차 미수야를 찬칭讚稱하니 [5]청성이 마참 좌상객座上客으로 참예하여 겨시더니 희롱하여 [6]우으며 갈오대 길보(유악의자)는 가히 [7]환야를 님종닌아위라 니로리로다(아비 브르기를 임의대로 이웃집 아해다려 한단 말이라) 유악이 대참大慚하야 낯을 숙이고 모든 남인이 다 실색대경失色大驚하고 듯는 재 다 앙앙怏怏이 너기더라

主註 기11其十一

1. 뎡유악=鄭維岳. 효종孝宗 때 사람. 자字는 길포吉甫.
2. 갑인=甲寅. 현존顯宗 15년十五年. 이해 8월八月에 승하升遐하시고 숙종肅宗이 즉위卽位하신 후, 이왕 효종孝宗 승하시升遐時에 효종孝宗의 계모繼母인 자의대비慈懿大妃가 기년복朞年服을 입게 주창主唱했던 송시열宋時烈이 이해에 오례誤禮로 몰리고, 당시當時 3년복三年服을 주창主唱했던 허목許穆의 당黨이 득세得勢하였었다.
3. 허목=許穆. 호號는 미수眉叟. 남인南人의 수령首領.
4. 미수야=眉叟爺. 야爺는 경칭敬稱.
5. 청성=청성부원군淸城府院君 김석주金錫胄. 숙종肅宗 때 우의정右議政. 호號는 식암息庵.
6. 우으며=웃으며.
7. 환야 운운云云=환야喚爺를 임종린아위任從隣兒爲라.

四. 뎡탁

[1]뎡탁은 녜 천인賤人이니 가세家勢 한미寒微하야 [2]조남명(아국 명인) 문하門下의 노라 사우간師友間 자못 지명知名하더니 [3]명묘됴의 등뎨하야 [4]교서분관을 하엿더니 이때는 사람 쓰기를 다만 재조와 명망名望을 보고 문

벌門閥을 보디 아니하는고로 뎡탁이 [5]옥당과 [6]니조좌랑이 디나 [7]발아 마참내 지위地位 [8]좌의정의 오르고 [9]서원 [10]부원군을 봉封하고 향년享年 팔십의 티사致仕하고 죽으니 자손이 또한 번성하니 진짓 희세稀世한 팔재러라

일즉 교서분관의 이실제 [11]고제봉 경명이(아국 명인) 바야흐로 [12]됴당의 [13]번드러 제붕諸朋으로더브러 논명論命[사듀四柱무으단 말이니 고제봉이 사듀무으기를 묘히 하니]하거늘 뎡공鄭公 지필紙筆을 취取하야 사듀를 써 고제봉을 하여금 보아달라한대 제봉이 대로大怒하여 갈오대 군이 엇디 감히 청하느뇨 뎡공이 비러 공순하믈 마디 아니하는디라 고제봉이 겻눈으로 그 사듀를 가마니 보니 극귀極貴할 명命이라 크게 놀라 갈오대 그대 명이 지위는 인신人臣의 극진極盡하고 수壽는 긔이奇異 (댱수하단 말이라)의 니르리니 우리 모든 벗이 다 따오기 어렵다하고 또 갈오대 [14]이 재재라 녕남嶺南 풍속이 향족鄕族으로써 뎨일 냥반을 삼거늘 이제 뎡공이 한미한 사람으로서 귀히 되리로라 하더라

후의 과연 정공이 상국相國이 된후 그 형이 [15]본군 [16]좌수座首되엿더니 왜난倭亂의 감새 군냥軍糧 니우디 못하므로 좌수를 충형充形할새 그 나흘 므르니 칠십여라 감새 꾸지저 갈오대 나히 뎌리 만코 대사를 엇디 뎌리 소활疎濶이 하야 죄예 범하뇨 좌쉬 대하여 갈오대 [17]시임 정승政丞 뎡탁의 형이니 나히 엇디 만티 아니리잇가 감새 텽필聽畢의 대경하야 즉시 노흐니라

주註 기12其十二

1. 뎡탁=정탁鄭琢. 호號 약포藥圃.
2. 조남명=曺南冥. 조식曺植. 호 남명南冥.
3. 명묘됴=명묘조明廟朝. 근조近朝. 제13세第十三世. 명종대황明宗大王 때.

4. 교서분관=校書分館. 문과급제文科及第한 이를 그 문벌門閥을 보아 승문과承文院·성균관成均館·교서관校書館에 나눠 씀.
5. 옥당=玉堂. 홍문관弘文館. 또는 홍문관부제학弘文館副提學 이외以外 관원館員.
6. 니조좌랑=이조좌랑吏曹佐郞. 좌랑佐郞은 육조六曹의 정육품正六品.
7. 발아=밟아.
8. 좌의정=左議政. 의정부議政府 제일품第一品 벼슬.
9. 서원=西原. 정탁鄭琢의 본本이 청주淸州. 고호古號 서원西原.
10. 부원군=府院君. 정일품正一品의 공신功臣의 작호爵號. 또는 왕비王妃의 생부生父.
11. 고제봉=高霽峯. 고경명高敬命. 호號는 제봉霽峯. 임진왜란壬辰倭亂에 의병장義兵將으로 절사節死하였다.
12. 됴당=조당朝堂. 조정朝廷. 정부政府라는 말.
13. 번들다=직소職所의 번番으로 나가다.
14. 재재라=재자才子라.
15. 본군=本郡. 자기의 고을.
16. 좌수=座首. 어소御所의 장長.
17. 시임=時任. 그때 임직任職인 것. 이왕 임직任職인 건 "원임原任"이라 함.

五. 뎡인홍

[1]뎡인홍은 대代로 [2]합천서 사더니 그 아비 본군 좌수 되엿더니 일일은 해인사海印寺 중이 꿈꾸니 뎡좌수 집의 블빗치 하늘의 다코 가야산伽倻山 호표싀랑웅시虎豹豺狼熊豕의 무리 그 집의 무수히 드러가니 고이히 [3]너겨 즉시 가보니 그날밤의 뎡좌수 아들을 나흐니 곳 인홍이라

인홍이 [4]산림발천으로 [5]광해됴의 니르러 [6]녕의정이 되어 흉당듕兇黨中의 드러 성품이 가장 경한勁悍하여 마참내 [7]대역으로써 [8]도시의서 복형服刑하니 중의 꿈을 보건대 악수惡獸의 [9]사오나온 긔운을 품득稟得하여 난

연괴(緣故이)러라

주註 기13其十三 ——

1. 뎡인홍=정인홍鄭仁弘.
2. 합천=陜川. 재경상북도在慶尙北道.
3. 너겨=여겨. 생각하고.
4. 산림발천=山林發闡. 산림山林은 시골에 숨어 도학道學을 닦는 이를 이름이고 발천發闡은 그런이를 나라에서 불러 쓰는 것.
5. 광해됴=광해조光海朝.
6. 녕의정=영의정領議政. 의정부議政府의 우두머리.
7. 대역=大逆. 나라에 크게 반역反逆하는 것.
8. 도시=都市. 복형服刑은 사형死刑을 당하는 것.
9. 사오나온=사나운. 악惡.

六. 김승평

[1]선묘 말년의 제궁諸宮 왕손王孫을 [2]모도아 그림도 그리이시고 글시도 쓰이시더니 [3]인묘 아시兒時의 말을 그리오시니 선뫼 그림을 [4]백사 니공李公을 주시니라

백사 [5]븍천할때 문생門生 [6]부곡이 쌀와 [7]도방의 보내는재 심히 만터니 홀로 [8]김승평 뉴瑬를 잇그러 역녀驛旅의 와 자고 그 그림을 [9]맛뎌왈 이는 선왕先王의 주신 배로대 그 뜻을 아옵디 못하나니 군이 다만 이 그림 그린 자를 살펴보라

승평이 또한 망연하야 그 소유所由를 아디 못하고 도라와 벽상의 브텻더니 인묘 [10]잠뎌때 나가 겨시다가 급한 비를 만나샤 길가집 문의 드르샤

피하시더니 이윽하야 [11]차환叉鬟이 안흐로셔 나와 고하대 엇디한 손님을 아디 못하나 비 심하니 오래 섯디 못할디라 원컨대 잠간 [12]외사의 안즈소셔

주인이 업스믈 인뫼 사양하신대 차환이 여러번 청하거늘 인뫼 마디못하야 말게 나려 외사의 드르신대 벽상의 그린 말이 잇거늘 살펴보시니 곳 아시때에 그리신배라 마음의 고이히 너기시더니 주인이 니르니 곳 승평이라 서로 아디 못하더니 인뫼 피우避雨한 연고를 [13]갓초 니르시고 인하여 무러 왈 그림을 어이 벽에 부쳣나뇨 승평 왈 백새 일즉 이 그림을 주시되 뉘 그림인줄 아디 못하는고로 벽의 부텨 구하리를 기다리나이다 한 대 인뫼 왈 이는 내 아시때 그린배로다

이윽하야 안흐로셔 크게 음식을 하야 나오거늘 승평이 고이히 너기되 인묘 도라가신 후의 드러가 부인긔 무러 왈 디나가는 종실宗室이 위연이 비를 피하거늘 성찬을 대접하믄 엇디오 부인 왈 밤 꿈의 대개 우리집 문의 드르샤 위의威儀 심히 성盛하거늘 깨야 고이하여 하더니 나재 종이 뎐하대 한 관인官人이 비를 피하야 문의 드러 말을 세웟다 하거늘 내 문틈으로 [14]여어보니 얼골이 심히 준수俊秀하여 완연宛然이 몽듕夢中의 본바와 같은디라 고로 놀라 성히 대접하미로소이다

승평이 일로브터 인묘긔 왕내 친밀往來親密하야 흥왕지사興王之事를 하니라

主註 기14其十四——

1. 선묘=宣廟. 선조宣祖.
2. 모도아=모아.
3. 인묘=仁廟. 인조仁祖.

4. 백사=白沙. 이항복李恒福의 호號.
5. 븍천=북천北遷. 광해조光海朝의 폐모廢母함을 반대反對하고 북청北靑으로 귀양간 것.
6. 부곡=部曲. 부락방곡部落坊曲의 인민人民을 이름.
7. 도방=道傍. 도방에 보내다는 길가에 배웅 나오다.
8. 김승평=승평부원군昇平府院君 김유金瑬. 인조반정仁祖反正의 일등공신一等功臣.
9. 맛뎌=맡겨.
10. 잠뎌=潛邸. 아직 왕위王位에 오르지 못한 때.
11. 차환=叉鬟. 계집종.
12. 외사=外舍. 사랑斜廊.
13. 갓초=갖추어.
14. 여어보니=엿보니.

七. 됴안념

[1]됴안념은 개국 원훈開國元勳 [2]문튱공 준의 [3]아이라 매양 그 형을 절간切諫하야 [4]고자티 아니하더니 [5]혁명한 후 문튱공이 그 화禍의 면치 못할가하야 태조太祖긔 알외고 공의 일홈을 [6]국적의 올리고 [7]호조전서를 [8]하이니 나디 [9]아니커늘 태죄 그 집의 친님親臨하샤 개유改諭하고져 하신대 공이 니불로 낫츨 싸고 누어 대답 왈 오히려 려됴麗朝 셤기던 일을 생각하는다 하거늘 상이 굴屈하디 아니할줄 아르시고 턍연悵然하야 도라가시더라

[10]백운산의 숨어 종신終身하니 자손을 윤언遺言[80]하야 삼대三代를 [11]과환을 다 폐하고 아됴我朝 관작官爵을 명정銘旌의 쓰디 말라하엿더니 졸하매 태종이 시호諡號를 [12]평간공이라 하시니 제재(諸子이) 유언으로 좇디 아니하고 표석標石의 아됴 관함官啣을 사겻더니 임의 세오매 비碑 홀연忽然 절

80 원문오류: 윤언 → 유언

로 넘어져 브러디고 됴공지묘趙公之墓 네자만 남아시니 보난재 뎡튱貞忠의 감동하미라 하더라

主註 기15其十五 ——

1. 됴안념=조안렴趙按廉. 고려조高麗朝에 안렴리按廉使벼슬을 다닌 조윤趙胤인데 고려高麗가 망亡한 후는 이름을 견狷이라 하였다.
2. 문튱공=문춘공文忠公.
3. 아이=아우. 아오 동同.
4. 고자티=고자告者ㅎ지. 고발告發하지. 형兄이 이태조李太祖와 모반謀反함을 여조麗朝에 고발告發하지 아니하다는 말.
5. 혁명=革命. 여조麗朝를 갈고 이태조李太祖가 등극登極함을 이름.
6. 국적=國籍.
7. 호조전서=戶曹典書.
8. 하이다=시기다의 뜻. 하다의 사역형使役形이니 이런 용법用法이 이책에 많이 보인다.
9. 나디 아니커늘=출사出仕ㅎ지 않거늘.
10. 백운산=白雲山.
11. 과환=科宦. 과거科擧와 벼슬.
12. 평간공=平簡公.

八. 뉴부인

[1]홍학곡의 모부인母夫人은 [2]뉴몽인의 누이라 글을 능히하고 [3]식감이 이시되 성이 투한妬狠하더니 학곡의 대인大人이 그 벗을 대하야 그 투한하야 난감難堪한 뜻을 니론대 벗이 왈 이러한 자를 엇디 가히 안해를 삼아 스사로 괴로오리오 어이 내티디 아니하나뇨 대왈對曰 내 엇디 모르리오마는 바야흐로 유신有身하니 아들을 나흘가하야 참을 분이로다 벗이 왈 이 갈

은 사람이 생자生子한들 무엇의 쓰리오 부인이 창사이로 가마니 듯고 사람을 시켜 막대의 똥무텨 손 안즌편 창굼글 뚫고 뺨을 티더라

생자生子하니 곳 학곡이라 자소自少로 [4]친히 과독課讀하야 문장을 일오니라 뉴부인 식감이 잇더니 학곡 아들 [5]감사 명일이 [6]감시 회시로 나오니 학곡이 그 글을 보고 반드시 하디 못하리라하거늘 부인 왈 이 [7]벅벅이 장원을 하리라하고 가인家人을 재촉하야 술을 비져 [8]응방할 찰힘을 하더니 방이 나니 장원을 과연 하니라

이밧긔 후생後生의 글을 한번 보매 믄득 [9]수요궁달을 결단하야 뎜한듯하니 가히 다 기록디 못하니라 일일은 학곡이 뫼셔 안잣더니 먼니 말소래를 듯고 부인 왈 이는 명마名馬라하고 잇그러 오라하니 여의여 죽게된 말이어늘 명하야 먹여 기루니 과연 [10]절족이 되니라

뉴부인이 이같을분 아니라 또 [11]곤범이 만하 이제가지 숙덕淑德으로 니로니 투한하기를 의논할 사람이 아니라 막대에 똥뭇티니는 감사의 홋부인 [12]구시의 일이라하더라 구부인도 결녈潔烈하고 영긔英機있더니 감새 혼인날 밤의 그 복탹服着을 자랑하여 왈 [13]총갓과 도홍띄와 [14]옥관재 엇더하뇨 부인이 응성應聲왈 [15]황초립의 [16]대모관자의 [17]세초띄야 하니 감새 말이 막히더라

감새 새로 [18]남대단 [19]단녕을 닙고 됴회朝會예 갓다가 귀로歸路의 첩의 집의 단녀으니 부인이 알고 바로 관대冠帶를 [20]기름동희의 담으더라

주註 기16其十六

1. 홍학곡=학곡鶴谷 홍서봉洪瑞鳳. 인조仁祖 때 영의정領議政.
2. 뉴몽인=유몽인柳夢寅. 호號는 어우자於于子. 유탱柳樘의 아들. 문학가文學家.
3. 식감=識鑑.

4. 친히 운운云云=유부인柳夫人 손수 글을 가르쳐.
5. 감사 명일=監司 命一. 명일命一은 감사監司벼슬을 하였다. 호號는 보옹葆翁.
6. 감시 회시=監試 會試. 감시監試는 생원진사生員進士가 보던 과거科擧. 회시會試는 초시初試는 급제及第한 사람이 보는 것.
7. 벅벅이=충분充分히. 넉넉히. 당당堂堂히.
8. 응방=방榜에 응應하여 잔치를 베풀음.
9. 수요궁달=壽夭窮達. 오래 사는 것과 일찍 죽는 것과 가난함과 영달榮達함.
10. 절족=絶足. 절등絶等한 말이라는 뜻. 또 절족絶足은 절적絶迹과 같은 말.
11. 곤범=閫範. 부덕婦德이라는 뜻.
12. 구시=具氏. 구인중具仁重따님.
13. 총갓=말총으로 만든 갓.
14. 옥관재=옥관자玉貫子이. 종일품從一品 이상以上은 조각彫刻을 아니하고 정삼품正三品 이상以上은 조각彫刻을 함.
15. 황초립=노랑 초립.
16. 대모관자=玳瑁貫子.
17. 세초띄=細草띄. 세초細草는 아기풀. 조緌 세툣토字會. 이상 복식服飾을 얄잡아 놀린 말. 지금 같으면 "스·푸"라고나 할까?
18. 남대단=藍大緞. 쪽빛 대단大緞.
19. 단녕=團領. 깃을 둥글게 지어 입던 공복公服.
20. 기름동희=기름동이.

九. 니번

[1]니번은 눌곡栗谷형이라 [2]파쥐 잇더니 서울 드러와 눌곡을 보니 이때 [3]상이 표피요(豹皮요)흘 사송賜送하시니 이는 [4]외방의서 진상한배라 댱광長廣이 크고 화미華美하더니 뎐상殿上의 [5]어하시는 거시라 눌곡을 권우眷遇하사 주시미러라

번이 명일明日의 파쥐로 도라가더니 도로 오거늘 뉼곡이 무르신대 답왈 몃니를 가더니 군을 생각하여 다시 보고 가려 하노라 뉼곡 왈 어제 은사恩賜하신 표피요흘 형의게 드렴즉하되 님군의 주신것을 감히 까디 아니코 보내디 못하야 수일후 기다려 보내고져 하더니 임의 까라 밤이 디나시니 감히 드리노라한대 번이 가지고 가더라

主註 기17其十七 —

1. 니번=이번李璠.
2. 파쥐=파주坡州이. 경기도京畿道 파주坡州.
3. 상=上. 상감上監님. 선조대왕宣祖大王.
4. 외방=외방外方. 서울 이외以外의 지방地方.
5. 어하시는=어御하시는. 상감上監님이 쓰시는.

十. 니탁

[1]니상국 탁은 [2]성묘됴 명신名臣이라 [3]갓나며 니불로 덥허 오래 소래 업스니 그 모부인이 여러보매 자근 농이 머리와 뿔이 옷독하고 몸이 서려기리 자거늘 드대여 도로 덥고 가마니 기다리더니 이윽하야 깨야 우는소래 잇거늘 여러보니 아해러라

자라 급뎨及第하야 [4]성균학유로 식골 갈새 한강 건너로 십여리의 믈가의서 말을 먹이더니 [5]월산대군이 남으로 노라 도라올새 또한 믈가의 안자 점심을 은긔銀器예 드리거늘 니공이 은긔를 드러보고 도로 노흔대 대군 왈 그 그릇을 가지고져 하는다 맛당이 밧드러 주리라 니공이 우서 왈 내 평생 은긔란것을 보디 아녓는고로 집어보와실 분이어늘 믄득 가지라

하니 엇디 [6]사태우의 대접을 그리 박히 하시나니잇가 하고 인하야 떠나 가거늘 대군이 와 상긔 뵈옵고 그 말슴을 엿자온대 상이 [7]내구마를 명하야 따르라하여 더브러 말슴 하시고 대열大悅하샤 즉시 [8]홍문수찬을 제수除授하시고 [9]불차탁용 초천超遷하야 정승의 니르니라

注註 기18其十八——

1. 니상국 탁=상정成宗 때 상신相臣에 이런 이가 없다. 성명性名과 사실事實이 와전訛傳한 듯하다.
2. 성묘됴=성묘조成廟朝. 성종成宗 때.
3. 갓나며=막나서.
4. 성균학유=成均學諭. 종구품직從九品職이었다.
5. 월산대군=月山大君. 정婷.
6. 사태우=사태부士太夫. 사대부士大夫. 덕종德宗의 제일자第一子. 성종成宗의 형兄.
7. 내구마=內廐馬. 나라에서 기르는 말. 외구마外廐馬도 있음.
8. 홍문수찬=弘文修撰. 홍문관弘文館 정육품正六品.
9. 불차탁용=不次擢用. 관급官級을 뛰어 높이는 것.

영명사득월루상량문永明寺得月樓上樑文

절이	竊以
한텬고사황대만하니	寒天古寺荒臺晩
긔인구이흥퇴하고	旣因舊而興頹
근수고루득월선하니	近水高樓得月先
우창신이천미로다	又創新而薦美
감당이 포음하고	甘棠布蔭
지수증휘로다	祇樹增輝

념자패상고조는	念玆浿上古都
식유해동승지로다	寔惟海東勝地
댱성대야는	長城大野
텬하데일강산이오	天下第一江山
벽와주란은	碧瓦朱欄
운변무수누관이라	雲邊無數樓舘
원유사어강북하니	爰有寺於江北
숙천명어관서로다	夙擅名於關西
청뉴벽금수봉은	清流壁錦繡峰
톄세긔상이오	體勢奇爽
을밀대능나도는	乙密臺綾羅島
안계통명이라	眼界通明
녕승이삽석어명구하니	靈僧 揷錫於名區
묘의년대지명막이오	緲矣年代之冥漠
불전이탁석어심뎌하니	佛殿 卓錫於深渚
익연제도지굉화로다	翼然制度之宏華
인뎐구제궁유긔하니	人傳九梯宮遺基
옥청청포지상상이오	玉廳靑浦之想像
디류동명왕이적하니	地留東明王異蹟
문뎡닌굴지가심이라	文亭驎窟之可尋
연화긔회개도량이오	蓮花期會開道場
도회듕별반세계로다	都會中別般世界
텬향계자는	天香桂子
방불녕은사풍연이오	彷佛迎恩寺風烟
어화종성은	漁火鐘聲
의희고소성광경이라	依稀姑蘇城光景
소인믁객지소등남이오	騷人墨客之所登覽

방백태수지소유관이라 方伯太守之所遊觀
난도소강하니 蘭棹遡江
계청남어쌍수하고 繫青纜於雙樹
듁예천경하니 竹輿穿徑
주화개어제텬이라 駐華蓋於諸天
차성상지변이하니 嗟星霜之變移
구동우지경뷔로다 久棟宇之傾圮
뇽당이반낙하니 龍堂半落
만쇄호겁지부운이오 漫鎖浩刼之浮雲
보뎐이황냥하니 寶殿荒凉
허됴항사지혜월이라 虛照恒沙之慧月
신선누광의설지소하니 矧禪樓曠宜設之所
이사관유불비지탄이로다 而寺舘有不備之嘆
탑좌지녕긔고평하니 塔左之靈基高平
비왈무지루지지언마는 非曰無起樓之地
수서지화귀완만하니 水西之華構晼晚
기내호긔자난봉가 其奈好奇者難逢
운연이현태어삼방하니 雲烟現態於三方
종요가경지공완하나 縱饒佳景之供玩
수월이교휘어일면하니 水月交輝於一面
독부청야지님관이라 獨負清夜之臨觀
특디긔승이이휴하니 特地奇勝已而虧
과객지회황이개구로다 過客之徊徨槪久
자은사지듕수고탑이 慈恩寺之重修古塔
갱유하인고 更有何人
채자사지경시선당이 蔡刺史之經始仙堂
약대금일이라 若待今日

복유슌상홍공합하는	伏惟巡相洪公閤下
망듕낭묘하고	望重廊廟
재우동냥이라	才優棟樑
강해풍뉴는	江海風流
백쳑원뇽누호긔오	百尺元龍樓豪氣
호산청광은	湖山淸光
반세압구뎡주인이라	半世狎鷗亭主人
재샹이수정간지재하니	宰相須貞幹之才
인방긔이병튝이어늘	人方期以騈祝
됴뎡이듕쇄약지임하니	朝廷重鎖鑰之任
공내굴어안번이라	公乃屈於安藩
님양세유애지방하니	臨兩世遺愛地方
만셩이 쟁도하고	萬姓爭睹
신일도증청지화하니	新一道澄淸之化
백폐구흥이라	百廢俱興
엄참비어장경지구하고	嚴驂騑於長慶之區
방풍경어영명디계로다	訪風景於永明之界
앙텸뎐금문현액하니	仰瞻塡金門懸額
홀억당년이오	忽憶當年
갱감부벽누게시하니	更感浮碧樓揭示
듕등차일이라	重登此日
남산천이감셩쇠지운하고	覽山川而感盛衰之運
권사찰이심흥체지긔로다	睠寺刹而審興替之機
위천년천기지구에	謂千年擅奇之區
불가완재식퇴관이라	不可緩再飾頹舘
위일편님수지디이	謂一片臨水之地
불가무별긔신누니라하야	不可無別起新樓

수구재이취공하니	遂求財而聚工
갱연늠이흥역이라	更捐廩而興役
법우수보광지구하니	法宇修普光之舊
긔백간뉸환이긔완고	幾百間輪奐旣完
위난뎜주악지동하니	危欄占主岳之東
수십영결귀사미로다	數十楹結構斯美
휘황금벽은	輝煌金碧
긔견서님지승관이오	旣見西林之勝觀
표묘고릉은	縹緲高稜
갱방동누지생색이라	更望東樓之生色
님만경지황양하야	臨萬頃之荒凉
납일뉸지청원이라	納一輪之淸圓
층영이팀벽하니	層楹浸碧
념풍은양금파지휘하고	簾風漾金波之輝
팔창이배허하니	八窓排虛
텸운은루은섬지영이라	檐雲漏銀蟾之影
등사누야에	登斯樓也
할연심목지구청이오	豁然心目之具淸
지부월호나	知否月乎
과연명실지상득이라	果然名實之相得
황낭사광한뎐이오	廓朗似廣寒殿
녕농여수정궁이라	玲瓏如水晶宮
분대영이성삼하고	紛對影而成三
혹정배이문일이라	或停杯而問一
등님툐톄하니	登臨迢遞
개석일지무누러니	槪昔日之無樓
됴망청명하니	眺望淸明

희금소지다월이라	喜今宵之多月
유안사포화지일은	唯按使布化之日
즉선궁개관지추로다	卽禪宮改舘之秋
법계지누대재신하니	法界之樓臺再新
거승은과이텬지독유하	居僧誇二天之獨有
대동지강뉴불절하니	大同之江流不絶
고명은긔백대지영수로다	高名 幾百代之永垂
가일경구는	暇日輕裘
불천유태위지청흥이오	不淺庾太尉之清興
화편대자는	華扁大字
고대미원당지댱홍이라	古代米元章之長虹
긔신구지고성하니	旣新構之告成
거선송지무작가	詎善頌之無作
자뎜단필하니	自拈短筆
조거수량이라	助擧脩樑
오랑위포량동은	兒郎偉抛樑東
백노횡강월상동이라	白露橫江月上東
블수주렴운공권하니	拂樹珠簾雲共捲
일단청영화란동이라	一團清影畵欄東
오랑위포량남은	兒郎偉抛樑南
십니댱님월영남이요	十里長林月影南
하처일성경구됴하고	何處一聲警鷗鳥
도가내자년광남이라	棹歌來自練光南
오랑위포량서는	兒郎偉抛樑西
야색희미월향서를	夜色稀微月向西
활처수심유정지하니	濶處須尋幽靜地
고송창회을대서로다	古松蒼檜乙臺西

오랑위포량븍은　兒郎偉抛樑北
월뎐누남광재븍이라　月轉樓南光在北
홀부영회취만념하니　忽復縈回翠滿簾
모란봉영난간븍이라　牡丹峰影欄干北
오랑위포량상은　兒郎偉抛梁上
소월수휘천우상이라　素月垂輝天宇上
일임한섬거우래하니　一任寒蟾去又來
야한취와표단상이라　夜寒醉臥蒲團上
오랑위포량하는　兒郎偉抛樑下
월색강광년상하로다　月色江光連上下
야반녕녕청경셩에　夜半泠泠清磬聲
어룡츌텽누지하로다　魚龍出聽樓之下
복원상냥지후에　伏願上樑之後
차월이불뉴하고　此月不流
차누이블개라　此樓 不改
천추안전지돌올이오　千秋眼前之突兀
만고강상지배회로다　萬古江上之徘徊
상어사영어사하니　觴於斯詠於斯
일누고어선계하고　一樓高於仙界
텬블노디블노하니　天不老地不老
호월현어청공이라　好月縣於晴空

그윽이 써 하되 찬하늘 녯절의 거츤대 느저시니 녜를 의지하야 문허디믈 니르혀고 믈갓가온 높은 뉘 달 얻기를 몬저하니 또 새것을 지어 아름다오믈 드러내도다 감당이 그늘을 펴고 [1]준의 남기 빛을 더하도다 이때 [2]패수 우희 녯 도읍은 진실로 해동 됴흔 따히로다 긴 성과 큰 들은 텬하의

톄일강산이오 프른 디와와 붉은 난간은 구룸가의 무수한 다락집이로다 이에 절이 강 븍편의 이시니 일즉 일홈을 관서의 천자히 하엿도다 청뉴벽과 금수봉은 몸과 형계 긔특하미 싀원하고 을밀대 능나도는 안계 통창하미 밝도다 녕한 중이 막대를 일홈난 따희 꼬자시니 아득히 년대 머럿고 부처의 집이 다리를 깊은 물가의 꼬자시니 높은 제되 굉장하고 빛나도다 사람이 구뎨궁 남은 터흘 뎐하니 옥집과 프른 개를 생각하고 따해 동명왕의 긔이한 사적을 머믈우니 문무뎡과 긔린굴을 가히 차즈리로다 년화하는 때예 [3]도량이오 도희 한 가온대 별반 세계로다 하늘 향내와 계수 [4]여름은 녕은사 풍연과 방불하고 고기잡는 블과 븍소래는 고소성 광경 갇도다 글시 쓰는 사람과 글시 쓰는 손의 올라 보는 배오 방백 태수의 노라볼 배로다 목난 돗대로 강의 거슬오니 프른 배줄을 쌍수의 매엿고 대님 녯길을 뚜르니 빗난 개를 제텬의 머믈우는도다 슬프다 성상이 변하고 올마오래 집이 기울고 문허뎟도다 농당이 상하고 떠러뎌시니 브절업시 호겁의 뜬구룸만 잠기이고 보뎐이 거츨고 차니 헛되이 항사의 혜월만 비최엿도다 하믈며 [5]준의 다락이 맛당이 이실곳 다 븨여 뎔집이 갓디 못한 탄식이 잇도다 집 좌편의 녕한 터히 놉고 평안하니 누 지을 따히 업다니르미 아니언마는 믈 서편의 빛나게 꾸미기 느저시니 그 긔특하믈 됴화하나니 만나기 어려온듸 엇디하리오 구룸 내 태도를 삼방으로 드리니 비록 아롬다온 경이 귀경하는듸 족하나 믈과 달이 서로 일면의 빗최니 홀로 맑은 밤의 보기를 저바렷도다 특별한 따희 긔특하고 됴흔거시 임의 이즈러뎟거늘 디나가는 손이 머믓거리미 대개 오래도다 자은사의 녯탑을 듕수하미 다시 뉘 잇느뇨 [6]채자사의 선당을 지으믄 오늘을 기다린듯 하도다 업대여 생각하니 순상 [7]홍공합 하는 믈망이 낭묘의 듕하고 재죄 동냥의 넉넉하도다 강해 풍뉴는 백자 원농누의 호기오 호산의 청광은 반세압구뎡

주인이라 재상이 정간 같은 재조를 기다리니 사람이 병툭하기를 긔약하거늘 됴뎡이 쇄약 같은 직임을 듕히 너기니 공이 이에 안번하기예 굴하엿도다 두 대를 사랑하는 따희 님하니 만성이 다토와 보고 한 도의 맑은 화를 새롭게 하니 일백폐 다 니도다 참비를 [8]장경 어귀예 엄연이하고 풍경을 영명 디경의 찻도다 우러러 뎐금문 현액을 보니 홀연히 당년을 생각하고 다시 부벽누의 게시한것을 감동하니 이날에 거로 올랏도다 산천을 보고 성하며 쇠한 운을 감동하고 절을 보고 흥하며 체하는 긔틀을 살피도다 닐오대 천년의 아름다오믈 천자히 하던 따희 문허딘 집 두번 꾸미기를 가히 완완이 못하리라 하고 닐오대 한조각 믈의 님한 따예 각별이 새다락 니르팀을 가히 엇디 못하리라 하야 드듸여 재믈을 모호고 댱인을 모도아 다시 창늠을 더러 역사를 니르티도다 법집을 보광뎐 녯것을 닥그니 몃백간 뉸환이 임의 완전하엿는고 위태로온 난간을 주악누 동편의 지어시니 수십 기동 얼그미 아름답도다 휘황한 금과 프른것을 임의 서편 수플의 빛을 더으믈 보고 표묘한 모토리는 다시 동편 누생색하믈 보도다 일만이랑 황양한것을 님하여 한박회 둥근것을 드리는도다 층기둥이 프른듸 텸노하니 발바람이 금파빛을 흔들고 여덟창이 뷘듸 버긔오니 텸하 [9]그림의 은섬 그림재 새는도다 이 누의 오르매 싀훤하야 마암과 눈이 다 맑고 달을 아느냐 과연 일홈과 실이 서로 맞도다 황낭하야 광한뎐 같고 녕농하여 수정궁 같도다 어즈러이 그림재를 대하매 세히 일웟고 혹 잔을 머믈워 한번 뭇는도다 올나 님하매 초체하니 녯날 누 업스믈 탄식하더니 바라보기 청명하니 오늘밤 달 만하믈 깃거하도다 오직 안사의 교화 펴는 날은 곳 선궁의 집 곳틸 때로다 법계예 누대 이예 새로와시니 사는 중은 두 하늘을 홀로 두믈 자랑하고 대동강 흐르는것이 끈허지디 아니하니 높은 일홈은 백대예 기리 드리오믈 긔약하도다 한가한날 가븨야온 갖옷은 [10]유태위의 맑은 흥이 옅디 아니하고 빗난 현판의 큰 글자는 놉히 [11]미원장의 긴 무디게를 거럿도다 임의 새로 얼근거시 일우믈 고하니 엇디 잘 기리기의 지으미 이시리오 이에 자른 붓을 빠혀 긴 들보를 도아 드노라

오랑위포량 동편의는 흰 이슬이 강의 빗겻는듸 달이 동으로 오르도다 남긔 떨티는 주렴은 구룸과 한가지로 거드니 한 동근 그림재 난간 동편이로다 오랑위포량 남편의는 십니 긴 수플의 달그림재 남편의 잇도다 어느 곳 한소래 갈멱이는 새를 놀래는고 배돗대 년광 뎐 남편으로브터 오는도다 오랑위포량 서편의는 밤빗티 희미하매 달이 서편으로 향하는도다 활통한 고즌 모롬즉이 그윽하고 고요한 따희 차즐디니 녯솔과 프른 젓나모을밀대 서편이로다 오랑위포량 븍편의는 달이 누 남편으로 구을매 빗티 븍편의 잇도다 홀연이 다시 도로혀 프른 것이 발의 가득하니 모란봉 그림재 난간 븍편이로다 오랑위포량 우희는 흰달이 빗츨 하늘 우희 드리웟도다 한갈같이 찬 둣겁이 가락오락 하믈 맛뎌시니 밤이 한가로오매 포단우희 취하야 누엇도다 오랑위포량 아래는 달빗과 강빗티 우아래 년하엿도다 야반의 녕녕한 맑은 경쇠소래예 고기과 농이 다락아래 나 듯는도다

업대여 원하나니 상냥한 후의 이 달이 떠러지디 말고 이 다락이 곳티디 말라 천추의 눈알패 돌올하고 만고의 강우희 배회하도다 예서 술먹고 예서 글 지으매 한 다락이 신선의 디경의 놉핫고 하늘이 늙디 아니하고 따히 늙디 아니하니 됴흔 달이 갠 하늘의 걸녓도다

주註 기19其十九

1. 준의 남기=중의 나무. 절에서는 중을 준이라 한다.
2. 패수=浿水. 대동강大同江을 이름.
3. 도량=道場 절에서는 도장道場을 도량이라 한다.
4. 여름=열매.
5. 준의 다락=중의 다락.
6. 쵀자사=채자사蔡刺史. 영종英宗 8년八年 임신壬申 영명사중수永明寺重修 채자사蔡刺史 번암樊岩.
7. 홍공=홍상한洪象漢. 영조英祖 29년卄九年 득월루창조得月樓創造.
8. 장경=長慶. 장경사長慶寺. 평양부내平壤府內에 있던 절.
9. 그림=구름의 잘못인 듯.
10. 유태위=庾太尉. 중국中國 육조六朝 시인朝時人 유량庾亮 강서구江西九 강현江縣에 누각樓閣을 지었다 함.
11. 미월장[81]=米元章. 중국송인中國宋人 미부米芾. 명필名筆.

81 문에 '미월장'으로 되어 있으나 한자는 '미원장'으로 되어 있음.

의유당일기意幽堂日記

1948년一九四八年 5월五月 15일十五日 초판발행初版發行
1949년一九四九年 6월六月 30일三十日 재판발행再版發行

정가定價 150원一五〇圓

서울市桂洞二의 二四
校註者 **李 秉 岐**
서 울 市 鐘 路 二 街 八
發 刊 **白 楊 堂**
(一九四七·九·一五登錄二九號)
서 울 市 太 平 路
印 刷 서울신문社 印刷局
(一九四七·九·三〇登錄一四號)

[부록] 17권 고전주해 Ⅰ 상세목록

1) 주해서

1	恨中錄	1947.6.20.	백양당	이병기 주해	
	恨中錄 주해	문장 1권 1-12호(연재 전12회)		1939.2.-11, 1940.1	
2	仁顯王后傳	1947	박문출판사	이병기 주해	박문문고 19집
	仁顯王后傳 주해	문장 2권 2호-8호(연재 전6회)		1940.2.-9.	
3	癸丑日記	1956.4.30.	단국대학교국어 문학연구회	이병기 주	
4	意幽堂日記	1948	백양당	연안김씨 저 이병기 교주	
5	한듕록	1961.3.20.	민중서관	이병기 김동욱 공주	수록하지 않음

가람 이병기 전집 ⑰

고전주해 I

지은이 이병기
펴낸이 양오봉
펴낸곳 전북대학교출판문화원

초판 1쇄 인쇄 2024. 12. 16
초판 1쇄 발행 2024. 12. 25

전북대학교출판문화원 전북특별자치도 전주시 완산구 어진길 32 (풍남동2가)
전화 (063) 219-5319~5322
FAX (063) 219-5323
출판등록 2012년 8월 20일 제465-2012-000021호

값 25,000원

ISBN 979-11-6372-231-1 04810
ISBN 979-11-87892-59-5(세트) 04810

* 이 책은 2024년도 익산시와 전라북도의 지원에 의해 간행되었습니다.